Karl Schnitzlein

Selecta Norimbergensia

oder Sammlung verschiedener kleiner Ausführungen und Urkunden

Karl Schnitzlein

Selecta Norimbergensia
oder Sammlung verschiedener kleiner Ausführungen und Urkunden

ISBN/EAN: 9783743477377

Hergestellt in Europa, USA, Kanada, Australien, Japan

Cover: Foto ©ninafisch / pixelio.de

Weitere Bücher finden Sie auf **www.hansebooks.com**

SELECTA
NORIMBERGENSIA

oder

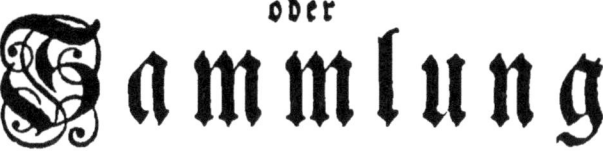

Sammlung

verſchiedener kleiner Ausführungen und Urkunden,
welche gröſtentheils bisher noch nicht gedruckt geweſen
ſind, doch aber vor dienlich angeſehen
worden,

Die Geſchichte
des Burggrafthums und der Stadt
Nürnberg
in einigen Stucken zu erläutern.

Fünfter Theil.

Anſpach,
In Haueiſens Hofbuchhandlung. 1774.

Vorbericht.

Die Veränderung, welche seit der Ausfertigung des vierten Theils sich bey hiesiger Hofbuchhandlung ereignet, hat bisher das Abdrucken dieses fünften Theils gehindert, ohngeachtet er von vielen günstigen Lesern mehrmahlen erinnert worden. Erst jetzo habe dahero das Vergnügen, den fünften Theil, welcher übrigens mit den vorigen vier Theilen einerley Einrichtung und Absicht hat, zu gleichmäsiger gütiger Aufnahm zu empfehlen. Es handelt aber dermahlen

Das erste Capitul pag. 1 von dem Pachtzinnß des Nürnberger Rathhauses, welcher wegen des Closters Hailsbronn an das Hochfürstliche Haus Brandenburg gezahlet werden muß.

Das zweyte Capitul pag. 6. von der Pacht- und Erb-Zinnßrechnung, wie sie in Nürnberg üblich.

Das dritte Capitul pag. 53. vom Langenzenner Rural-Capitul.

Das vierte Capitul pag. 58. von der Freyung und dem Kaiserlichen Gleit in Roth.

Das fünfte Capitul pag. 103. von der Freyung in Prichsenstatt.

Das sechste Capitul pag. 105. von der Getraidtsperr, womit bey Gelegenheit des im Jahr 1771. eingerissenen allgemeinen Mangels dem Wucher gesteuert werden müssen.

Das siebende Capitul pag. 111. von der ersten teutschordischen Appellations-Ordnung nach der in Preußen geschehenen Aufhebung des Hochmeisterthums.

Das achte Capitul pag. 126. vom Nürnberger Monopolien-Geist.

Das

Vorbericht.

Das neunte Capitul pag. 136. von der Mändelischen Stifftung vor die Armuth in Onolzbach.

Das zehende Capitul pag. 145. von den Zollstrassen.

Das eilfte Capitul pag. 154. von den Nürnberger Zollprocessen.

Das zwölfte Capitul pag. 170. von der Schwobacher Pfarr und ihren Rechten.

Das dreyzehende Capitul pag. 182. von Wilhermsdorf.

Das vierzehende Capitul pag. 209. von Ammerndorfer Kern-Markt.

Das funfzehende Capitul pag. 214. vom Onolzbachischen Stadt-Gericht und dessen ehemaliger Verfassung.

Das sechzehende Capitul pag. 228. vom Langenzenner Gericht.

Das siebenzehende Capitul pag. 234. vom Nürnberger Fraisch-Proceß, wie nemlich in solchem des Hochfürstlichen Hauses Branden-burg Landesfürstliche Obrigkeit hauptsächlich mit verhandelt worden.

Das achtzehende Capitul pag. 300. von Thurnieren, wobey zu gedenken, daß eine hier vorkommende seltene Urkunde vom Jahr 1481. seitdem von dem Herrn Regierungsrath Spieß in Plassenburg, einem unermüdeten Archivario und sehr geübten Diplomaticker, seiner, zur Erweiterung der Lehre von Siegeln allerdings ein grosses beytragen-den commentationi de Aurea bulla Rudolphi I. gleichfalls einverleibet worden. Endlich

Das neunzehende Capitul pag. 344. von den Pappenheimischen Pfarreyen und deren versicherten statu anni normativi.

Verleihet übrigens Gott Leben, Gesundheit und auch Muse, so soll in balden der sechste Theil nebst dem gewöhnlichen Register nachfolgen, aber auch mit solchem wegen vordringender anderer Ge-schäfte der Schluß dieser Selectorum Norimbergensium gemacht werden.

Das erste Capitul.

Vom Pachtzinnß des Nürnberger Rathhaußes.

Von dem Pachtzinnß, welchen das Nürnberger Loßungs-Amt noch jezo alljährlich von dem Rathhauß an das hochfürstliche Hauß Brandenburg zu zahlen hat, suchet man die historiam Noribergensem diplomaticam vergeblich nach. Es stehet davon auch nichts in den singularibus Noribergensibus. Am wenigsten findet man etwas von diesem Erbzinnß in dem Wölckerischen commentario über die Nürnbergische reformation, ohngeachtet die hierob vorhandene Urkunden so gut hätten darinnen Plaz finden sollen, als sehr viele andere von weit geringerer Wichtigkeit. Ueberhaupt sind erstbenannte drey Bücher eigentlich nichts anders, als scripta polemica, welche die Anmaßungen des Nürnberger Stadtraths gegen das hochfürstliche Hauß Brandenburg beschönigen sollen. In dieser Gestalt sind sie in und ausser dem fränkischen Craiß bisher aufgenommen worden, besonders weil man aus selbigen nichts weniger als eine Historie von Nürnberg entnehmen kann. Zu wundern ist dann nicht, daß dortselbst kein Wort von dem auf dem Rathhauß hafftenden Erbzinnß zu finden. Dargegen ist also die Aufrichtigkeit zu rühmen, mit

welcher der Altdorffer berühmte Herr Professor Will in seinen Nürnbergischen Münzbelustigungen und deren erstem Theil vom Jahr 1764. zu Werk
gehet. Selbiger führet die Münzen auf, welche wegen des jezigen Nürnberger Rathhaußes gepräget worden. Das Titulkupfer pranget mit einem
sehr großen medaillon, und die drey Bogen num. 50. 51. 52. liefern
Abdrucke von eben so vielen Münzen, deren zugleich noch mehrere beschrieben werden. Von Erbauung des neuen oder jezigen Rathhaußes theilet
er dann diejenige Nachrichten mit, welche er anderwärts gedruckt gefunden;
er sagt aber auch mehrers, nemlich daß nach der in vorbeschriebenen scriptis
polemicis benannten Urkunden vom Jahr 1332. das Closter Hallsbron-
nische Hauß, welches man zum Rathhauß bestimmet, dem Rath vom Closter um eine jährliche Abgab von hundert Pfund Heller durch einen ewigen
und erblichen Kauff überlassen worden. Doch ist darmit noch nicht alles
gesagt, sondern die Urkunde besaget würklich weit mehrers, wie man dermahlen dem geehrten Leser selbst vorzulegen im Standt ist. Das Hauß am
Salzmarkt, das jezo das Rathhauß ist, war an. 1332. des Closters Eigenthum gewesen; das Eigenthum ist auch des Closters geblieben; denn
der Abt und Convent haben das Hauß dem Stadtrath nicht verkauft, sondern nur verpachtet; doch scheinet der Pacht etwas von einem Erbpacht zu
haben, ohne daß gleichwohlen der Rath das verpachtete Hauß mit irgend
einer Bürde oder Steuer zu belegen vermag; wie dann zu des Closters
Sicherheit solches auch in den rechtlichen Besiz des Brodhaußes oder bis
dahin gewesenen Rathhaußes gesezet worden, und zwar so, daß, im Fall
das Verpachtete und das Brodhauß zugleich oder einzeln verbrennen oder sonsten vergehen sollten, das gesammte Einkommen der Stadt vor den bedungenen Erbzinnß oder vor das Pachtgeld haften muß; als worinnen das jus
emphyteuticum, welches die Stadt bekommen, sich von dem sonstigen
jure emphyteuseos unterscheidet, als nach welchem re locata perem-
ta auch der census, canon oder Pachtgeld wegfället; was übrigens bey
der emphyteusi, und perpetua locatione gilt, das mus auch hier
gelten, da hier in dem Pachtbrief bießfalls keine Ausnahm gemacht worden; wie dann die Aufkündung nach weitern Urkunden etlichmahlen geschehen, und eine neue Verpachtung bewürket hat. Dies ist dasjenige, was
die vorerwehnte Urkunde besaget; daher sie auch billig in der historia di-

ploma-

plomatica Noribergenſi einen verdienten Plaz hätte finden ſollen.
Doch, wie hätte alsdann wider alle hiſtoriſche Wahrhait von einem ewigen
und erblichen Verkauf geredet werden mögen! die Urkunde, wie ſie hier
von Wort zu Wort genaueſt abgedruckt worden, mag den Ausſchlag wider die Nürnberger Scribenten geben.

In nomine Domini Amen. Ne in poſterum poſſint attempta-
ri calumniis, quae in noſtris geruntur temporibus, aeternari
ſolent memoria literarum. Igitur nos Conſules, Scabini,
Jurati ac Vniuerſitas Ciuium in Nurnberch, Recognoſcimus,
et tenore preſentium publice profitemur, Quod noſtrae Vniuerſitatis ob Vtilitatem euidentem, matura prehabita delibe-
ratione, Vnanimi conſenſu; a Venerabilibus et Religioſis
Viris et Dominis, Abbate ac Conuentu Monaſterii in Hals-
prunne Cyſtercienſis ordinis, Diocaeſis Eyſtetenſis amicis noſtris ſinceris conduximus Domum ſitam in Nurmberch, in
foro ſalis, iuxta Domum Hermanni dicti Eyſuogel, ad ipſos
et eorum Monaſterium proprietatis titulo pertinentem, Jure
emphiteotico ab ipſis et eorum monaſterio, cum omnibus
ſuis pertinentiis et Juribus, prout per literas ipſorum ſigillo,
ſigillatas poterit apparere perpetuo poſſidendam, et quod
ipſis, ipſorumque monaſterio predicto, de eadem Domo perpetuo noſtrae Vniuerſitatis nomine, annis ſingulis nomine
Cenſus debemus et tenemur in Nurmberch, in curia ipſorum
ſita iuxta parochiam ſancti Laurentii, centum libras hallarum
ratitorum, mediam uidelicet partem in feſto beati Martini,
et reſiduam in feſto beate Walpurgis preſentare, et ſoluere
ſine ipſorum damno, laboribus et expenſis. Pro cuius cenſus ſecuritate, quam vulgo Urſam dicimus ipſis et eorum monaſterio, domum noſtram quae vulgariter Brothaus dicitur,
ſitam prope vicum Judaeorum iuxta domum Vlrici dicti Haller, cum omnibus iuribus et pertinentiis, ad ipſam infra et
ſupra ſpectantibus, preſentibus obligamus, Ipſosque nomine Monaſterii eorum in veram dictae domus ſibi obligatae in-

A 2 duxi-

duximus et inducimus poſſeſſionem, Tali conditione adjeſta,
quod ipſi ſi de diſta domo ipſorum nobis locata non poſſet
haberi uel colligi cenſus prenotatus, Habere debent reſpe-
ſtum de ipſo cenſu, ſupra prefata noſtra domo ipſis, prout
predicitur obligata. Si uero prefatae domus ambae incendio
uel modo quocunque alio deuaſtarentur, aut cenſus predi-
ſtus ab ipſis quouis modo non poſſet colligi uel haberi, tunc
ipſis tenemur, de noſtrae Vniuerſitatis bonis cenſum inte-
gre ſoluere prelibatum, promittimus etiam prediſtis Dominis, quod colleſtor cenſus noſtrae Vniuerſitatis, qui pro
tempore fuerit ſingulis annis ipſos de cenſu ſuo prediſto, de
illo cenſu qui colligitur de duabus domibus antefatis debeat
ante omnia expedire, etiam antequam ad noſtrum uſum de
cenſu perueniat aliquid pretaxato, Adiicientes, quod nec nomine noſtrae Vniuerſitatis nec ſingularium perſonarum noſtrae ciuitatis diſtus cenſus debeat Arreſtari, ſeu quomodo
libet impediri, quolibet ſine dolo, etiam ſi inter diſtos Dominos et nos quod abſit, ſeu ipſorum homines et noſtros diſ-
ſenſio aliqua oriretur, Inſuper promittimus quod nulla con-
tentionis, diſſenſionis ſeu neceſſitatis cauſa quacunque nobis
per dominos aut alias proueniente debemus diſtae domui nobis locatae, aliquam exaſtionem imponere ſiue Steuram, per
quam cenſus prediſtis Dominis et ipſorum monaſterio dan-
dus per nos minui valeat, aut ei preiudicium generari, pro-
mittentes etiam pro nobis noſtrisque ſucceſſoribus nos omnia
et ſingula premiſſa rata et grata et firma perpetuo habere et
obſeruare ac implere, nec contrafacere vel venire, per nos
vel alium ſiue alios de jure uel de faſto aliqua ratione ſeu
cauſa, ingenio ſeu cautela. pro quibus omnibus et ſingulis
fideliter et firmiter conſeruandis, prediſtis dominis eorumque monaſterio preſentes damus noſtrae Vniuerſitatis ſigillo
ex certa ſententia communitas. Teſtes premiſſorum ſunt
Conſules Ciuitatis hujus anni. Videlicet Berchtoldus Pfinzing Senior. Heinrich Pilgreim. Cunrad Nützel. Vlrich
Chü-

Chüdorfer. Heinrich Ortib. Herman Ebner. Cunrad Grof-
fus. Weiglinus filius Conradi. Bernhardus de nouo foro.
Fridericus Schopper. Fridericus Holzfchuher. Johannes
Muffel et Hinrich Vorchtel. Item Schabini hujus anni. Videlicet Albertus Ebner, Hermannus de Lapide, Cunrad
Mentelein, Vlrich Haller, Cunrad Katerpek, Cunrad Stro-
meir, Jorgo Vorchtel, Herman Eyfuogel, Berchtoldus
Holtzfchuher, Cunradus Pfinzing filius Friderici, Cunradus
Diabolus, Ortlibus gener Rennerii, et Herman Weigel. De
quorum omnium prenominatorum confenfu premiffa omnia
et fingula funt peracta. Datum Nurmberch Anno Domini
Milleſimo Trecenteſimo Trigeſimo Secundo, Quinto Calen-
das Augufti.

Das zweite Capitul.
Von der Pacht- und Erbzinnß-Rechnung.

Bey Gelegenheit des im vorstehenden ersten Capitul dargelegten Pacht-
briefs über das Eigenthum und den Genuß des Nürnberger Rathhaußes
wird es erlaubt seyn, die Frage aufzuwerfen, wie dergleichen Pachtzinnße
zu berechnen. Da solcher Pachtbrief über ein in Nürnberg befindliches
Hauß ausgefertiget worden, so wird es keineswegs ungeschickt seyn, sich
selbst auf das Nürnberger Stadtrecht zu beziehen, ohne gleichwolen darmit
dem hochfürstlichen Hauß Brandenburg und dessen Rechten vor- und einzugreifen. Das Nürnberger Stadtrecht finden wir in dem drey und zwanzigsten Titul der Reformation. Dieser Titul ist bekannt, und dessen beede Geseze, welche hier nöthig, folgen unten. Da aber in der bekannten
commentatione succincta in codicem juris statutarii norici,
besonders wegen der Münzen und deren Gehalts, nicht alles gesagt worden,
was andere Nürnberger Rechtsgelehrte in ihren Anmerkungen gesagt; so
wird es kein Ueberfluß seyn, hier dasjenige einzuschalten, was ehehin der
Nürnberger Doctor Johannes Jodocus Peller von Rechnung der Pacht-
Erb- und Gatterzinnße gelehret. Der im vorigen Capitul belobte Herr
Will beziehet sich an der angeführten Stelle selbst auf die Pellerischen Bedenken, und ist dies ein Zeichen, daß solche in Nürnberg durchgehends vor
bekannt angenommen werden. Das erste Bedenken ist ein Gutachten an
den Beichtvatter, welcher ein Brandenburgisches Lehen gekauft. Das
zweite Bedenken ist die sogenannte gründliche Erläuterung des dritten und
vierten Gesezes des von Eigen- und Gatterschaften handlenden drey und
zwanzigsten Tituls der Nürnbergischen Reformation samt benöthigtem Vorbericht und Fürstellung ein- und anderer hierzu dienlicher guldenen und silbernen
Münzesorten. In dem ersten Bedenken so wie in dem zweiten stehen Säze,
welche wir uns keineswegs eigen zu machen begehren oder vermögen. In
dem ersten finden wir indessen eine Probe, wie man in Nürnberg die Brandenburgischen Lehenpflichten gering zu schäzen gewohnt seye. Wir finden
aber

aber auch, daß nach Nürnberger Stadtrechten, so lang es einen Patricier
als den Einnehmer betrift, sich kein geringer Gehalt der stipulirten Mün=
zen gegen solchen Einnehmer verjähren lasse.   Das zweite Bedenken, son=
derlich der Vorbericht, zeuget von vieler Kenntnuß bey welcher jedoch alle=
zeit die Vatterlands Liebe das Uebergewicht hat, und vieles zum Vortheil
der Stadt unrichtig angegeben wird.   Eben dahero ist man auch nicht im
Standt, alles vor bekannt anzunehmen, sondern muß beym Schluß etliche
Säze durch Anmerkungen zu berichtigen suchen.   Vorläufig aber darf man
aus dem ersten sowohl als zweiten Bedenken den Schluß machen, daß der
im ersten Capitul beschriebene Pachtzinß von Nürnberger Rathhauß nach
der Evalvation der heutigen Münzsorten keineswegs gering zu schäzen, und
dergl. Schäzung so wie die Kenntnus der alten Münzen zunimmt, täglich
zu verbessern seye.

Lit. A.

Daß Ew. WohlEhrwürden aus Beichtvätterl. guten Vertrauen meine
ohnmaßgebliche Gedancken über die habende differentien mit Dero Gar=
ten=Eigenherrschafft der Hochadel. Familie der Herren Stromere in pto.
deß berechneten Jährlichen Canonis, haben erfordern wollen, solches er=
kenne ich mit geziemenden Danck, und will mich hierinnen so willig, als
schuldig erfinden laßen.   Ich ersehe aber aus den alten und neuen ab An=
no 1467 usque ad A. 1701 communicirten Kauffbrieffen und aus
andern dabey befundenen fragmentis, daß Status causæ darauf be=
ruhe: 1.) Was unter dem in dem Extractu deß Brandenburgl. Lehen=
Brieffs über die Nürnbergl. Lehen fol. 25. befindlichen Worten, zween
Gulden Währung, und zwo Faßnachthennen (als welche formalia in
Ew. WohlEhrwürden Kauff de Ao. 1701 und Dero Authoris deß
Dennhards gleichfalls enthalten seyn) für eine Münz=Sorte verstanden
werde? und dann 2.) ob die Zinßzahlung præcise in Geld geschehen
müße? oder aber, 3.) wie allenfalls die proportion eines æquivalen=
tis der sogenannten Währung auf den Fuß deß ganzen Münzwesens, nem=
lich de ao. 1613 auf 1½ fl. valvirten und durch den Ao. 1693 ergan=
genen Münz=Probations=Schluß provisionaliter auf 2 fl. erhöheten
                                                                Reichs=

Reichsthalers zu ergründen? oder auch endlichen 4.) ob Ew. WohlEhrwürden fundirt seyn, bey dem von den Authore Dennhard, jederzeit
observirten und von Algenherrschafft wegen angenommenen Anschlag deß
Jährlichen Canonis inclusive der 2. Faßnachtshennen auf 4 fl. 40 kr.
in Münz zu beharren, und ob Sie eines oberherrlichen favorablen De-
cisi hierinnenfalls sich dörffen zu getrösten haben?

So viel nun die erste Frag betrifft, so erläutert das Wörtlein Währung sich gar leichtlich aus denen in den Hannß Reichl. als den ältesten
Kauffbrieff de dato Erichtag vor S. Erasmus Tag Ao. 1467. gebrauchte
und in mehr anderen Kauffbrieffen wiederhohlte Formalien: Davon
zinnßen und geben sollen zween Gulden Stadt Währung zu Nürnberg,
halb zu St. Wallburgi Tag und halb zu St. Michaelis Tag, und zwo
Faßnachthennen, als Eigengelds Recht ist, für baß ewiglich etc.   Nun
ist aber aus beglaubten manuscriptis bekannt, daß ein Nürnbergl. Stadt-
Währungsgulden, eine guldene Münz gewesen, deren 72 Stuck auf die
Marck gegangen seyn, und 22½ Carat fein, in conformitate der von
Kayser Sigismundo Ao. 1420. bestättigten Freyheit deß alt Nürnbergl. Herkommens gehalten haben, da hingegen die so genannte Landwährungs-Gulden (deren Ausmünzung erst Ao. 1422. erlanget worden ist)
als nur 19 Carat fein haltend, neben diesen so genannten Stadt-Währungs-Gulden (deren annoch heutiges Tags einige als eine Raritaet bey
ein und andern Privato anzutreffen sind) ist deß S. Sebaldi Bildnuß, mit
der Kirchen in der Rechten, und dem Bischoffs, oder vielmehr Pilger-
Staab in der lincken Hand, mit der Randschrifft von Gothischen oder
Wendischen Buchstaben Sanctus Sebaldus, und auf der andern Seiten
deß einfachen Nürnbergl. Wappen-Schilds mit der Rand-Schrifft; Moneta Civium Nureberg, bestanden.   Dergleichen Münz-Sorten, vermög deß zuvor angezogenen ältesten Kauffbrieffs de Ao. 1467. ewiglich
zu denen bestimmten Zeiten der Hochadel. Stromerl. Aigenherrschafft hätte
gereichet und gegeben werden sollen.   Nachdeme aber, wie die allhiesige
Statuta, oder die Ao. 1564. verneuerte Reformation tit. leg. 3. §.
fin. bezeugen, diese Münz-Sorten albereit damahls gar wenig, und gar
beschwehrlich zu bekommen gewesen seyn solle. Ist ratione der, außer der
Stadt Ringmauer gelegenen Gärten, die Verordnung beschehen, daß an

statt

ſtatt derſelben ein Gulden Rheiniſch in Gold (welcher damahln nur 60 kr. gegolten haben mag, wie aus der von Leonhard Willibald Hoffmann in ſeinem alt- und neuen Münz-Schlüßel publicirten Tabella zu erſehen, pag. 272. Ao. 1582 biß auf 1 fl. 15 kr. und nach und nach höher geſtiegen iſt) und 20 Pfenning darauf, oder, wie das ein jeder mit alter hergebracht hat, und deßen in Gewähr iſt, bezahlt werden ſollen, ſo ſcheinet es erſten Anblickes, daß der andere Frag-punct pro die Hochadel. Aigenherrſchafft affirmative, und zwar um ſo viel mehr zu reſolviren ſeyn mögte, als in den Additional. Reform. Noric. de dato 20 Febr. 1624 ausdrücklich enthalten iſt, daß die Erbleute von der im Monat Septembr. 1623 reducirten Münzordnung anzurechnen, die Aigenzinnße, nach Innhalt der Aigen- und Erbbriefe, guldne oder ſilberne Sorten in ſpecie, wie vor alters zu bezahlen ſchuldig ſeyn ſollen etc. etc. Wo nicht Ehrengedachter Aigenherrſchafft einige andere, deß vierdten Frag-Punct allegirende Umſtände entgegen wären.

Hierauf nun den 3ten Fragpunct mit wenigen zu berühren, ſo bedunckt mich, daß deſſen gründliche Unterſuchung mehr ein Werck eines Münz-Wardeins, als eines Juris-Conſulti ſeye; Jedoch machen die allhieſige Statuta (denen Ao. 1564 und alſo nach der Ao. 1559 emanirten Kayſer Ferdinandeiſchen Münzordnung geweſenen Zeiten und Laufften nach) die proportion zwiſchen der guldenen Münz, neml. den Stadt- und Landwährungs Gulden, und zwiſchen der ſilbern Münz auf reſpective 65 und 60 kr. grob Geld, das iſt, der Gülden Groſchen, Ao. 1623 auf 1 fl. 20 kr. der Goldgulden aber, beſag der obangezogenen Tabell auf 1 fl 42 kr. biß 44 kr. valviret worden iſt, ſo hat hierdurch allen Vermuthen nach, die allgemeine Obſervanz ihren Anfang genommen, daß nemlich der Gulden grob Geld mit 20 Bazen, der Stadt-Währungs-Gulden aber mit noch 5 kr. darauf oder 85 kr. von denen Erbleuten in der Stadt und auf den Land bezahlet, und nicht nur von denen Privat Eigenherren, ſondern auch E. HochEdlen Raths verwandten Aembtern angenommen worden iſt, womit auch Stadtkündiger maßen, der proviſionaliter beſchehenen Erhöhung deß Reichsthalers anfangs auf 1½ hernach aber auf 2 fl. unerwogen, biß auf dieſe Stund continuiret wird; dahingegen die Herren Stromer in quaſi poſſeſſione deß ad 2 fl 10 kr. Ihnen bezahlenden

Stadt-Währungs-Gulden sich befinden, anjezo aber, nach Außweiß und Inhalt, der den 6. Curr. mensis Aprilis bey deß Regierenden Jüngern Herren Burgermeisters HochEdgstl. angebrachter Klage, die Bezahlung ihres von 3. Jahren her ausständigen Canonis entweder in Goldgulden in specie, oder den gegenwärtigen Werth dafür (so der Ao. 1693 von denen Hochlöbl. dreyen im Münz-Wesen correspondirenden Obern Crayßen per modum Recessus gemachten Münz-Valvation nach 2 fl. und etl. 50 kr. wäre) verlangen: welches Werk die Materia deß jezt angreiffenden endlichen und 4ten Fragpuncts ist.

Anreichend nun dieses Puncti erstes membrum, so ist in facto richtig und klar, daß allbereit den 17. Julij 1650 der damahls gewesenen Erbmännin, Frau Maria Christoff Rosenhardin, sive Glocken-Gießerin, hinterlaßener Kinder und Erben Constituirte Vormundere in einem gerichtl. eingereichten Decret begehren pro ratione et fundamento der vorhabenden Alienation dieses Erbrechts angeführt hat, daß dasselbe deß Jahrs nur 22 fl. Zinnß ertrage, dahingegen jährlich NB. 4 fl. 41 kr. Eigenzinnß davon gegeben werden müsten, und demnach nur 17½ fl. übrig verbleiben etc. etc. woben mit Stillschweigen nicht zu übergehen, daß vor der Ao. 1636 fürgegangenen Gieserl. Vererbung das Erbrecht und Aigenthum bey deß Stromerl. Herren Administratoris Seel. Hrn Vatter consolidirt gewesen, und die Separatio beederley Jurium eben zu solcher einer Zeit fürgegangen seye, da kurz vorhero, neml. in Ao. 1635 der Goldgulden auf 2 fl. 10 kr. gesezet, und außer Zweyffel der Zinnßreichung halber in Münz sich verglichen worden ist. Ferner ist durch deß vor wenig Jahren seel. verstorbenen Herrn Wolff Albrecht Stromers eigne Handschrifft zu bewähren, daß der vorige possessor pro Annis 1696, 1697 et 1698 mit 4 fl. 40 kr. jährl. præstanda præstiret habe. Aus welchen zweyen Extremis ganz bündig und wohl argumentiret wird, daß auch die solutiones intermediæ anderer Gestalt nicht, als post annum 1650. vsque ad annum 1698 mit 4 fl. 40 kr. beschehen ist, werden geleistet worden seyn; also daß man ex parte der Erbleute nicht nur in einer 30 oder 40, sondern mehr als 50 Jährl. possessione libertatis à præstatione Canonis in nummis aureis sich befindet, welcher diuturnitatem temporis, scilicet 30 annorum bey personis seculari-

laribus, in Ecclefiæ caufis aber 40 annorum von denen Rechtslehr-
rern

> Budel. de Monet. l. 2. c. 24. n. 37. junct. num. antece-
> dent. à n. 12. cum feqq. lex enim c. 20. X. de Cenfib. ad-
> dantur Huth. ab eo citatus et inter ceter. Alvert. Brun-
> nus de Monet. aug. et deminut. limit. 4. n. 7. et 8. Gabr.
> Commun. Concl. lib. 3. tit. de folut. concl. 1. n. 25
> cum feqq. Bald. de Præfcript. part. 4. part. prima quæft.
> 7. n. 4. Evert. bon. Conj. 31 cum feqq.

folch eine Krafft und Würckung zugeschrieben wird, daß auch die præftationes annuæ hievon nicht exempt seyn, sondern die qualitas et
modus folvendæ pecuniæ annuæ, etiamfi de certo nummo-
rum genere conftet, dergestalt möge præfcribiret werden, daß der
debitor derselben nicht nur quoad præteritum, sondern auch quoad
futurum bey dem 30. und 40 Jährigen modo folvendi müste gelaßen
und dabey manutenirt werden, und diese limitation wird auch von
dem Francifco Solgado

> in Labyr. Credit. p. 2. cap. 8. n. 8.

und von der von Jhme allegirten Rota Romana agnofciret, wiewohln
diefer Autor fonften die non præfcriptionem annuorum cenfuum,
cum tot fint præftationes, quot funt anni, hefftig verficht; Es
feynd aber diese Principia und Opiniones Dd. denen hiefigen auf
das Herkommen, wie es vor alters damit gehalten worden, in eben diesen
Cafu fich gründenden Statutis et Senatus Decretis

> R. N. tit. 23. §. fin. et Addit. de dat. 20. Febr. A. 1624.

allerdings conform, und muß fothanes Herkommen sowohl dem Geber,
als dem Nehmer, zu Nutzen oder Schaden gereichen, sonderbahr, da an
den Fundamento præfcriptionis (welches beneficium fonft außer
diesem ein impium præfidium zu nennen ist) fcil. bona fide

> Cap. fin. X. de Præfcript. Gail. lib. 2. obf. 18. n. 2. et
> Mynfing. cap. 4. obf. 6. Budel. de Monet. d. l. c. 24.
> n. 38 aliique fuperne citati Auth.

bey

bey Ew. WohlEhrwürden kein Mangel erscheinet, indeme de Consuetudine Norica per Sententiam in Causa Appellationis J. Schwat contra Joh. Baptista Mayers Kinder Vormündere d. 6. 7br. 1702 confirmata, der Stadt Währungs-Gulden insgemein nicht zwar in Ablösungs, sondern wie in Zinß-Rechnungs-Fällen, wie allbereit hieroben bey den 3. punct erwehnet worden ist, daß post consolidationem et Ao, 1636 reiteratam separationem deß Erbs und Eigens zwischen wehl. Herrn Phillpp Jacob Stromer Senior und der Frau Maria Glockengleßerin, deß Ao. 1650 von der Kinder Vormündere gerichtlich angezeigten Anschlags halber, einige pacta mögen beschehen seyn, zu geschweigen, daß auch bey Richtung der Losung, der Goldgulden höher nicht, als 82 kr., so vor, als nach Erhöhung deß Reichsthalers auf 2 fl. in Anschlag kommet, und in causis fiscalibus die auf gewiße Anzahl Marck lödigen Goldes bestimmte poena auf 72 Stuck, das Stuck aber zu 2 fl. und also weniger als der Hochadel. Stromerl. Aigenherrschafft gereichet wird, ausgeschlagen zu werden pflegen.

Rhodingus Pandect. Camer. lib. 1. c. 37. §. 24. & L. 3. c. 11. §. 4. Gamb. ad Receß. Imp. de Ao. 1654 ad arr. 5. & quidem ad verba: Marckgoldes.

Können also Ew. WohlEhrwürden glauben und im Gewißen sicher seyn, daß durch die Bezahlung deß Canonis mit 4 fl. 40 kr. in unverschlagener Münz Sie Dero Hochadel. Garten Eigenherrschafft nicht Unrecht, noch zu kurz thun.

Diesem allen aber kan dadurch kein Abbruch geschehen, daß der hieroben bey den andern punct allegirte Addition. Reform. Nor. mehr wohlgedl. Aigenherrschafft in ihrer auf die Reichung in Goldgulden in specie abzielenden Intention kräfftig assistiren solle, sintemaln die darinnen verbotenus enthaltene limitation wie vor alters, dem Werck herüber und hinüber seinen Ausschlag giebet, und dem sich auf das Herkommen fundirenden Theil das onus probandi (so an Seiten Ew. WohlEhrwürden obdeducirter maßen mit documentis beschehen kan) aufbürdet, und wann man diese rationem decidendi dieses Raths decreti ex antecedentibus wahrnimmbt, warum nemlich die bey der circa

initi-

initium deß vorigen Seculi eingerißenen großen Münz-Confusion zu Behuff der Erbleute d. 29. Dec. Ao. 1619 et 6. Dec. Ao. 1622 provisionaliter gemachte limitation deß Goldguldens auf 2. in Münz wiederum aufgehoben worden seye, so bestehet solche darinnen, daß die Erbleute nicht Ursach haben werden, sich ferner zu beklagen, weilen die Goldgulden auf 16. Bazen (so vielleicht ein error pennæ seyn mag, und nach Anleitung der im Hoffmänl. Münz-Schlüßel befindlichen Tabell 26 Bazen heißen solle) seye gesezet worden, welche ratio decidendi aber durch dieser guldenen Münz-Sorten weiterer Erhöhung sich alternirt hat, und auf das tempus præsens um so viel desto weniger applicirlich ist, als man in denen Notorischen terminis versiret, daß bey 30, 40 oder 50 Jahren, ja außer Zweiffel ab Ao. 1636. her inclusive der zweyen in verschiedenen Kauffbrieffen à 10 kr. zu Geld angeschlagenen Faßnacht-hennen bezahlet, und von Aigenherrschafft wegen angenommen worden ist. Heist es also billig: viam, quam semel elegisti, ambula.

Anreichend aber die in dem Aigenherrl. Klagbegehren durch Herrn D. Pllnhubers Interposition angeblich beschehene Oblata, so können dieselbe, wann auch das Vorgeben in facto sich allerdings also verhielte, keine Verbindlichkeit operiren, weil man in nudis terminis tractatuum verblieben, und, wie ich aus der Aigenherrl. subscriptione deß Vergleichs-project ersehe, ex parte der Aigenherrschafft selbsten sub prætextu der Lehenpflichte, und daß man dem Lehen nichts könne entziehen laßen, abgebrochen, mithin das Werck in eum statum, wie es ante

Gail. 1. obs. 140. n. 10.

gewesen, wiederum verfallen ist. Wobey ich salvo Respectu nicht verhalten kan, daß solcher Prætext der Lehen-Pflicht ein vergeblicher Einwurff seye, zumaln der Lehens-Curia nichts daran gelegen, ob der Vasallus die 2. Stuck Stadtwährung in Gold- oder aber in Silber-Münz und auf was für einen Fuß deß Münzwesens man solche annehme. Und wann ja die mehr als 30 und 40jährige Gewohnheit und die Zurucklaßung deß lucri cessantis, das ist, deß eigennüzigen und gewinnsichtigen Geld-Aufwechsels, ein onus feudale könnte genennet werden, so hätte man

B 3   jedoch

jedoch ju bescheiden, daß in præjudicium conftituentis Vafalli ejusque hæredum

> 2. Feud. 8. verf. rei autem per benef. etc. add. Struv. in Synt. Jur. Feud. c. 2. 11. §. 8. n. 8. item Stryk in Exam. Jur. Feud. c. 10. quæft. 5. et 8.

die præfcriptio 30 annorum ftatt habe. Nun dann aber deß klagenden Herrn Ulmann Stromers Hochedelgeftr. von Zeit Dero feel. Herrn Vatters Todsfall anzurechnen, durch Dero ältere Herren Gebrüdere refp. Hochadel. Herrl. und Hochedelgeftr. den jährl. Canonem, von denen hie bevorigen poffefforibus, ju 4 fl. 40 kr. wißentlich, wohlbedächtig und absque contradictione angenommen haben, Dero 3. Herren Agnati aber beederfeits ihren Herrn Vattern in Erbe nachgefolget feyn, fo werden diefe lejtere factum defunctorum Dn. Dn. Patruum ju ratihabiren, hingegen aber deß Herrn Stifftungs-Adminiftratoris Hochedelgeftr. bey der bekannten Rechts-Regul, quod femel placuit, amplius difplicere non poteft, ju verbleiben fich nicht entbrechen können. Ich wollte demnach in fatisfactionem deß lejtern membri, deß obftehenden 4. Frag-puncti, ganz und gar keinen Zweyffel tragen, daß bey fo bewandten Umbftänden nicht follte pro Ew. WohlEhrwürden (woferne Sie nur vorhero durch eine bey hochlöbl. Burger-Meifter-Ampt fürnehmende reale Oblation deß verfaffenen 3. Jährigen Canonis und im Fall verweigerender Annehmung durch die depofition deffelben moram folvendi werden purgirt, dadurch aber moram accipiendi der Aigenherrfchafft anheimgefchoben haben) eine erfreuliche und gewährige Refolution folgen, worzu ich Gottes gnadenreichen Seegen von Herzen wünfche.

Salvo aliorum Judicio

d. 28 April. Ao. 1705.

Lit. B.

Auf wohlbedächtige Veranlaßung und mir fub dato 18. Decembr. 1708 jugekommenen gnädigen Befehl, hab ich nicht ermanglen follen, die

intri-

intricate, und schwehre= von der Aigen= und Gatterzinnß=Reichung und
Dero Ablösung handlende Textus Reformationis per ocularem
demonstrationem, und zwar vermittelst der hierunten anfügenden Be=
schreibungen einiger guldenen und silbernen Münz=Sorten zu erläutern.
Ich würde aber zu den abgezielten Scopum nicht wohl gelangen können,
wann ich nicht ein und anders, das Münz=Wesen insgemein und diese all=
hiesige Republic in particulari betreffendes præmittirte. Damit man
nun die Differenz zwischen denen Stadt und Landwährungs=Gulden, wie
auch andere Münz=Sorten recht verstehen möge, hat man die Außtheilung
deß Gold= und Silber=Gewichts, nach der Nürnbergischen und Cöllnischen
Proportion, sich wohl zu imprimiren, nemlichen, daß eine jede Marck
Golds 24. Karath und jedes Karath 24 grana halte. Das Silberge=
wicht aber, oder die Marck (wofür man sonsten 16. Loth und für jedes
Loth 18 grana rechnet) allhier zu Nürnberg etwas anderst und zwar jede
Marck gleichfalls in 16. Loth und jedes Loth in 4. Drachmas oder Quint,
und jedes Quint in 4 Pfenning eingetheilet werde.

Die Proportion aber zwischen den Nürnbergischen und Cöllnischen
Gewicht ist diese, daß 100 Marck Nürnbergisch 101. Marck 9. Loth 1.
Quint 2. Pfenning Cöllnisch et vice versa 100 Marck Cöllnisch 98
Marck 7. Loth Nürnbergisch auswerffen. Und wird, wann man gleich,
als in vorwesenden Propos, von Münzwesen handelt, das Gewicht,
Schrot, und der innerliche Halt (so in einen Theil seines Goldes oder Sil=
bers und in einen Theil Zusaz von geringeren Metall bestehet, und solcher Zu=
saz die Liga genennet wird) das Korn betitult und nach dem Cöllnischen
Gewicht mensuriret. Und so viel vorläuffig, ehe man zum Zweck selb=
sten, nemlichen zur interpretation solcher Textuum und der darinnen
allegirten Stadt= und Landwährung schreitet, von der nothwendigen An=
merkung über das Gold= und Silbergewicht.

Nechstdeme ist pro meliori intellectu der hicunten angeführten
Annotationen zu erinnern, daß wann von Pfund und Pfenning gedacht
wird, jederzeit das Pfund alt zu 30. Pfenning oder 60. Heller verstanden
werde. Allermaßen die Distinctio zwischen ein Pfund alt und ein Pfund no=
vi, das ist, 28. Kreuzer und 1. Pfenning allhier üblich ist, also und dergestalt,
daß bey denen über die Geld und Gefäll=Einnahm bestellten Aembtern und

auch

l

auch regulariter, ratione der Geld-Buesen bey dem Hochlöblichen Straff-
und Fünffer-Gericht, auf das Pfund alt, in gewiesen Fällen aber auch daselbst auf das Pfund Novi (wofür jedoch der Numerus rotundus nemlich der 30. Kreuzer genommen wird) man zu rechnen pfleget; hingegen bey
denen Gerichtlichen Inſtantiis in Poen-Fällen durchgehends auf das
Pfund Novi das Abſehen genommen wird.

So viel aber den Urſprung dieſer diſtinction betrifft, bedüncket
mich, es kommet ſolche diſtinctio daher, daß circa exitum deß Jahrs
1615. der Goldgulden (alß der ehemalige Fuß deß ganzen Münz-Weſens)
publica autoritate auf 28. Bazen valviret worden, und die nächſte 2.
Jahr hernach deßen valor extrinſecus unverändert geblieben iſt, auf
welchen Fuß 4. Pfund novi oder 4. mahl 28. Kreuzer mit dem valore
deß Goldguldens zu 28. Bazen übereinkommen.   Wegen deß Pfennigs
Ueberſchuß aber, oder eines Kreuzers à rata deß Goldguldens, kan ich noch
der Zeit eine ſolidam rationem eben ſo wenig finden, als ich biß dato
gefunden habe, warum Anno 1524. auf die 15. Bazen die Zulag eines
Kreuzers determiniret geweſen, in der Reformation aber Ao. 1564
ein ſolches nicht wiederhohlet worden ſeye.

Ferner wird auch nöthig ſeyn, weilen die alte Aigenbrieff und auch
der Münz-Sorten Umſchrifften mehrentheils mit Gothiſchen Buchſtaben,
oder ſo genannten Münchenſchrifften geſchrieben ſeyn, daß man ſothanes
Alphabeth ſich bekannt mache, was aber die Abbreviaturen betrifft,
läßt keine gewieſe Regul ſich darinnen vorſchreiben, ſondern es wird, gleich
als in vielen modernen Gedächtniß-Pfenningen das reiffe Nachdencken
und das einem jeden Menſchen beywohnende Natürliche, ex hiſtoriis ge-
ſchärffte Judicium das meiſte und beſte dazu contribuiren.

Gleichwie nun aber alle Dinge in der Welt der Veränderung unterworffen ſeyn, alſo hat auch das Münzweſen ſeine fatale Periodos gehabt.   Man hat aber quoad materiam præſentem die erſte Revo-
lution von Kayſer Caroli IV. Zeiten an, nemlich von An. 1356. biß
An. 1402. zu rechnen, als inner welcher Zeit die 22. biß 23. oder 23¼
Karath haltende Güldene Münz 1. Pfund Heller gleich geachtet, und von
König Ruperto Palatino eine allgemeine Verordnung gemachet worden

iſt,

ift, daß alle mit dem Münz-Regali begabte Ståndte des heiligen Römlſchen Reichs ihre guldene Münze auf 22½ Karath richten ſollen.

Der andere Periodus aber wåre das 1442. Jahr, da König Fridericus III. das Ausmünzen der Lands-Wåhrungs-Gulden höher und ringer dann 19 Karath verbotten hat, und iſt von ſolcher Zeit an biß ad annum 1500, ſo man für den dritten Periodum nehmen kann, der Werth der Landwåhrungs-Gulden biß auff 7. Pfund und 10. Pfenning, ja nach und nach biß auf 8 Pfund, 12. Pfenning geſtiegen. Da dann, um willen die Silber-Münz håuffiger, als ehedem beſchehen, im Handel und Wandel gebraucht worden iſt, abſonderlich die numi unciales, als da ſind die Reichs- und Oerther-Thaler aufgekommen, auch wegen der Silbermünz und dero durchgehenden Gleichheit, weder An. 1442 noch auch auf den folgenden Reichs-conventen, als nehmlich bey Verfaßung der Kayſer Maximilianiſchen Cammer-Gerichts-Ordnung, auf den Reichstag zu Regenſpurg, Augſpurg de an. 1500 it. zu Trier und Cölln 1502. zu Nürnberg 1524. zu Speyer 1526 et 1529, zu Augſpurg 1530. zu Regenſpurg 1532 et 1541. wiederum zu Augſpurg 1548. 1551. et 1555 und lezlich nochmals zu Regenſpurg 1557. wie ſehr man ſich auch drob bemühet hat, ein reglement gefunden werden mögen. Alſo daß die convenienz erfordert hat, in den vierten Periodo, nemlich An. 1559 durch die Ferdinandiſche Münz-Ordnung aller Unordnung im Münz-Weſen abzuhelffen; wie wenig effect aber ſolche gute intention gehabt habe, ſolches bezeugen die nachfolgende Receſſus Imperii de Annis 1566. 1570. 1571. 1576. 1582. 1586. et 1594. Es hat aber dieſer guten intention würcklichen Fortgang zu verhindern eines allhieſigen Burgers und Handelsmanns, Barthel Albrechts, bey dem glorwürdigſten Kayſer Rudolpho II. erworbene Gnade viel contribuiret, und verurſachet, daß dieſer Handelsmann ſein gemeinſchädliches in Ringern, Aufwechßlen und Verführen der guten und gerechten Münz-Sorten beſtehendes Unternehmen, deſto freyer hat forttreiben können; ſo aber endlich prævia Inquiſitione und darauf vorgekehrter Oberherrlichen Animadverſion einen ſchlechten Ausgang bey Ihme genommen hat.

Inmittelſt hat das Münz-Unweſen von Jahren zu Jahren, je länger je mehr überhand genommen, daß in dem fünfften Periodo, nemlich

circa annum 1622 die Remedur sehr schwehr gefallen, jedoch durch
göttlichen Beystand, nachdeme die, im Münzwesen correspondirende
hochlöbliche drey obere Reichs-Cränße, alß Francken, Bayern und Schwaben, das Eiß, so zu reden, gebrochen, so weit überwunden worden, daß
biß zur Zeit deß An. 1658 erwählten Glorwürdigsten Kaysers Leopoldi I. allermildesten Gedächtnus angetrettener Kayserlichen Regierung, das
gleichsam nur in der Aschen verborgen gelegene Münz-Unwesen wieder in
eine Flamme ausgebrochen, und also der Anfang deß sechsten fatalen Periodi gemachet worden ist, welcher, weder die Sorgfältigkeit verschiedener deß heiligen Römischen Reichs hochlöblichen Craiß, Churfürsten, Fürsten und Stände, absonderlich der dreyen in Münzwesen correspondirenden hochlöblichen Craiße (gleich als die viele Münz-Probations Tags-
Abschiede, de Annis 1667. 1669. 1677. 1679. item Mense Julii
et Novembris 1680 ferner 1691 et 1693 samt dem auf dem Reichs-
Convent zu Regenspurg 1667. ad dictaturam gekommenen Reichs-
Concluso mit mehrern bezeugen) so lang und viel keinen Abbruch haben
thun können, biß der An. 1701 zur Königlich Preußischen Würde erha-
bene allerglorwürdigste Fridericus III. als Churfürst zu Brandenburg (indeme die Münz-Malversanten dero hochvenerirendes Bildniß und deßen
Aufprägung auf Ringhältige Beyschläge, zu mißbrauchen keinen Scheu
gehabt haben) zum rechtmäßigen Eyffer bewogen worden, an. 1693 de-
rerenthalben eine besondere Abordnung anhero nach Nürnberg zu thun, auch
ein und andere Hecken Münzen zu zerstöhren.

Wie nun bey dem siebenden fatalen Periodo, man so weit avan-
ciret ist, daß die gemeinschädliche Münz-malversanten, Aufwechßler
und Verführer der guten Münz-Sorten auf die Hecken-Münzstätte, oder
so genannten Kipper und Wipper allhier zu Nürnberg weit schärffer als an
anderen Orten geschehen (wie die im Hochlöbl. Losungs-Amt verwahrlich
aufgehaltene Acta bezeugen) seynd abgestrafft, und der Reichsprobmäßige
Thaler, wiewohl nur provisionaliter erhöhet, und auf 2. fl. valvirt
worden, so hat man bey den jüngsten die 22. Febr. An. 1709 allhie:
zu Nürnberg vorgewesenen, und andern An. 1694. 1695. 1696. 1700
et 1705 vorhergegangenen Münz-Probations-Conventen des noch nicht
herunter zu bringenden vermögenden Silber-Kauffs halben, kein beßeres,

oder

oder zulänglichers Mittel, als die durch den Münz-Probations-Abschied de An. 1693 nochmahls confirmirte Provisional Erhöhung deß Reichsthalers auf 2 fl. und nach advenant aller anderen Münz-Sorten auf solchen Fuß erfinden können.

Anbey aber kan man unerinnert nicht laßen, daß die Valvation deß Reichsthalers auf 2 fl. nur von der Rheinischen, nicht aber von der Fränckischen Währung zu verstehen seye, allermaßen zur Zeit des fünfften Periodi und zwar circa annum 1510. zwischen Chur-Pfalz, dem Hochstifft Bamberg, dem Hochfürstlichen Hauß Brandenburg und allhiesiger hochlöblicher Stadt einer particular Münz-Ordnung sich verglichen, und bald hernach um der mit den Sächsischen Landen und anderer benachbarten Provincien treibenden Commercien willen, die distinctio zwischen der Rheinischen und Fränckischen Währung zum ersten mahl eingeführet, und An. 1623. bey Restablirung des zerrütteten Münzwesens, als in den sechsten Periodo dergestalt fortgepflanzet worden ist, daß man den Reichsthaler auf 18. Bazen Fränckisch, hingegen aber auf 22½ Bazen Rheinisch oder 1½ fl. gesezt hat, und ist die differenz zwischen beederley Währung, es seye gleich in großen oder kleinen Bezahlungen, ohnschwer zu finden, als zum Exempel; wann man von 500 fl. Rheinischer Wehrung das Fünfftel subtrahiret, und dadurch das quantum der 400. fl. Fränckischer Währung auf Rheinisch zu calculiren, denen 400 fl. das ¼ addiret, so hat man wiederum das richtige quantum der 500 fl. Rheinisch.

Hierauf nun wende ich mich zur Erklärung der güldenen und silbernen Münzabbildung und hochlöblicher der Stadt Nürnberg wohlhergebrachter Münz-Gerechtsame, und ist dero Alterthum eine genugsame Probe deß glorwürdigsten Kaysers Friderici II. dahin verlautendes Privilegium de dato Nürnberg MCCXIX. 6. Idus Novembris dieses wörtlichen Innhalts; In Nundinis Werthæ (Donawörth) civis Noribergensis cum denariis Noribergensibus de jure cambiet et emet aurum et argentum et nemo prohibebit. Similiter in Nundinis Nordlingensibus cum Denariis Noribergensibus ement, cambient aurum et argentum, et Magister Monetæ Noribergensis illuc ibit, si voluerit, et suos denarios ibi formabit.

Son-

Sonsten aber, so viel man aus einem beglaubten Manuscripto hat finden können, so haben das Kayserliche Münz-Regale die zu Nürnberg ihre Residenz gehabte Reichs-Vögte, so lang exerciret, biß daßelbe (um Willen der Schlag-Saz ein Gefäll der Kayserlichen Cammer gewesen ist) Pfandweiße Heinrich Großen Schultheisen zu Nürnberg und Stifftern deß unter Kaysers Ludovici IV. Regierung erbauten Neuen Spitals zum heiligen Geist und deßen Söhnen verliehen, und von der Großischen Posteritæt unter Königs Wenceslai Regierung An. 1396. Herdegen Falzner um eine nahmhaffte summa solches Pfandrecht abgetretten worden, welcher sein jus mit allergnädigsten Consens deß Glorwürdigsten Kaysers Sigismundi an Herrn Marggraff Friderich, hernachmals Churfürsten zu Brandenburg An. 1419 cedirt hat, von deme, nach Anleitung deß gewesenen Kayserlichen Befehls, diejenige Reversales, worzu vorhero der Falzner verbunden gewesen, von Handen gestellet worden seyn dieses Wörtlichen Inhalts;

Erstlich, die Gulden sollen am Strich haben 19. Karat und schwer gnug seyn nach dem Nürnbergischen Gewicht. Zweytens, die Münz-Meister, so die Münz streichen, und aufziehen, sollen mit Rath und Zuthun des Raths zu Nürnberg dazu genommen und verpflichtet werden. Drittens, zu dieser Münz ob man gleich auch silberne zu schlagen, zu Rath wurde, soll nur ein Münzmeister bestellet werden. Viertens, diese Gulden soll man für Nürnbergische Stadt-Währungs-Gulden zu nehmen nicht schuldig, und sollen dem Rath an ihren Stadt-Währungs-Gulden unschädlich seyn. Fünfftens die Münz-Meister sollen die Stadt-Währungs-Gulden nicht aufkauffen, noch abthun, auch kein Geld, so aus Stadt-Währungs-Gulden gebrennet, kauffen. Sechstens wer darwieder handelt, den soll der Rath wie Ihme befohlen, darum straffen 1419.

Es hat aber Herr Marggraff Friedrich, hernachmals Churfürst zu Brandenburg solche Pfandung Magistratui Norico An. 1424. abgetretten und ist deßen Confirmatio Ao. 1425 von wegen Kay. May. Macht und Gewalt erfolgt, mithin ist von solcher Zeit an die Bestellung der Münz-Stadt zu Nürnberg biß hiehero unverruckt bey Einem Hochedlen Magistrat, wiewohl in alia qualitate verblieben, indeme auf den Reichstag

zu Augspurg An. 1566. unanimi Consensu totius Imperii geschloßen worden ist, daß niemand seine Münzgerechtigkeit andern verley-
hen, oder von andern verlegen laßen, noch mit den Münz-Meister den
Gewinn theilen solle, und daß vermög der Reichs-Schlüße de An. 1570.
et 1571 in einen Craiß mehr nicht, als 3. biß 4 Münzstätte, als zum
Exempel in Fränckischen Craiß, Würzburg, Schwobach, Wertheim
und Nürnberg; im Bayrischen, München, Salzburg und Regenspurg;
im Schwäbischen, Stuttgardt, Montfurth und Augspurg seyn sollen.

Anreichend nun das erste Schema der guldenen Münz-Sorten,
so wird der Anfang von denen breyerley Sorten des Stadt-Währungs-
Gulden gemacht. Es ist nicht zu zweyfflen, weniger aber zu glauben, daß
solche niemals eine silberne sondern jederzeit eine güldene Münze gewesen
seye, wann man betrachtet, daß 1) An. 1402 König Rupertus Pala-
tinus allen mit dem Münz-Regali begabten hohen und niedern Stän-
ten deß Reichs fürgeschrieben habe, daß Sie eine guldene Münz auf 22½
Carat, deren 66. Stuck auf die Marck gehen, schlagen laßen sollen;
2. Daß König Sigismundus An. 1420 solche auf 22½ Carat hergebrachte Freyheit Magistratui Norico bestättiget, und deß tituli Stadt-
Währung in solchen Diplomate sich gebraucht, so dann 3. An. 1422.
bey ertheilender Concession auf 19. Carat, gleich andern deß heiligen
Römischen Reichs-Ständten (so eben die obgedachten Land-Währungs-
Gulden seyn) zu münzen, die clausulam annectiret habe, daß solches
denen auf die herkomliche feine ausmünzenden, wiewohln An. 1427 biß
auf 21. Carat abzuprägen verwilligten Stadt-Währungs-Gulden ohn-
schädlich seyn sollen. 4. Daß circa annum 1427 keine andere Münz
gangbar gewesen, als Ungarische Ducaten und Rheinische Gulden Pfenning und Halbing; was aber eigentlich die Halbing gewesen seyn, davon ist
hactenus keine mehrere Nachricht zu finden, dann daß An. 1432 der
halt derselben 2½ fein gewesen und 53. Stuck auf das Loth gegangen seyn;
5. Daß, obschon bey der unter Kayser Friderici III. Regierung An. 1442
zu Franckfurth gehaltenen Reichs-Versamlung geschloßen worden, daß die
Landwährungs-Gulden, weder beßer, noch geringer, als 19. Carat haltig, sollen gemünzet werden; eben dieser Imperator nichts desto weniger
An. 1464 solche sanctionem pragmaticam et generalem, respe-

Au der Nürnbergischen Stadt-Währungs-Gulden restringiret, und König Sigismundi gebrauchte clausulam der Ohnschädlichkeit der auf 22½ Carat bestimmten Ausmünzung derselben, bey der specialiter über 19. Carat haltige Landwährungs-Gulden ertheilten Begnadigung expresse annectiret und repetiret hat. 6. Daß um deß bessern Halts willen (indeme der Stadtwährungs-Gulden derer 23. Carat und 8. Gran haltende, auch 67. Stuck auf die Marck gehende Lilien-Gulden und mit denenselben dem Schrot und Korn nach gleich gehenden allergnädigsten Ungarischen, von des An. 1445. biß An. 1452. regierenden König Johannis Corvini und des von An. 1458. biß An. 1460. regierenden König Matthiæ Corvini Nahmen und Geschlecht ihre denominationem derivirenden Räbler Ducaten sehr nahe beykommen, der 19. Carat haltende Landwährungs-Gulden aber etwas weiter davon entfernet gewesen ist) der Zinß-Zahlung mit Stadtwährungs-Gulden 20. Pfenning haben zugeleget werden müssen.

Hierauf folget der Landwährungs-Gulden, von welchen vielerley Sorten, mit den Bildnüß Sti Laurentii fürkommen, und zwar die erste ohne Jahrzahl cum Inscriptione: Moneta communs D. i. e. Ditionis; Nuremberg. In der zweyten de An. 1507. und in der dritten de anno 1514 ist die erste Sylbe com. abbreviret, und gmunis gesezet, und in der vierten de An. 1534 finden sich diese Worte: Moneta Reip. Nurmberg. Alle aber sind dem Schrot und Korn nacheinander gleich, und gehen auf die Marck mehr nicht, dann 72 Stuck, und erreichen die 19 Carat nicht, sondern seynd nur 18 Carat 6. Gränhaltig, da doch Kayser Fridericus III. An. 1442 in der damahls emanirten Policey-Ordnung, als einer sanctione pragmatica Imperii die 19 Carat determinirt; hingegen aber das höhere und ringhaltigere Ausmünzen der Landwährungs-Gulden ernstlich verbotten hat; Worbey erinnerlich ist, daß biß ad Annum 1385. 1. Pfund Heller und ein Goldgulden promiscue hat müssen bezahlt und angenommen werden, sodann 1397. der Goldgulden für 3½ Pfund auch nach und nach höher æstimiret worden seye, biß man denselben An. 1504. auf 8. Pfund 12. Pfenning gesezet hat, und dafür 21 Zwölffer oder 60. Kreuzer oder 15. Bazen das erste mahl gerechnet worden seyn.

Gleich-

Gleichwie nun aber die Pretiositas deß Goldes je länger, je höher gestiegen ist, also hat man den alten Landwährungs= oder Goldgulden in der Münz=Ordnung de An. 1559 auf 75. Kreuzer determiniret, wobey es aber nicht geblieben ist, sondern es hat von der Zeit an, als circa Annum 1582 das Stadt und Landt verderbliche Münz=Kippen und Wippen, vid. Münz=Spiegel l. 3. c. 17. seinen Anfang genommen, und circa annum 1622. zu seinen höchsten Grad gelanget gewesen, deßelben valor extrinsecus (wie in einer besondern denen Actis publicis monetariis einverleibten von An. 1582 anfangenden und biß ad annum 1690. continuirenden Tabella zuersehen ist) allhier zu Nürnberg sich vielfältig verändert, also gar, daß man, vermög der dreyen in Münzwesen correspondirenden Hochlöblichen Craißen gemachten jüngern Schluß de An. 1709. d. 22. Febr. man den Reichs=Probmäßigen Gold=Gulden auf 3. Gulden courrent gesetzet, und dardurch nicht allein die vorhergehende Münz=probations=Tags=Schlüße de An. 1700 et 1705. confirmiret, sondern auch denen An. 1693 et 94. auf 3. fl. gesetzten Chur=Fürstlichen Bayrischen Goldgulden, welche, dem Schrot und Korn nach, nicht beßer seyn, quoad valorem extrinsecum parificiret hat.

Von der Münz=Sorte, Florenus genannt, findet man in actis publicis Monetariis, Münz=Spiegel, l. 3. c. 13. in fin. folgende Nachricht: Was das Gold anlangt, seyn zu Ende dieses, nehmlich des 13. seculi, die Lilien=Gulden zu Florenz in Italia geschlagen, in Teutschland eingeführt, und in folgenden seculo dermaßen gangbar und angenehm worden, daß der Handel und Wandel daben getrieben, wie jezo bey den Thalern und die Pfand=Verschreibungen auf Lilien=Gulden gemeiniglich gericht, von etlichen kleine Gulden genennt, die um das Jahr 1350. 1. Pfund Franckfurter Heller gegolten; diese Lilien=Gulden seynd von der Lilien und Auffschrifft Florenus, Floren geheisen, und daher noch heutiges Tages die Gulden floren genennt, und mit fl. angedeutet worden. Weiters wird dieser florenorum d. tr. lib. 4. c. 15. mit folgenden Formalien gedacht: Demnach die Alten erstlich bey Pfunden, darnach mit Marcken, wie dann an etlichen Orten und jezo noch bey Pfunden, an etlichen bey Marcken, an etlichen Orten bey Schocken an Silbergeld gehan=

handelt, so seyen die teutschen Goldgulden darneben in Gebrauch gewesen, dabey gehandelt, und große Rechnung gehalten worden, welche Floren genannt, auch mit Fl. signirt worden, von den alten Lilien-Gulden zu Florenz geschlagen, dero Umschrifft Florenus etc. Also, daß fast zu glauben seyn will, man habe zu Nürnberg ad Imitationem solcher Ausländischen und an Schrot und Korn, nemlich 23½ Carat, dem Ungarischen 23. Carat und 8. 9 biß 10 Gran haltigen und 66. Stück, auf die Cöllnische Marck gehenden Ducaten sehr nahe kommenden guldenen Münz, die Stadtwährungs-Gulden erwählet und denenselben dem Schrot nach gleich, hingegen aber, respectu deß Korns, um in circa ein Carat ringhaltiger, als die Floreni gewesen seyn, gepräget.

Von den Hungarischen Ducaten ist folgendes zu mercken. Obwohlen in dem 13. und 14. Seculo, absonderlich ante Annum 1385 kein sonderbahrer Unterschied zwischen denen Hungarischen Ducaten und denen Rheinischen Goldgulden und einen Pfund Heller mag gehalten worden seyn, so hat jedoch die nach und nach eingerißene Ringhältigkeit der silbern Scheid-Münz, wie auch die Emporkommung der zweylöthigen Groschen oder Reichsthaler die Pretiositatem deß Golds steigend gemacht, so gar, daß An. 1548. der Ducaten auf 100. Kreuzer und in der Münzordnung de an. 1559. auf 104. Kreuzer gesezet, benebens auch ratione der im heiligen Röm. Reich ausmünzenden Ducaten an dem Korn abgebrochen, und determiniret worden ist, daß dieselbe 23. Carat, 8. Gran haltig seyn und und 67. Stück auf die Cöllnische Marck gehen sollen.

Wie und welchergestalt aber die Ducaten publica authoritate zu unterschiedlichen Zeiten höher seyn gesezet worden, ist aus ob allegirter Tabella ab Anno 1582. biß 1690. und aus denen weiter darauf folgenden Münz-Probations-Abschieden derer dreyen im Münzwesen correspondirenden Hochlöbl. Craise, als Francken, Bayren und Schwaben zu ersehen; Nur aber ist dieses dabey zu erinnern, daß des publica authoritate beschehenen Sazes unerwogen, diese denen reisenden Personen sehr bequeme guldene Münz-Sorte durch Aufwechsel, so aber bald steigt, bald wiederum fällt, höher hinausgebracht zu werden pflege.

Nachdem durch die Ferdinandeische Münz-Ordnung de anno 1559 der höchstlöbl. Rheinische Chur- und Fürsten eingeführte und von

ande-

anderen Fürsten und Ständen gefolgte Halt und Gewicht der Goldgulden, daß
nemlich 72 Stuck auf die Cöllnische Marck gehen, und 18 Carat und 6.
Gran haltig seyn sollen, approbiret worden ist; Als hat Magiſtratus
Noricus nicht allein in 16. sondern auch in kurzverruckten 17. ſeculo
mit Ausmünzung dergleichen Goldgulden, meinſt unter dem Bild Sti Laurentii und dergleichen continuiret, absonderlich aber zu Ehren deß Glorwürdigſten Kaysers Leopoldi allermildeſten Gedächtnus, bey Antrettung
dero Kayserlichen Regierung und Eintritt in allhieſige Stadt, ein Gepräg
unter dero Kayserlichen Bildnus (cum Inſcriptione, D. Romano-
rum Imperatori ſemper Auguſto Reſpubl. felicem gratulatur
ingreſſum 1658.) machen, wird nicht weniger vorhero, und zwar unter der Jahrzahl 1642. einige Sebalder Gold-Gulden schlagen laßen, dero Abbildung dem Schemati zu dem Ende mit angefüget wird, damit
man solche neue und Reichsprobmäßige Sebalder Goldgulden, mit den alten, dem Schrot und Korn nach, weit beßern unter des St. Sebaldi Bildnuß gemünzten Stadtwährungs-Gulden nicht confundire. Und so viel
von der Erklärung deß erſten zufertigenden Schematis von der guldenen
Münz.

Nun folget die Erklärung des andern Schematis von der ſilbernen
Münz, und zwar erſtlich vom Reichsthaler. Den Originem der Thaler will der Author des Münz-Spiegels Lib. 4. cap. 19. Sigismundo, Erzherzogen zu Oeſterreich zuschreiben, als welcher die dem Goldgulden gleich gewürdigte zweylöthige Groschen An. 1484, als eine Mo-
netam uſualem hat schlagen laßen, bevorab die, von dem zur Kayserlichen Würde An. 1493. gelangten Erzherzogen Maximiliano An. 1479.
geschlagene Numi unciales, nicht so wohl eine Moneta uſualis,
alß vielmehr eine Gedächtnus-Münz gewesen seyn, und seyn poſt Annum 1500. diesem Exemplo deß Erzherzogs Sigismundi die Land-
graffen zu Thüringen und Marggraffen zu Meißen, als Churfürſten und
Herzogen zu Sachsen, unter Churfürſt Friderici Bildnus mit den Chur-
Schwerd auf einer und auf der andern Seite mit dem Bildnus deßen Suc-
ceſſoris Johannis Landgraffens zu Thüringen und Georgen, Marggraf-
fens zu Meißen und andere Fürsten und Stände, absonderlich die Graffen
Schlicken mit ihren Joachims Thalern, als einer Böheimiſchen Münz

Select. Norimb. Tom. V.　　　　　　D　　　　circa

circa annum 1517. nachgefolget; Unter andern aber ist auch Magiſtratus Noricus nicht der lezte Reichs- und Münz-Stand gewesen, der unter gemeiner Stadt-Gepräg An. 1528 dergleichen 2. Löthige 14. Loth, 16. Gran biß 15. Loth haltige und 8. Stuck auf die Cöllniſche Marck gehende ganze, halbe, und viertels Thaler, und also vor der Zeit, da circa annum 1536 et 1546. mit den Schrot und Korn der Reichsthaler eine Veränderung fürgegangen iſt, als auch hernach hat münzen laßen, und continuiret nach der An. 1559 emanirten Münz-Ordnung damit noch biß auf dieſe Stunde.

Was die Orter-Thaler oder Orter-Groſchen betrifft, ſo iſt An. 1464. Magiſtratus Noricus vom Kayſer Friderico III. begnadiget worden, ſilberne Münzen ſchlagen zu laßen, wie Er es für gut befinden werde. Dahero mag es vielleicht gekommen ſeyn, daß circa An. 1527. man allhier ganze und halbe Guldiner, welche dem Schrot und Korn nach etwas geringer, als die Reichsthaler geweſen ſeyn, hat ausmünzen laßen, welche An. 1539 auf 60 Kreuzer ſeyn geſezet worden. Eine gleiche Bewandnus hat es mit den darneben geprägten ⅓ Stuck (ſo man für 20 Kreuzer hat pflegen anzunehmen und auszugeben) außer Zweyffel gehabt.

Mit denen Gulden-Groſchen hat es bey Errichtung der Ferdinandeiſchen Münz-Ordnung de An. 1559 dieſe Meinung gehabt, daß ſelbige, als eine gemeine ſilberne Reichs-Münz, und als ein Aequivalent der auf 8. Pfund 12. Pfenning oder 60 Kreuzer ſive 15 Bazen geſtiegenen Guldenen Landwährung hat ſeyn und darnach alle andere halbe und Drittel-Stuck, biß auf 10. Kreuzer incluſive den innerlichen Halt nach gleich ſeyn, die ringere Scheid-Münz aber nach dieſen Fuß proportionirt werden ſolle, wie aus dem tenore dieſer Sanctionis pragmaticæ Imperii mit mehrern erhellet. Die erſten Nürnbergl. dergleichen Reichs-Probmäßige Gulden-Groſchen ſeyn ſub codem anno, nemlich An. 1559. gepräget, und mit der Zahl 60. auf der Bruſt deß Reichs-Adlers bemercket worden, womit man ferner 100. und mehr Jahr lang continuiret, und vermittelſt eines Schlags de An. 1564. (als zu welcher Zeit der Paſſus die Aigen- und Gatter-Zinnßzahlung betreffend, der verneuerten Reformation einverleibet worden iſt) männiglich zu verſtehen gegeben hat, daß ein dergleichen Stuck zu Bezahlung 60. Kreuzer oder 15.

Bazen

Bazen für ein Gulden Landwährung solle gebraucht werden.   Dahero es dann kommt, daß biß auf die heutige Stund, für dergleichen 60 Kreuzer oder 15 Bazen 80 Kreuzer oder 20 Bazen von Zeit der An. 1623. beschehenen Valvation an bezahlt, und insgemein unter den Titul, grob Geld oder grobe Währung, Species-Gulden-Groschen verstanden werden.

Es irren demnach diejenigen nicht, welche die ante Annum 1559 auf grob Geld verschriebene ablösige Algen- und Gatterschafften von dem Surrogato der 8. Pfund und 12. Pfenning oder den damahls neuerlich introducirten Gulden-Groschen interpretiren, zumaln post annum 1500. da verbotten worden ist, daß niemand, der Münz hinleyhet, die Wiederbezahlung in Gold sich verschreiben laßen solle, nicht allein die Reichs-thaler oder Oerter-Groschen und die Drittel-Stuck, sondern auch die Zwölffer gäng und geb gewesen seyn, mithin was jedesmahl tempore contractus der Valor-intrinsecus nach proportion solches neuen Surrogati gewesen seyn mag, ohnmöglich ganz genau zu ergründen ist.

Circa finem der Ferdinande:schen Münz-Ordnung de An. 1559. wird der Zwölffer gedacht, daß nemlich 21. Stuck derselben (wie Sie dann mit dem num. 21. so vor, als nach dieser Münzordnung bezeichnet gewesen seyn) für einen Reichs-Gulden (als das Surrogatum deß Rheinischen Gold-Guldens zu 8. Pfund 12. Pfenning) oder für 60. Kreuzer oder für 15. Bazen gerechnet, in qualitate einer paßirlichen Land-Münz ferner haben sollen genommen werden.   Allhier zu Nürnberg aber ist nicht nur An. 1552. (als zu welcher Zeit der - in dem Schemate fürgestellte Zwölffer ist geprägt worden) sondern lang vorher diese Münz-Sorte gäng und begiebig gewesen, gestalten vermög der - der Algen-Zinnße halber An. 1524. gemachten Verordnung 22. derselben und 20. Pfenning darauf, oder aber 16. Bazen und 20. Heller den Algen- und Gatterherrn für einen Stadtwährungs-Gulden zu bezahlen dem Erbmann frey gegeben worden ist.

Im übrigen scheinet diese Münz-Sorte dem Meißnischen Groschen nicht ungleich zu seyn, deren 21. Stuck einen Meißnischen Gulden auf den Fuß deß Reichs-Thalers zu 24 Groschen oder nach Proportion der Rheinischen Währung der Thaler zu 1½ fl. ausmachen, für einen Rheini-

schen

schen Gulden aber nur 16. Groschen gerechnet worden, mithin beyderley Währungen (gleich als suo loco demonstriret worden) respective cum additione eines Quarts und subtractione eines Fünfftels zu berechnen und zu vergleichen stehen.

Solidi oder ganze Schilling sollen allhier zu Nürnberg ihren Ursprung ab anno 1428. haben, und von der gemeinen Burgerschafft Plappert betitult worden seyn. Deren seynd 86. Stuck auf die Nürnberger Marck gangen, und haben in Halt halb fein und halb Zusaz gehabt, und ist vermög Vertrags zwischen Herrn Marggraffen Johann und Albrecht und allhiesiger Stadt An. 1457. à rata deß Rheinischen Guldens zu 5. Pfund und 24. Pfenning der Valor intrinsecus der großen Schilling 8 und der kleinen 4 Pfenning gewesen. An. 1459. hat man die großen Schilling annoch für 8. die kleinen aber für 5. Pfenning genommen; beede aber seyn an. 1479. respective auf 10 und 5 Pfenning valvirt worden. Letzlichen ist An. 1510. vermög deß ob allegirten Vergleichs zwischen Chur-Pfalz, Bamberg, Brandenburg und Nürnberg der Schilling halber verabschiedet worden, daß der Halt derselben 6½ Loth hat seyn, und der gröstern 90. der kleinern aber 180 Stuck auf die Nürnberger Marck ausgemünzet werden sollen.

Zwischen den Dimidiis solidis, oder so genannten Fünfferling und denen so genannten ganzen Schillingen ist kein anderer Unterschied zu machen, als was jezt referirter maßen ratione der ganzen oder großen Schillnge erinnert worden ist. Von den Dreyern alß der mit der Zahl 84 bemerckten Münz-Sorten ist sehr zu zweyfflen, daß Sie vor den 16. Seculo bekannt gewesen seyn; zumaln in deßen Anfang der Landwährungs-Gulden auf 8. Pfund 12. Pfenning publica authoritate gesezet worden ist, und demnach die 84. Pfenning oder 28. Dreyer die 8. Pfund 12. Pfenning netto ausmachen.

Die Pfenning belangend, so hat Herr Friderich Marggraf zu Brandenburg mit den Magistratu Norico An. 1378. (da eben die Bestellung der Nürnberger Münz-Stadt bey denen Groß, als einer Nürnberger Rathsfähigen Familie bestanden ist) deß Pfenning-Münzen halber sich dahin verglichen, daß derselben 80. Stuck 1 fl. haben gelten, und zwey Drittel fein und ein Drittel Zusaz halten sollen; hingegen aber ist ex post facto,

facto, da andere benachbarte Geist- und Weltliche Fürsten und Herren,
als Bamberg, Würzburg, Bayern, und Oettingen beygetretten seyn,
beliebet, und in An. 1397. festgestellet worden, daß das Korn der Pfenninge nur halb Silber und halb Zusaz seyn, und derselben 150. für einen
Rheinischen Goldgulden oder 3⅓ Pfund alt haben genommen werden
sollen.

Was endlich die Heller betrifft, so muß ich bekennen, daß diese
Münz-Sorte, welche nur ein Drittel löthiges Silber gehalten und zwey
Drittel Zusaz gehabt hat, mich sehr perplex mache, eine proportion
zwischen einen Pfund derselben (wie Sie usque ad Annum 1439 in
Handel und Wandel allhie zu Nürnberg genommen worden seyn) und dem
19. Carat Goldes haltigen Landwährungs-Gulden, oder auch dem in circa
23. haltigen Floreno und Ungarischen Ducaten zu finden, zumahln zu
Kayser Caroli 4. Zeiten, da nemlich die Heller mit Hand und Creuz bezeichnet, zu münzen, Höchstlöblichen Kayser An. 1356. der Stadt Franckfurth, Nürnberg, Ulm und Donauwerth aufgetragen hat, dieser Münz-
Sorte 31 Schilling und 4 Heller auf die Hallische Marck haben sollen;
hingegen aber nach König Wenceslai An. 1385 gemachter Verordnung
die Ausmünzung auf 49. Schilling 4. Heller gerichtet gewesen, und weiter determiniret worden ist, daß 47. auf ein Loth gehen, und deß Zei-
chens mit Hand und Creuz, auch die Reichs-Städte Augspurg und Halle
gebrauchen sollen.

Was aber selbiger Zeit ein Schilling oder Solidus gewesen seye, ist
um so viel desto weniger zu ergründen, als in denen darauf folgenden Jahren mit dem Halt der Schilling, wie hieroben zu sehen, diese Veränderung
fürgegangen ist, daß, da Sie Anfangs halb fein und halb Zusaz gehalten
haben, in An. 1510. biß auf 6¼ Loth fein quoad valorem intrinsecum verringert worden seyn. Ich suspendire demnach in diesem punct
mein Judicium, und will diese Schwürigkeit zu resolviren, anderer im
Münz-Wesen beßer versirter Liebhaber weitern Nachdencken anheimgestellt
haben; welches zum Vorbericht indeßen genug seyn mag.   Nun folget

D 3   Erläu-

Erläuterung deß Textus Reformàtionis Noricæ Tit. 23.
Leg. 3. et 4. von Aigenſchafften und Erbrechten.

Durch die Præliminar - Vorſtellungen und erklärte Schemata wird hoffentlich genugſamer Grund geleget worden ſeyn, daß die Schwürigkeiten deß dritten und vierten Geſezes der Nürnberger Reformation Tit. 23. männiglich wird faßen und extriciren können. Und wird nicht undienlich ſeyn, wann man den Textum Reformationis verbotenus inſeriret, und von einen paragrapho zum andern die Annotationes mit anfüget.

Textus Leg. 2.   Wie die Aigen- und Gatter-Zinnß in der Stadt bezahlet werden ſollen? Nachdem Ein Rath verſchiener Jahr, Ihrer Burgerſchafft zu gutem, und damit dieſelben mit der Gold-Bezahlung zum wenigſten beſchwehret würde, ein Ordnung gemacht, ſo ſoll es nochmahln bey derſelben Ordnung bleiben.

Die Ordnung, worauf in dieſen Textu ſich bezogen wird, iſt diejenige, welche, wie nicht zu zweifeln, aus ſonderbahr bewegenden Urſachen den 4. Junii 1524. ergangen iſt, und dahin verlautet. 1.) Für einen Rheiniſchen Gulden oder einen Gulden Rheiniſcher Landwährung, ſoll mehr nicht bezahlet werden, als 8. Pfund 12. Pfenning in grober Münz, oder 15. Bazen und ein Kreuzer, welches dem Erbmann oder Beſtändner am gelegenſten iſt. 2.) Für einen Stadtwährungs-Gulden einen Gulden Rheiniſch in Gold und 20. Pfenning darauf, oder für ſolchen Gold-Gulden 22. Zwölffer, oder 16 Bazen ſamt den 20. Pfenningen. 3.) Obgleich Rheiniſche Gold-Gulden mit nemlichen Worten verſchrieben, ſo ſoll man doch entweder Zinnß mit Gold, oder dafür 22. Zwölffer, oder 16. Bazen bezahlen, welches dem Erbmann oder Beſtändner am gelegenſten. 4.) Wann im Kauffen oder andern Contraƈten außer obſtehenden Fällen Gold bedingt, ſoll die Bezahlung mit Gold und nicht mit Münz geſchehen. 5.) Wo in Briefen Münz bedingt, ſolle man gute grobe Münz 8. Pfund 12. Pfenning und 61. Kreuzer für einen Gulden, nach deß Bezahlers Willkühr entrichten. 6.) Die Ablöſung ſolcher Zinnß, ſoll nicht mit Münz, ſondern mit Gold geſchehen; Es wäre dann, daß zur Ablöſung Münz bedinget, oder die Zinnß mit Münz erkauft worden. 7.) Wann

in denen Briefen Weißat, oder so viel denn dafür zu geben gesezet, soll
die Wahl bey dem Erbmann, und nicht bey dem Aigenherrn stehen.

Wo in den aufgerichten Erb- oder Zinnßbrieffen, Gulden Rheinisch
oder Gulden Landswährung begrieffen und gesezt seyn, so sollen die
Aigen- und Gatter-Zinnß über des Erbmanns freyen Willen, höher nicht bezahlet werden, dann für einen Gulden 15. Bazen, oder
60. Kreuzer in guter grober Münz und dann für einen Gulden
Stadtwährung ein Gulden obgemeldter Währung und 20. Pfenning
darauf.

Daß der Landwährungs-Gulden keine silberne Münz (wie einige zu behaupten vermeynen) sondern eine guldene allhier geprägte- mit S. Lau-
rentio bezeichnete Münz-Sorte gewesen seye, und billig, vermög der Policey-Ordnung de Anno 1442. 19. Carat haltig hätte seyn sollen, jedoch ein halb Carat weniger gehalten habe, ist aus dero viererley- in dem
Schemate befindlichen Abdrücken, absonderlich aber aus dem ersten dieses
zu ersehen, daß solche Moneta commun. D. id est, Ditionis genennet worden, und daß in denen andern zweyen Abdrucken die erste Syllbe
abbrevirt, hingegen die zwey leztern, nemlich munis völlig ausgeschrieben seyn. Und obschon nicht ohne, daß in einen und andern mir zu Handen gekommenen alten Urkunden post Annum 1500. und demnach so
vor, als nach der Ferdinande schen Münz-Ordnung de An. 1559.
die Landwährung in Silber verschrieben gewesen, so ist jedoch das Wörtlein, grobe Landwährung, dabey gestanden, und also a contrario sensu
zu schließen, daß wofern gemeine Landwährung, oder aber Landwährung
simpliciter verschrieben ist, die güldene Sorten verstanden werden
müssen.

Daß wegen der Silbernen Münz kein durchgehendes Reglement
habe können gemachet werden, bezeuget nicht allein die obangezogene Reichs-
Constitution de An. 1442. Tit. von der silbernen Münz, sondern
auch das An. 1464. per Privilegium Friderici Magistratui Norico eingeraumbte Arbitrium, nemlich die silberne Münze schlagen zu lassen, wie Magistratus es für gut befinden werde, worzu noch ferner ad-
miniculiret, daß bey mehrmaligen Reichs-Deliberationibus, als
nehm-

nehmlich An. 1525. 1529. 1530. 1532. 1541. 1551. 1555. et
1557. diese Materia in proposition gekommen, jedoch aber allezeit
undecidiret verblieben seye, biß endlich durch die An. 1559. emanirte
Münzordnung man eines Æquivalents der 8. Pfund 12. Pfenning oder
der 15 Bazen, oder der 60. Kreuzer sich verglichen, und das Schrot und
Korn deß Gulden-Groschen, nemlich daß 9½ Stuck auf die Marck gehen,
und 14 Loth 16 Grann Cöllnisches Gewichts halten sollen, beliebet hat.
Worauf man kurz hernach, bey Verfaßung der verneuerten Reformation, nemlich An. 1564. reflectiret, und anstatt der in dem Decreto
de An. 1524. determinirter 8. Pfund 12. Pfennig grober Münz
oder 15 Bazen und ein Kreuzer in dem vorwesenden Textu 15. Bazen
oder 60 Kreuzer gesezet hat. Was nun durch die grobe Münz verstanden
werde, ist ohnschwehr aus eben dieser Münz-Ordnung zu ermeßen, daß
biß auf die 10 Kreuzerer inclusive solcher Terminus, um willen Sie
quoad valorem intrinsecum dem Reichs-Gulden oder Gulden-Groschen gleich gehen, sich erstrecke; welche Münz-Sorte, nemlich der Gulden-Groschen, nachdeme man bey Restabilirung deß zerrütteten Münzwesens an deßen statt An. 1623 den Reichsthaler (deßen 9. Stuck auf die
Marck gehen und 14 Loth 4 Gran fein halten sollen) für den Fuß deß ganzen Münzwesens angenommen, und für solchen Werth bey Bezahlung der
Aigen- und Gatter-Zinnße, von selbiger Zeit an, gerechnet worden ist,
und annoch gerechnet wird.

Daß der Stadtwährungs-Gulden nicht sollte eine guldene Münz gewesen seyn, daran ist ganz und gar nicht zu zweyffeln, wie dann solches in
deß hieoben benannten Schematis Erklärung mit guten Gründen fürgestellet worden, und seynd in solchem Schemate dreyerley Gepräge der
Stadtwährungs-Gulden zu bemercken, als zwey mit dem Bildnus S. Sebaldi cum Inscriptione: Moneta Civitatis; und eines unter dem
Bildnus Sigismundi Regis, cum inscriptione: Moneta commun: so vermuthlich communitatis bedeuten solle: Alle drey aber
kommen dem Strich nach, dem in dem Schemate abgebildeten unver-
dächtigen Floreno, oder Lillen-Gulden und dem Ungarischen Ducaten
sehr nahe bey, und können demnach heutiges Tags, gleich diesen beeden für
Species-Ducaten ohne Verlust genommen werden.   Herentgegen aber
diffe-

differiren die neue unter S Sebaldi Bildnuß auf 18 Carat 6. Gran aus-
gemünzte Goldgulden, dem Schrot und Kern nach von solchen alten Stadt-
währungs-Gulden sehr weit, und seyn beede mit einander nicht zu con-
fundiren, wohl aber kommen selbige, wie auch die neue Laurenzer- und
andere Goldgulden mit dem auff 18. Carat und 6. Gran herabgewichenen,
hingegen dem Schrot nach von 67. auf 72. Stück respectu der Cöllnischen Marck gestiegenen alten Landwährungs-Gulden allerdings überein.

Welche Zinnß aber mit sonderm Geding, in Gold zu bezahlen erkaufft
sind, dabey soll es bleiben, und das Gold nit auf Münz in Gold
wert, sondern allein auf Gold mit Gold zu bezalen verstanden werden.

Dieser Passus scheinet cum antecedentibus, da nemlich die Stadt-
und Landwährungs-Gulden, als eine guldene Münz mit 60. Kreuzern
oder 15. Bazen zu verpensioniren oder abzuführen dem Erbmann erlaubt wird, allerdings incompatibel und der Matrici, woraus der
Textus Reformationis genommen worden, nemlich dem Raths Decreto de An. 1524. allwo die Optio, wann gleich Gold mit nemlichen
Worten verschrieben ist, dem Erbmann freygelaßen wird, nicht conform
zu seyn. Allein pro Conciliatione deßen mögte etwann dienen, daß in solchen spatio der 40. Jahr, so zwischen den Decreto de An. 1524. und
der verneurten Reformation de An. 1564. (immaßen in der ältern
Reformation de An. 1484 et 1522 von dieser Materia nichts enthalten ist) verfloßen seyn, von denen Aigen- und Gatterherren ex ratione, quod invito Creditori aliud pro alio solvi non possit, star-
cke oppositiones müssen beschehen seyn, um welcher willen die in Ma-
trice, nemlich in dem Decreto de An. 1524 befindliche Limitatio
auf Kauff- und andere Contractus cum exclusione der Aigen- und
Gatterschafften, nicht wiederhohlet worden, sonsten aber, wie bereits hieroben berühret worden, ex historia Rei Monetariae zu erhohlen ist,
daß nicht nur die Stadt- und Landwährungs-Gulden, sondern auch die
Ungarischen Ducaten und Florentinische Lillen-Gulden, als eine guldene Münz allhier zu Nürnberg begiebig gewesen, und contractsweise auf
sothane guldene Münz geschloßen worden seye; auf welchen Casum die

Reſtrictio Statutorum ejusque Matricis, ex ratione, quod Statuta ſtrictam recipiant interpretationem, nicht zu extendiren ſeyn will.

> Und wo in Briefen Gült oder Weiſat, oder ſovil Gelts dafür zu geben, beſtimpt oder verſchriben were, ſo ſoll die Whal bey dem Erbman, und nit bey dem Aigenherrn ſitzen, die benante Gült und Weiſat, oder das beſtimpt Gelt dafür zu bezalen.

Es iſt dieſer Paſſus nicht allein dem bey den Additionibus Reformationis befindlichen Raths Decreto de An. 1510, ſondern auch denen gemeinen Rechten allerdings conform, weil in obligationibus alternativis der Debitor in duriorem cauſam ſich zu obligiren nicht præſumiret wird, ſondern die freye Wahl behält, ſeines Obligo auf die Ihme am wenigſten beſchwerliche Weiſe ſich zu entſchütten.

> Es wäre dann das der Aigenherr ein anders in Gewer hergepracht habe, und ſolches gnugſam darthun und beweiſen möcht.

Gleichwie derjenige, der ein Allodial- oder auch ein Steuerfreyes Gut beſitzet, durch den einem Tertio wißentlich reichenden etlich jährigen Canonem, eine ſervitutem feudalem vel emphyteuticariam auf ſein Allodial gut bringet, oder daſſelbe durch Reichung der Steuer dem domino Territorii ſteuerbahr machet, alſo auch bey denen ſich ereignenden Controverſiis zwiſchen den Aigen- oder Gatterherrn und dem Erbmann die etlich jährige Obſervanz nebſt denen alten brieflichen Urkunden (auf welchen modum probandi das obangezogene Raths-Decretum de An. 1510 ſonderbahr reflectiret) den beſten Ausſchlag geben kan.

> Und ſoll dieſe Ordnung und Erklerung allein hie in der Statt, ſo weit die mit der Rinkmauer umbfangen, verſtanden, aber mit den Aigen- und Gatterzinnßen auf Gütern außerhalb der Statt in Gärten und auf dem Land gehalten werden, wie ain yeder mit alter herpracht, und deſſen in Gewer iſt, und ſonderlich das für ain Gulden Statwerung, ſo diſer Zeit wenig oder gar ſchwerlich zu bekommen, ain Gulden reiniſch in Gold und darauf zwanzig Pfenning gegeben und genommen werden ſollen.

Die

Die Ratio genuina dieser Distinction bedunckt mich zu seyn, daß die meiste um allhiesige Stadt gelegene Güther auf dem Land, entweder vom Heyl. Röm. Reich, oder von benachbarten Fürsten, Graffen und Herren dem Patriciat und anderen Familien, auch Burgern, zu Lehen verliehen worden. Wie nun das Vasallagium einen jeden Vasallum dahin verbindet, deme Ihme verliehenen Lehen kein neues onus aufzubürden, oder deßen Juribus etwas zu entziehen zu laßen; Also haben die vorsichtige Herren und Regenten dieser Stadt sehr wohlgethann, daß Sie, ratione der Güter, auf dem Land (weßwegen, wann man zwischen denen Feudal- und gar wenigen Allodialgütern eine Separation hätte machen wollen, eine nicht geringe Confusion würde entstanden seyn) Ihr Obrigkeitlich Amt nicht mißbrauchet, noch baßelbe so weit, welches jedoch keinen Bestand hätte haben können, extendiret, daß Sie jure Magistratus die schuldige Zinß-Reichung in Stadt- oder Landwährungs-Gulden, oder wie es sonsten der Aigen- oder Gatterherre besizlich hergebracht, in grober Münz zur Præjudiz der Lehen-Pflichte zu entrichten, den Erbmann gleich, als in der Stadt und dero Ringmauer frey gegeben hätten.

Warumben allbereit An. 1564 wenig Stadt-Währungs-Gulden zu bekommen gewesen, heutiges Tags aber solche zu bekommen, eine noch größere rarität seye, ist in promptu, wann man aus der Ferdinandeischen Münz-Ordnung de An. 1559 sich erholet, und wahrnimbt, daß der Churfürsten am Rhein an Schrot und Korn abgebrochene Ausmünzung der Goldgulden an statt der 67. und 19. Carat haltigen Stück auf 72 und nur 18 Carat 6. Gran haltige durch solche Münzordnung, und also per sanctionem pragmaticam Imperii approbiret, und dadurch noch größere Veranlassung gegeben worden seye, die 22½ Carat haltende und gleichfalls 67. Stück auf die Marck gehende Stadt-Währungs-Gulden in Tiegel zu werffen und umzuprägen, mithin die fernere Ausmünzung derselben einstellen zu machen. Und nachdem in Aigen- und Gatterschaffts-Sachen sowohl der Ablösung, als auch der Zinß-Reichung halber mehrmahlige Strittigkeiten entstanden und gerichtlich ventiliret worden seyn; Als hat man von hoher Obrigkeits wegen in An. 1659 1669 et 1671 bey dem bestellten Collegio Consulentium einen Rathschlag abgefordert, ob nicht in hac materia ein beständiges Reglement zu

E 2　　　　　　　　　ma-

machen ſeye? ſo zwar damahls für eine Ohnmöglichkeit geachtet worden iſt,
pro nunc aber, nachdem nemlichen An. 1680 biß jüngſthin, den 22
Febr. deß 1709. Jahrs, das ab An. 1676 je länger je mehr um ſich
greiffende Ringhaltige Ausmünzen unterſuchet, und der Fuß aller guldnen und ſilbernen Münz-Sorten, nemlich der Reichsthaler, in Betrachtung deß theuren Silber-Kauffs, auf 2 fl. proviſionaliter erhöhet worden, gar wohl möglich und practicirlich iſt, wie das in fine annectirende ohnmaßgebliche project einer derenthalben ertheilenden Verordnung
mit mehrern ausweiſet, welches darinnen ſeinen Grund Rechtens hat, weiln
derjenigen Rechtslehrer Meinung, quod præſtationes annuæ, cum
tot ſint præſtationes, quot ſunt anni, nicht mögen præſcribiret
werden, per ea, quæ tradit Perez ad Cod. de Præſcript. trig.
vel quadrag. Annor.   Stryk de Inveſtig. Act. ſect. 3. membr.
1. axiom. 4.   Gail. lib. 2. obſ. 73.   Mynſing. cent. 3. obſ.
13.   Klock Relat. Camer. 102. et ſeq. n. 15. et Relat. 132.
Id. Klock Conſ. tom. 3. Conſ. 138. n. 4. Sand. Dec. Friſ. lib.
4. tit. 6. def. 5.   Budel. de Monet. lib. 2. cap. 24. n. 8. et 9.
von vielen andern vornehmen Rechtslehrern von der præſcriptione in
totum nicht, aber von dem modo et qualitate verſtanden wird, als
auf welche Weiß die præſcriptio 30. annorum contra privatos et
40. annorum contra Eccleſiam ſtatt findet; Budel. de Monet.
lib. 2. cap. 24. n. 37. junct. n. anteced. 12. cum ſeqq. per Cap.
20. X. de Cenſ. Caſp. Ant. Theſaur. de Monet. augm. et variat. part. 1. n. 37. et ſeqq. et part. 2. n. 66. et 67.   Albert.
Brim. de Monet. augm. et diminut. limit. 4. et n. 7. Gabriel.
Commun. Concl. lib. 3. tit. de ſolut. concluſ. 1. n. 25. cum
ſeqq.   Balb. de Præſcript. part. 4. partis princip. quæſt. 7. n.
4. aliique apud Budel. cit. Auth. und iſt ſolche letzere Meynung dem
Juri ſtatutario Tit. 23. leg. 3. §. Es wäre dann etc. allerdings conform, und iſt in facto erinnerlich, daß ab An. 1676. faſt durchgehends und biß auf die heutige Stund die Algen- und Gatterzinß mit ringhaltigen ⅔ und ⅓ Stucken à rata der 80. und 85. Kreuzer bezahlt worden ſeyn; Einfolglich wäre das tempus præſcriptionis, wo nicht ab
an. 1676. ſelbſt, jedoch wenigſt von dem an. 1680. gehaltenen Münz-

proba-

probationstag anzurechnen, und ist solchergestalt das tempus 30. Annorum nunmehro erfüllet, also, daß keine Hindernus vorhanden ist, daß
man nicht sicher, und mit Bestand (jedoch ohne einige Ziel und Maas Vorschreibung) oberherrlich verordnen kan, daß die Aigen- und Gatterherren
von Ihren Erbleuten und Censiten, welche Ihnen entweder Landwährungs-Gulden, oder auch Gülden, grob Geld zu reichen schuldig seyn,
für jeden Gulden rheinisch Landswährung, oder auch für einen Gulden
grob Geld, mehr nicht, dann 80 Kreuzer und für einen Stadtwährungs-
Gulden, mehr nicht, dann 85 Kreuzer an guten Reichsprobmäßigen Münz-
Sorten (worunter jedoch die Scheid-Münz nicht verstanden wird) in dem
von denen dreyen im Münzwesen correspondirenden Hochlöbl. Craiß
jüngst gesesten und künfftig sezenden valore abfordern mögen; jedoch mit
dem Anhang, daß an diese Ordnung diejenige Aigen- und Gatterherren
nicht gebunden seyn sollen, welche Ihren Canonem entweder in spe-
ciebus oder aber in einen verglichenen Werth biß anhero eingenommen haben. Welches auch von denjenigen Erbleuten, von welchen bey 20. biß
30. Jahren das schuldige Aigen- und Gatter-Geld, den Gulden in Münz
zu 60. Kreuzer oder 15. Bazen gerechnet, die Aigen- und Gatterherrn
gutwillig angenommen haben, verstanden wird.

Textus Reformationis Noricæ Tit. 23. Leg. 4. Wie die Aigenschafften abgelöst werden mögen.

Als ain Rath hievor getreuer Wolmainung erwogen hat, das
gar vielen Personen irer Burgerschafft mer dann in ainen
Weg hochbeschwerlich gewest ist, das die Erbrecht ihrer Be-
hausungen oder anderer liegenden Güter in der Stat mit ewigen Ai-
genzinnßen und Weisaten beschwert pleiben müßen, und in der Erb-
leut Macht nit gestandten, dieselben ihre Erbrecht von solchen Beschwehrungen, dieweil die auf ewig verkaufft, zu entledigen und
frey zu machen, zudem das solches auch gemeinen Nuz nit zu Vor-
tail gereicht, und derohalben ain Ordnung fürnemen und publiciren
laßen, damit sich nun niemand der Unwissentheit halber zu entschul-
digen oder zu behelffen hab, so verneuet ein Rathe hiemit dem Inhalt berürter Ordnung, dergestalt das in eins yeden Burgers dieser
Stat Macht und Willkühr stehen soll, die Eigenschafft Eigenzinß

E 3 Güt-

Gült und Weisat, damit sein Hauß,oder andere ligende Güter in der
Stat beschwehrt sein, ungeachtet, ob die hiebevor. auf ewig und un-
ablößlich verkaufft oder verschrieben worden, von dem Eigenherrn
wiederum freyzumachen.

Diese Ordnung ist allbereit hieroben bey dem Proemio deß vorhergehenden 3. Geseßes verbotenus allegirt worden, und handelt der daselb-
stige 6. punct von der Ablösung, welcher hernachmahls den 2. Junii 1525.
dahin erläutert worden ist, daß alle Aigen- und Gatterzinnße in der Stadt
Nürnberg ablösig seyn sollen,ob sie gleich auf ewig verschrieben,außer die Lehen-
Güter und Lehen-Zinnß, so bey der Burgerschafft gefunden werden, und
derer Zinnß, so gemeiner Stadt gehörig, und soll ein ewiger Stadtwährungs-Gulden mit 27. fl. ein ewiger Rheinischer Gulden mit 25. fl. doch
mit Gold, und nicht mit Münz, ein Pfennig ewiger Weisat mit 25. Pfennig abgelöset werden; Es soll auch die Ablösung auf einmahl, und auf
Ansagung eines halben Jahrs zuvor geschehen.   Dergleichen Kauffbrieff,
da jemand auf sein frey und eigenthümlich prædium urbanum einem
Tertio einen Censum irredimibilem auf 1. 2. 3. oder mehr Gulden
Stadt- oder Landwährung constituiret und accepto pretio verkaufft
habe, sind mir mehrmahls zu Handen gekommen, und hat es in Krafft
dieses Statuti, allerdings seine Richtigkeit, daß non obstante pacto
super Censu irredimibili der Aigen- oder Gatterherr sich wieder müste
auslösen laßen, und zwar anderer Gestalt nicht, gleich als wann ein pa-
ctum expressum de revendendo in denen hierob verlautenden An-
kunffts-Brieffen enthalten wäre.

Einen ewigen Gulden Stadt-Währung mit 27. Gulden Rheinisch.
Einen ewigen Gulden Rheinisch, oder Land-Währung mit 25 fl.

Ohnerachtet in der Erläuterung deß hieroben inserirten Schematis
der guldenen Münz-Sorten angezeiget und demonstriret worden ist, daß
der Stadt-Währungs-Gulden deß Schrots halber, ratione der 67.
Stuck auf die Marck, denen Ungarischen Ducaten gleich gegangen, und
dem Schrot und Korn nach, ratione der 22½ Carat demselben nahe gekommen seye, mithin wann man strictissime ad tempus Contractus
reflectiren wollte, mit Bezahlung der Rheinischen Goldgulden (welche
nach der Ferdinandeischen Münz-Ordnung de An. 1559 nur 18. Carath

Von der Pacht- und Erbzinnß-Rechnung.

rath und 6. Gran halten, und 72 Stuck auf die Marck gehen sollen) demjenigen Aigenherrn welcher Stadt-Währungs-Gulden zu erfordern hat,
wann Ihme schon für jedes Stuck 27. Stuck bezahlt würden, weil zu kurz
würde beschehen, so wollte ich jedoch, um willen die Statuta dießfalls nicht
distinguiren, nicht gerne einen scrupel erregen; bevorab die observanz
so viel mit sich bringet, daß man communiter die 27. Goldgülden für
einen Stadt-Währungs-Gulden angenommen hat, zu geschweigen, daß
man von den valore intrinseco der 22½ Carat biß auf 21 Carat herunter zu weichen die Kayserliche Erlaubnus erhalten hat, und vermuthlich
herunter gewichen ist.

Eine ewige Hennen oder Weck, und was dergleichen Weisat in dieser
Stadt gefunden werden, je ein Pfenning deßelben Weisats Achtung
mit fünff und zwanzig Pfenning.

Dieser Calculus ist nicht nach denen heutiges Tags mit silberlosen
Pfenningen, sondern à rata deß Rheinischen Goldgulden der de An. 1524
in 225. Pfenningen, nach der Münz-Ordnung aber, oder post An. 1559
in 252. Pfenningen abgetheilet gewesen ist, zu verstehen, und seynd solcher Pfenninge in conformitate der An. 1510 zwischen Pfalzgraffen
Ludwig und Churfürsten, dann den Herrn Bischoff zu Bamberg und Herrn
Friderich Marggraffen zu Brandenburg auch Einem hiesigen Magistrat
zu Aurbach und Forchheim verglichenen Münzordnung 640. nach der Ferdinandeischen Münzordnung aber 682. Stuck auf die Cöllnische Marck
gegangen, und ist respectu der lezeren die Marck Silbers um 10. fl.
49 kr. 2 pf. hinausgebracht worden.

Und soll ein ewige Hennen in der Ablößung auf zwen und dreißig Pfe-
ning angeschlagen werden, und ob die andern Weisaten nit gewirdigt,
oder sich sonst zwischen den Eigenherrn und Erbleuten derohalb Irrungen zutragen würden, soll alsdann bey einem Rath stehen, auf
Ansuchen der Partheyen in solchem nach Billigkeit und Gleichheit ge-
bührlichen Entschied zu geben.

In einer mit einer alten Schrifft ad marginem dieses Textus ver-
zeichneten Nota finde ich, daß eine Henne, dem Capital nach auf 32.
Pfenning angeschlagen, in der Ablösung betragen solle 3. fl. 1. Pfund und
14.

14. Pfenning und hat dieser Calculus guten Grund; wann man nemlich die 32. Pfenning mit 25. Pfenning multipliciret, und das daraus kommende quantum der 800. Pfenning mit dreymahl 84, das ist, 756. dividiret, so werden sich die 3 fl. 44 kr. oder zu 30. Pfenning das Pfund gerechnet, und der Rest der 14. Pfenning richtig und klar finden, und mit den 21 Zwölffern, als den alten Werth deß Landwährungs-Gulden ganz übereinkommen.

Doch soll die Ablösung solcher ewigen Aigenzinnß, Gült, oder Weisat, von denen Erbleuten nicht getheilt, sondern mit einander auf einmahl mit obgesezter Kauff-summa, und nicht mit Münz, sondern in guten Rheinischen Gold geschehen, und der Erbmann, so die Ablösung zu thun vermeynet, solches dem Aigenherrn ein halb Jahr zuvor verkünden.

Hierdurch ist nichts anders, als Reichsprobmäßige Rheinische Goldgulden zu verstehen, von denen die Mezer und andere Goldgülden, welche man bey denen Münz-probations-tägen deren Hochlöblichen dreyen im Münzwesen correspondirender Craiße, nicht für Reichsprobmäßig befindet, mercklich differiren, und demnach bey Ablösung der Aigen- und Gatterschafften billig zu verwerffen seyn.

So Er aber die Haupt-Summa und dazu für das künfftig halbe Jahr die Zinnß alsobald erlegen wollt, so soll der Aigenherr solches anzunehmen schuldig seyn. Würde Er aber das waigern, so fern dann der Erbmann die Hauptsumma und den halben Jahrs-Zinnß im Gericht erleget, und solches dem Aigenherrn zu wißen thut, so soll seine Behaußung alsdann solcher Aigenschafft und Aigenzinnß lediget seyn.

Diesen passum wollte ich cum grano salis verstehen, wo nemlichen die Erledigung nicht intempestive, und da man voraus siehet, daß in wenig Tagen eine dem Aigenherrn oder Gatterherrn schädliche und nachtheilige Münz-devalvation ergehen dörffte, beschehen sollte, sintemaln dergleichen unzeitige Erlegung ohne vorhergehende Aufkündung einen dolum deß Erbmanns importirte; Dolus autem nemini debet patrocinari.

Ob aber deß erſten und anfänglichen Kauffs aufgerichte Brieffe, über ſolche Zinnß verlautende, ein mehrere oder mindere Kauff-ſumma mit Münz oder Gold in ſich hielten, oder daß ſolches ſonſten durch Kundſchafften bewieſen würde, dabey, als einem verſchriebenen und erwieſenen Geding, ſoll es bleiben, und denſelben gemäß, die Ablöſung geſtattet werden.

Dieſer Paſſus hat zu ſeinem fundament die bekannte Rechts-Regul: Pacta dant legem contractibus, und ſeyn ein und andere Cenſus redimibiles bey Aigen- und Gatterſchafften ſonderbahr ante et poſt Annum 1500 mit Münz erkaufft, und mit Münz wieder abzulöſen verſchrieben worden.

Wo aber die Aigenherren hernacher ihre Aigenſchafften und Aigenzinnß anderen verkaufft hätten, um eine geringere ſumma, dann die erſten Kauffbrieff innhielten, das ſoll dem Erbmann in der Ablöſung keinen Vortheil geben, noch dem Aigenherrn einigen Schaden bringen, ſondern der älteſten Kauffbrieffen, und da die nicht vorhanden, oder darinn keine Summa begriffen wäre, der vorgeſezten Ordnung gemäß gehandelt werden.

Es wird von denen Rechtslehrern (wie bey dem Franciſco Salgado in Labyrinth. Credit. part. I. Cap. 13. §. 2. n. 25. et ſeqq. nach Nothdurfft ausgeführt zu finden iſt) dieſes Principium in ſo ferne für Recht und billig erkannt, wann die ceſſio pro vili pretio, nicht in fraudem Debitoris cenſus et animo eum vexandi beſchiehet, wie viel weniger würde die Exceptio Conſtit. Anaſtaſianæ in Erbſchaffts-Fällen dem Debitori cenſus zu guten kommen können, wann zwiſchen denen Cohæredibus der Anſchlag, der in die Erbſchaffte unter die activa gehörigen Aigenſchafft pro vili pretio beſchehen wäre.

Dafern der Debitor cenſus nicht erwarten will, daß Er mit der höchſten taxation auf Gold, nach Inhalt dieſes Paſſus Reformationis beſchwehret werde, ſo hat Er keinen Fleiß zu ſpahren, wie Er hinter die älteſten Brieffſchafften kommen möge. Nun iſt das medium ad ſcopum perveniendi weder ſchwer, noch ohnmöglich, wann man nur die Spuhr hat, daß ein Kauffbrieff, worinn der Aigenherr ſeinen

confens gegeben hat, gerichtlich eingeschrieben seye, da Er dann deß
Kauffers und Verkauffers Nahmen in denen vorhergehenden Gerichtsbü-
chern so lang und viel nachgehen kan, biß Er auf den Originem oder
den ältesten Kauffbrieff, durch welchen die Constitutio Census beschehen ist, endlichen kommet.

Jedoch sollen die Aigenschafften und Aigenzinß auf Gütern, die jemand
aigenthumlich gehabt und mit Vorbehalt der Aigenschafft auf jährliche
Erbzinß oder Weisat vererbt, und zu rechten Erb verliehen worden
wären, auch die Lehen-Güther oder Lehenzinß, so in dieser Stadt
bey der Burgerschafft gefunden, deßgleichen die Zinß, so ein Rath
allhier von gemeiner Stadt wegen auf Häußern, Mühlen, oder
andern Erbstücken hat, darmit nicht gemeint, noch eingezogen werden, sondern, wie bißher, bleiben, und die Aigen- oder Lehenherren solche Ablösung wieder ihren guten Willen zu gestatten nicht schuldig seyn.

Es ist ein sehr merckwürdiger Unterschied, ob jemand sein aigenthumb-
lich prædium urbanum, damit Er sein Capital sicher und cum privilegio prælationis respectu anderer deß Kauffers Glaubigere, einen Tertio, mit dem Beding verkaufft habe, daß etwas von den Kauff-
Schilling, gegen unablösige Verzinnßung darauf habe stehen verbleiben
sollen, oder aber jure feudi, vel emphyteuseos solch sein prædium
urbanum gegen Daraufschlagung eines gewiesen Canonis vererbt habe.
In dem ersten Fall ist solche Aigenschafft, nach Ausweiß deß klaren Textus Reformationis gleich als alle hypothecæ speciales der Ablösung unterwürfflg, in den letztern Fall aber nicht, sondern es bleibet solches onus perpetuum auf dem jure feudi vel Emphyteuseos verliehenen prædio hafftend, nicht anderst, als andere alt hergebrachte Le-
henzinnß und dem Publico zukommende census, auf Häußern, Mühlen und anderen Erbstucken, auch außerhalb der Ringmauer gelegenen Güter und Gärten. Welchen Unterschied die Inventur-Schreiber bey dem
Anschlag der liegenden Güther, respectu der Erbleute, wohl zu obser-
viren haben, daß nemlich die Census irredimibiles höher nicht, als
à rata derselben, das Capital ohngefähr machet, bey der Schazung in
Abzug bringen, nicht aber den Calculum auf 27 fl. oder 25 fl. in Gold,

wie

wie bey den Censibus redimilibus formiren. Was aber die Inventaria der Aigenherrschafften betrifft, so ist bekannt, daß das Aufkünden in dero Mächten und Gewalt nicht stehet, dahero dann derselben und derer Mitt-Erben discretion lediglich zu überlassen ist, wie und welchergestalt Sie sich des Ansazes halber, wann einem oder dem andern sub Titulo Aigenschafft, kein æquivalent, so allenfals mit einem in Stadt-Währungs-Gulden ablösigen Aigenbrieff zu ersezen ist, zugetheilet werden kan, sich vergleichen wollen, damit die anderen Erbs-Interessenten gegen den Innhabern deß profitablen Aigenbrieffs nicht allzusehr zu kurz kommen; hingegen aber der-wiewohl ab incerto Eventu verhoffte Gewinst demselben allein zuwachße.

Deßgleichen soll es auch mit denen Erbleuten und Erbrechten, so außerhalb der Stadt Ringmauer gelegen seyn, gehalten werden.

Es können durch die Ringmauer keine andere Fines verstanden werden, als wie sie noch heutiges Tages vor Augen seyn, indeme weder zur Zeit der An. 1564. publicirten Reformation, noch auch hernach einige Erweiterung der Stadt beschehen ist. Es giebt aber der Textus Reformationis dieses 23. Tituls von den 9. Gesez an biß zum End gnugsam zu erkennen, was für prærogativen die Aigenherren der Güter auf dem Land vor denen in der Stadt haben, und daß dieselbe auf die Person ihrer Erbleute alle vogtheyliche und der niedern Gerichtbarkeit anhängige Jura besizlich hergebracht haben; dahingegen es zwischen denen verbürgerten Aigenherren in der Stadt und ihren verbürgerten Erbleuten heiset: Par in parem non habet Imperium. Und so viel von der Explication deß 3. und 4ten Gesezes deß 33sten Tituls der Nürnbergischen Reformation von Aigen- und Gatterschafften.

Es wird aber der Nuzen dieser Explication sich alsdann erst finden, wann den in fine annectirenden Project einer allgemeinen Verordnung durch gnädig-Oberherrliche Approbation, das Gewicht wollte gegeben werden, zumaln dasselbe vieler vornehmer Rechtslehrer principiis allerdings gemäß ist, welche statuiren, quod mutata bonitate monetæ intrinseca tempus contractus sit inspiciendum, maxime in materia annuarum præstationum. Gail. lib. 2. obf. 75. n. 3.

Besold.

Befold. Confil. Tub. conf. 61. n. 39. Klock Tom. 4. conf. 46.
Carpzov. in Refponf. Elect. lib. 5. Refp. 93. Budel. de Monet.
lib. 2. c. 23. n. 4. et 5. adeo, quod fi antiqua moneta, quæ
fuit tempore Contractus, non reperiatur, amplius tempore
folutionis, tunc folutio in alia ufu recepta moneta ad valorem tamen intrinfecum fieri poffit. Cap. 20. et 26. X. de
Cenf. Budel. de Monet. l. 2. c. 2. n. 11. Albert. Brunn. de
Monet. Augm. et deminut. concl. 1. n. 3. Scacc. de Commerc.
§. 2. gl. 5. n. 180. Gail. lib. 1. obf. 73. n. 6. Mynfing. cent. 4.
obf. 1. Berlich. part. 2. concl. 35. Carpzov. in Jurispr. for. p.
2. conft. 28. def. 4. Klock tom. 3. conf. 156. et 159. Richter decif. 172. Und infiftiret man folchen Principiis um fo viel defto
mehr, als folche durch die Provincial-Decreta de datis 29. Dec.
1619. et 26. Dec. 1622, wie auch in der Inftructione de dato 20.
Febr. 1624. wie es mit ftrittigen Bezahlungen zu halten feye etc. etc. vor
längften recipirt worden feyn; alfo und dergeftalt, daß bey den Aigen-
und Gatterzinnß-Zahlungen auf das tempus folutionis zu fehen, die
Abführung aber der Aigen- und Gatterfchafften felbft, als der Capitalien
ad tempus contractus zu retrotrahiren feye.

Damit nun aber das beneficium retrotractionis von denen Ai-
gen- und Gatterherren, zu der Erbleute empfindlichen Schaden durch die
accurate Wiederbezahlung in bonitate intrinfeca nicht mißbrauchet
werde, zumaln die Aigen- und Gatterfchafften von 100 und mehr Jahren, durch Erbfälle und in andere Wege auf die Aigen- und Gatterherr-
fchafften gelanget feyn, mithin kein Verluft ex parte derfelben, wann
die Wiederbezahlung in modernen Goldgulden befchiehet, dociret werden kan, fo hätte man um das æquilibrium zwifchen beeden zu erhalten,
den Paffum Reformationis der Wiederbezahlung in Gold, auf die
durch die Ferdinandeifche Münz-Ordnung approbirte 18 Carat und
6 Gran auch 72 Stück auf die Cöllnifche Marck gehende Goldgulden um
fo vielmehr zu declariren, als der gewefene Fränckifche General-Münz-
Wardein Leonhard Willibald Hoffmann in feinem alt und neuen Münz-
Schlüffel pag. 239. usque ad pag. 258. ad ftatum An. 1660 forg-
fältig auscaculiret hat, wieviel die differenz zwifchen den 19 Carat
halti-

haltigen und nur 67. Stuck auf die Marck gehenden, und zwischen denen modernen 72 Stucken, der nur 18 Carat und 6 Gran haltigen Gold-gulden seye. Es würde demnach durch allzustrenge Entrichtung deß valoris intrinseci, tempore Contractus dem Erbmann ein empfindlicher Schade zuwachsen; hergegen aber denen Aigen- und Gatterherren ein unverhoffter und unverdienter Gewinst aufallen. Welchemnach sich wohl wird verantworten laßen, wann hierinnen ein Oberherrlich Temperament per Decretum speciale in denen jezt folgenden ohnmaßgeblichen Terminis wollte getroffen werden, bevorab, so viel die guldene Münz betrifft, man den kaiserlichen Fiscum, welcher für die in denen kayserlichen Diplomatibus auf viele oder wenige Marck-löthiges Goldes gerichtete Poenfälle 72 Goldgulden für die Marck angerechnet, und solchergestalt für jeden Goldgulden nur 2 fl. an leichten Geld. Roding. Pandect. Camer. lib. 1. cap. 37. §. 20. et lib. 3. cap. 11. §. 4. Gams ad Recess. Imp. de An. 1654. ad art. 5. et quidem ad verba: Marck-Geld, hoc tempore æroso annimbt, sodann wegen der silbernen Münz, daß für einen Cammer-Gulden 20. Bazen oder 80. Kreuzer leicht Geld zu rechnen pflegende Excelsum Judicium Camerale, vid. Joh. Frid. Hoffm. ad Rec. Imp. de An. 1654. ad §. 116. ad verba: Reichsgulden etc. zu Vorgängern hat.

Weiter will nothwendig seyn, daß man deß von gewinnsüchtigen Leuten hinaufgetriebenen Aufwechsels halber Vorsehung thue, indeme nebst der täglichen Erfahrung, auch die in dem obangezogenen Leonhard Willibald Hoffmännischen Tractatu und in Actis publicis monetariis in des Thileman Frießens Münz-Spiegel befindliche- über die Steigerung der guldenen und silbernen Münz-Sorten verlautende Tabella ein genugsames Zeugnus giebet, daß man bey den publica authoritate gemachten Saz, ohne dem gewinnsüchtigen Aufwechsel, sich gar wohl ersättigen laßen können; als wohin das hier anfügende ohnmaßgebliche project abzielt, welches decret also lauthen mögte:

Man läst es bey der gemachten Verordnung, daß nemlich bey unablösig verschriebenen Aigen- und Gatterschafften, für einen Stadtwährungs-Gulden 27. und für einen Landwährungs-Gulden 25. Goldgulden, und wegen der Hennen und Weisat für einen Pfenning 25. Pfenning in der

F 3   Ablö-

Ablösung solle bezahlet werden, mit dieser Erläuterung, bewenden, daß ratione der Hennen und Weisat für einen jeden Gulden 8. Pfund und 12. Pfenning und für jedes Pfund 30. Pfenning gerechnet, und die Bezahlung auf vorhergehende halbjährige Aufkündigung, mit Reichsprobmäßigen Gold-Gulden von denen Erbleuten anzurechnen, die Aigen- und Gatterherren schuldig seyn sollen.   Daferne aber solcher Reichsprobmäßige Goldgulden, um den von denen in Münzwesen correspondirenden Hochlöblichen Craißen gesezten Werth, ohne Aufwechsel nicht zu bekommen wären, so wird auf solchen Fall denen Erbleuten die fernere Lüfftung gethan, daß Sie den publica authoritate gesezten Werth derselben mit anderen probmäßigen Reichs groben Sorten, auf den Fuß deß Reichsthalers zu 1½ fl. oder 90. Kreuzern gerechnet, bezahlen mögen.   Welche Meynung es auch mit denenjenigen Aigen- und Gatterschafften hat, die auf eine gewise Summ in Münz oder Gold der Wiederlösung halber verlauten, mit dem Anhang, daß durch das gebrauchende Wort, Grob Geld, oder grobe Landwährung, die An. 1559. durch die Ferdinandeische Münz-Ordnung eingeführte Gulden-Groschen, ob schon die Verschreibung älter seye, sollen verstanden, und in judicando darauf gesprochen werden.

Schließlichen will ich hiemit zum feyerlichsten protestirt haben, daß durch die gegenwärtige per demonstrationem ocularem beyzubringen unternommene gründliche Erläuterung deß 3. und 4. Gesezes, deß von Aigen- und Gatterschafften handlenden 23. Tituls der Nürnbergischen Reformation, samt dem benöthigten Vorbericht ich weder Ziel noch Maaß wolle fürgeschrieben, noch anderen in dieser Materie beßer erfahrnen gelehrten Leuten vorgegriffen haben.   Inzwischen diese meine wenige labores bestens recommandirende.   Uf Verbeßerung d. 9. Nov. 1710.

Johann Jodoc. Peller. D.

Anmerkungen.

1.) Bereits im ersten Theil dieser Selectorum hat man erinnert, daß Hüner auch über die Mauern fliegen, und daß dies unter andern auch zu Nürnberg geschehe, und zum Theil von der verschiedenen Erweiterung

der

der Stadt herrühre. In dem beeden Pellerischen Bedenken finden wir dann auch Hüner, inner und außer der Stadtmauer; die Hüner, die innerhalb der Stadt gezahlt werden, haben mit jenen außer der Stadt einerley Ursprung, und erprobet sich also die alte teutsche parœmia, keine Henne flieget über die Mauer, in so weit nicht wenig dadurch, weilen die innerhalb der Stadt zu zahlende Henne allezeit ihren Ursprung bezeuget, nemlich daß eine Stadt, zum Exempel Nürnberg, auf fremden Grund und Boden erbauet worden seye. Die sämtlichen Nürnbergischen Chronicken sind zum Ueberfluß damit übereinstimmend.

2.) Ist es vor einen unpartheyischen Leser allerdings ein zwar wahres, doch beynahe ein beschwehrliches Vergnügen, wenn er bey den Nürnberger Schriftstellern lieset, und lesen muß, mit welcher Mühe und Kunst sie das Münzrecht ihrer Vatterstadt zueignen. Zu einer andern Zeit haben wir schon dargethan, welches Spiel man mit den nemlichen Großen, die hier vorkommen, auch in Ansehung des Stadtschultheißen-Amts treibe. Hier sollen die Großen und dann die Falzner das Münzrecht zu Nürnberg vom Kaiser erlangt haben; und Burggraf Friedrich, nachher Churfürst von Brandenburg, der ihr Recht an sich gebracht, soll sich mit dem Rath zu Nürnberg vertragen haben, daß er solches Recht nicht zu des Raths Nachtheil, sondern nach dessen Anordnung üben wolle, wenigstens wie Doctor Peller will. Allein dieser irret sich, und vielleicht mit Fleiß und mit Vorsaz. Die Großen und die Falzner hatten blos das eine Drittheil, welches noch des Kaisers war, von dem Schlagschaz pfandsweiß innen. Die andern zwey Drittheil waren der Herren Burggrafen, als ein Reichslehen. Daß die Falzner nichts als eine Pfandschafft auf dem Schlagschaz gehabt, sehen wir in der historia Norimbergensi diplomatica pag. 500. und daß dieses Recht der Falzner an die Stadt Nürnberg gekommen, lesen wir eben daselbsten pag. 566. Daß aber beregtes Pfandrecht der Großen und Falzner am Schlagschaz nicht mehr als den dritten Theil betroffen, davon finden wir den deutlichsten Beweiß in des Herrn Hofcammerraths Hirsch teutschen Münz-Archiv im achten Theil pag. 15. num. XV. wo die beede Herren Marggrafen Albrecht und Johann, die Söhne Churfürsten Friedrichs noch im Jahr 1458. zwey Drittheil am Schlagschaz hatten, und also das an den Nürnberger Stadtrath im Jahr 1424.

1424. abgetrettene Recht nur einen dritten Theil zum Vorwurf gehabt haben kann. Was aber Doctor Peller von der Verschreibung des Churfürsten Friederichs vom Jahr 1419. anführet, findet sich gleichfalls unrichtig, sobald man die nemliche Urkunde selbst in der Nürnberger historia Norimbergensi pag. 553. nachlieset; denn hier siehet man nirgends, daß sich und sein Recht der Churfürst Friedrich dem Nürnberger Stadtrath unterworffen, sondern nur, daß der Churfürst alles, selbst die Straf, mit Rath des Stadtraths vornehmen wolle. Wenn endlich Doctor Peller angiebt, es seye im Jahr 1425. alles confirmirt worden, und der Stadtrath besitze nun seit 1566. das Münzrecht longe alia qualitate, so muß man billig die darbey erscheinende paralogismos bewundern, denn die confirmatio de 1425. ist mit offenbarer Minderung des Rechts geschehen, und solche confirmatio an. 1566. nicht gebessert, weniger der Stadt Nürnberg dadurch ein neues Recht zugetheilet worden, daß sie seit an. 1571. unter des fränkischen Craißes Münzstätten die lezte ist.

3.) Wie man in Nürnberg die kaiserliche und resp. königliche Briefe zu deuten gewohnt seye, belehret hier das Pellerische Exempel an den Privilegien von den Jahren 1420. und 1464. Das erstere besaget blos, daß die Stadt Nürnberg nicht gehalten seyn solle, in der Stadt eine ringere Münze zu dulten, als sie an. 1402. festgesezet worden. Dieß ist der eigentliche tenor privilegii, wenn schon die vorausgegangene preces impetrantium ein mehrers besagen wollen, nemlich die Stadt habe solchen seinen Gehalt hergebracht, den sie doch nicht weiters und mehrers als das ganze übrige Reich hergebracht haben konnte, denn er war dem allgemein bindenden Gesez vom Jahr 1402. gemäß, welches weder von Landwehrungs- noch Stadtwehrungsgulden etwas wuste. In den Brief de an. 1420. stehet nun, wie er in der historia diplomatica ad hunc annum zu lesen, lediglich nichts davon, daß die Stadt damalen schon hätte ein Münzrecht gehabt, wie gleichwolen Doctor Peller angeben will, wenn er sagt, die Stadt seye gleich andern Münzherren an. 1422. zu 19. Carath Landwehrungsgulden zu münzen gefreyet worden. Von dergleichen Befreyung de an. 1422. schweiget aber die historia diplomatica Norimbergensis gänzlich; und selbige hat auch nie geschehen können, denn die

die Stadt hatte damalen noch kein Münz=regale, sondern erhielt erst im
Jahr 1424. pfandsweiß ein Drittel am Schlagschaz, und muste nach der
kaiserlichen Bestättigung de 1425. die Helfte davon in die kaiserliche Cam=
mer liefern, doch daß sie über den eigentlichen Betrag des ganzen Schlag=
schazes und allen Münzvortheils keine förmliche Rechnung ablegen durfte.
Kein mehrers wurde dann an. 1464. bestättiget, als die Briefe von 1420.
und 1425. enthalten.   Indem aber solchergestalt der obgedachte Brief de
1420. und die darinn bemerkte Stadtwehrung bestättiget worden, so fol=
get daher eine starke contradiction, wenn die extensio angehängt wird,
daß man zu Nürnberg gleich andern Städten geringer solle münzen dörfen.
Diese contradictio und der zweierley Gehalt der Nürnberger Münzen
hat in der Folge den Münzherren in fränkischen Craiß und der Nachbar=
schaft viele Irrungen zugezogen, und nicht geringe Beschwehrden im Han=
del und Wandel erreget, wobey die Stadt sehr oft ihre Gedanken auf ein
allgemein monopolium gerichtet.

4.) Doctor Peller will gegen alle Wahrscheinlichkeit und gegen al=
len Münzgebrauch angeben, auf seinem ersten Lorenzer Goldgulden, der
nicht einmahl in Nürnberg gepräget worden, seye die Umschrift also zu lesen,
moneta communis ditionis Noribergensis, da doch andere und
selbst Nürnberger Münzkenner nichts weiters lesen, als moneta com=
munis de Nuremberg.   Damahlen, als man Goldgulden prägte,
wuste man noch nichts von der erst nachher geträumten ditione Norimbergensi, welche sich in selbiger Zeit so weniger denken ließ, als die
Stadt selbst unter den Burggrafen noch stundt.   Von den Lorenzer und
Sebalder Goldgulden kann man übrigens nachlesen des Herrn Wills Nürn=
bergische Münzbelustigungen, und zwar des ersten Theils Vorrede, und
im dritten Theil den 25. 27. 29. 33. 40. und 43. Bogen.   Herr Will
beziehet sich an den bemerkten Orthen gleich dem Doctor Peller auf einen
Sigmundischen Brief, kann aber solchen mit nichts beweisen, als damit,
daß der bekannte Rathschreiber Müllner seiner gedenke.   Da nun derglei=
chen, wie vorgedacht, in der historia diplomatica Noribergensi nicht
zu finden, so mus er entweder, wie dem Müllner öfters begegnet, gar
nicht existiren, oder er mus solche Säze enthalten, welche, als den Gesin=

nungen des Raths wiederſprechend, man nicht gern dem publico bekannt
werden läſſet.

5.) Warum in der Nürnberger Reformation die Zinnßrechnung in
der Stadt und außer der Stadt verſchieden angegeben und behandelt werde, will Doctor Peller daher ableithen, weilen die Güther auſſer der
Stadt meiſtens Lehen ſeyen.   Allein dies kann wohl die Haupturſach des
Unterſchieds nicht ſeyn, denn innerhalb der Stadtmauer, wie ſie an. 1564.
bereits geſtandten, gibt es ja auch eine Menge Lehen, wie wir zu einer
andern Zeit erinnert haben.   Hätte alſo die Lehenbarkeit, mit welcher beynahe alle Güther außer der Stadt behaftet, hierinn etwas zu würken ver-
mogt, ſo würde gewiß der Stadtrath in die jura dominii directi unge-
bührlich eingegriffen haben, da er wegen der Zinnße innerhalb der Stadtmauer verſchiedenes verordnet. Zwar hatte der Stadtrath bereits bey Errichtung der Reformation an. 1564. die Clöſter eingezogen, doch beſtundten annoch damahlen, und beſtehen noch jeʒo die Brandenburgiſchen Lehen, welche ſich in viele Afterlehen durch die Zerſtückelung der Höfe und Hofraithen
zertheilen.   Wenn dann ſchon ſolchergeſtalt die Cloſterlehen lediglich von
der Diſpoſition des Stadtraths abhiengen, ſo waren doch die Brandenburgiſche Lehen zu betrachten.   Die Zerſtückelung derſelben in ſo viele Afterlehen iſt faſt durchgehends inſalutato domino directo geſchehen, und
kann alſo alles, was hierunter ſtatuirt wird, dem Lehenherrn nichts prä-
judiciren.   So mehr mag alſo der Stadtrath berechtigt ſeyn, wenigſtens
ad tempus, den Stadtwährungs-Gulden gleichſam feſtzuſezen, weilen
doch einmahlen alle Zinnße innerhalb der Stadtmauer in Stadtwährungs-
gulden gezahlet werden müſſen.   Mit den Güthern außerhalb der Stadtmauer hat es aber eine ganz andere Geſtalt.   Hier hatte der Stadtrath
nicht Macht, den Werth des Landwährungsgulden feſtzuſezen.   Hier gelü-
ſtete die Eigenherren nach Stadtwährungsgulden, und hatten doch wohl
nur Landwährungsgulden zu fordern.   Widerſprachen aber die Erbleuthe,
ſo hatte nicht der Stadtrath, ſondern der Territorial-und Landesherr zu
ſprechen.   Dies ſagte man nicht gern in der Reformation, und da man
gleichwohlen etwas ſagen wolte, ſo konnte man nichts anders als die Obſervanz nebſt den alten Briefen vor eine Regul anrathen, nicht feſtſezen.
Hierbey gab man das Verhältnus an, zwiſchen den Stadt-und Landwäh-
rungs-

rungsgulden, um so leichter den Eigenherrn eine vortheilhafte Observanz gegen die Erbleuthe zu befördern und zu erleichtern. In Ansehung dieses Umstands irret sich also Doctor Peller nicht wenig, wenn er anglbt, durch Erhöhung des Landwährungsgulden in einen Stadtwährungsgulden greife man dem Lehenherrn für; denn dies ist ja ehender eine Besserung als Verminderung des Lehens, wenn man nemlich annimmt, daß dem Lehenherrn allezeit freystehen mus, die wahre Verhältnus des neuen Geldes gegen das alte herzustellen.

6.) Bey dem vierten Gesez des drey und zwanzigsten Tituls in der Stadt Nürnberg verneuerten Reformation verdienet es allerdings einer Note, da man sich nemlich ermächtiget, zum Nachtheil der Lehenherren zu erlauben, daß Burger ihre ewige unablößliche Zinße gegen ihren Eigenherrn qua dominum secundarium et vasallum domini directi senioris et primarii, hoc prorsus insalutato ablösen dörffen. Dieses heißet offenbar, die Lehen nicht sowohl schwächen, als vielmehr dem Lehenherrn sogar entziehen; wenn schon in der Folge Doctor Peller selbst einzulenken begehret.

7.) Von dem Verhältnus der alten und neuen Pfenninge gegen einander ist bereits in des Herrn Will Nürnbergischen Münzbelustigungen und auch in den beliebten Brandenburgischen Münzbelustigungen des Herrn Spieß, im vierten Jahrgang, gehandelt worden, anderer Ausführungen vorjezo nicht zu gedenken. Diesen ist nun dermalen auch Doctor Peller beyzuzehlen, welcher hier in seiner Erläuterung der Nürnberger Reformation selbst bekennet, daß die alten Pfenninge keineswegs mit den neuern silberlosen Pfenningen zu ersezen seyen. Die Stadt Nürnberg hat also hier ein testimonium domesticum gegen sich, wenn sie wider das Hochfürstliche Haus Brandenburg die heutigen Pfenninge vor so gut und silberreich halten und angeben will, als die alten vor ohngefehr vierhundert Jahren nur immer seyn mögen.

8.) Wann es in der Reformation heißet, der Rath wolle Richter seyn, im Fall die Partheyen ihn darum ersuchten, und über den Anschlag der Hennen und Welsate strittig wären, so ist man zu Nürnberg gegen sonstige Gewohnheit sehr bescheiden; denn dadurch, daß der Rath nur auf Ersuchen der Partheyen, und also ex compromisso, urtheilen will,

gestes

gestehet er freymüthig, daß er-feine jurisdictionem contentiosam habe.

9.) Wenn D. Peller am Ende seines commentarii den Nürn-bergischen Eigenherrschafften alle vogteyliche und niedere Gerichtbarkeit zu-schreibet, so achtet er der Landesherren Rechte gleichsam vor nichts, da er doch den Eigenherren innerhalb der Stadt die nemliche Rechte nicht will gel-ten lassen. Innerhalb der Stadtmauern soll das brocardicum gelten, quod par in parem non habeat imperium, gleich als wenn außer-halb der Stadtmauern zwischen dem Eigenherrn und dem Erbmann ein größerer Unterschied wäre. Dieser wie jener, und jener wie dieser ist und bleibt ein Unterthan des Landesherrn, unter dessen Landeshoheit das Guth gelegen. Und wenn schon der Nürnberger Stadtrath unterweilen ein an-deres zu behaupten scheinet, so begehret er es doch nie anderst, als ad tempus, und schreibt die niedere Vogteylichkeit bald sich bald seinen Bur-ger zu; zum klaren Kennzeichen, daß er intentionem fundatam kei-neswegs habe.

Das dritte Capitul.

Vom Langenzenner Ruralcapitel.

Jn dem vierzehenden und funfzehenden Capitul des zweiten Theils dieser Selectorum findet sich eine Hohenlohische Urkunde, wie die Geistliche des Ruralcapituls von Crailsheim wegen ihres Verlaßthums landesherrlich gegen die Sazung der canonum gefreyet worden. Es wird sich darbey auf eine andere dergleichen Urkunde bezogen, welche Herr Hanßelmann an das Licht gestellet hat. Dergleichen Urkunden beweißen nicht allein die Be-fugnüße der Landesherrn über die in ihren Landen geseßene Geistliche, und die darinn gelegene pia corpora und Gotteshäußer; sondern sie bezeugen auch neben andern Argumenten die Wahrheit des vor Alters nie in Zweifel gezogenen Satzes, welchen Hanßelmann und andere zu behaupten unter-nommen, daß nemlich in Franken so gut als in den übrigen Landen des teutschen Reichs ursprünglich die territoria allerdings clausa gewesen und noch seyen. Daß aber die Grafen von Hohenlohe nicht allein das Recht gehabt, und noch haben, vor die Geistlichen und die Gotteshäußer Geseze und Verordnungen zu machen, ist bereits an dem angeführten Ort gemel-det worden; dann solches Recht nicht blos an etlichen, sondern vielmehr in allen Gegenden Teutschlands der Landesherrlichkeit von Alters her ange-klebet, wenn es schon in dem neuesten Salzburgischen Druckschrifften ge-gen Baiern zum Theil bezweifelt werden will. Wann nun bey diesen Se-lectis die Absicht dahin gehet, einiges nach und nach zur Erläuterung der Geschichte, und zur Bestärkung der teutschen Rechte und der Brandenbur-gischen Gerechtsame benzutragen, so will man hiermit dem Leser eine Bran-denburgische Urkunde, die von dem Verlaßthum der Geistlichen neben an-dern handelt, mittheilen, durch welche sich der Innhalt des obgedachten funfzehenden Capituls im zweiten Theil bestärket. Keinen andern und mehrern Beweiß kann Paul Joseph von Riegger in seinem corpore ju-ris ecclesiastici Bohemici et Austriaci führen, wenn er den König-gen in Böhmen und Erzherzogen von Oesterreich das Recht, in Kirchen-

sachen

fachen landesfürstliche Geseze und Verordnungen zu machen, zuschreibet.
Die dermalen vorzulegende Urkunde aber ist der

Bestättigungs-Brief, welchen Friedrich und Sigmund, Gebrüdere, Marggrafen zu Brandenburg, der Priesterschafft zu Langenzenn über alle deren von den vorigen Marg- und Burggrafen erhaltene Freyheiten sub dato Cadolzburg Donnerstag nach S. Michelstag An. 1489. folgenden Innhalts ertheilet haben.

WJR Friderich vnd Sigmund Gebruder von Gottes gnaden Marggrauen zu Branndenburg zu Stettin Pommern der Caßuben vnnd Wennden Hertzogen, Burggrauen zu Nuremberg vnnd Fursten zu Rugen Bekennen offennlich mit dißem briue Als vor zeiten vnnßernn Vorfarn des Burggrafthumbs zu Nuremberg vnnßer Vorelltern Her vnnd Vater selliger mit wolbedachtem mut rechter wißen Jnn guter loblicher meynung lewterlich durch Gottes vnnd priesterlicher Wirdigkeit willen alle vnnd iglichem Pfarrer Frümeßer pfründtner Vlcarier vnnd Priester Jnn iren vnnd vnnßernn Herschafften vnnd Gerichten vnnd Jnn dem Capitel zu Lanzenzenn gesetzen mit Namen Embßkirchen Hertzogen Aurach, Weißendorf Buchenbach FrawenAurach Wach Langenzenn Lawbendorff Cadolczpurg Zierndorf Regelßpach Rostall Haßlach Burgles Hadmanßdorff Winczenczenpronn Amerdorf vnnd all annder pfarr vnnd priester die solcher vnnser freihait brauchen vnnd Jnn vnnßerm land gesetzen sind Als Kirchfarenbach Erlbach Furtt vnnd Burgfarenbach etc. gefreiet vnnd begnadet haben Jre Hab vnnd guter bey Jrem leben mit gesundem Leibe an irem Todtbet oder ir Trewßhender zu geben vnnd zu schicken vnnd damit zu thon nach irem willen nach Jnnhalt solcher vnnßer vorfarn vnnd Vorelltern seliger gedechtnus briue die Jne daruber geben sind Solche vnnßer briesterschaft alß Sy vorbenannt sein an vnns kommen vnnd vnns demutiglich gebeten haben Jne solche gnade vnnd frathait fur vnns vnnd vnßer erben vnnd nachkomen auch zuthon vnnd Sy gnediglichen mit vnnsernn briuen daruber zuuersehen geruchten vnnd auf das das vnnßere Vorfarn selige gute vnnd löbliche meynung icht vernicht vnnd abgeen wurd haben wir auch fur vnns vnnd vnnßer erben vnnd nachkommen allen vnnd iglichen priestern alß Sy obgenannt

vnnd

vnnd geschriben sein die Inn das Capitell zu Lanngenzenn gehorn vnnd desselben Capitells gebiet vnnd district geseßen sein got dem allmechtigen zu lob
vnnd ere zu Hail Hilff vnnd Trost aller vnnser Vorfarn vnnßernn nachkomen vnnd allen glaubigen Seten Solch gnad vnnd freihait getan vnd ge-
genwertiglich In craft dits briues, thon In maßen alls hernach geschriben
stet Also das ir ider besonnder bey gesundem leib an seinem Totpette oder
auch sein trewhennder nach seinem todte alle und igliche Ir guter vnnd hab
ligend oder farend nichts außgenomen schicken thon laßen vnnd schaffen mogen iren elichen gebornen freunden an irer schuld durch gottes willen vmb ir
Sele seligkait wohin oder wie Sy wollen vngehindert von vnns vnnßernn
Amptleuten Vogten vnnd allen den vnnßernn Inn welcherlay wirdigkait stat
oder Wesen die sein vnnd auch nyements dawider zuthon gestatten sollen noch
wollen an alles geuerde, Wir wollen auch die obgenanten briesterschafft ir
leib vnnd gut schuczen schirmen Hanthaben vnnd behallten bei alltem Herkommen loblichen guten gewonhaiten vnnd Freihaiten vnnd sonderlich ob ir
einer von Todswegen abging welch zeit das Inn dem Jar were vnnd ein
annder wider auf die pfarr pfrund vnnd Gotsgab komen wurd so sollen alle
Frucht nucz gullt Zins vnnd Rennt des ganczen iars etc. Die zu der goczgab gehorn geschaczt vnd geacht werden vnnd dem der da abganngen ist oder
seinen trewßhenndern soll gefallen nach anczal der zeit alls er gelebt hat
außgenomen das Opfer Stol Hantlon vnnd solch Zufell die soll voran nemen ein iglicher balde der do abgangen ist oder hernachkombt zu der zeit alls
er die goczgab Innenhat vnnd ob einer ein widempt oder annder gebawt selt
lies dem soll sein pflugrecht nachvolgen Ob auch keinerlay Zwitrecht oder
Spann zwischen den Trewßhenndern erben oder anndern des abgangen vnnd
dem der do vff die pfrund vnnd goczgabe kôme erstunde die soll gancz vnnd gar
steen an dem Dechant vnnd den diffinitorn oder Verwesern des Cappitells zu
Langenzenn vnnd kein partey die anndern nyngart annderswohin müßen weder
mit gaistlichen oder weltlichen rechten Wir gebieten auch allen vnnd iglichen
vnnßernn Amptleuten Vogten Dienern mannen vnnd vnnterthann das ir
keiner keinem briester ichts aws iren pfarrhofen pfrunden pfannhewßern
oder priesterhewßern oder wo Sy annders ichts hetten oder ließen nemen
furen tragen noch treiben nymants von irenwegen noch sunst in kein weis
zuthon gestatten Sonnder Sy alle vnnd iglichen bey solchen vnnßern gnaden

den vnnd freihalten pleiben laßen Sy auch dabey hanthaben schutzen vnnd
schirmen sollen alls lieb einem iden vnnßer swere Vngnade zuuermelden sey
Were auch das das Ir anuchem Vberfarn wurd von vnnßernn Amptleuten oder yments anndters furbas ewiglich das sy an iren Guten oder Ge-
schefften beswert würden annders dann vorgeschriben stet So sollen wir vnnßere erben vnnd nachkommen vnnßer Vogt an vnnßer stat Ine beholfen
sein das das alles widerkert werd gar vnnd genntzlich angeuerde vnnd von
solchen vnnßernn vorfarn vnnd Vorelltern vnnßernn Gnaden vnnd freihait
wegen die Ine also von vnns beschleen ist sollen Alle vnnd igliche obgenant
pfarrer frümeßer pfrundner vnnd briester alle iar zu zwaien malen zusammen komen gen Langenzenn Zum ersten auf den montag nach dem Suntag
alls man singet Inn der Heiligen Kirchen Misericordia Domini vnnd darnach Inn demselben iar auff den montag nach dem achten vnnßers Hern
Leichnamstag aber gen Langenzenn zu dem anndernmal komen sollen Vnnd
auf dieselben Montag zu nacht lanng Vigilien mit Newn lectzen vnnd des
morgens auf den Dinstag alle Hern vnnd priester die darkommen löbliche
Selmeß vnnd annder meß Singen lesen vnnd auch da an der Canczelln der
Herschafft vnnd aller glawbiger Sele gedenncken vnnd vleißig fur Sy biten
sollen Sy sollen auch vier oder Sechs Kerczen der igliche zwan pfunt hab auf-
stecken oder ein por mit einem leichtuch bedecket Were auch das ein feiertag auf
derselbigen Dinstag einen gefiel So sollen Sy vff denselben Dinstag zu nacht gen
Langenzenn komen zu einander vnnd alle Ding mit der Vigili meßen vnnd anndern Sachen hanndelln als vorgeschriben stet Vnnd es soll ein iglicher briester zu
ider Zeit zu Vigili vnnd meß steen Inn seinem chor Rock Inn briesterli-
cher Zucht auch meß leßen zu rechter zeit vnnd es soll keiner von der Vigili
vnnd von der meß geen an besounder ehaffte Sachen ongeuerde Vnd
was zu der Bedenckus opfers gefellt das soll ein Camerer des Capitels
einemen vnnd dauon den Schulmaister vnnd Kirchner außrichten vnnd die
Kerczen damit beßern were aber des Opfers nit genug die Kerczen zu beßern So soll ein iglicher dartzu geben wie der Dechant vnnd die Verweser des Capitels erkennen vnnd welcher priester zu iderzeit die Vigili ver-
sawmet vnnd nit dabey were alls vorgeschriben stet Der soll zu peen geben
einen halben Guldin. Versewmbte aber einer die meß der soll aber einen
halben Guldin geben Stund aber einer bey der Vigili oder meß on Chor-
rock

rock der soll geben ein pfunt Heller Solch Bueß vnnd pen dann einfordern
vnnd Einemen sollen die verweser des Capitels von idem der solch peen vberfiel
ongeuerde Geschee, auch das ir einer oder ir mer setwmig wurden vnnd nit
dar kömen es were dann das Sy ehafftige not Irret das dann ein Capitell
zu erkennen hat vnnd der egenanten pene auch nit geben wollten an widerte-
de dieselben soll vnnser gnade vnnd freiheit als vorgeschriben stet nicht fur-
tragen noch helffen Des zu urkund geben wir dißen briue mit vnnserm gemein anhanngenden Insigell versigelt der geben vnnd geschriben ist zu Ca-
dolczpurgk am Donrstag nach Sannt Michellstag des heiligen Erczengells,
Nach cristz vnnßers Hern geburt vierzehenhundert vnnd Im Newn vnnd
achcziglsten Jarnn

(L.S.)

Das vierte Capitul.

Von der Freyung und Gleit in Roth.

§. 1. Die Stadt Roth, in dem Fürstenthum Burggrafthums Nürnberg unterhalb Gebürgs, wo das prächtige Schloß von seinem Erbauer Georgio pio Ratibor genennet worden, ist von unfürdenklichen Zeiten her mit einem Kayserlichen Glaits- und Freyungs-Recht begabt. Dieses Rechts ist nicht nur in der bekannten Nürnberger grosen Fraisch-Sache, in welcher das Hochfürstliche Hauß Brandenburg an. 1583. und 1587. in possessorio gegen den Stadt-Rath zu Nürnberg, in puncto der hohen Fraischlichen und Territorial-Obrigkeit geschüzet worden, allschon vermöge des sub Num. I. hier angebogenen Extractus der in Revisorio damals abgelegten gründlichen Relation, als einer bekannten Sache Meldung geschehen; sondern es wird auch dessen in den ältesten Schriftstellern gedacht; besonders rechnet solches Pfeffinger ad Vitriarium Lib. III. Tit. XVII. §. 78. n. a. verbo Roth, unter die Asyla universalia ab Imperatoribus concessa, ideoque territorium speciale egredientia.

§. 2. Ein näheres historisches Zeugnuß hievon giebet der sub Num. 2. angeschloßene Extract des alten Rother Saalbuchs de an. 1531. die Glaubwürdigkeit, welche dergleichen Saal- und Lagerbüchern beyzulegen, darf man nicht erst beweißen.

§. 3. Es war aber dieses nicht etwa nur eine den Geschichtschreibern und Geographis bekannte Sache, sondern sie bestunde in einer Reichskundigen Observanz. Gestalten nach den weitern Anlagen sub Num. 3.-6. incl. nicht nur die Herren Churfürsten von Sachsen und Brandenburg, nebst dem Herrn Bischoffen zu Bamberg, und den Herrn Grafen von Limburg, sondern auch des Kaysers Rudolphi II. May. Glorwürdigen Andenkens, nach der weitern Beylage sub Num. 7. selbst, bey den Herren Marggrafen, theils vor, theils wider die Verglaidete und in die Freyung aufgenommene, mit Erwähnung sothaner Gerechtsame intercedirt, und dadurch die Offenkundigkeit, Notorietæt und allgemeine Reichs-Observanz sattsam agnoscirt,

und

und an den Tag gelegt haben. Ja es hat so gar der Nürnbergische Stadt-Rath, der doch gerne auch die geringste diesseitige Befugnis bestreiten, oder wohl gar vernichten mögte, sich nicht ermächtigt, mehr angezogenes Glaits- und Freyungs-Recht in Zweifel zu ziehen, sondern hat vielmehr, wie die Anfuge sub Num. 8. et 9. des mehrern bewähret, ebenfalls selbst in eben dergleichen Angelegenheiten bey den Herren Marggrafen interced rt, und dadurch auch seines Orts die Anerkenntnus und Incontestabilitæt desselben bethädiget und ausser Zweifel gesezt.

§. 4. Ganz leichte würde es auch seyn, ben in vorstehenden §. aus-geführten Saz, bey nahe in Ansehung aller einzlen hohen Reichs- und Craiß-Mitstände mit vielfältigen wiederholten dergleichen Vorschrifften und Intercessions-Schreiben zu bestärken, und besonders zu bemerken, daß in deren keinem einzigen dieß Recht und Befugnuß selbst nur in dem mindesten Zweifel gezogen, sondern vielmehr allezeit als eine unstrittige und bekannte Sache jedesmalen vorausgesezt worden seye. Nachdeme aber dieses schon zur vollen Genüge aus demjenigen erhellet, was nur erst in diesem Betreff glaubwürdig beygebracht worden; so will man zu Ver-meldung der Weltläuftigkeit es bey obigen merkwürdigen Beyspielen be-wenden laßen, zumalen diejenige wichtige Urkunden, die im Verfolg noch zum Vorschein kommen, alles dieses noch weiters bestärken werden.

§. 5. Dieses Verglaitungs-Recht und Kayserliche Freyung bestund nun nicht blos in einem unthätigen Schuz; sondern das Hochfürstliche Amt und die Stadt-Gerichte zu Roth, als das ordentliche forum Asyli, cognoscii ten in causa, und zwar nicht nur blos über die Frage, ob der Verglaidete der Verglaitung fähig seye, sondern es wurde auch das pun-ctum in- et exculpationis desselben, vor demselben ventilirt, und hauptsächlich interponirte es in Schuld-Sachen sein officium in Stiff-tung und Confirmirung gütlicher Vergleiche mit den Glaubigern. Maßen dann die sub Num. 10-15. weiters angebogene Documenta des meh-rern besagen, daß nicht nur öffters die Creditores und sonstige Einred-ner selbst agendo sich dorthin gewendet haben, sondern daß auch nach Maasgab der Anlagen sub num. 16.-22. diese von dem belobten Amt und Stadt-Gerichten theils edictaliter - oder sonst vorgeladen und citirt worden seyen; und wie z. E. aus den Beylagen sub Num. 23. et 24.

erhel-

erhellet, bey den requirirten Magiſtraten und Gerichten niemals ſich der
mindeſte Widerſpruch ergeben habe.   Welches dann auch in ſpecie gegen
den Magiſtrat zu Nürnberg,   Kraft der Anfugen ſub Num. 25.- 27.
ſtatt gefunden hat.   Denn, wenn gleich dieſer leztere, nach ſeiner bekannten Gewohnheit alle Burggräfliche Jura zu widerſprechen, die anverlangte
Stallung ſeiner Bürger und Angehörigen auf eine arrogante Weiſe übel
genommen hat ; ſo hat er doch nicht ermangelt, die Ihm überſchickte inſi-
nuanda denenſelben zur Nothdurfts-Beobachtung zuzuſtellen, und dadurch die facultatem et poteſtatem mehr beſagten fori Aſyli in
cognoſcendo ſelbſt anzuerkennen.   Geſtalten denn die noch fernern Au-
lagen ſub Num. 28. bis 39. des mehrern bewähren, daß die nur angezogene Gerichte würklich auch cognoſcendo,   confirmando et judicando ſeu ſententionando hervor gegangen ſind ; nur mus man be-
liebter Kürze wegen ſich hier ebenfalls auf etliche wenige aber deſto nach-
drücklichere Beyſpiele einſchräuken, und deswegen dasjenige hieher ziehen,
was §. 4. allſchon einmal vor allemal angemerkt worden iſt.

§. 6. Nur dieſes wird noch in möglichſter Kürze zu berühren erlaubt
ſeyn, daß wann ſo gar der Verglaidete in der Freyung mit Tod abgegan-
gen, ſich Forum Aſyli, auch in puncto ſeiner Verlaſſenſchaft pro Judicio competente gerirt habe, und dafür ohne Widerrede ſelbſt von
dem Nürnbergiſchen Stadt-Rath ſecundum Adj. ſub Num. 8. et 9.
ſupra, dann auch ſecundum ulteriora Adjuncta ſub Num. 40.
41. et 42. von den Herrn Biſchof zu Bamberg, als den bey dieſem Aſy-
lo am meiſten intereſſirten Nachbarn anerkannt worden ſeye.

§. 7.   Es iſt auch den Herrn Marggrafen ſo wohl Höchſtdero all-
gemeines Glaits-Regale, als dies beſondere Glaits- und Freyungs-Recht
verſchiedener Dero Land-Städte, z. E. Roth, Fürth, Schwobach, Prich-
ſenſtadt ꝛc. dann des Kayſerlichen Landgerichts B. N. jederzeit dergeſtalten
an Herzen gelegen, daß Höchſtdieſelben Sich daſſelbe bey den verſchiedenen
Contracten und Verträgen mit dem Nürnbergiſchen Stadt-Rath, beſonders aber bey den Burg- und Wälder-Verkauf, dann in dem Harraſ-
ſiſchen Vertrag expreſſe vorbehalten, und in lezterm ſecundum Ex-
tractum ſub Num. 43. weiter nichts nachgegeben haben, als ſich hierinnen, wie ohnehin allezeit geſchehen, löblich zu verhalten.   Wannenhero
dann

dann auch mehrberührtes Verglaitungs- und Freyungs-Recht, ohnwidersprechlich selbst in dem §. 4. des Landfriedens bestättiget und von andern eximirt worden.

§. 8.　Die bisher angezogene und hier nachgedruckte Actenstücke würden die bisher erzehlte Rechte der Freyung und des Gleits zu Roth sattsam bestärken, wenn schon solche allein in Roth sollten anzutreffen seyn. Allein da diese nemliche Rechte auch andern dergleichen Freyungsorten zukommen, und hier und dar annoch in viridi observantia stehen; so werden die angeführte Beweißthümer so mehrers dasjenige außer allen Zweifel sezen, was hierunter den Stadtgerichten zu Roth seit Jahrhunderten zustehet.

Beylagen.

Num.　1.
Extractus der Fraisch-Relation.

etc. Et sic urgeri potest districtus in hac parte pro dicto judicio Provinciali Burggraviatus, cum is circumquaque extendatur et quidem versus Bavariam usque ad oppidum Roth (ubi vetus Asylum habent Marchiones) vigore Transactionis Friderici Palatini de Anno 1386.

　　Secundus casus concernit quemdam hoc est, Peter Maurern, de quo in 4. defensionali circa annum 1473. qui commisso homicidio zwischen Rottenbach und Wendelstein uf der Straßen, aufugit gen Roth, in Marchionis Freyung et ibi mansit, dum vixit.

Num.　2.
Extractus Rother Saal-Buchs de an. 1531.

Kayßerliche Freyheit und Glaitt zu Rothe In der Statt.

Item die Herrschafft Brandenburg hat ein Kayßerliche Freyheit und Glaitt in der Statt Rothe, were des begehrt und solchs vehig ist, Ihme auch das zu geben zugesagt wurdet, der gibt der Herrschafft Angangs ein Gulden, Und so Jahr und Tag verscheint, und er weiter Glaitt haben will, So mus er wiedermals der Herrschafft ein Gulden geben.

Mehr funf und Siebenzigk Pfenning dem Amtmann, Castner, Burgermeister und dem Statt Knecht, wie bey jedes Bestallung fundenn wurdet. Und hat das vergangen dreyßigsten Jahrs, Sechtzehen Gulden ertragen.

Item wie sich ein jöglicher der Glait hat, in selben Glait halten soll, findt man auch underschiedlich hernach geschrieben.

Artickel so einem jeden fürgehalten wurdet.

Item dieß hernach folgende Artickel sollen einem jöglichen der hie Inn der Statt zu Rothe, das Kaiserlich Glayt annemen und derselben Freyheit gebrauchen will, auch des vehig ist, furgelesen und furgehalten werden, sich darnach wißen und haben zu richten und gemeß zu halten. Zum ersten so soll Ernstlich und eigentlich erforscht und erkundigt werden, Ursach und warum einer, eines Glaits begere. Item vonn wann er sey, auch seinem Tauf und Zunahmen, was Handwercks etc. und sonst alle andere Umstände nottorfftiglich zu erfragen.

Zum andern so ist ein Jder der Herrschafft alß Lands Fursten diser Stat, ein Gulden, dem Amtmann, Burgermeister und Statt Knecht, ein Ort eines Gulden, und dem Castner ein Maß Weins einzuschreiben. Derhalb einer, ein Jahr lang nach Annehmung des Gleitz und nit länger Glait hat, alles nach Außweißung und alten gebräuchlichen herkommen des Glaits.

Zum dritten soll sich keiner finden oder betretten laßen mit einer langen oder andern geuerlichen Werhrn, Jedoch mag einer ein kurzen Dolchen oder Brodt Meßer bey sich tragen ongewerde.

Zum Vierten soll sich ein jeder enthalten, auf die Mauern oder ander Arwenig stette Inn der Statt zu geen, und nach sperleuten, Inn seinem Wirths Hauß bleiben. Und sich nicht ausfennig machen oder hallten.

Zum Funfften, dieweil sich das Glaitt nit weitter Außstreckt dann Inn der Stat, so vern die Rinck-Mauer begreifft, derhalb soll ein ngelicher

licher, so einem sachenn oder Geschefft uberlande zu werbenn furfallen daſ
ſelbig betrachten, daß er außerhalb der Statt nit Glait hat.

Zum Sechſten ſo ſoll ſich ein yeder huetten und wol furſehen, damit
er ſich nit mit den Inngeſeßen Burgern oder andern, auffrurig oder zwey-
drechtig mach, auch dißelbenn Inn Irem Gewerben und Handtlrungen nit
verhinder und denſelbenn um das ſo ſie von Inenn erkauffenn und ſchuldig
ſeyn wurden, guten Trauenn und Glaubenn haltenn, und ohnklaghafft
Bezahlung thunn, ſollen Sie von Inenn Unfugs oder unpilligs auch ennt-
haben pleiben, auch Inenn um Irenn Pfenning ein gleichs geſchehenn vnnd
vergoßten werden, wird ſich aber einer ſtrefflich machen, und nit halltenn
wie vor und nachgeſchrieben ſteet, zu dem würd man greiffen, und gegenn
Ime furnemenn, als dem ſo das Glaitz nit gehallten und ſo ſelbſt gepro-
chen hett. Und die handlung an Ir ſelbſt an die Herrſchafftenn gelangenn
laßenn. Die Perſon nach Ir der Herrſchafft beuelch und der geubten thatt
zu ſtraffen.

Zum Siebenden. ob es ſich begobe das Inn der Statt Feuer auß-
keme, das Gott verhuetten wolle, oder. die Stat durch die Vheindte be-
lagert wurde. ein Vheind Geſchray gehort, oder ein Aufflauff wurde, ſo
ſoll ſich ein yglicher, der ſich der Kaiſerlichen Glaitz und Freyhung ge-
raucht. Inn den Felln haltenn, nach Beſchandt der Oberhandt. dabey er
den ſuchen und gewartenn ſoll. Und on entſchaidte ſich der Gegen Werhe
und Zulauffens einthalten. Mocht er aber Inn der eill zu der Oberhandt
nit kommenn, ſo ſoll er beym Wirt oder Haußherrenn erforſchenn. wes er
ſich hallten ſoll. Inn dem ſoll einem ygelichen guter Beſcheide gegeben
werdenn.

Solche Artickel zu Handhabung des Kayſ. Glaitz und Freyung auch
der Herrſchafft zu Brandenburg alß Land-Fürſtenn, dieſer Stat Rothe
und damit ob den Ihennen. ſo ſich des Glaitz gebrauchenn, deſter ſtattli-
cher gehaltenn werden mag. Soll ein yglicher mit handgebenden treuen an
eines Geſchwornenn Aydsſtatt, der Obrigkeit globenn und anrurenn dem
allenn, wie vorſteet und hier Innenn Artickels Weiß verzeichend iſt. Getreulich nach kommenn, auch ſteet, War und Veſt zu hallten, Alls lieb
einem Jedenn ſey, zu uermelden ſchwehrer ſtraff leybs und Guts. Und zu
einem Beſchlueß ſo ſoll ein ygliche Perſonn Inn Glait ſo er ſein ſachenn
ver-

verennbernn, und aus der Statt, wider an die Ort dauonn er herckomenn oder annderſt wo nider thun will, mit Wißenn des Ambtmanns Caſtner Richter oder Burgermeiſter Abſcheydenn. und yedesmahls, was das Glait, die Herrſchafft, derſelben Lanndt, leutt, auch gemeine Statt berurt. Und zu nachtheil raychen möcht. der Oberhandt anzeigenn. Be= ſchalde darauf zu empfahen, und auß aygner Perſonn, keiner fur ſich ſelbſt wider die Artickel, furſezlich oder freuenlich, nichts handeln noch furnemmenn. Inn Crafft und Bedacht des Glaitz und gethaner pflicht.

Num. 3.

Interceſſions = Schreiben Herrn Churfürſten zu Sachſen d. d.
Dreßden den 26. Martii 1602.

Vnſer freundlich Dienſt, vnd was wir vil libs vnnd guts vermögen zu= uorn, Hochgeborner Furſt freundlicher liber Vetter; Aus der inlag haben E. L. zu erſehen, welcher geſtalt wir an dieſelbe von etlichen vnſern Vn= derthanen zu Leipzig ihres durch Hannſen Siebenpaums Ihnen entführten Gelts halben abermaln vmb eine Interceſſion vnderthenigſt mit Bitt an= gelangt worden; Das nun E. L. auf Vnſere vorige Vorbitt diſen Sup= plicanten gnedigen beuelh mitgethailt vnnd Verordnung gethan, damit ihnen ihr entführt vnd nunmehr bey den Gerichten zu Roda, hinderlegt gelt wider zugeſtelt werden ſollen, daran iſt vns zu Dankenemenden Gefal= len geſchehen, weil dan bey ihm Siebenpaum vnſer Vnderthanen ihr ent= führt gelt befunden, So halten wir darfür, ſolches werde Ihnen billig geuolget, vngeachtet, das ſie allererſt zu einem weitleufftigen proces Vil= leicht zu Verlengerung der ſachen vnd ihnen der Supplicanten mercklichen ſchaden von den Gerichten zu Roda citirt vnd vorgeladen werden wollen, Vnd iſt demnach an E. L. vnſer freundlich Bitt, E. L. wollen Ihr dieſe vnſere Vnterthanen in Gnaden beuohlen ſein laßen vnd noch maln bey den ihren Anordnen darmit ſie ihr gelegt Gelt, vnd ſonderlichen, Weil ſie ſich zu Leiſtung einer Caution erpieten von den Gerichten zu Roda bekommen, in ferner Weitleufftigkeit nicht gebracht, Auch dieſen Vnſern Ihnen zu Gnaden gemeinten Interceſſion Fruchtbarlich genoßen ſich zu erfreuen haben

haben mögen, Das sind Wir vmb E. L. zu fürfallender Gelegenheit hinwider zu beschulden, derselben auch ohne das getreue freundschafft vnnd dienst zu erzaigen ganz willig. Datum Dreßden am sechs vnd zwaintzigsten Marty Anno 1602.

Von Gottes Gnaden Christian der Ander, Hertzog zu Sachsen, des heil. Röm. Reichs Ertzmarschalck vnd Chur Fürst, Landgraff in Dohringen, Marggrafe zu Meißen vnd Burggrafe zu Magdeburgk.

Christian Churfürst.

Inscriptio.

Den hochgebornen Fürsten vnserm Freundtlichen lieben Vettern, Herrn Georg Friederich Marggraffen zu Brandenburgk, in Preußen, zu Stettin Pommern der Caßuben, Wenden vnd Schlesien zu Jegerndorff Hertzogen, Burggrafen zu Nürmberg vnd Fürsten zu Rügen.

Num. 4.

Intercessions-Schreiben Herrn Chur-Fürstens zu Brandenburg, de dato Cölln an der Spreu den 5. Dec. An. 1601.

Unser freundlich Dienst vnd was Wir mehr liebes vnd gutes vermögen jederzeit zuuorn, Hochgebohrner Fürst, freundlicher lieber Vetter, Schwager, Bruder vnd Geuatter, Was gestalt wir vmb Intercession an E. L. von Gedeon Hanman, Peter Heintzen vor sich vnd wegen Marken Peckmans, Magnus Lotter vnd Georgen Lotmullers wegen Hannsen Drachstetten Rathmeisters zu Halla, wider Hannsen Siebenbaum Burgern zu Leipzig, welcher bej Jnen vnd andern in die Fünffthalb Tausent Gulden aufgenommen, darmit flüchtig worden, vnd sich nacher Rotha, E. L. zustendig, begeben vnd in der freiheit daselbsten niedergelaßen haben soll, vnterthenigst ersucht vnd angelangt worden, Solches geruhen E. L. Jr aus dem Einschlus mit mehrerm Vnbeschwerd vorbringen zu laßen, Ob wir nun woll gantz nicht zweiflen, E. L. wurden den Supplicanten auf Jr selbst gebuernliches vnterthenigstes ansuchen, one ainiche Vnsere Intercession widerfahren laßen was Recht, vnd Sie wider den entwichenen zu suchen befuegt, Als Sie aber dannoch die gentzliche vnfelibare Hofnung Juen vnterthenigst gemachet, derselben bej E. L. zu mehrer vnd schleunigern beförderung, Jres wider den entwichenen Betrieger wolbefuegten Suchens vnd darmit derselbe Andern zum Abscheu, zu gefengknus verwirckten straff vnd gebuerlichen Execution gebracht, fruchtbarlichen vnd erspriesslichen zu geniesen; So haben Wir Jnen auch darmit in Gnaden willfahren wöllen, vnd bitten demnach hiermit freundlichen, E. L. es dahin verordnen zu laßen, vnbeschwerdt sein wollen, darmit Supplicanten Suchen den vnterthenigst begerten effect erraichen vnd vorfluchtiger Betrieger nicht allein aus der Freiheit zu Rotha, in gefengkliche Hafft gebracht, vnd bis zu Jrer endlichen Befriedigung darinn enthalten, Sondern auch wegen dieser begangenen that, nach Ausweisung der Rechte, wider Jne verfahren vnd die Supplicanten also, dieser Vnser Intercession, so Jnen zu Gnaden gemeinet, im Werckh genossen empfinden vnd spuren mogen, daron beschaffen E. L. die Billigkeit, vnd was zu handhabung der heilsamen Justitia dienlichen, vnd Wir seinds vmb E. L. in gleichen sellen freundlichen zu erwiedern erbuetig, pleiben denselben auch sonsten zu angenehmen Freund Vetterlichen Diensten jederzeit berait vnd willich, datum Cöln an der Spreu den 5. Dec. An. 1601.

Von Gottes Gnaden, Joachim Friederich, Marggraff zu Brandenburg, des heilig Römischen Reichs Ertz Cammerer vnd Churfürst In Preußen etc. Hertzog etc.

Johann von Löben.

Num. 5.

Schreiben Herrn Bischoffs zu Bamberg, de dato Bamberg den 27. Junii, Anno 1589.

Vnnser freundtlich Dienst zuvor, Hochgeborner Fürst, besonder lieber Herr vnd Freundt, waß maßen vns Hanns Peßinger Handelsmann in Nurmberg Suplicando ersucht, vnd sich vber vnsern vnderthanen Allhie Hanns Seubolten, deme er für ein nicht geringe Suma gelts Kramwahren geborgt vnd sonsten auch in Burgschafft eingelaßen, Welcher vor wenig Tagen sich von hinnen heimlichen Weg gethuen ein große Summa am bahren

ren Gelt vnd den besten theill von Kramwahru mit sich genommen vnd gehn
Roth inn E. l. Glaid begeben haben solle, beschwerd, vnd dorentwegen
vnderthenig gebetten, haben dieselben auß denn Einschluß mitt mehrerm
freundlichen zu sehen, weiln nun gleichwoln der Pflicht vergeßene Seuboldt
nicht allein den Supplicanten, sonnder auch etzliche vnsere Vnderthonen
die Ime einbenante Summa gellts vff sein Trauen vnd glauben, fürge-
streckht, blenderlistiger vnd vorsetzlicher Weiße, sientemaln Ihnn zu diesen
Fallimenta ainiche not nicht getrungen anzusetzen vnd vmb das Irige zu
betriegen vnd zu bringen gentzlich vorgenommen, damit aber einsten gegen
dergleichen leichtfertigen gesellen andern zum Abschew in bedenckhung solche
Kalß. Befreuung für diese offentliche Lanndsbetrieger gar nicht gemaint vnd
es von etlichen schuir ein gemein wesen werden will, Ire Glaubiger zu
Irem gefallen vnd muetwillen mit der Bezahlung ein guette Zeit aufhalt-
ten vnd vertrösten vnd doch letzlichen zu eim Vertrag, da sie die leut lang
genug herumb geführrt haben anerbitten thuen, ein Exempel statuirt werde.
So ist an E. L. vnnser Freundlich bitten, dieselben wöllen Uns zu nachbarlichen gefallen, gemelten Seubolten auß dero Glaid neben seiner bey sich
habenden Haabe vff einen gewonlichen Reuerß, das solche herausgebung
E. l. an deren Fürstlichen vnd Glaidlichen Obrigkeit vnpraeiudicirlich vnd
vnnachtheillg sein solle, verfolgen laßen, da aber solches bey E. l. vber
zuuersicht nicht zu erhalten, Jedoch vff das wenigst seine Habe in Arrest
zu legen, vnd Ime das Glaid aufzukunden ohne beschwerdt die Verfue-
gung thuen, das seindt vmb E. l. Wir, als vnserm besondern lieben Herren vnd freundt, denen wir freundliche angeneme Dienst zu erweisen geneigt, freundlichen zu uerdienen vrbüttig. Datum in vnsere Statt Bamberg 27. Juny Anno 1589.

Ernst von Gottes Gnaden Bischoff zu Bamberg.
Ernestus Eps. Bamberg.

Num. 6.

Schreiben Herrn Grafen von Limpurg d. d. Neustat an der Aysch den 25. Sept. Anno 1627.

Georg Herr zu Limpurg, deß heyl. Röm. Reichs Erbschenckh vnd semper frey etc.

Vnsern günstigen Grues vnd geneigten Willen zuuor. WohlEdler vnd Vester auch Erbare, besonders lieber, vnd liebe besondere. Wir mögen euch hiebey vnuerhalten nit laßen, wie vns Marx Judt zue Fürth vnter thenig angebracht, vnd zu erkennen gegeben, das deßen Sohn Isac Judt, zum Engel in Franckhforth wohnendt, bey vnterschiedenen Leuten in großen Schulden Last gerathen, vnd ob er sich woln widerumb daraus zu wieele hen verhofft gehabt, auch sonsten bey menniglichen Jederzeith guet trauen vnd glauben erhalten, es ihme doch bey so Jezt beschaffenen schweren vnd teüren Zeiten daran gefehlet, vnd er dardurch merckhlich were zuruckh vnd in Gefahr geseʒt worden, Also das Er sich seiner Glaubiger halber vonn Franckhforth in etwas absentiren, vnd bey euch zue Roth sicher Ge leidt suchen vnd nehmen müßen.

Wann er dann die Beysorg getragen, es mögten sich ermelts seines Sohns Glaubigere, nachdem Sie seines jezigen Vffenthalts zue Roth Innen wurden, vmb ernste Bezahlung bey Euch anmelten, vnd Ihn sol chergestalt zu übereylen gewillt sein, vnangesehen sich besagter Isac Judt von Franckhfurth mit menniglich noch mit der Zeit Vergleichung zue thun begerth, vnd zue dem Ende bereith seinen Schwägern in Franckhforth, mit allen seinen Glaubigern daselbsten vnd anderer Orten mehr gewiße Vergleichung vnd Accord zu treffen befelch vfgetragen, Auch vns deßwegen an euch Ihne vorbittlichen zuuerschreiben, vntertheniges vleißes ersucht vnd gebetten, Alß haben Wir Ihme solches nicht zuuerweigern gewust, Vnd langt Vnser günstig gesinnen hiemit an euch, Ihr wollet, Im fall sich mehr ermelten Isac Judens zu Franckhfort Creditores vmb Bezahlung bey euch angeben, vnd selbigem deßwegen etwann hart zusezen solten, Die selben ab vnd zu ruhe weisen, Ihn noch ferners, wie bisher, bey einem

sichern

ſchern Geleydt ſchuken vnd handthaben, Auch Ihne Marx Juden diſer Vnſerer für Ihn vnd ſeinen Sohn bey euch eingewandten InterceſſIon genießlich empfinden laßen,

Das bleiben wir vmb euch in dergleichen vnd andern Vorfallenheiten zu erwidern geneigt vnd werden es die jntereſſenten auch danckbarlich zu erkennen vnd zu beſchulden wißen. Denen wir ſonſten mit günſtigem geneigten Willen Jederzeit wol beygethan verbleiben. Datum Neuſtat an der Ayſch den 25. Sept. Anno 1627.

Georgh zu Limpurg.

Num. 7.

Schreiben Kayſer Rudolphi II. May. de dato Prag den 5. Febr. an. 1602.

Rudolff der Ander von Gottes Gnaden, Erwölter Römiſcher Kaiſer, auch zu Hungern vnd Behaim etc König,

Hochgeborner lieber Oheim vnd Fürſt, welchergeſtalt wir von Nidoſen Bergman Inwohner vnd Seiffenſieder zur Behemiſchen Leippa, vmb vnſer gnedigſte Fürſchrifft an D. L. wegen einer Schuld, die er bej Hannſen Siebenbaum, ſo ſich an Jezo vnter D. L. Gebiet zu Rodaur aufhalten ſoll, ſtehen hat, gehorſamſt angelangt vnd gebeten worden, das iſt ob dem Einſchlus weitläufftiger vnd mit mehrerm zu vernemen dieweil dann ſolche Schuld mit Brieff vnd Sigel zu beſcheinigen vnd alſo gnugſam liquidirlich, So machen wir uns zwar one das gnedigſt keinen Zweiuel, D. L. hierinnen die Billigckeit one vnſer erſuchen ſchleunig verordnen wurden, Nichts deſto weniger auf des Supplicanten gehorſamſtes bitten, vnd das er ſich ſolcher vnſer Gnedigſten InterceſſIon vaſt getröſtet, So erſuchen wir D. L. hiemit Gnedig vnd Freundlich begerend, Sie wölle gedachten armen Supplicanten, deme an dieſer Schuld faſt ſein zeitliche Wolfarth vnd nahrung ligt, hierinnen dermaßen in Acht nemen, damit er vergeblich nicht lang vmbgeſprengt ſondern ime alsbald durch gebuerliche mietel zu dem ſeinigen muge verholffen werden, An dem erweiſen D. L. ein billiges Werckh, deren wir mit Kaiſ. Gnaden in Freundſchafft wol geneigt

J 3   ſein, fein, Geben auf Vnſerm Kunigl. Schloß Prag den funfften tag des monats fobr. An. 1602. Vnſerer Reiche des Röm. im 27. des Hunger. im 30. vnd des Behemiſchen auch im 27,

Stenco At. de Lobcovviz S, R. Bohemiae Cancellarius,	Ad Mandatum Sac. Cael Mtis proprium
	Hainrich von Plſnitz.
	Johann Wengl.

Num. 8.

Schreiben des Nurnbergiſchen Stadt-Raths d.d. 16. Nov. An. 1610.

Durchleuchtiger Hochgeborner Fürſt und Herr. E. Frſtl. Gdn. ſind vnſer vnderthenig willig dienſt mit allem vleis zuuor an bereit, Gnediger Herr, E. Frſtl. Gn. geruheten ob dem Einſchlus vns vberreichter Supplication gnedig zu uernemen, weßen vnſer Burger Mathes Weißenburger alls des ausgedrettenen Hanns Schorns verlaßener Güeter gerichtlich beſtettigter Curator, oder deßelben hinderlaßene Wittlb ſich beclagt, vnd im ende vmb dieſe Vnſere Interceſſion in gebüer gebetten hat, Nachdeme wir dann ſolch des Curatoris begeren nit für vnzimblich halten, welches dann allein dahin gericht, auf das ſeinem Pflichten ein Genüegen geſchehe, vnd die angeſezte Creditores nicht ſo gar in Schaden liegen bleiben, Als gelangt an E. Frſtl. Gn. vnſer vnderthenige Bitt, die wollen bej den Beamten zu Roth die gnedige Verfüegung thun laßen, damit dem Supplicanten in ſeinem begeren willfarth werden vnd dieſe vnſere ſeinet wegen gethane Interceſſion erſprießlich ſeyn möge. Das ſind vmb E. Fſtl. Gdn. denen Wir ſonſten zue vnderthenigen Nachbarlichen Dienſten bereit, Wir in gleichen Fällen vnderthenig zu verdienen willig vnd gefließen, Datum den 16. Nouembr. An. 1610,

Burgermeiſter vnd Rath zue Nürnberg.

In-

Inscriptio

Dem Durchleüchtigen Hochgebornen Fürsten
vnd Herrn, Herrn Joachim Ernsten, Marggraven zu Brandenburg In Preußen zu Stettin,
Pommern der Cassuben vnd Wenden, auch in
Schlesien zu Croßen vnd Jägerndorff Hertzog, Burggrauen zu Nürnberg vnd Fürsten zu
Rüegen, vnsern gnedigen Herrn.

Num. 9.

Supplicatum Mathes Weißenburgers, pro Intercessione nach Onoltzbach.

Edel, Ehrnuest, Fürsichtig Erbar vnd Weise, gebietende günstige Herrn,
Nachdem Hanns Schorr burger allhie seinen Glaubigern zu mercklichem
Schaden vnd geuahr sich vor diesem neben seinem Weib vnd kindern gantz
geuehrlich aus der Stat gethan vnd ins Glaid nach Roth begeben, hat er
nicht allein wie Statkündig, ein namhaffte Summa baar Geldts, seine
Handelsbüecher vnd Obligationes oder Handschrifften, Sondern auch
den besten Ja fast allen Hausrath souiel ime müglich gewesen, mit sich genommen, vnd also nichts als seine bloße Behausung am Kornmarckt allhie hinderlaßen.

Dieweil dann er Schorr kurtz verruckter Zeit daselbst zu Roth tods
abgangen vnd auf solch sein Absterben sein hinderlaßene Wittib mit iren kindern, seiner Verlaßenschafft, die sich, wie man glaublich berichtet, auf
ein zimblichs erstrecken soll, Erbschafftsweiß sich angemaßt, welches Sie
aber one off zuuorgehende Befriedigung vnd bezahlung der Schulden,
keines wegs berechtigt, vnd sich doch hierinnen zu keiner Gebüer oder güete
anweißen zu laßen bedacht vnd dannenhero mir dem Supplicanten, als
Schorrischer Güeter Curatori, nunmehr ernstlichere Mittel für die Hand
zu nehmen, meinen Pflichten nach obliegen vnd gebüeren thuet.

Als Gelangt an E. E. vnd Hr. mein vnderthenige hochfleißige Bitt,
an den Durchleuchtigen Hochgebornen Fürsten vnd Herrn, Herrn Joachim
Ernsten

Ernſten Marggrauen zue Brandenburg in Preußen etc. mich dahin vnd ſolchergeſtalt fürbittlich zuuerſchreiben, damit Irn Frl. Gn. Dero verordneten Ambtleuthen zue Roth, dieſen gnedigen Beuehl zue kommen laßen, das
Sie gedachte Schorrin vnd andere ire miterben mit allem ernſt dahin anhalten, damit Sie zu vörderſt ein ordentliche Inuentur oder Anzaig alles
Ires Hauß Wirths Verlaßenſchafft, es ſej an parſchafft, Handelsbüechern,
Schuldverſchreibungen, Hauß-Rath oder Anderen, waß eß ſein mag, mediante juramento vnuerzüglich thuen, vnd ſolches alles mir, als dem
Curatorj anhero ordnen wolle, oder aber daßelbig alsbalden in Arreſt
zu nehmen, vnd darinnen ſo lang aufzuhalten, biß ich ſelbſten zu Dero
Abholung gelegenheit ſchaffen werde, das bin vmb E. E. vnd Her. Ich ge-
horſamblich zu beſchulden vnderthenig genaigt

E. E. vnd Her.

vndertheniger gehorſamer Burger Mathes
Weißenburger, geſchworner Gerichts-
Fronbot, als Schörriſcher Güeter
Curator.

Num. 10.

Hochfürſtl. Regierungs Befehl an das Amt Roth d. d. Onolz-
bach den 10. Junij An. 1584.

Vnnſer freundtlich Dienſt vnd grues zuuor, lieben Ambtmann, Caſtner vnd
Richter, Wir mögen euch freundtlich vnnd günſtig nicht bergen, das heut dato
gegenwertige beede von Vnnſerm gn. Herrn dem Biſchoff zue Bamberg, zu
Vnns abgefertigte Räthe, Lorenz von Guttenberg vnnd Doctor Achatius
Hülß, mit Credenzſchrifften bey vnns erſchinen vnnd vnns von hochermelts
Herrn Biſchoffs wegen für vnnd Angebracht, demnach Ire Frl. Gn. einen Ver-
walter zu Neunkirchen gehabt, Hß Wetzel genannt, welcher Irer Frl.
Gn. vbel Hauß gehalten, Indem er nicht allein Iren Fr. Gn. derſelben
Ime Anbeuolhen guet, bößlicher weiß veruntreuet, Sondern auch vil
Vormundtſchafft vnnd ander hinderlegt Gelt, zu ſeinen Handen genom-
men etc. das derſelb neüllicher Tagen außgedretten, neben ſolchem verun-
treutem Gelt, Auch etlich vil Briefliche Documenten, vnnd Vrkhunden

von

ron Regiſtern, Priuilegien, vnnd andern, ſo Jren Frl. Gn. ohne alle
mittel zuſtendig, mit ſich hinweg genommen, vnnd damit nach Roth Jns
Glait begeben haben ſoll, mit angehefften begern, das Wir endtweder
Jren Frl. Gn. denſelben ſambt allem demjenigen, ſo er bey ſich hatt alls
einen Diebſtall, vf einen Reuers verfolgen, oder aber Jme das Glait
ſo balden widerumb aufſchreiben laſſen wollen etc. Dieweil Vnns aber
jrem begern, ſobalden vnd gedachts entwichenen Verwalters vnerhört ſtatt
zu thun, etwas bedencklich geweſen, Jnn erwegung das Vnnſers gnedigſten Fürſten vnnd Herrn, habende Glaits-Gerechtigckeit zue berurtten Roth,
dardurch mercklich geſchwecht werden möchte, Alls haben wir vns gegen
Jhnen widerumb dahin erclæret, das Vnns diß falls zuuorn nottwendigen
Bericht zur Handt zu bringen gebüren wollte, wer Vnns aber nicht zu wider, das ſie ſich ſelbſten nach Roth verfuegen, vnnd Jn ſeines entwichens
vnnd veruntreuens halben, Sowol auch vmb wider herauſsgebung der
Brieflichen Vrkhunden vnnd annders anſprechen möchten, wann ſie dann
damit zu frieden geweſen, ſich auch ſo balden nach Roth zu begeben, vnnd
Jne deſswegen anzureden erbotten, Alls iſt vnnſer beuelch hiemit an euch,
jr wöllet ſie gegen einander der gehör nach verhören, vnnd Jm fall ſie bey
Jme jn der güette ſouil erhalten khönnen, das er jnen die entwendt brieffliche Vrkhundten, Regiſter vnnd Annders zuſtellen will, jnen ein ſolches
widerfaren vnnd volgen laſſen, Er geb nun ſolche brieffliche Vrkhundten,
vnnd anders von ſich oder nicht, So wolt Jr nichts deſto weniger alles
dasjenige, was ſie alſo gegen einander fürbringen werden, durch den Statt-
ſchreiber ordenlich nach einander aufſchreiben, vnnd Vnns ſobalden bey
gedachten beeden abgeferttigten, welche Jren Weeg wider vf hieher warts
zu nemen werden, neben eweren Bericht, vnnd wie es etwa hiebeuor Jn
dergleichen fellen gehalten worden verſchloſsen zu khommen laſſen, dabey
aber auch diſe Verordnung thun, das von ermeltem Werwalter, jn deſſen
vnnd biß vf weitern vnnſern beſcheidt, weder Leib oder guet verruckt, oder
waß an andere Ort verwendet werde, jedoch das ſolches in der ſtill, vnd
vnuermerckt geſchehe, damit es vnnſers gnedigſten Fürſten vnnd Herrn
Glaits Gerechtigkeit Jn allweg vnſchedlich vnd vnabbrüchig ſey, vnnd
wölt die ſachen dermaßen befürdern, damit gedachten Abgeſandte nicht lang
Aufgezogen, ſonder von Vnns, widerumb der Gebühr vnnd notturfft

nach, verabſchiedet werden mögen, daran beſchicht vnnſere zuuerleſſige meynnung vnnd wir ſeindt euch zu freundtlichen Dienſten. vnnd günſtigen Willen gewogen. Datum Onolzbach den 10. Juny Anno 1584.

Vnnſers gnedigſten Fürſten vnnd Herrn Marggraf Georg Friderichs zu Brandenburg, In Preuſſen etc. Herzogs verordnete Stadthalter vnnd Räthe Im Hauß daſelbſten.

M. Stadtman.
G. Hußman.
L. Berchtoldt.

Num. II.

Copia Schreibens von dem von Ehnheim de 10. Oct. 1595.

Durchleüchtigſter hochgeborner Fürſt, E. F. Dhlt ſeindt mein vnderthenigſte willige Dienſt zuvor. Gnedigſter Fürſt vnd Herr. Waß E. F. Dhlt Ich vnlangſten wegen meines flüchtigen vnd zu Roth Im Glaidt liegenden ſchreibens vndertheniglſt clagendt fürgebracht, das werden ſich dieſelben noch gnedigſt zu erInnern haben, wan dan er ſchreiber ſeine Verantworttung noch bishero nicht gethan, vnnd aber meine hohe Notturfft erfordern. thuet E. F. Dhlt nochmals Clagendt vnnd vnterthenigſt zu erſuchen, Alß hab derſelben Ich mein Andermalige gegründte vnnd wahrhaffte Clag hieben ligend vnderthenigſt zuzuſenden nicht umbgehen können ganz vnderthenigſt bittendt, E. F. Dhlt wöllen dieſelben gnedigſt Anhören vnnd annemen, Auch gnedigſte Wilfahrung widerfahren laßen, Solches vmb dieſelben Alß ein Lehenmann vnderthenigſt zuuerdienen (darzu Ich mich ohne das ſchuldig erkenne) bin Ich Jederzeit gehorſam vnd willig zu E. F. Dhlt Gnaden mich hieneben vnderthenigſt befehlen thue. Datum Wületzhaim den 10, Oktobris An. 1595.

E. F. Dhlt

vnderthenigſter Lehemann
Hainrich Conradt von Ehnhaim
zu Geyern vnnd Wallmerſpach.

Num.

Num. 12.

Nürnbergisches Schreiben d. d. 10. Maij, 1598.

Durchleuchtiger hochgeborner Fürſt vnnd Herr, vnſer vntertheni willig
Dienſt, ſeyen E. F. Gdn mit Vleiß zuuor anbereit, Gnediger Herr, was
Vrſachen halben wir von des Erbarn vnſers burgers Hannſen Starckens
Ehewirtin, abweſend ihres Hauswirths vmb dieſe vnſere interceſſion an
E. F. Gndn angeruffen worden, das haben E. F. Gdn aus inlegender irer
Vns vberreichten ſupplication vnd clagſchrifft, mit mehreem gnedig zu
erckennen, dieweil dan dieſe des beclagten Hannſen Vnter der Linden began-
gene entfuerung ſeines herrnn vnd Committenten ime vertraueten gueter
ein hochſträffliche Verprechung vnd anders nichts den fur ein rechtenn qualificiren Diebſtall zu halten, darburch ſich der Thäter Vermög des heiligen
Reichs Conſtitution vnd polncey Ordnung alles Gleidts vnvehig gemacht, So bitten E. F. Gdn wir hiemit vntertheni, die wöllen nicht allein den thäter vnd deßelben Weib, die ſich dieſer ſachen durch ir entweichen
auch theilhafftig, oder ie zum wenigſten verdächtig gemacht, vnſerm Burger dem Starcken zum rechtenn handhaben, ſondern auch die bey inen habende Gelder vnd Wahren bis auf weiter anſuchen in gerichtliche Verſperr
vnd Verwahrung nemen laßen, wie dann gegenwärtiger vnſer Diener vnd
Syndicus Johann Jobſt Spölin dergleichen bey E. F. Gdn mundtlich zu
werben vnd vmb ſchleunige ſchrifftliche beuehl an E. F. Gdn Ambtleuth zu
Roth vnderthenig anzuhalten auch beuelch hatt, vnderthenig bittend, E.
F. Gdn. wollen ine in ſeinem Anbringen gnedig anhören, vnd ſich mit gnediger gewiriger Reſolution gegen ime dermaßen erzeigen, Wie zu derſelben Vnnſer vntertheni Vertrauen ſtehet, vmb die wir es auch in vntertheniger Nachbarſchafft hinwider zuuerdienen bereit vnd willig erfunden
werden wollen, Datum den 20. May, An. 1598.

Burgermeiſter und Rath
zu Nurmberg.

K 2

Num.

Num. 13.

Nürnbergisches Schreiben, de dato 21. May, An. 1599.

Vnser willig Dienst E. Gbn. vnd Erbarkh. mit Vleiß zuuor, Gestrengen, hochgelehrten Edlen, vnd Vesten, weß sich vnser Burgerin Vrsula deß Erbarnn vnser Burgers Hannsens Starckens Ehewirttin wilder vnsern außgetrettenen, vnd dieser Zeit Im Glaidt zu Roth ligenden Burger Hannßen vnnter der Lindten Supplicando bey vnß beschwerdt, vnd Jr gegen Ime bey E. Gestr. vnd Erbarkh. befürderlich zu sein gebetten, das haben dieselben Auß dem einschluß mit mehrerm günstiglich zuuernemeu, wann dan Jr begeren dem Rechten vnd billigckeit gemeß, vnd hingegen deß außgedrettenen Vnnter der Lindten gegen der Supplicantin vnd Jrem Ehewirtt verübte Betrug, so fürsezlich vnd betrüglich, daß er deßelben billich nicht zu genissen, noch sich des erlangten Glaidts weitter zu erfrewen haben soll, So wollen wir vns keinen Zweiuel machen E. Gestr. vnd Erbarkh. werden Jren begeren der widergedachten Vnnter der Linden gebettener Execution vnd Huelff halben, so uil mehr zu willfaren sich günstig vnbeschwerdt erzaigen, Alß wir dan auch hiemit dienstlich bitten, E. Gestr. vnd Erb: wollen den großen schaden, darein die Supplicantin neben Jrem Ehewirtt durch den Vnnter der Lindten so fürsezlich vnd sträfflich gesezt worden, mit Gunsten erwegen, vnd bey den Fürstlichen Ambt Leuthen zu Roth die Verfüegung thun, damit Jrem begeren mit beschreibung vnd gerichtlicher Verwarung deß Vnnter der Lindten vnd seines Weybs bey sich habender Güeter Wahren vnd schuldtbrieff auch nottwendiger inquisition Jrer Außgellehenen oder sonst versteckten Gelder mit ehistem Volge geschehen müg, das sindt neben der billigckeit wir vmb E. Gestr. vnd Erbarkh. widerumb nachbarlich zu beschulden vnd zuuerdienen willig, Datum den 21. May 1599.

Burgermeister vnd Rathe
zu Nürmberg.

Num.

Num. 14.

Hochfürstl. Brandenb. Regierungs-Befehl an das Amt Roth
d. d. 10. Junij, 1587.

Unnsern Gruß zuuoren lieber Castner vnd Richter, was sich bey vns Anna Daubmännin zum Loch vnd Ire Kinder vber vnnd wieder Sebalt Stemmen von wegen eines Todtschlags, den Er Stemm zu Schweinau an Iren Sohn und Bruder Fritzen Daubmann begangen, derowegen auch bey Euch zu Roth sich ins Glaidt begeben haben soll, supplicando beschwert auch darauf gesucht vnd gebetten haben, das senden wir euch eingeschloßen zu befinden, Wann wir dann außer deßen sonnsten keine Wißenschafft tragen, was es mit berurter entleibung für eine Gelegenheit, vnnd welchergestalt sich dieselb zugetragen, vnnd Er Stemm sich bey euch ins Glaidt begeben, So beuhelen Wir euch hiemit, Ir wollet ermelten Stemmen, wofern er anderst bey euch im Glaidt seyn sollt, hierüber nottürfftig hören, Innsonderheit aber von ihme ernstlich zu wißen begeren, wie sich solche Entleibung im Grunde eigentlich verloffen, vnd zugetragen, Wer dem andern darzu Vrsache geben, vnd vns alsdann daßelb neben Wiedersendung des Inschluß fürderlich in Schrifften berichten, daneben auch verständigen, welchergestalt Ir Ine disfalls bey Euch glaidtlich vnterkommen laßen, Solchen wollenn wir vns zu geschehen zu euch Versehenn vnnd seind Euch zu gunstingen Willen genaigt. Datum Onolzbach den 10. Jun. an. 1587.

Vnsers gnedigsten Herren Marggrauen Georg Friederichs zu Brandenburg in Preußen vnd etc. Herzogs verordnete Hof-Räthe Im Hauß daselbsten.

V. Greyß.

Num. 15.

Supplicatio verschiedener Nürnbergischer Kaufleuthe, d. d.
10. Apr. 1591.

Gestrenger, Edl vnd Ehrnuester, günstiger Herr, E. Gestr. seien vnnser

K 3 freund-

freundlich willige Dienſt zuuor, dieſelbig mit dieſem vnnſern ſchreiben, vnd
aignen hierzu abgeferttigten Annttwurtter deßen zu erſuchen, haben wir
vnnſerer vnuermeidlichen notturfft nach nit vmbgehen khönnen, vff daß
wir bericht worden, wie ſich vnßere ſchuldner Simon vnd Dauidt Steinhauſer, nicht allain mit ihren perſohnen, Inn Ir gewarſam gen Roth gethan, Sonder auch ſchwere Wägen vnnd Karrenläſt, von Güttern mitt
ſich dahin gebracht, vnnd haimlich Iren Glaubigern zu fürſezlicher Geſahr
vonn hinnen entführt, vnndter dem ſchein Irer deß Orts habenden ſicherhait, daßelbig zu ſchuzen vnd zu behalten, dieweil aber Wunſers Verhof-
fens, die Glaid dieſer vnnd anderer Ortten nicht darauf gewidmet, daß
muttwilligen Pancarottirern zu Iren fürſezlichen Bedrug, vnnd Vertu-
ſchung Irer haab vnnd Gütter vnderſchleiff vnnd fürſchub gegeben werden
ſoll, Sonndern allein die perſohnen, ſo nicht geſehrlich begern zu handlen
vor gewaldthetiger Vbereilung, biß zur Vergleichung mit Iren Creditorn, ſchuz vnnd ſicherhait haben mügen, Wir auch der vntherthenigſten
Hoffnung ſinnd, der durchleuchtigiſt hochgeborn Fürſt vnnd Herr, Herr
Georg Friedrich Marggraf zu Brandenburg etc. vnnſer genedigſter Herr,
Alß dern Furſtliche Durchleuchtigkeit ein hochliebender Fürſt der heiligen
Juſtitiae, werden Ire Glaids befreyung nicht anderſt wollen verſtanden
oder gebraucht haben, daher dann gemainen Rechten vnd Gebrauch nach,
ſolche Glaids Befreyung nicht auf die Gütter ſonndern allain wie vorge-
meldt auf die Perſohnen ſtadt haben ſoll, kan vnd mag, So gelangt dem-
nach An E. Geſtr. vnnſer dienſtlich erſuchen vnnd bitten, die wöllen von
Ambts vnnd Obrigkaits wegen, deß Orts günſtige fürſehung thun laßen,
damit alle hab vnnd Gütter, ſo bemelte Steinhauſer mitt ſich gen Rott
gebracht, oder ſonnſten bey ſich oder anderſtwo deß Orts magen mügen,
Alßbald vnuerzüglich Im Arreſt, Verſperr vnd Verwahrung genommen,
vnd ſo lang bey Handen behalten werden, biß wir bey höchſtgedachtem
Vnnſerm genedigſten Herrn ein guedigſten Beſehl außbringen, darnach
E. Geſtr. ferner mitte ſolchen Güttern wißen zu verfahren; hierinn Admi-
niſtriren E. Geſtr. ein löblich Werth, vnnd befürdern Alle Erbar, vnnd
Billigkaitt, wie wir zu derſelben Vnnß genzlich vnnd vnzweiſenlich verſehen, daß wir aber in ſolcher eil weil periculum in mora , noch nicht
Aller glaubiger Conſens hierzu erſuchen mügen, Achten wir werde der
ſachen

sachen nicht verhinderlich sondern gnugsam sein, daß dergleichen von Vnnß denen sie allain noch ob 3000. Thl. schuldig, dergleichen gesucht werde, Solches vmb E. Gestr. zuverdienen wöllen wir Jederzeit willig vnd geflißen sein. Datum Nürmberg den 10. Apr. An. 1591.

E. G.

Dienstwillige,
Endres vnnd Jacob Imhoff, Hannß
Wellser vnd mittverwande des Grefsenthal. Saligen Handels.

Num. 16.

Patent des Castners Hummel zu Roth, d. d. 15. Jan. 1585.

Ich hannß Hummel Fürstl. Brandenburgischer Castner zu Roth an der Rednitz, thue allen vnd Jden, weß Herrschafft vnnd Obrigkait, mit diesem offenen patent ersucht werden, denselben zu wißen, daß gegenwärttiger Pot Bastian Tracht mitt ettlichen Citationen vntter des Ettlen vnd Erntuesten Hanns Georgen von Schönbergs vnd mein Castners zu endfurgedrucktem verfertigten Pettschafft deß alhie zu Roth verstorbenen Johann Metzels Verlaßenschafft betr. abgefertigt, solch ann denen Orten, wo ettwann bemelts Metzels seeligen freund seßhafft, vnd zu solcher Erbschafft Zuspruch haben mögten anzuschlagen; Weil dann eine Jte Obrigkeit der andern in diesen vnd dergleichn Fällen die hand zu bieten schuldig; Also ist ann Dieselben, so mit diesem offenen Patent ersucht werden, mein dienstlichs vnd gebuerliches Ersuchen vnd bitten, die wollen bey Jhnen solche Edicta vnd Citationes anzuschlagen begunstigen, das vmb ein Jden seinem stand vnd Ampt nach aller gebuer zu beschulten, bin ich erbuttig vnd willig, Geben vntter meinem zu End furgedruckten gewönlichen Pettschir den 15. Januarii 1585.

(L.S.)

Num.

Num. 17.

Edictal Citation des Castner Hummels zu Roth, d. d. 16. Jan. 1585.

Wir des Durchlauchtigsten hochgebornen Fürsten vnd Herrn, Herrn Georg Friederichen Marggrauen zu Brandenburg Inn Preußen, zu Stettin, Pommern, der Caßuben, vnd Wenden, auch Inn Schlessien zu Jegerndorff etc. Herzogen, Burggraffen zu Nürmberg vnnd Fürstens zu Rugen, vnsers gnädigsten Fürsten vnd Herrn verordnete Ambtleuth zu Roth, Hannß Georg vonn Schönberg Ambtmann, Hannß Hummel Castner daselbst Bechennen mit diesem offenen Briefe gen allermenniglich, Nachdem weiland Johann Metzel, Bambergischer Verwälther zu Neunckirchen den ersten Decembris deß verschienen Vier vnd achtzigsten Jahrs alhie Inn Kay. Freyung Todes verschieden, vnd fahrnus vnd schullden alhie hinterlaßen, hierauf wir ex officio vnnd vonn Obrigkeit wegen off einen gewiesen Tag mehr angerögt des Metzels seel. Erben vnd Freundschafft oder wer zu solcher Verlaßenschafft Zuspruch vnd Forderung zu haben vermeint, anzuhören, vnd sie also dann der Gebüer vnd billigen Dingen nach, zuuerabschieden gedacht, verkundigen vnd ernennen Darauf hiemit vnd in crafft diß vnnsers offentlichen Edicts vnnd Citation vielernantes Metzels Erben vnd Freundschafft, oder wer zu solcher Fahrnus vnd Verlaßenschafft Zuspruch zu haben, vnd sich derselben anzumaßen, zu solchem Actu für den ersten andern vnd dritten Termin, einen endlichen Tag, nemblich Montags den funfzehenden Februaril dem alten Calender nach, schirst könfftig zu fruer Tagzeit alhie zu Roth vor vns oder vnsern dazu Deputirten vnd Verordneten gewies vnd aigendlich zu erscheinen Ihre Anspruch, Gerechtigkeit vnd Interesse so sie alle oder Iglicher besonder zu deß verstorbenen Johann Metzels seel. hinderlaßenschafft zu haben vermeinen, furzubringen, wie sich geburt, bescheid darüber zu geben, darzu wir euch alle vnd Ide peremtorie citirt vnd erfordert haben wöllen, mit der außtrücklichen Verwarnung, da Ihr diesen Tag gehörtermaßen nit besuchen noch erscheinen werdet, so soll nichts destoweniger auf des gehorsamen tails den erscheinenden widerfahren vnd geschehen was recht ist, haben wir euch allen sambtlichen vnd sonder

sonderlich nit verhalten wöllen, zu Vrkund mit Vnserm eines jeden algen-
vnd gewönlichen Petschafft besigellt, vnd geben zu Roth den 16. Jan. der
wenigern Zaal im funf vnd achtzigsten Jahr.

Num. 18.

Ist die supra sub Num. 7. allschon beygelegte Intercession Kaysers
Rudolphi.

Num. 19.

Schrifft statt mündlichen Recessus eines verglaideten, Nah-mens Siebenbaum, sive also betitulte Accusatio contumaciae cum annexa conclusione.

Gestrenger, Edler, Ehrnuester, Auch Ehrenhafft, hochachtbar, fürsichtige, Erbar vnd Weiße, Herren Ambtmann Castner, Richter vnnd
schöpffen dieses löblichen fürstlichen stattgerichts, großgunstige Junckherrn
vnnd herren, vor E. Egr. vnd E. Auch Acht-F. W. erscheinet Hannß
Siebenbaum von Leibzkekh, reproducirt nunmehro die zum Dritten-
mahl an seine Glaubigere zu Leibzieckh vnd Frankfurt peremptorische
außgegangene Citationes, sambt was die Bottenn derowegen referirt,
verbo: vnnd vmb Berichts willenn, zeigt er ann, daß gleichwol die
nach Lübeckh an Frantz Prünsterer gefertigte Citation, mit solchem großen Uncosten abzusenden vnvonnöthen sey, ban sich derselbig durch zwey seiner mit aigenen Handen gefertigten Schreiben, dern das Aine 24. De-
cember An. 1601. das ander aber 12. Februarii An. 1602. abgangen, lauder ercleret, das er sich mit Ime Siebenbaum weder zu vertragen noch auch Ine anzufechten, sondern seines Gelds bey herman Ober-
kham zu erholen begere, wie beede Extract mit num. 1. et 2. signirt
hierbey liegent clerlich aus weisen etc. wann nun aber Siebenbaumische
Glaubiger gesehenn, daß sein schwer vnd Aigens Weib, vonn Ime setzenn,
die ersten sein, die Ires Arrests nicht absehenn, vnd den Siebenbaum
zum Verdrag kommen laßen wöllen, was solten sie anders fürgenombenn
haben, als das sie Inen breeden nachgefolgt, vnd da sie bey denn Güettern

nichts zu erlangen gebrauet, Jme Siebenbaum zu Leib vnnd Gutt, vf das
hefftigst geclagt haben, Solte derhalben denen obbenannten noch vnuergli-
chenen Glaubigern wieder Verhoffen, ein Abgang an Jrer forderung erfolgen, so hetten sie niemand als denn anfengern dieser Verderbnuß die schuld
zu gebenn vnd sich dahin zu gedultenn, daß sie für Jren Außstand die Uber-
maß, der Siebenbaumischen Jnuentirten Güetter zu Leibtzieckh vnter sich
pro rata austheilleten Jmmaßen sich zwar ohnedem die zween Glaubiger
zu Lübeckh vor dießem dahin erclert, das sie Jhre forderung bey Jme Ober-
kam, vnnd seinen Bruder suchen vnd Jhne Siebenbaum nicht nachfolgen
wöllenn,

Dieweil dann nunmehro Er Siebenbaum vf die drey außgangene Citationes, vnd angesezte Gerichts-Täg, durch sich selbst oder seinen an-
walden ieder Zeit gehorsamlich erschienen, vnnd allen seinen erscheineten
glaubigern güetliche Vergleichung vnd Vertrag angebottenn, auch mit ob-
bemelten Bezenn, Laurn, Beledin, Hannenman, Ermüller, Mang,
Lotter, Effrou, heinzen vnd Berckman, vf E. E. Gstr. vnd Achtb., günstig Herrn Beambte Oberherrl. ratification würcklich verglichen vnnd
vertragen Jst, die übrigen aber alle, vf die drey außgangene peremptorische Citationes alhie nicht erscheinen noch sich güetlich verdragen laßen
wollen, sondern Contumaces wordenn seyn, So verhofft er Siebenbaum, Er hab nunmehr alles gethann, was ein verglaider Debitor zu
thun verbundenn, vnd sey nun ferners vber denn Vfhalt seiner zu Leibzieckh Jnuentirten Güetter, die zu Abzahlung des hinter Rests genugsamb,
niemand nichts mehr schuldig, Als wil er vnterthenig gebetten habenn, Jm
Rechten zu erkennen vnd zu sprechen, daß er sich zu gutlicher Vergleichung genugsamb erbotten, vnd vber das, was seine zu Leibzieckh inuentirte
Güetter anlauffen, allenn denn außenbleibenten glaubigern, vmb Jre
schuld weiters nichts verbunden, sondern von Jren Ansprüchen ledig vnd
loß zu sprechen, vnnd bey solcher Erledigung gunstig zu schüzen sey, wie
er dann endgegen aller derselben zu Leibzieckh Jnuentirten Güetter, (allein
seiner lieben Eltern sein, seines Weibs Contrefait, seines Vaters Han-
delsbücher Wapenbrief, Sigl, Petschafft, Abschiedt vnnd aller anderer
brieflicher Vrkunden, die er hiebeuorn auch zu Leibzieckh erfordert, vnd
außgenomen) hiemit gerichtlich verziehen vnd begeben, denselben cedirt
vnd

vnd allen seinen noch vnbezahlten Glaubigern vnder sich zu theilen, vbergeben habenn will, zuuersichtlich solches sein erbietten sey zicmblich vnnd den Rechtenn gemeß, vnnd daß es also gebettenermaßen billig geschehe, will er zu rechtlicher Erkandnuß gesezt, vnnd das Adelich milbrichterlich Ambt vnterthenigs Pestes Vleißes angeruffenn vnnd gebettenn habenn, salvo etc.

Jacob Ayrer.

Num. 20.

Copia Citationis, d. d. 23. Sept. 1607. an Nicolaus Hellmuth, Handelsmann in Nürnberg.

Vnser Nachbarlich Dienst vnd fr. Gruß zuuor, Ehrnhaffter Insonders guter Freund, wir sollen Euch nicht verhalten, daß vnlängsten von Vnsern gn. F. vnnd H. Herrn Joachim Ernsten Marggr. zu Prandenburg, Inn Preußen herzogen etc. vns gnediger Beuelch zukommen, Euerer bey vnserm Gleidts Verwandten alhie Jacob Tago ausstendigen Schuldforderung halben, einen Versuch zu thun, ob wir zwischen Euch vnd. gemeltem Tago ein gutliche Vergleichung treffen können, Wann wir dann angeregten fürstl. Beuelch gehorsamlich nachzusezen vns schuldig erkennen, Als wollet Ir vf nechstkünfftigen Montag oder Dienstag vor vns vfm Rathauß alhie persönlich erscheinen, vnd was wir Inhalts angeregten Fürstl. Beuelchs mit Euch zu handlen, anhören, Daß haben wir Euch nit sollen bergen, Sind hierüber Euerer schrifftlichen Wieder Antwort bey Zeiger diesen aigenen Potten hierüber gewertig hiemit. Datum Roth den 23. Sept. An. 1607.

Jo. Bapt. Holl, Richter,
Burger Meister vnd Rath daselbsten.

Num. 21.

Antwort Schreiben des Nürnberger Handelsmann Hellmuth auf vorstehende Citation, d. d. 24. Sept. 1607.

Ehrnueste Fürsichtige vnd Weiße sonnders günstige liebe herren, E. E.

sein

fein mein jederzeit gevlißne willige Dienſt nach vermögen beuor, E. E. vnd
Weiß. ſchreiben von 23. dis Monaths, wegen meiner ſchultforderung gegen Jacob Tago, Glaits Verwandten iſt mir detto woll zukhomen, darauß
verſtanden, daß E. E. vnd Weiß. off Fürſtl. Brandenbgl. Beuelch, zwiſchen mir vnd meinem ſchultner eine Vergleichung zue treffen Vorhabens,
vnnd derentwegen nechſt künfftigen Montag oder Dienſtag in der Perſon,
off E. E. vnd Weiß. Rathauß erſcheinen, vnnd was E. E. Weiß. of angeregten Fürſtl. Beuelch mit mir gedachten meines Debitors halb, handlen werden, anhören ſolle, Darauff ich dann E. E. Weiß. zur Wieder-
Antwortt nit verhalten ſolle, daß ich off Deroſelben Begeren negſtkünff-
tigen Montag oder Dienſtag, wofern mich Gott der Allmechtige nit mit
Leibes Schwachheit daheimb ſuchet, in der Perſon erſcheinen, die güttliche
Vergleichung anhören, vnd was muglich zu thun ſein wurtt an mir nit erwinden laſſen will, ſolches E. E. Weiß. zu berichten nit ſollen vmbgehen,
Daneben vns etc. Datum Nurmberg den 24. febr. 1607.

Num. 22.

Regierungs-Rescriptum d. d. 31. Martij 1609. nach Roth.

Von Gottes Gnaden Joachim Ernſt, Marggrav zu Brandenburg in
Preußen, Auch in Schleſien, zu Croßen vnd Jegerndorff etc. Herzog, Burggraff zu Nürmberg vnd Fürſt zu Rügen.

Vnſern Gruß zuuor, lieben Getreuen, Vuns iſt verleſen worden, was
off Joachim vnnd Chriſtoffs der Müller Gebrüdere vonn Peina vnnd Jl-
ſing bey Hof Schuldforderung, der zu Roth im Glait ſizende beclagte
Hanns Schorr vonn Nürmberg für ſchrifftlichen Bericht gethann vnnd ſich
dabey erbotten, Das ſoll zwar den beeden Supplicanten off ferner anſuchen zue Irer Nachrichtung zugeſtellt werden, damit aber Inmittelſt der
vorhabende Accord mit ſein Schorrns Glaubigern vnnd deren Befriedigung nit zu lang ſteckend bleibe, So beuelhen wir, Ir wollet alle deß
Schorrns Glaubiger off einen gewiſſen doch geraumen Tag beſchreiben,
das ſie zue Roth erſcheinen, Ire Forderungen liquidirn, vnd ſich mit Ime
Schorrn

Schoren nachrichtiger Berechnung, auch der Bezahlung halben fernerer handlung vnnd Entscheids gewarten sollen, Möchten wir Euch für vnsere Meinung nit bergen denen wir mit Gnaden gewogen. Datum Onolzbach den 31. Mart. An. 1609.

Num. 23.
Antwortt Schreiben des Stadt Raths zu Leipzig, d. d. 11. Jun. 1602. nach Roth.

Vnser freundlich Dienst beuohr, Edel, Gestrenge vnd ehrnueste, auch erbare vnd wohlweiße, besonders gunstige Herren vnd Freunde, Euer Schreiben sub dato den 22. May dieses instehenden 1602. Jahres, Hannsenn Siebenbaums Creditores belangende, haben wir den 6. Junij empfangen, vnd solchen gemelten Siebenbaumischen Glaubigern vorgehaltenn, Was sie sich nun hierauf in schrifften hinnwieder erclert das habt ihr aus der Inlage mit mehrem zuuernehmen, was aber anlanget, Euch zu berichten, wie hoch sich Hannßen Siebenbaums Vermögen an beweglichen vnd vnbeweglichen Güettern, hierkegen auch seine Schuelden erstrekenn, vnnd wie weit seine Glaubiger alhier bezahlt werden können, hat daßelbe izo in eyl wegen ander notwendiger Gescheffte vnd Verhinderung nicht verferttiget werden können, Soll aber forderlichst aufgesucht, vnd so viel wier davon Nachrichtung haben mit ehester zufelliger Gelegenheit oder vf euer anderweit Abforderung Euch zugeschicket werden, welches Wir Euch zu begerten Bericht nicht verhallten sollen, vnd seynd euch sonsten freundlich zu dienen willig, Datum Leipzieg den 11. Jun. 1602.

Num. 24.
Ferneres Schreiben des Stadt Raths zu Leipzig d. d. 19. Jul. 1602.

Vnser freundlich Dienst zuvorn, Edle, Gestrenge, Ehrnueste, Namhafftige, Achtbare vnd wolweise, großgunstige Herren, Euer Edel, Gestr. Ehrnu. Achtb. Wolw. Gunsten an vns gethane vnterschiedene schreiben,

L 3   sampt

sampt. ingeschloßener Edictal Citation, haben wir wohl empfangen, vnd
thuen E. Gestr. Achtb. vnd Wolw. Gunsten derselben gethanen suchen nach,
das Inventarium sampt beygefuegtem Tax mit A. Hannßen Siebenbaums vermögen, bey Zeigeren vbersenden, daraus dann zuuernehmen, das
sich des Schuldeners Hansen Siebenbaums vermuegen alhier in allen, vf
die fünf Tausend Gulden erstrecket, Was zum anderen seine Glaubiger
belanget, haben alßbalde sich Siebenbaum von hinnen flüchtig gemacht,
zu seinen Haab vnd Guttern, so wohl auch zu seiner Person, gerichtlichen
Arrest, nachuolgende Glaubigere alhier gesucht, die ihnen auch verstattet
worden, als, etc. etc.

Zum dritten ist hansen Siebenbaums Hauß in der Stadt Leipzigk
vor 2400. fl., halb zum Angelt, vnd die andere Helffte vf Tagzeitten,
Daß Hauß vnd Gartten aber vor dem Petersthor vmb 425. fl. bahrgeldt,
vf vorgehende gerichtliche Subhastation verckaufft, aber von solchem seinem Vermugen noch zur Zeit niemandes, als seinem, des Siebenbaums
Eheweibe Annen, ihre 1000 fl. Vermuge sein Siebenbaums eigenen von
sich gegebenen beckentnus vnd Quittung, eingebracht Ehegeld, vf genugsamen bestalten vorstandt, aufgezehlet vnd ihr geuolgett worden, Zum
vierdten ist der hopffen so um 375. fl. 17. gr. 6. pf. hansen Siebenbaums
Büchern nach, hiebevorn einkaufft worden, auch noch vorhanden, Ob aber
hans Siebenbaum etwas darvon verckaufft, können wir eigentlich nicht
berichten; Wie aber nun, vors fünffte, ein jeder Glaubiger seiner geclagten vnd liquidirten Schuldforderung in ordine soll bezahlet vnd befrie-
diget werden, das wird der rechtliche Process, so vor diesen Gerichten
lengsten angefangen, vnd Vrthel vnd Recht, so darauff erfolgen wird,
künfftigk geben, Wie dann Hanßen Siebenbaums Glaubiger albereit zum
Vrthel beschloßen vnd die Acta den Churfl. Sechß-Herren Schöppen allhier, was recht, darauf zue sprechen, vbergeben worden, Soll auch, wann
das Vrthel gefast, vnd die Acta mit denselbigen, vns wieder außgeant-
worttet, der Debitor hans Siebenbaum, zu Publicirung deßelbigen geburlichen citirt werden, So viel aber euere des Herren Richters anhero
gesandte Edictal-Citation belanget, Ist dieselbige Einem ehruesten
hochweißen Rath fürgetragen worden, Es hatt aber wohlgedachter Rath
dieselbe offentlich alhier affigiren zu laßen, Bedencken getragen, weill
in

in diesen Gerichten nicht breuchlichen, das einem, der extra provinciam geseßen, oder extra provinciam erscheinen soll, dergleichen kurtzen Termin angeseßet wirdt, Einem Erbarn Rath, vnd den Gerichten auch ohne das wol bewust, welche des Siebenbaums Glaubigere alhier, wegen ihrer Schulden bey euch zu Roth clagbar worden. Derowegen Dieselben, so viel deren izo anwesend, vor Gericht erfordert, vnd ihnen solche Edictal-Citation fürgehalten, Auch den izo abwesenden, so balde dieselbige anhero gelangen, vorgehaltten werden soll, darauf sie dann ihre notturfft werden zu bedencken wißen, denjenigen Gleubigern aber, die alhier ihre Arreste nun fast vor drey Viertel Jahrn, bey diesen Gerichten angelegett, vnd mit geburlichen clagen verfolget, Auch bis zum Beschluß eines Vrthels wieder bemelten ihren Debitorem Hanß Siebenbaum, gerichtlichen Verfahren aufzulegen, vnd sie zu bescheiden, das sie sich hinaus nach Roth begeben, vnd mitt benieltem Siebenbaum daselbsten Handlung pflegen, tractiren vnd accordiren sollten, will einem ehrn. hochw. Rath vnd den Gerichten alhier nicht vnbillig bedencklich vorfallen, Albieweil solches auf der Gleubiger freyen Willen beruhett, vnd zu dergleichen Accorda niemand, wieder seinen Willen, gedrungen werden kan, etc. Solches E. Gestr. Ehrnu. Achtb. vnd Wolw. Gunsten wir in Antwortt vermelden sollen, vnd seind denselben sonsten angenehme vnd wolgefellige Dienste zu bezeigen iederzeit ganz willig, Datum Leipziegk den 19. Monathstagk Jul. Anno Sechszehenhundert vnd zwey.

Num. 25.

Schreiben des Nürnberger Stadt Raths d. d. 17. Apr. 1602. nach Roth.

Vnßern Gruß zuuor, lieber Castner, Wir haben eur schreiben den 30. Mart. jüngst datirt, darinn Jr begert, das wir vnsern Burger Hanßen Spatzen hinauß für euch weisen sollen, sich mit auch vnnßerm außgetretenen im Glaid daselbst ligenden Burger Caspar Wechner zu berechnen, empfangen, vnd können Vns solches vngeschickten begerns, dergleichen kaum von Jemandt bey vns gesucht, nicht genugsamb verwundern, haben

aber

aber nichts bestoweniger solches dem Spaßen fürhalten laßen; beßen Gegenbericht wir auch hiemit vberschicken, vnd es dabey bewenden laßen. Wollten Wir Euch nicht verhalten, dem Wir sonsten zu nachbarlichen gueten Willen wolgewogen, Datum vnter Vnsers Eltern Burgermeisters deß Ehrnuesten Hieronymi Paumgartners Petschier verschloßen. Sambstags den 17. Apr. 1601.

Burgermeister vnd Rath zu Nürmberg.

Num. 26.

Nürnberger Befolgungs Schreiben, d. d. 1. Aug. 1607.

Edler vnd Vester, auch Ersamen lieben Freund, Euer an Vns für den bey Euch im Glait liegenden Ambrosi Azary gethanes Schreiben, haben Wir Vnserm Burger Johann Behem vmb seinen Gegenbericht fürhalten laßen, Der hatt vns nun den für sich, vnd seinen Gesellschaffter Matthesen Rechbacher vbergeben, vnd benebens am Ende gebetten, wie der Inschluß mit mehrerm zu erkennen gibt: Wöllen vns darauf zu Euch versehen, Ihr werdet wider hiesige Vnsere Burger, Euerem betrohen nach, was beschwerliches zu statuiren nicht gemeint seyn, wie wir Euch dann auch ein solches nicht einraumen noch gut heißen können, Sondern was gedachter Mary, alß ein noch vnentledigter Diener wider seine Herren sich zu beschweren, das wurdet Er alhie vor Irer Obrigkeit zu thun wißen, auch darzu von Euch anzuweißen sein. Wolten wir Euch nicht bergen, denen wir zu freundl. Diensten und gutem Willen woll genaigt. Datum 1. Aug. An. 1607.

Num. 27.

Schreiben des Nürnbergischen Stadt Raths d. d. 8.
Sept. 1607.

Vnser freundlich willig Dienst zuvoran, lieben Freund, Wir haben Euer antwortlich Schreiben, mit angehefftem weiterm Begehren, Vnserm Burger Johann Behem vmb seinen fernern Gegen Bericht zuestellen laßen, der

hat

hat er für sich vnd Mattheßen Rechbacher Vnß vbergeben wie ab dem Inn-
schluß zu vernemen. Wann dann daraus so vil, daß die Beclagte Behem vnd Rechbacher, dem entwichenen Azarn, vorhin, was er zu schlie-
ßung seiner Rechnung bedürfftig, vnd darzue gehörig, nach Roth verordnet vnd geschickt habe, erfindet, als können Wir Ihnen zu ihren noch größern schaden ein mehrers zu thuen, mit Fueg vnd Recht nicht auferlegen,
Sondern werdet Ihr Eueren Schutz Verwandten Azarn, zur schuldigen
Gebuer, mit fertigung seiner Rechnung, ohne ferner Wechselschreiben vnd
vnser bemühung anzuweißen, vnd Euch der vngebürlichen bedrohungen zu
enthalten wißen. Welches Wir Euch zu Vnser endlichen Antwort vn-
verhalten laßen wollen, denen Wir sonst zu nachbarlichen gueten Willen
wolgenaigt. Datum 8. Sept. An. 1607.

Num. 28.

Regierungs Rescript nach Roth.

Vnser freundlich Dienst vnd Grueß zuuor lieber Ambtmann vnd Caß-
ner, Euer schreiben, Barbara Rheinhartin vonn Neuses von wegen des
begerten kayserlichen Glaits, sambt mitgeschickter Verzeichnus auch derhalben gethanen Berichts, haben wir seins Innhalts vernomen, vnnd befinden nun diesem Hanndel, nicht weniger alß Ir, nit allein ettwas weitleufftig. Sondern auch in vil weg bedencklich, da gemelter Reinhartin
begern sollt statt gegeben werden, derhalben laßen wir vns gefallen, damit
vnnseren gnedigen Herrn Marggrauen Geörgen Friederichen zu Brandenburg an seiner fürstlichen Gnaden Gerechtigkeit, nichts begeben werde, das
Ir sie mit nachfolgenden Wortten abweißen wollet. Nemblich. Das Ir
Irem begern, aus ettlichen beweglichen Ursachen nicht kundt statt geben,
wollten wir Euch hinwider nit verhaltenn, vnnd wöllen vnns solches also
zu geschehen, zu Euch verlaßen. Datum Onolzbach am Sambßtag nach
Esto mihi Anno LIIII.

Vnsers gnedigen Herrn Marggrauen Geörgen Friederichs zu
Brandenburg Regennten vnd Räth.

Num. 29.

Bericht des Casten-Amts Roth d. d. 29. Oct. 1589.

Durchleuchtigster hochgeborner Fürst, E. F. Dhl. sind vnßer vnderthenigst gehorsam berait willige Dienst zuuorn, Gnedigster Fürst vnd Herr,
vff E. F. Dhl. gnedigsten beuelch vnnd Hannsen Gösingers von Nürmberg
contra Hannßen Seubolden Burgern von Bamberg gewesenen Glaidts-
mann allhie vbergebene Positiones haben wir die Specificirte Zeugen, alß
den Castnern vnnd Stadtschreibern allhie vor vns erfordert, vnd sie bede
wie Sich rechtlicher Ordnung nach aignet vnd gebürt, vff vorangeregte Articul examinirt vnd verhört, Ihre Außag alß neben Werwarth vnderschiedlich beschrieben, Immaßen E. F. Dchl. wir dieselbe vnter Vnser des
Raths vnd gemeiner hieigen Stat Roth größern Insigil Vrkhundlich neben des Pösingers eingegebene Weißungs Articül vnderthenigst zukohm-
men laßen, welches E. F. Dhl. denen zu gndn wir Vns jederzeit gehor-
samblich beuelhen vnderthenigst nicht sollen verhalten.   Datum Roth.
29. Oct. An. 1589.

Num. 30.

Die zu vorstehendem Bericht gehörige Zeugen-Außage.

Ist zu weitläuftig und kann hier wegbleiben.

Num. 31.

Extractus Rother Amts Berichts, d. d. 15. May, 1618.

Was E. F. Dhl. vns vnter dato 16. April. jüngsthin wegen des alhie
Im Kay. Glait liegenden Wilhelm Vorprucks, Engl. Tuchferbers mit
Beylegung Hannsen Frisels Stotterhaimischen factorns zu Nürmberg
wider ermelten Vorpruck, Vberreichte replicschrifft. In gnedigen Beuelch zu erkennen geben, haben wir mit vntertheniger reuerenz empfangen.   Vnd hierauf zu schuldigem Gehorsamb erwende Replicschrifft be-
sagtem Vorpruckh, Vmb sein Verantworttung, solche dem Fürstl. re-
script

script gemeß. zu dem Ampt. in bestimpter Zeit zu vberreichen zugestellt,
gleichwol E. F. Dhl. sich gnedig zu entsinnen, das Vorpruch erlengerung
des Termins vnterthenig gebetten, so Ime auch biß auf die von Ime ge-
nomene Zeit gnedig bewilligt.   Demnach er Aber von seinem Aduocaten,
wegen Abwesenheit ezlicher Gezeugen, dern Depositiones er seinem Anzeigen nach), vnumbgenglich vnd zuuorderist haben müßen, gehindert worden, vnd zu deme Im genomen vnd gn. bewilligten Termin vnd Tag, so
eben nicht mit seiner Antwort vfkommen mögen. hat er verschinnen Montags den 1 3. dies beyligente Excusations schrifft vbergeben, vnd darneben vnterthenig gebetten, weilen er Ihn gehörter maßen, wieder seinen
Willen, An dem haupt-Bericht gehindert würde, das wir solches ad no-
tam nemen. Vnd Ime diesen Verzug zu Ainichen Vngehorsamb oder
muthwilligen Vorsaz nicht zu meßen wollten. Welche excusation schrifft
zwar sobalden E. F. Dhl. vnterthenig vberschicket, da wir nicht dabey souil vermerckht hätten, daß Vorbruch albereit wiederumb einen aigenen
rotten zu seinem aduocaten Abgefertigt.   Der auch gester Mitwochs
vmb zehn Vhr In die Nacht erst anhero khommen, deßwegen wir damit
Ingehalten, weiln dann die Sachen ziemlich weitläufftig, Auch erst alhie
wieder vmbgeschrieben werden müßen, So bitten E. F. Dhl. wir vnterthenig vns des eruolgten Verzugs halber gnedig entschuldiget zu halten;
Welcher maßen Vorpruch aber, seine Duplicschrifft, neben ezlichen darzu
gehörigen Beylagen vnderthenig vbereicht, das werden E. F. Dhlt. neben
dern vns gnedig zugesendten des Friesels vbergebenen Replic schrifft hiemit
gnedig wiederum zu befinden haben, Innhalts ergangenen E. F. Dhl. Beuelchs haben Wir auch nicht vnterlaßen ernanten Vorpruch zuuermahnen,
sich nach müglichen Dingen darzu zu bequemen, wie er mit Rath vnd that
seines Schwehers vnd anderer gutherziger leuth seinen Creditorn einen billig meßigen vnd erleidenlichen Weeg machen, vnd sie nicht härter vf ihne
tringen mögen,   Darüber er sich erclert, das er zuuorn alle euserste Mittel, Nemblich den dritten thail yedwedrs Anforderung zu bestimpten fri-
sten, zu bezalen, sich erpotten, vnd werden bede sein erste Verantwortungs
vnd nezige Duplic schrifft, wie auch nicht wenigers seiner verhörten Gezeugen Instrumentirte Außagen, zu erkhennen geben, das Ime gestaltsam
der sachen nach, ein anderes vnd mehreres zu bezalen vnmüglich.

M 2   Wel,

Welches alles E. F. Dhl. wir ohne Ainiche maßgebung vnd allein zu vermahrung Vnserer Pflicht vnterthenig berichten sollen. Deroselben vns benebenst E. Fl. Dhl. vnterthenig beuelhend. Datum Roth den 15. May An. 1616.

Num. 32.

Ist das Nürnberger Raths-Schreiben d. d. 1607. so oben Num. 26. allegirt worden.

Num. 33.

Rother Amts Schreibens an den Stadt-Richter Stockhammer zu Nürmberg, d. d. 23. Nov. 1607.

Demnach wir aus der Gerichts Canzley zu Nürmberg vberschickten Verzeichnus vermercken, das von Euch die In Ambrosi Azarn begerten Kundschafft nominirte Zeugen nunmehr verhört, Alß haben wir Zaigern diß abgefertiget, das bey Euch er sich anmelden vnd angeregte Zeugen Verhör gegen gebuerlicher Solution der erforderten drei Gulden, fünff pfundt, Sieben vnd zweinzig Pfenning abholen soll, dienstlich bittende, ir wöllet Ime dieselben verschloßen zustellen, vnd was er darfür ausgelegt einen schrifftlichen schein vberliefferen laßen, das sind wir gegen Euch zu viel mehrern begebenden fellen hinwider dienstlich zu beschulden vrbutig vnd willig, hirmit götlich Gnaden vns allerseits treulich beuolhen, Datum Roth den 23. Nov. An. 1607.

Num. 34.

Extractus des in Nürnberg geferttigten vnd nach Roth communicirten Zeugen Rotuli.

Ich Alexander Stockhamer des heil. Röm. Reichs Stadt Richter zu Nürmberg, Entbeute euch dem Ehrenhafften, Fürsichtigen vnd weißen Johann Baptista Holl Cassner vnd Richtern, dann Burgermeister vnd Rath zu Roth, meinen lieben Herrn vnd gueten Freunden meine Dienst vnd

vnd alles guetts zuuor, vnd füge denselben hiemit zuuernemen, das mir
dieser Tagen von euch ein schreiben mit beyverwahrten fragstueckhen zuckom-
men also lauttend, dem Edlen vnd Ehrnuesten Alexander Stockhamer des
heiligen Reichs Statt Richter zu Nürmberg, Vnsern insonders günstigen
lieben Herrn Nachbarn, Edler Ehrnuester, Euch etc.

Interrogatoria,

    Darauf die hernach specificirte Zeugen verhört vnd besprachet wer-
den sollen;

    Zum 1. Ob war das Ambrosi Azary den 26. April. An. 1606.
In Herrn Georgen Hoffstatts Kramb gangen, vnd an den Diener Georg
Forbet selben Strümpff zu sehen begert hab etc.

    Darauf vnd zu Befürderung der Warheit hab ich von Gerichtwegen
die fürgeschüzte vnd benante Zeugen erfordern laßen, die auch vnterschidlich,
vnd vermittelst leiblichen Aidts verhört, vnd von einem jeden sein deposi-
tion vfgeschrieben worden, wie hernach zuuernemen etc. etc.

Num. 35.

Das vor dem Amt Roth qua foro Asyli erzielte Vergleichs-
vnd Einigungs-Protocoll, d. d. 17. Dec. 1607.

Zu wißen Nachdem bede thail, Johann Behem für sich vnd an statt
Matthes Rechbachers, dann Ir gewesener Diener Ambrosi Azary, vf heut
dato Ire weitere sprüch vnd forderung, so sie gegen einander vber den jüngst-
gemachten Vertrag gehabt, vns den Beampten, vnnd eltern Burgermeistern alhie, zuerckennen zu enderen vnd außzusprechen von handen gegeben,
Als seindt solche hernach volgendermaßen (darwider weder der ein oder der
ander thail fernere sprüch oder eintzug mehr zu suchen nit macht haben sollen) beygelegt vnd außgesprochen worden, Vnnd erstlich etc. etc.

    Deß zu Vrkund haben die bey gewesene Herrn, Nemblich die Er-
uesten, Wolachtbarn, Fürsichtigen Erbarn vnnd Weisen Johann Baptista Holl Fr. Brdl. Castner vnd Richter Johann Humel alter Burgermeister, Phlipp Renner, Leonhard Lehner, Johann Wadenbach vnd Niclas

Vischer

Vischer alle des Raths, disen Compromiss, endliche vereinigung vnd Ausspruch neben beden theilen vnterschrieben, Ire aigene Pitschafften vfgetruckht vnd berürte Parthenen, deme also nachzukommen, vnd darwider nimmermehr zu handlen mit handgebner Treu an Aids statt angelobt vnd zngesagt, Actum Roth, Donnerstags den Siebenzehnten Dec. An. 1607.

Num. 36.

Die von dem Stadt Rath zu Leipzig confirmirte Cautions Notul.

Wir Burgermeister und Rath der Stat Leipzig, hiemit gegen menigklich vrkunden vnd beckennen, das für vns einsietzendem Rath, hernach benante Vnsere Burgere vnd Handelsleuthe, Georg Elmuller, Gedeon Hannemann, Peter Heintz für sich vnd in Volmacht Martel Berckmanns, Jobst von Effern vnd Magnus Lotter, erschienen, vnd vns zu erckennen gegeben, Demnach Hans Siebenbaum eine ansehenliche Summam Geltes bey Inen, Als Nemlich etc.etc. aufgenommen vnd folgents sich damit flüchtig gemachet hette, das Sie bedacht vnd entschlossen weren: Weil bey dem Durchleuchtigsten, hochgebornen Fürsten, vnd Herrn, Herrn Georg Friederichen Marggrauen zu Brandenburg, in Preußen, zu Stetin, Pommern der Cassuben vnd Wenden auch in Schlesien, zu Jägerndorf etc. Hertzogen, Burggrauen zu Nürnberg, vnd Fürsten zu Rüegen etc. vnserm gnedigsten Herrn, durch vnterthenigste bitt sie allbereit erhalten, das erstgemelter Siebenbaum zu Roda aus der Freiheit, dahin er sich begeben, genommen, in gefenglich hafft geleget, vnd was bey ime an baarschafft vnd Gelde angetroffen, gebuerlichen inventiret worden: Ire F. Gn. anderweit in Vnterthenigkeit bitlich anzufassen, das Ire F. Gn. gnädiglst geruhen wolten, einem Jeden dasienige, was sie gedachtem Siebenbaum gutherzig getrauet, von der bey ime gefundenen Baarschafft widerumb zusambt den Vncosten, so sie allbereit aufgewendet, vnd noch künfftig aufwenden möchten, folgen vnd ausantworten laßen, damit sie aber angeregte Summam vmb so uil desto eher erheben möchten, So hat ein jeder insonderheit als etc. etc. Alle ire haab und Gutter bewegliche vnd vnbewegliche so uil derer vnter vnserer Jurisdiction vnd Potmessigmeſſigkeit gelegen, nichts daruon außgeſchloßen, hiemit vnd Crafft dieſes zum außtrukunlich vnd freywiligen Vnterpfandt hypotheciret vnd ein‍geſezet, desgleichen haben auch erſtbenannte Vnſere Vier Burger für Magnus Lottern wegen 443. fl. hauptſumm vnd 200. fl. aufgewandte Vn‍coſten, jeder zum vierten theil ſich zum Vorſtands Burgen, bey creſſtiger vnd würcklicher Verpfandung aller Irer obangeregten vnd vnter vnſerer Juriſdiction gelegenen haab vnd Gueter, auch mit ausdrucklicher Bege‍bung vnd Verzeihung des Beneficii Excuſſionis principalis conſti‍tuiret, vnd eingelaßen, derogeſtalt vnnd alſo, das Ihre F. Gn. oder deſ‍ſelben Beambte, do Sie van Jemands wegen abfolgung der obberuerten Summen Gelts künfftig ſolten beſprochen oder belanget werden, oder Je‍mands ein elter vnnd beſſer Recht für jenen darzu haben vnd außfueren möchte, Sie ſich an denſelben ihren Guetern Jeder Zeit zur Genuege zu erholen haben ſollen, mit angehengter bit, zu ſolcher Verpfendung Irer Haab vnd Gueter, Vnſere gunſt vnd bewilligung Ambts halben zu geben. Wann wir dann die Vrſachen, ſo Sie hierzu bewogen für gnugſam erach‍tet, So haben wir Irem Suchen ſtat gegeben, vnd zu angeregter Ver‍pfendung Vnſern Connſent mitgetheilet, doch Vnſerm gnedigſten Chur‍fürſten vnd herrn, auch Vns an Vnſerer Lehen Zinns vnd anderer Ge‍rechtigkeit, vnd ſonſten meniglich an ſeinen eltern vnd beßern Rechten vn‍ſchedlichen, Zu Vrckundt haben wir ſolches alles dem Raths Buche ein‍verleiben, auch obgemelten vnſern Burgern beglaubte Abſchrifft daruon, damit ſie ſich deren, zu Erlangung des Irigen zu gebrauchen haben mögen, Vnter Vnſerm Stat Secret mittailen laßen, So geſchehen den 15. Jan. An. 1602.

Num. 37.

Regierungs-Reſcriptum pro confirmationis eines getroffenen Vergleichs, d. d. 23. febr. 1602.

Von Gottes Gnaden Georg Friederich Marggraue zu Brandenburg etc. etc. Unſern Gruß zuuor, Lieben Getreuen, vns ſeindt euer fernere zwey vnder‍ſchiedliche vnterthenigſte Bericht ſampt den Beylagen betreffende den Inn Vnnſer Stadt Roth In Glait liegenden Hanſen Siebenbaum von Leipzig
vnd

vnd seine Glaubigere verlesen worden. Vnnd nachdem Wir vns gnedigst
zu erInnern, daß sich Vnßer so wohl Jne Siebenbaum als seinen Glau-
bizern gegebene Bescheide dahin erstreckht, das Jnen beuohr stehen soll,
Jre Sachen entweder guetlichen oder rechtlichen von vnserm Stadt Gericht
zu gedachtem Roth zu uergleichen, vnd auß zutragen.   Vnd weil wir an
Jtzo so viel vermercken, daß sein Siebenbaums Neun Creditorum zu Leipzigck, Anwaldt oder Geuollmechtiger Carol Bußenreuter von Nürnberg,
vnd Er miteinander einen Accordo, doch vf vnnsere gnedigste Ratification getroffen, So können Wir denselben, vngeacht ernannts Sieben-
baumis fernern Einwehdens nicht retractiren vnnd solches aus volgenden
vnnd andern beweglichen Vrsachen, Jnudeme er sein In vnnser Stadt Roth
gebrachtes Geldt bey Jnen vfgenommen.   Nichts weniger wir auch Jne
von beeden Herrn Churfürsten zu Sachßen vnd Brandenburg vnd der Stat
Leipzigck außgebrachte Commendation vnd Vorbitschrifften, billich in acht
zu nemen, laßen es demnach bey den zwischen Jnen getroffenen Accordo
allerdings bewenden, Welchen sie miteinander werden gebürlichen zu vollziehen vnnd nach Verferttigung Jr vns fürters denselben vmb vnnsere Gnedigste Confirmation gehorsamlichen zu übersenden wißen, Jmmittelst
aber vnd damit wir vns diß Werckh nicht aigen machen, habt Jhr offter-
nants Siebenbaums sachen an baarschafft vnnd andern Jun verwahrung zu
behaltten; Was dann seine vberige Glaubigern betrifft, wollen Wir vns
nicht zu wieder sein laßen, daß Euren Fürschlag nach dieselben vf einen gewißen Tag offentlich per edictum mögen citirt werden, Jhre sachen entweder guettlichen oder rechtlichen miteinander außzuüben, Als Jhr Vns
dann auch berurten Tag wißendt zu machen habt; Wollten Wir Euch nicht
bergen, denen Wir zu Gnaden gewogen, Datum Onolzbach den 23.
febr. 1602.

Num.

Num. 38.

Das von dem Amt Roth qua foro Aſyli gefällte End-Urtheil
de publ. 13. Sept. 1602.

End Vrthl in Sachen

Hannßen Siebenbaums Handelsmann von Leipzig diſer Zeit alhie zu Roth
In Kay. Glaids-Freyhung contra Alle vnd jede ſeine Creditores vnd
Gleubigere zu Nürnberg, Leipzig, Franckfurth am Mayn, Lübeckh
vnd Vehalmiſchen Lyppa In Actis benannt ſampt vnd
ſonders.

Vff die zu dreyen vnterſchiedlichen mahlen peremptoriſchen ausgangene
Citationes des Siebenpaumbs gehorſambs Pariren, die beſchuldigten
Contumacien, Auch Allen ſchrifftlichen vnnd mündlichen für- vnd
einbringen, vnnd darauf gethanen Beſchluß, Iſt zu Recht erkannt, das
aller ſein Sibenbaums Verglichener Glaubiger Vertrag vnnd Accord
zu ratificiren vnd confirmiren ſein, Alß Wir ſie auch hiemit ratificirn,
Confirmirn vnnd beſtettigen; Aber der andern vnerglichenen vnd nicht
erſcheineten Glaubiger vnd Ires beharrlichen Vngehorſams halber, das
der Siebenbaum von allen Iren Spruch vnnd Anforderungen, ſo ſie zu
Ime vnnd ſeinen bey ſich habenden vnd künfftigen Guetern an Parrſchafft
vnd fahrnus gehabt oder haben möchten, für frey Vnanſprüchig zu abſolviren vnnd zu ledigen ſey, wie wir Ine dann hiemit gleicher weiß von ſolchen allerdings abſolviren vnd ledigen, Auch wegen Ires nicht erſchei-
nens in contumaciam condemnirn vnnd ertailen. Von Rechts
wegen.

Num. 39.

Ferners von dem Amt vnd Stadt Gerichten zu Roth in contumaciam mit Auflegung ewigen Stillſchweigens de publ. 5. Julij
1619. gefällte End-Urtheil.

Vrtheil

In Sachen Herrn Jacob Ziſchens von Nürnberg Glaits Verwanthen

allhier, wider Herrn Andream Seyfried Handelsmann zu Preslaue,
Citationis juxta Legem diffamari, ist auf abgangene dritte Citation vnd des citirten vnterlaßene förmlich gerichtliche Handlung in contumaciam zu Recht erckandt, das gedachtem Seyfried geclagter diffa-
mation halben ein ewig stillschweigen vfzulegen sey, Alls auch Herr Richter vnnd Gerichts Schöpffen, Jme solches hiemit vflegen, darzu in die Gerichts Costen nach rechtlicher Ermeßigung dem Cleger zu enterichten fellig
ertheilen; Deßen zu wahrer Vrckundt haben wir Richter vnnd Gerichts
Schöpffen, die ausgesprochene Vrtheil, dem Clegern vf sein begern vnnd
darauf beschehene Erckantnus, vnter vnserm nachgedruckten aignen vnd ge-
mainer Stat Jnsigel ertheilt.   Actum Roth zu gehaltenem Gericht.
Montags den fünften Julij An. Sechzehen Hundert Neunzehen.

Num. 40.

Die von Hochfürstl. Regierung zu Onolzbach nach Bamberg
beschehene Notification wegen dero in der Freyung zu Roth verstorbenen Beamtens, Namens Wezel, d. d.
7. Dec. 1584.

etc. Gnediger Herr, was E. F. G. vor der Zeitt, von wegen derselben
geweßenen Verwalters zu Neunkirchen Johann Wezels, welcher eine
Zeit lang zu Roth im Gleit gelegenn, beedes durch mündtliche Werbung,
sowohl auch in schrifften bey vnns gesucht, vnnd waß wir darauf für Anordnung gethun, Sowol auch was ermelter Wezel Jedesmals zu seiner
enntschuldigung für vnndt eingewenndt, vnnd sich dabey erbottenn, das alles ist E. F. G. ohne langwiriges erzehlenn, noch in frischer Gedechtnus.
Vnnd sollen E. F. G. wir darauf der notturffte noch nicht vnangezeigt laf-
fenn, demnach wir jungstenn vnnßern gegen derselben, gethannen erbiet-
tenn nach von den Ambt leutten zu Roth deßwegenn weittern Bericht zu
Handt gebracht, vnnd E. F. G. gleich wiederumb, der Gebuer nach zu be-
antwortten, Im Werckh gestandenn, das wir von ermelten Amptleutten
Bericht empfangen wie das er Wezel verschlienes Dienstags den ersten diß
gegen Abents vmb 7. Uhr Todtes verfahren sein soll Jnmaßen E. F. G.
ob

ob beyliegender Abschrifft Ihres vns derentwegen zugeferttigten schreibens
zu befinden. Nun hetten wir in wahrheit nichts liebers sehenn noch wün-
schen mögen, dan das der sachenn, noch bey seinen Lebzeitten abgeholffenn
wordenn, vnd er sich enntweder selbsten vf das zugeschickte Gleidt bey E.
F. G. eingestellt, oder aber da er ein solches Je beharrlich verweigertt, das
wir ihme sein erlangt Gleidt, mitt fuegen wiederumb vffchreibenn, vnnd also
E. F. G. begern selbsthalb statt thun mugen; Was aber er Wezel deß
wegenn für bedenckhens gehabt vnnd auß was Vhrsachenn wir Ime berurtt
gleidt, mitt fugenn nit vffchreibenn konnen, das werden E. F. G. nicht allein
auß derselben Abgeordneten Relation albereitt zum thail verstannden haben, sondern es gebenn auch beyliegende Copien sein Wezels vnns vnnd
den Ambtleutten zu Roth, derentwegen gethaner schreibenn, mit mehrern
zuerckennen.

Vnnd befinden Wir aus obangeregtenn dern Ambtleutt zu Rott, deßwegenn zur hand gebrachten weittern Bericht so uil, daß er Wezel, vermög altes herckommes, mitt Leib vnnd Guett, Inn Vnnsers gnädigsten
Fürstenn vnnd Herrn schutz vnnd schirmb genommen, vnnd Ime vf ein
Ihar lang gleidt zugesagt, auch das Ihenige so er dagegenn zu laistenn
schuldig geweßenn, der gebühr nach praestirt worden, daher wir dann
nicht sehenn können, alldieweil er sich Jedesmahls recht zu leidenn, Ihme
auch ein solches wol vnnd wehe thun zu laßen erbottenn, Wir Ime mehr-
angeregt Gleidt, mit fugenn vnnd ohne vnnsers gnädigstem Fürstenn
vnd herrn höchstenn Praejudicium vnnd nachtail wiederumb vfgeschrie-
benn werden können, Im bedacht, ob wol ein solches von anndern benach-
bartenn Herrschafftenn, sonnderlich aber von Burgermeister vnnd Rath zu
Nürmberg, hiebeuohr in dergleichen fellen, auch zu ettlich vielmahln, gesucht wordenn, das man doch Irem begern, niemahls statt gethun, auch
kain aintziger fall, vor der Hannbt daß sich dergleichen jemahls zugetragenn
hette, vnnd wollenn vnns derwegenn versehenn, Alldieweil E. F. G. bey
sich selbsten hochuerstänbig zuerachtenn, das vnns als den Dienern, diß-
fals waß fürzunehmen, oder zu bewilligenn, So negst höchstermeltem Vnserm g. F. vnd Herrn gegenn annbern benachbarten Herschafftenn, die sonnder Zweifel nicht wenig darauf gesehenn zum höchstenn praejudicirlich kei-
nesweegs gebuhrn, noch veranttworttlich sein wollen, sie werdenn Vnns

N 2   gnedig

gnedig für enttschuldigt halltenn; Damitt aber der sachenn nunmehr nach sein Wezels Absterben völligt abgeholffenn vnnd beedes E. F. G. sowol alß des Wezels Erbenn das Jhenige wiederfahren, vnnd volgen muge, So einem Jeden von Billigckeitt vnd Rechts wegenn gebühret vnnd zustehet, So haben Wir vllermeltenn Ambtleutten zu Rott, beuehlig gethun, das sie die Erbenn, vf dienstag den 12. negstuolgenden Monats Januarii zu fruer Tags Zeitt, gein Rott beschribenn, vnd Jhnen deß Wezels Verlaßenschafft veruolgen laßenn sollenn. Do nun E. F. G. vf solchenn Tag, auch Jemandt mitt nottwendigenn beuehlich, nach Roth abferttigenn, oder sonnsten disfalls was suchen wollen, stehet es derselben zu thun beuor, vnnd soll alsdann, die notturfft weitter darauf, verordnet werdenn,

Wollten E. F. G. Wir der sachen Gelegenheitt vnd Notturfft nach zu Nachrichtung nicht bergen, vnd sein derselben zu vntertheniger Dienst Erzeigung, Jederzeit vrbuttig, Datum Onolzbach den 7. Dec. An. 84.

Num. 41.

Rother Citation an des Bamberger Verwalter Wezels Anverwanthe, d. d. 14. Dec. 1584.

Vnnser freundtlich auch willig Dienst zuuor, hochgelehrter vnd Ehrnuester lieber herr Doctor, gutter Freundt, Wir können Euch der notturfft nach vnangezeigt nit laßen, das euer schwager Johann Wetzel gewesener Verwalther zu Neunkirchen, den vergangenen Dienstag welcher ist erst diß schwebenden Monats alhie zu Roth mit Tod abgangen, Dieweill dann vf solchen Todesfall von Vnsers gnedigsten Fürsten vnd Herrn Marggraf Georg Friedrichs zu Brandenburg etc. Statthalter vnd Räthen, vns beuelch zukommen, nit allein sein Wetzels Verlaßenschafft bis vff seiner Erben vnd Freundschafft Zukunfft Jn Verwahrung zu behaltten, sondern auch denselben zu deßen Abholung Tagsfarthen ainzusetzen vnd zu beuennen, nemlich dem alten Calender nach, dienstags den 12. Monats Januarii, deß künfftigen 85. Jahrs alhie zu Roth zu erscheinen, vnd aber für Vnser Person nit aigentlich wißen können, wer sein deß verstorbenen Wetzels, oder seines hinterlaßenen Söhnleins mehr

negste

negste Freundt vnnd Vormund sein mögten, außer was wir vor der Zeit
vom Hrn. Doctor verstanden, das er dem verstorbenen Wetzel vnnd seinem Sohn mit Schwägerschafft nahet befreundt, derhalb wir vf obangezogenen Fürstl. Beuelch, dem hrn. solchen tag zu eröfnen vnd zuezuschrei-
ben, auch nit wöllen vnterlaßen, seiner Gelegenheit nach, sampt andern
des Wetzels Freunden vnd Erben vf angedeuten Tag zu rechter Zeitt zu
erscheinen, vnd nachdem gleichwol die ander sein Wetzels Freundschafft oder
Erben, wo dieselben wohnhafft oder anzutreffen vns ohnwißend wird der
Hr. Doctor Ihnen solchen angesetzten Tag auch wie wir hoffen anzumel-
den vnbeschwert sein, Sind hiermit dem Hrn. Doctor freundtlich Dienst
zu erzaigen erbittig vnd willig, Datum 14. Dec. An. 84.

Num. 42.

Creditiv Herrn Bischoffs zu Bamberg vor seinen Castner zu Vorchheim, ans Amt Roth, d. d. 16. Jan. An. 1585.

Ernst von Gottes Gnaden Bischoue zu Bamberg. Vnßern Grus, Vester lieber besonnder, von des hochgebornen Fürsten vnsers besonders lieben Herrn
vnd Freundts Margraff Georg Friederichen zu Brandenburg etc. hinterlaßenen Statthaltern vnd Rheten zu Onolzbach, ist vns verschiener Tagen
ein Schreiben vberantwort, darinnen Vnsers gewesenen Verwalthers zu
Neunkirchen Johann Wetzels Tödtlicher Abgang neben Benennung eines
Tags, Ob wir Jemand dahin verordnen, die briefflichen Vrkhundt vnd an-
derß, so vnsern Stifft zugehörig zu erfordern vnd abholen zu laßen, zu
erkhennen geben worden. hierauf wißen wir dir gnediger Mainung nit zu
verhalten, das wir gegenwertigen Vnsern Castner zu Vorchhaim Georgen Rüeding beuohlen vnd vferlegt, angesetzten Tag vnsertwegen zu besuchen, vnsers Closters Vrkhunden, neben andern Handlungen, so vnserm
Stifft zugehörig abzuholen. Vnd ob vns wol nit zweifelt, Du werdest
dich on diese vnser Erinderung willferig vnd aller Gebuer zu erzaigen gewußt
haben, So haben wir doch ermelten Vnsern Castner mit diesem schrifftlichen schein abfertigen wollen, damit seinen ersuchen vnd begern souilmehr
stat gegeben. Das sein wir hinwiderumb mit Gnaden, Damit wir dir ge-

M 3 wogen

wogen zu erkennen vrbuttig, Datum In Vnnser Stat Vorchaim Mitt-
wochen den 16. Jan. An. 85.

Num. 43.

Extract Vertrags oder Betaidigung Dietrich von Harras, Rit-
ters, zwischen Herrn Marggraf Friedrichen zu Brandenburg vnnd
der Statt Nürnberg in verschiedenen Irrungen aufgericht
An. 1496.

etc. Item Als die von Nurrmberg sich beclagt haben, daß ir außgedretten Burger vnd Vundterthan Sich In meines gnedigen Herren des Marggrafen Stetten vnd Flecken enthallten, darein geglaitt vnd geschirmtt werden Ist derselb Artickel gestellt auf zuuersicht, das sich mein genediger Herr
Marggraff In solichem werd Furstlich vnd löblich hallten. etc. etc.

Das

Das fünfte Capitul.
Von der Freyung in Prichsenstatt.

In dem nächst vorstehendem Capitul ist gelegenheitlich unter andern auch der Freyung in Prichsenstatt gedacht worden. Dieser Ort liegt an dem so genannten Steigerwald, und stehet unter Brandenburgischer Landeshoheit. Die dem Ort anklebende Freyung oder das jus asyli gründet sich auf ein privilegium Kaiser Carls des vierten, dessen datum auf Würzburg am Oberstag vom Jahr 1367. stehet. Nach diesem privilegio wird sich zu Prichsenstatt nach allem dem Stadtrecht der Freyheit und der guten Gewohnheit gerichtet, welche die Städte Sulzbach etc. haben. Nach den Saal- und Lagerbüchern der Stadt Prichsenstatt aber von den Jahren 1397. und 1531. wird es bey Ertheilung der Freyheit, oder bey der Aufnahm in die Freyung also gehalten.

Item so einer in kaiserliche Freyung kommen ist, oder noch kommet, doch mit Wissen und Willen eines Amtmanns und Castners, derselbige muß geloben und schwören, wie und was er angezeigt, daß es die lautere Wahrheit sey, und so er deßhalben angenommen wird, der soll und muß ein Jahr ein Gulden der Herrschafft geben, so er aber nit Jahrweiß, sondern Wochenweiß es annimmt, gibt er wochentlich neun pfenning, tregt sich dann zu, daß er länger dann ein Jahr alda verharret, wird es mit dem andern und dritten Jahr, auch mit den Wuchen, wie mit den ersten gehalten. Doch wirdet mit solcher Freyung der Unterscheidt gehalten, daß man keinen annimmt, der einen wißentlichen und fürsezlich erwürget hat. Item und gehet solche Freynus so weit die Stadt umfangen, und die Marck umgrenzt ist.

Wie dieses jus asyli in den ältesten Zeiten geübet worden, ist nicht mehr bekannt, denn die dahin gehörige Urkunden sind im Rauch aufgegangen, als der Bischof von Würzburg einstens im funfzehenden Jahrhundert die Stadt erobert und ausgebrannt. Desto mehr findet sich Nachricht von den nachfolgenden Zeiten, in welchen die Stadt wieder aufgebauet war. Also findet sich in den Amtsrechnungen vom Jahr 1535. daß damahln zugleich

neun-

neunzehen Perſohnen in der kaiſerlichen Freyung ſich befunden, und derſelbigen ſo lange genoſſen, bis ſie gebührender Orten ihre Unſchuld dargethan,
oder durch einen bewürkten ſalvum conductum ſich Plaz und Sicherheit zu Ausführung ihrer rechtlichen Nothdurfft, verſchaffet. Auch im Jahr
1606. haben ſich wiederum eilf Perſohnen zugleich der Freyung zu erfreuen
gehabt. Einzelner Fälle dörfen wir nicht gedenken. Sämtlich aber bezeugen ſie ſo vieles, daß die Freyung außer den muthwilligen Todtſchlägern
allen denen angediehen, welche ihre Rechts-Zuſtändigkeiten beßer frey und
ungebunden, als aus dem ihnen gedroheten Gefängnus ausführen zu können geglaubet. Alle benachbarte Herrſchafften und alle judicia crimina-
lia haben jederzeit gar willig dieſes Prichſenſtattiſche jus aſyli anerkannt,
und diejenige, welche in die Freyung einmal aufgenommen geweſen, nie
abgefordert, ſondern ihnen jederzeit den rechtlich nachgeſuchten ſalvum
conductum ertheilet, und gehalten. Dergleichen ſichere Geleitsbriefe
ſind unter andern noch in neuern Zeiten von dem fürſtlichen Hochſtifft
Würzburg in den Jahren 1728. 1731. und 1735. ohne Bedenken aus-
geſtellet worden. Deſto befremdlicher war es daher, daß bald nachher,
aus einer Begierde, dem hochfürſtlichen Haus Brandenburg alles ſtrittig
zu machen, ſich Würzburgiſcher Seits an. 1742. über die kaiſerliche
Freyung zu Prichſenſtatt beſchwehret werden wollen, von welcher Be-
ſchwerde jedoch auf hinlängliche Erläuterung gar bald wieder abgeſtandten
worden.

Oben iſt bereits aus den Saalbüchern gemeldet worden, daß, wer
in die Freyung aufgenommen ſeyn will, vor allen beſchwöhren müſſe, was
er zu Behauptung ſeiner Unſchuld oder ſeines Rechts angegeben oder für-
geſchützet. Daraus erhellet nun, daß nicht jeder, der ſich meldet, ohne
Unterſchied auf und angenommen werde. Die Acten beſagen auch, daß
die Freyung nicht wenigen abgeſchlagen worden, weil ſie ſich deren unwür-
dig haben erfinden laſſen. Der dießfalls merkwürdigſte Fall hat ſich im
Jahr 1684. ereignet, deßen Beſchreibung aber hier einzuſchalten für überflüßig gehalten wird. Nur ſoviel hat man daraus anzuführen, daß dem
Herrn des Freyungsorts allerdings das Recht zuſtehe, zu unterſuchen, wie
weit jemand derſelben würdig und bedürfftig, auch ob jemand durch einen
einlangenden ſalvum conductum geſichert werde.

Das

Das sechste Capitul.
Von der Getraidtsperr.

Daß Teutschland fast durchgehends, sonderlich aber deßen vorliegende
Craiße seit ohngefehr zwey Jahren von einem ganz seltnen und übergroßen
Getraidtmangel, und mit einer höchstverderblichen daraus erwachsenen Noth
heimgesucht worden, ist eine leider allzubekannte Sache. Gleich bekannt
ists, daß alle Reichsständte, keinen ausgenommen, nach dem Gesez der
Selbsterhaltung eine Getraidtsperre gegen einander verhänget, und daß
wider erstgedachtes Gesez der Selbsterhaltung die Stadt Nürnberg das hochfürstliche Haus Brandenburg zwingen wollen, den gehabten wenigen Vorrath seinen eigenen Unterthanen zu entziehen, und darmit der Nürnbergischen Bedürffnus zum Lebensunterhalt sowohl als zu den Commercien in
etwas abzuhelffen. Alle diese Umständte zusammengenommen, haben dann
viele veranlaßet, der Sache nachzudenken, wie die dahero entstandtene gedruckte Abhandlungen des mehrern bezeugen. Den Innhalt derselben hier
zu erzehlen, wäre zu weitläufftig, und auch überflüßig. Es ist genug, sie
nach ihren Claßen kurz zu berühren. Viele haben dem menschlichen Geschlecht allerley Mittel außer dem Getraid zur Erhaltung des Lebens vorgeschlagen. Viele haben, und zwar billig, gegen allen Wucher geeifert;
und einige haben gar die dem Wucher widerstehende Sperre vor eine Quelle
desselben ansehen wollen. Noch andere haben aus den vorigen Zeiten Exempel von gleicher Theurung und Hungersnoth aufgesuchet. Die wenigsten
haben den wahren und eigentlichen Quellen des Mangels nachgeforschet.
Die Kenntnus der leztern ist indeßen fast das vorzüglichste Mittel, durch
deßen nuzbare Anwendung man unter Gottes Beystandt fürs künfftige gleichen Uebel vorbeugen kann. Folgendes läßet sich zum Exempel anführen.
Die ächte teutsche Kunst, den Acker zu bauen, hat sich nemlich in Teutschland ziemlich verlohren; und die Arbeitsamkeit der Ackerleute hat sich merk-
lich gemindert. Dargegen hat sich die Kunst und die Begierde vermehret,
das Getraidte umzubringen, ohne den Menschen darmit Nahrung zu schaffen. Daraus muß nothwendig bey einer etwas ungünstigen Witterung

Mißwachs und Unseegen kommen. Lezterer war seit etlichen Jahren grö-
ßer, als ersterer. Gleichwohlen beeiferte man sich um die Wette, Getraidt nach Italien und nach Frankreich zu verführen, wodurch der da und
dort befindlich gewesene Vorrath sich in Teutschland verlohr. Was man
ehehin in einigen Ländern aus Pohlen holte, muste man zu gleicher Zeit
wegen daselbstiger Unruhen in Teutschland suchen. Endlich vergrößerten
die Kornjüden mit ihren Speculationen den Mangel, als welche sich al-
lerwegen teutschen und liefländischen Vorrath sammleten, um bey einem
geweißagten spanischen und nordischen Krieg darmit zu wuchern. Alle diese
Quellen der Noth rechtfertigen dann nebst dem Gesez der Selbsterhaltung
die Sperre, welche von allen Ständen des teutschen Reichs in ihren Ge-
biethen angeleget worden. So mehr ist dann aller Orthen vor etwas frem-
des anzusehen gewesen, daß eben die Stadt Nürnberg, welche doch selbst
gesperret, sich über anderwärtige Sperren beschwehren mögen, und vorzüglich den geringen Vorrath der Brandenburgischen Fürstenthümer sich
eigen zu machen suchen dörfen. Aber eben weil dies Beginnen befremblich
war, so entdeckte man auch so leichter die wahre Triebfeder, welche darinn
sich gefunden, daß die Stadt unter dem Vorwand der Sperre dem hochfürstlichen Hauß Brandenburg in dessen Fürstenthümern und Landen nur
die landesherrliche Befugnisse abzustreiten suchte. Mit welchem geringen
Fug solches geschehe, bedarf ganz keiner Ausführung. Recht und Wahrheit lässet sich mit Händen greiffen. Selbst das ehemalige Nürnberg dach-
te hierunter anderst, und erkannte das landsherrliche Recht des hochfürstlichen Haußes, mit einer Aufrichtigkeit, welche heut zu Tag verlohren
gegangen seyn mag. Nachstehendes Protocoll vom Jahr 1491. mag zur
Prob dienen, wie weit sich Nürnberg geändert habe. Deßelben wird in
der sogenannten grosen revisorischen Fraiß-relation gedacht. Diesem
Protocoll wird zur Erläuterung noch mit angefügt ein Onolzbachischer Re-
gierungs-Befehl an das Amt Burgthann vom nemlichen Jahr wegen des
Teutschordischen Orths Postbauer. Und damit doch auch eine nüzliche An-
stalt, welche bey theuern Zeiten zu treffen räthlich, hier zugleich mit bekannt gemacht werden möge, so wird der Leser am Ende dieses Capitels noch
eine General-Verordnung antreffen, welche man der dem Bauern-Krieg
gefolgten Theurung zu danken. Zu einer andern Zeit aber wird sich in der
nem-

nemlichen Abſicht Gelegenheit finden, von derjenigen Theuerung und Hungersnoth zu reden, welche vollkommen 200. Jahr vor unſerer letzten ſich
ereignet, ſich eben ſo angefangen, eben faſt ſo behandelt worden, und eben
ſo ſich geendigt, nur mit dem einzigen Unterſchied, daß damahlen der geſamte
fränkiſche Cralß, obſchon vergeblich, ſich bearbeitet, dem Uebel zu ſteuern.
Das merkwürdigſte war damahlen dieß, daß Graf Georg Ernſt von Hen-
neberg bereits unterm 25. Jan. 1567. in einem Schreiben an Marggraf
Georg Friederichen von Brandenburg, gleichſam prophezeyend, den Antrag gemacht, die noch allezeit ſchädlich befundene Getraidtausfuhr an und
auf dem Mayn mit Ernſt und Nachdruck zu hemmen, weil ſonſten nichts
gewißer als der gröſte Mangel erfolgen werde.

Num. 1.

Onolzbachiſches Canzley-protocoll de 1491.

Uff heut Sontag nach Luciae Anno etc. lrrrrj haben Burgermeiſter vnd
Rathe zue Nürmberg, Johann Wedtmann Ihren Secretarien, hie zu
Onolzbach bey meiner gnädigen herren Räthen zue Onolzbach gehabt, der
Inen Anfangs alns Raths willig Dienſt geſagt. vnnd auff Credenz ge-
worben hat, In vergangen Tagen hab mein Gnediger herr Marggraff
Friederich, von ſein und ſeiner gnaden Bruder Marggraff Sigmundts
meins gnedigen Herrn, wegen an Ihrer Gnaden Ambtleut ein Verbott
außgehen laßen, daß die Ihrer Gnaden Vnderthonen vnd Verwandten
nit geſtatten ſollen, daß getraid vnd Ander eßende Pfemrert außer Ihrer
Gnaden Fürſtenthumb land vnd gebiete, an Andere fremde Ort vnd Stett
verführen zue laßen, Wiewol nun ſeine Herren die von Nürmberg es genzlich darfür haben, das ſolch Verbott Ihne nit zu wider, ſonder zu nott-
durfft vnd gutt Irer Gnaden vnd Irer Gnaden Armen Leutten gemacht
vnd fürgenommen ſey, ſo werde doch demſelben gebott von den Ambtleutten nit gemeß gehandelt, dann ſo Jetzo Kürzlich etlich Arm Leuth die meinen gnedigen Herrn ganz nichts verwandt ſein, vndt aufferhalb Irer Gnaden Fürſtenthumb landt vnd gebiet getraidt kaufft, daß Aufladen haben,
vnd damit In meiner gnedigen Herrn gebiet zu Cadolzburg vnd zue Fürth

durche

durchgefahren, sein sie durch die Ambtleut daselbst aufgehalten worden,
Also das dieselben Furmenner haben die Wägen mit dem getraidt stehen
laßen, Sie wieder hinter sich zue Ruck Reitten vnd von den enden, do
Sie solch getraidt Kaufft vnd Aufgeladen haben, Urkundt bringen müßen,
daß sey ein Vbrigs vnd Vnzimblich, die Armen leutt, so vnserm gnedigen
Herrn nit zustehen noch Verwandt sein, . Auch das getraidt Inn seiner
gnaden Fürstenthumb nit Kaufft noch Aufgeladen haben, aufzuhaben Vnd
sie damit zu großen Vnnützen Costen zu bringen. Vnd deß Heyligen Reichs-
straßen also ernieder zu legen, vnd seine Herrn an Irem Zugang zuuerhin-
dern, nun sag er dannoch doneben on Beuelch vnd von Ihm selbs, als er
es angezeigt, die ding werden dermaß fürgenommen vnd von den Amptleutten gleich auf die meinung angedeut, als ob es die meinung sey, seinen
Herrn den von Nürmberg kein getraidt zu gehen zu laßen, Wiewol es vn-
gezweiffelt seine Herrn, Wie obstehet, nit dafür haben, das es Vnseres
gnedigen Herrn gemüet noch meinung sey, Bitten darauf seine Herrn die
von Nürmberg die Statthalter an statt meines gnedigen Herrn Marggraffen Friederichs, das sie solch fürnemen an den oben angezeigten enden ab-
zustellen schaffen, vnd auch an die Andern Amptleut, die es auch solcher
maß fürzunehmen vnd zue handeln vnderstehen möchten, ein Verbott aus-
gehen laßen wollen, Damit solchs bey Jenen auch nit fürgenommen werde,
das wollen seine Herrn vmb mein gnedigen Herrn in Vnderthenigkeit vm
die Statthalter mit Willen verdienen.   Darauf haben die Statthalter
geantwortt, Mein Gnediger Herr Marggraff Friederich hab von sein vnd
seiner gnaden Bruders meins gnedigen Herrn Marggraffs Sigmundt wegen Irer gnaden selbs vnd den Ihren zu gut, In diesen klemmen vnd hef-
tigen Joren ein Verbott deß getraidts halb außgehen laßen, als dann Ander Anstoßendt Fürsten Herrn vndt Stette auch gethon haben, versehen
Sie sich die Amptleut der Angezogenen ende zu Cadolzburg vnd zu Fürth
halten die Ding, laut Vnsers gnedigen Herrn Befelch, Sie wollen sich
aber vff diß Ihr Anbringen der Ding bey den Angezeigten erkundigen vnd
wie sie es finden, darnach nach der Billigkeit darinnen handeln. Vff solch
Antwortt hat der geschickt gesagt, seine Herrn halten das Verbott meines
gnedigen Herrn, das man das getraidt außer seiner gnaden gebieten nit verführen soll, nit für vnzimblich oder vnbillich, so sey es auch nit vnzeitig,

daß

daß man die Fuhrleutt Ansprädy, wem Jeglidyer zugehört, wo er aud)
das getraidt kaufft vndt geladen hat, Aber sie dermaß aufzuehalten, zu solchem Vncosten zu bringen vnd des Heyligen Reichs straßen zu verhindern,
vnd er nieder zue legen, das sey seinen Herrn schwer vnd vnleidenlidy, Ihnen dadurch Ihren Zugangk von den fremdden zu verspören, dody so nehme Er die Antwurt in vnderthenigkeit an, vndt wollte Sie, an seine Herrn
gelangen laßen.

Num. 2.

Statthalter und Räthe Schreiben de dato Dienstags nach
Varbara 1491. an Amtmann zu Thann Georg
von Emß.

Unser freundlich dienst zuvor lieber Jorg das du mit herrn Veyt von vestenberg ritter rede gehabt hast wie die armen leut zu poßpawr den teutschen
herrn zusteend ir getraid gen Nürnberg verfüren mit begerung dir vndter-
richtung zu geben so du des mer überfarer findest wie du es mit ine halten
soltest, solches hat herr Veyt an uns bracht. demnach bevelhn wir dir hiermit annstatt unsers gnedigen herrn das du mit der teutschen herrn Amptmann
zu boßpawr redest das er bei den armen leuthen seins ampts die vnnsern gnedigen herrn verwant sin, daran sei, das sie ir getraid nit gen Nürnberg sondern
in vnnsers gnedigen herrn steet verfarn vnd verkauffen, denn wo sie das verach-
ten vnd darüber betretten werden, das sie getraid gen Nürnberg oder an-
derswohin verfürten, dann in vnsers gnedigen herrn stet, so hestu vormals
ein beuelch von vnnsern gnedigen herrn das du dieselben mit solchem getraid
aufhalten sollt, dabei laßen wir es ganz vngeendert bleyben, darnach hab
dich zu richten. datum Onolzbach am Dinstag nach Varbara anno etc. 91.

Num. 3.

Onolzbachisches General Edict de 1530.

Von Gottes Gnaden Georg Marggraff zu Brandenburg etc. vnsern
Grueß zuuor, liebenn getrewenn, nachdem allenthalben vonn vnnsernn vn-
terthonen mer dann einnmahl an vnnß clagweiß gelangt ist, das sie vonn
den Müllnern sonderlich dieser theuern Zeit mit dem malen vnd mitzen zum

höchsten beschwehrt werdenn, also das der Müller nach theuerung des getraidts diser Zeit wol vnnd mer dann zwenfachen lon habe, dieweil jenen
jetzt ain ainige mitz als vil gilt als sunst zwen drey oder vier. welcher der
müller vnpilliger vortheil den armen leuthen zu mercklichen Schadenn vnnd
nachtheil raiche, darauf wir vnns bey anndern vnnsernn anstoßenden Nach-
pawern erkundigt vnnd funden, das sie auf der gleiche der armen leuth clag
auch vnnderschidlich Ordnung vnnd Satzung nach gestalt vnnd gelegenheit
der Waßermülwerck vnnd getraidt gemacht haben, dem gemes wie hernach
volgt, vnnd nemblich bevelchen wir euch, das ir ewrs Ampts, da die faulen oder stillen vnnd nit raschen mülwaßer oder mülwerck seyn, alß lanng
dieße gegenwertig thewrung weret oder bis uff fernern vnnsern beschaid al-
lendhalben verkunden, vnnd mit Ernnst darob sein wollet, das alle Müllner uff solchen faulen stillen vnnd nit raschenn waßern vnnd mülwercken nit
mer denn das zwainzigist Korn von einem jeglichem Maß es sei klain oder
groß, vnnd uff den Mülwercken da die starcken raschen mülwaßer vnnd
mülwerck seind, nit mer dann das vier vnnd zwangigist Korn zur Mitz nemen vnnd die armen lewth darüber nit beschwehrt werdenn. Das zu ge-
scheen verlaßen wir vnnß ernstlich vnnd gentzlich zu euch. Datum Onoltzbach am freytag nach Andree anno etc. ꝼꝼꝼ.

Das siebende Capitul.

Von der ersten teutschordischen Appellations-Ordnung.

Dieses seltene Document, welches den heutigen teutschordischen Berühmungen widerstehet, ist folgenden Anlauts:

Unser Walthers vonn Cronbergs Administrators etc. und teutschen maisters etc. Appellation=Ordnung in unsers Ordens Aemptern Mergetheym Newenhauß vnd Geylichßheim.
M. D. XXXVII.

Wir Walther von Cronberg Administrator des Hochmaysterthumbs in Preussen, vnnd Mayster Teuschsordens, Jnn teutschen vnd welschen landen. Embietten allen vnd yeden vnsern vnd vnsers ordens Richtern, Schulthayßen, vnnd Schöpffen, vnserer gericht, zu Mergentheym, Marckelsheym, Jgerßheim, Bernßfelden, Gaylichßheym, Stuppach, Rengerßhausen, Neringen, Löffelstelz vnd Teubach, Nitzenhausen vnd Staynach, Auch, vnsern Vnderthanen vnd verwandten vnserer Aempter Mergetheym, Newenhauß vnd Gaylichßheym, wo die gesessen vnd für die obgemelte vnsere Richter, Schulthayßen, Schöpffen, vnd an vnd ein gerürte gericht, Jn erster instantz, zu recht ordenlich gehören, vnd andern so yetzund vor Jnen in recht hangen, vnd künfftigklich zu rechten oder zu schaffen gewinnen werden, vnser gunst zuuor, vnd zu wissen, Nachdem wir aus notwendigen vnd beweglichen Vrsachen, vnser hoffhaltung ein zeit lang hie zu Mergetheym gehabt, vnd fürbas lenger haben werden, Vnd euch den Vnderthanen zum hauß mergetheym gehörich, zu gut biß alher gnediglich durch vnsere vorfarn vnd vns zugesehen vnd geduldet, das in allen Sachen vor euch Richtern, schulthayßen vnd schöpffen, gemelter Aempter Mergetheym, vnd Gaylichßhaym gerichtlich ergangen, So es zur appellation erwachsen, anfencklich für vnd an ein Thomenthur zu Mergetheym appelliert, vnd von Jme allererst für vnser vorfaren vnd vns,

wel-

welches vns vnd auch euch, we es verrer alſo beharren, vnnd in allen feſſen alhie, an vnſer hoffhaltung, zwen vnderſchidlich Richter ſein vnd bleyben ſolten etlicher maßen beſchwerlich, darzu gemeynnem rechten etwas wider-wertig geacht werden möcht, Vnd wir hierüber auch vilfeltig biß alhere befunden, das in beſchehen appellationen allerley Vnform vnd Vnordnung geübt, Derhalben die partheyen etwen zu mercklichen beſchwerden auch vn-coſten vnd ſchäden, vnd bey weilen zu Verluſt der ſachen komen ſein, Hier-umb wir, vnd nit vnzeitlich bewegt, zu weitterer abſchneydung vnd ver-hütung ſolchs alles In crafft vnſer Regalien vnd oberkeit, aller alten ſta-tuten, gewonhaiten, gebreuchen, vnd herkomen, Vnangeſehen die wir auch hiemit gentzlich auffheben, wie es mit appelliren vnd ſonſt in etlichen Fellen dem anhengig fürbaß gehalten werden ſoll, mit gutem zeittigem ra-the zu ordnen vnd zu ſetzen, Setzen vnd ordnen auch mit vnnd in krafft di-ſer ſchrifft wie hernach volgt, Vnd gebietten demnach euch allen vnd yeden hiemit ernſtlich, vnd wöllen, das Ir diſen vnſern ſatzungen vnd ordnungen getrewlich vnd veſtiglich anhangendt, vnd aller Ding nachkomendt vnnd ge-lebendt, vnd damit nit aus Vnuerſtand fürgeſchritten werde, Sollent Ir erſtmals vernemen vnd mercken was appelliren iſt.   Appelliren iſt ein be-ruffung von dem vndern für den obern Richter, die das ergangen Vrteyl vnd den gerichts zwang deß vndern Richters (ſouer ſollich beruffung förm-lich geſchicht) in rue ſtellt, vnd füret die ſelben ſach vmb böſerer gerechti-keyt willen zu erkantnus des oberrichters.

Von was Vrthailen Appelliert werden mag.

Vnd ſolch appelliren, vnd berueffen mag geſchehen von bey oder vn-der redenden Vrtheyln, dero beſchwerden man ſich durch die endvrtheyl nit mag erholen, vnd auch von endvrtheyln, Vnd iſt das ein bey oder vnder-redend Vrtheyl, die vom Richter in der rechtuertigung zwiſchen dem anfang vnd ende der Hauptſache, nit vber die ſelben, Sonder ein einfallende oder entſpringend frag ausgeſprochen würdet, vnd ein endvrtheyl iſt ein ge-richtliche endſcheydung vnd erkantnus des Richters, die der Hauptſach ir endſchafft auflegt vnd gibt.

In

In was Sachen für vns oder vnser Hoffrichter vnd Rethe, vnd in
was vnd in welchen Gerichten, für ein Thumenthur zu Mergent-
helm oder vnsern Amptmann zum Newenhauß appellirt werden
mag.

Vnd nachdem vnser Vorfar am teutschen maistertumb Herr Endres
von Grunbach seliger Gedechnus, mit zeitigem Rathe etwan geordnet, das
in keyner sachen für Ine, seine nachkomen, vnd Ir Hoffrichter und Rethe, von bey oder endurtaylen, die vnder zwenzig güldin, oder souil werts
antreffen, es hange dann Ere vnd glimpf daran, Appellirt, noch solch
Appellation anbracht noch angenomen werden soll, Vnd auff das geuerde
Hierinnen fürkommen, so das ein appellant darüber thett, vnd dieselben
sache bey seiner lieb, dero Nachkomen oder hoffrichter vnd Rethe anbrecht
vnd fürgebe, das die zweinzig gülden oder sein Ere vnd glimpf antreffe,
darauff angenomen, vnd darinnen fürgeschritten würde, vnd sich in volfürung derselben solchs nit erfünde, das derselb appellant, er gewünne oder
verlüre die sache, solt souil in vnser Cantzley zu gebenn verfallen sein, als
sich erscheinnet, die vnder zwenntzig gulden belangt, Sollich seiner lieb ordnung lassen wir uns gefallen, vnd es dorbey vestigklich bleyben, Als aber
gedachter vnser Vorfar der kleinen sachen halben, die vnder zwaintzig gülden sind, in angeregter Appellation ordnung, wo yemandts derhalben appelliren würde, verrer gesatzt, das dieselb appellation für vnsern vnd vnsers Ordens Amptman, in des Ampt das Gericht so die Vrtail davon appelliert worden, gesprochen hett, gehört bracht werden, der alsdann von
seiner lieb vnnd Ampts wegen macht haben sollt, die partheyen für sich zu
bescheyden, vnd in die Acta zu sehen, vnnd ob er einig beschwerde dorauß
erlernt, in ansehung derselben, vnd erfahen, die partheyen gütlich, der
billigkeit nach zuuertragen, vnd so er das nit erheben mögt gerüerte appellation für den Oberhöffe desselben gerichts zu weisen, vnd die alda rech-
uertigen zu lassen.

Wo aber durch den Amptman befunden, das freuenlich vnnd mutt-
willig appellirt were, dem Appellanten, bey einer zimlichen vnnachleßli-
chen pene, bey gesprochener Vrtel zu pleiben, zu gebieten, damit in solchen klainen sachen das Appellieren nit zu gemain, vnd auch vnser Vnder-
than, darduch nit zuuil beschwerdt würden, Vnd wir dann in gewiße er-

farung komen, dʒ der obgemelten gericht etlich biß alher nit Oberhöff gehabt, vnd die ſo oberhöffe haben, wo die Appellation ſachen dieſelben zu
rechtuertigung darfür gewiſen werden ſolten, das es den partheyen etwas
meer mühe vnd coſtens, dann ob die vor vnſerm hoffrichter vnd Reth ge-
rechtuertiget, geberen würde, Aus diſen vnd ſonſt andern guten Vrſachen, vns darzu bewegend heben wir in dem die obgemelten vnſers Vorfarn ſelligen ordnung hiemit off, vnnd ordnen vnd ſetzen, das hinfüro in
gedachten klainen ſachen, von Richtern, ſchulthaißen vnd ſchöpffen, der
gerichten zu Mergentheim, Gaylichshaim, Stuppach, Rengerßhaußen,
Aeringen, Löffelſtelz vnd Deubach, Nitzenhaußen, vnd Steynach, für
ein Comenthur zu Mergetheim, vnnd von den gerichten zu Marckelßheim,
Igerßheim vnd Verußfelden, für vnſern Amptman zum Newenhauß, es
ſey von bey oder endorteyln, in form vnd maß dis vnſer ordnung mitbringt,
appelliert werden mag, welche appellation auch wie hernach vnderm tittel,
in was zeit der appellant ſein appellation, vnd wem er die anbringen, wie
die auch angenommen werden ſolle, gemeld würdt, allerding (auſſerhalb
das ſie ein gulden in vnſer Cantzley, wie in gröſſern ſachen, zu geben, nit
ſchuldig ſein, noch darumb angehalten) angeno…men, vnd wie ſich gepürt,
für geſchritten, vnd was demnach durch ein Comenthur zu Mergetheim
oder vnſern Amptman zum Newenhauß, mit vrtel zu recht erkandt würdet,
darbey ſoll es endtlich bleyben, vnd volſtreckt werden.

Wie förmlich von bey vnnd endturtailen Appellirt werden mag, vnd
erſtlich von beyorteyln.

Wer von eins obgemelten Vnſers Vnderrichters oder ſchuldhaißen
vnd ſchöpffen, bey vnd vnderredender vrteyl, dero beſchwerden er ſich durch
die endorteyl nit erholen, Appelliren will, der mag ſolchs als baldt vnd
one vnderlaß, ſo die beyorteyl geſprochen worden iſt, vnd Richter oder
ſchuldhaißen vnnd ſchöpffen, noch an gewonlicher, gerichtſtat vnzertrent
ſitzen vnd ſein widertheyl noch zugegen iſt, wo nit, dem wie nach gemelt
verkünden, mit lebendiger müntlicher ſtymm, doch das der Appellant darmit vnderſchidlich anzeyg vnd benenne, die vrſachen, oder zum wenigſten
eine oder etlich ſeiner beſchwerden, mit weitterer vermeldung, wie hernach
von mündtlichen vnd im fußſtapffen appelliren, von endturtailn, beſtimbt
                                                                würe

würdet, Wo er aber der zeit die beſchwerden anzuzeygen vnd zu benennen
nit geſchickt were, oder geſprochener beyvrteyl halben die Zeit rechtens ein
bedencken neme, der ſoll alsdann ſollich appelliren in hernach beſtimpter
zeit, in ſchrifften, in dero die beſwerden vnd vnrecht gerürtter beyvrtayl
gemeldet vnd ausgedruckt ſein, thun, vor Richtern Schultenßen vnd ſchöpf-
ſen, oder wo er die nit alle gehaben mag, vor dem Richter oder Schultaißen, vnd in richters oder-Schultaißen abweſen, ſeinem ſtathalter, vnd
wo einer nit vorhanden, dem Eltteſten des Gerichts an ſeiner ſtat, vnd in
yedem falle zweyen gerichtz mennern, wo aber er die auch nit gehaben möcht,
Sonſt vor zweyen oder dreyen erbern mannen oder Notarien vnd zeugen,
Vnd vor Richter oder ſchulthaiß vnd ſchöpffen vngeuerlich auff ein ſolche
form, Herr Richter oder ſchuldhaiß vnd ſchöpffen, In ſachen vor euch zwiſchen N. vnd N. im Rechten geübt, Erſchein ich N. vnnd ſage mit gebürlicher reuerenz vnd eweter Eeren allerding vorbehalten, Als ir zwiſchen auf
n. tag ein vermeynt bey oder vnderredend vrtheyl vngeuerlich des Innhalts etc. ausgeſprochen das dieſelbig vermeynt beyvrtheil, vnd was darinnen begriffen, Nichtig vnd von vnwirden geweſen, vnd ob ſie gleich für
etwas erſchien, das ich doch nicht glaub, ſo iſt ſie doch arg vnd vnrecht,
auß nachfolgenden vnd andern vrſachen (vnd hie ſollen die Vrſach benant
vnd eingeleibt werden) von ſolcher vnd anderer Vrſach wegen, ſo ich im
rechten verner anzeygen mag, vnd vor dem oberrichter fürzubringen, mir
befor behalt, Beruff ich mich vnd Appellier von demſelbigen all nichtigen
vngerechten vnd vnbilligen vermeynten beyvrteyl mit diſer ſchrifft, (Inn ſachen vber zwaintzig gulden eere vnd glimpff antreffent) für vnnd an den
hochwürdigiſten Fürſten vnnd herrn, herrn. N. Adminiſtratorn des hoch-
meyſterthumbs in Preuſſen vnd meyſter Teutſchordens, in Teutſchen vnd
welſchen landen meim gnedigſten herrn, oder ſeiner F. G. hoffrichter vnd
Rethe, (in ſachen vnder zweintzig guldin, vnd von den gerichten oben benant, zum hauß Mergentheim gehörig) für vnd an den Erwürdigen herrn
N. Chomenthur zu Mergenthaim, vnd den zum Newenhauß gehörig, für
vnd an den wirdigen herrn N. Amptmann zum newenhauß Teutſchordens
mein günſtigen herrn, mit Vleis, vleiſſiger, vnd allervleiſſigſt, zum erſten, andern vnd dritten mal, bittend vnd begerend, Appoſtell oder ſend-
brieff vnd vrkunt, der ergangnen handlungen (vnd ſo ſolch Appellation vor

einem

einem Notarien geschicht, daran zuhencken, vnd sonderlich von euch Notarien zeugnus brief zugeben) protestir vnd behalt mir auch beuor, das ich
dise Appellation, bessern, meren, mindern, oder eine andere einlegen, die
Apostel nemen, vnd die appellation vollziehen möge, vnd vnderwürf mich
vnd die sach, des vorgenannten meines gnedigsten herrn (Vnd in kleinen
sachen meines gunstigen herrns des Chomenthurs oder Amptmanns etc.)
schirm, alles wie gewonlich vnd recht ist.

Von Endtvrtaylen.

Würde aber yemandts von einer endtvrtheil appelliren wöllen, der
soll vnd mag das vor dem Richter oder Schultaißen vnd schöpffen die das
Vrtayl, dauon der appelliren will, gefelt vnd gesprochen haben, Alsbald
vnd one vnderlaß, so das Vrthayl gegeben worden ist, vnd sie noch an ge-
wönlicher gerichtstat vnzertrennt sitzen, In gegenwürtigkait seins wider-
teyls, mit lebendiger mündlicher stym thun, vngeuerlich mit einer dergleichen rede.

Ich befinde mich ewer vermeynten gesprochen Vrtheil mercklich beschwert, vnd hierumb ewer eeren aller ding vor behalten, So beruf ich
mich von derselben als nichtig vnd vnrecht, für vnnd an den Hochwürdig-
sten etc. oder in kleynen sachen an ein Comenthur etc. oder Amptmann etc.
vnd verrer wie obstet von Appellation von beyvrteylen, mit dem weittern
zusatze, will auch euch Richter Schulthaißen vnd schöpffen vnd meiner Widerparthey, solche Appellation hiemit verkünth haben.

Wo aber yemants von einer endvrthail mit lebendiger stym, wie vor-
stett nit appelliren, sonder der Vrthall, ein bedencken nemen, daß Ime
dann gestatt werden sol, oder ausserhalb desselben abschaiden würde, vnd
nachmals in zeit hernach außgedruckt appelliern wölt, der soll das thun in
schrifften, vor dem Richter oder Schulthaißen vnd schöpffen, so er die gehaben mag, oder wo er sie nit gar gehaben mögt alsdann vor dem Richter
oder schulthaißen, oder in Jrem abwesen Jren stathaltern, oder wo sie dero
nit verlassen, dem Eltisten des Gerichts vnnd zweyen schöpffen, Wo er aber dieselben auch nicht gehaben möcht, sonst vor zweyen oder dreyen Erbarn mannen oder vor Notarien vnd gezeugen, Inmaßen obstet, wie von beyvr-
taylen

tanlen appellirt werden ſoll, vnd vor Schulthaiſen vnd ſchöpffen vngeuerlich bergeſtalt.

Herr Richter oder Schultheyß vnd ſchöpffen, in ſachen, derhalben
ich N. vnd N. vor euch in rechtvertigung hieuor geſtanden, darinnen Jr
wider mich N. vnnd für N. vermeinlich geſprochen, vnd geurtenlt habt, alſo etc. Sage ich mit vorbehaltung ewerer Eeren, daß dieſelbig vermeint
Vrtail, vnd was darinnen in den puncten, ſo wider mich verſtanden werden mögen, begriffen, nichtig vnd leynß werde, Vnd wo ſie gleich etwas
ſein ſolt, daß ich nit glaub noch verhoff, ſo iſt ſie doch vngerecht vnd vbel,
vnd vnrecht gegeben vnd geſprochen.

Hierumb ſo berueff ich mich, vnd Appeller daruon, für vnd an den
hochwürdigſten Fürſten vnd Herrn, etc. vnd in kleynen ſachen vnder zweinzig güldin, den Thomenthur etc. oder ben Amptmann etc. wie oblautt, der
Benurtail halben.

> In was zeit die Appellation ſo in geſchrifften wie obſteet gethan wer-
> den will, es ſen von ben oder endvrtenlen geſcheen ſoll.

Vnd ſo nemands ſich einer ben oder endvrteyl beſchwert befünde, vnd
nit alsbald im fußſtapffen wie vor laut appellirt, ſonder daruon in ſchrif-
ten wie vorſteet wolt Appelliren, der ſoll ſolchs thon Innerhalb zehen tagen, von zeit ergangner Vrteyl, oder ſeins empfangen wiſſens, von ſtund
zu ſtund anzurechnen, Vnnd wo einiche appellirend parthen, ſollich zeit der
zehen Tag, von ſtund zu ſtund ließ verlauffen, vnnd darnach allererſt Appelliert, Solch appellation die ſoll krafftloß, vnd die Vrteyl (der appellant
wölt dann auf die nichtikeyt derſelben fürſchreitten, das er macht haben ſoll)
in ir krafft gangen ſein, vnnd ben krefften bleiben, Auch von Vns oder
vnſern hoffrichter vnd Rethen, an vnſer ſtat, vnd in geringen ſachen ge-
nantem Comenthur oder Amptman nit angenomen werden.

> Wie vnnd in was zeit ein Appellation dem Richter oder Schulthal-
> ſen vnd ſchöpffen, von den Appellirt iſt, vnd auch der Wider-
> parthen verkündet vnd Apoſtel gepetten werden, wie ſich auch
> vnderrichter derhalben halten, vnd in was zeit er die geben ſoll.

Wann pmandts wie vorſteet, es ſen mündlich oder ſchrifftlich, vor

P 3   Richter

Richter schultaißen oder schöpffen Appelliert, Ist dann sein widertepl als
bald gegenwertig, der mag Ime den negsten solch Appellation, ob die
auch in schrifften geschen, mit obergebung abschrifft solcher Appellation
verkünden, Appellirt aber ainer wie vorsteet, vor zwapen oder drepen mannen oder Notarien vnd zeugen, in obbestimmter Zeit, (oder wer sein wi-
derthapl, so er wie vor laut, vor Richter schulthaisen vnd schöpffen, Appelliret) nicht gegenwertig, der solle alsdann in pedem vorgemeltem falle
bep peen rechtens gedachtem Richter, oder schulthaißen vnd schöpffen, vor
denen vnd auch seinem widertail, wider den er Appelliert hat, In dreissig
tagen, vom tag gesprochener Vrtail an zu rechnen, solche Appellation verkünden, vnnd sie deren wissenhafft machen, vnd Apostel, das sein send,
vnd zeugnus briffe geschehner Appellation, an vnd für den oberrichter, seins
gefallens, sament vnd auf einmal, oder zu zwepen, oder zu dreien vnder-
schidlichen tagen, zum ersten andern, vnd drittenmal, vleissig, vleissiger,
vnd allervleissigst bitten, die dem Appellanten von Richter oder schulthaißen
vnd schöpffen, auch als bald es füglich sein mag, (oder darfür auff sein
costen der gerichts handel) gegeben werden sollen.

> Wie vnnd mit was vngeuerlichen worten die Richter schulthaisen vnd
> schöpffen, den Appellationen, von bep vnd endurtailn sie ge-
> schen als balde vor inen mit lebendiger stimm, oder in schriff-
> ten, sollen statt geben.

Hochgedachtem vnserm genedigsten herrn dem Administrator etc. vnd
Teutschen maister etc. (vnd in klainen sachen vnserm herrn dem Chomen-
thur oder Amptman obgenant) zu vnderthenigen eeren gibt das gericht, der
Appellation stat, vnd reuerential apposicll.

> Wie sollich Appostel oder an der stadt der Gerichtshandel gegeben
> werden sollen.

Dem hochwirdigisten Fürsten vnd herrn, etc. Embieten wir Richter
oder schulthaisen vnd schöpffen, vnser vnderthenig schuldig dienst, zuuor,
vnd thun E. F. G. zuwissen, als n. cleger eins, vnd n. antworter anders
tepls, n. sachen halben, vor vns in Recht gestanden seindt, darinnen ein
bep oder endtvrtail für N. vnd wider N. dermaß gesprochen (hie soll das

vrtail

vrtail eingeleibt werden) daruon N. als vermeinter beſchwerter, an E. F. G. vnd an Dero hoffrichter, vnd Rethe appellirt, vnd appoſtel gebetten, wir auch derſelben zu vndertheniger ſchuldiger gehorſam vnd eeren ſolcher appellation, ſtat geben haben, hierauff ſo ſenden wir Jne von vnſerm gerichtszwang, für E. F. G. vnd an Jrer ſtat derſelben hoffrichter vnnd Rethe mit dieſem brieff, vns Jnen vndertheniglich befelhendt, geben vnder vnſerm gerichts, oder mangel halben eigens Inſigels, vmb vnſer vleiſſigen bitt willen, vnd N. inſigel etc.

Gleicher vngeuehrlicher weiſe ſollen ſie mutatis mutandis in den geringen ſachen, an vilgemelte Comenthur zu Mergenthaim, oder Amptman zum Newenhauß gegeben werden.

Vnd ſo der gerichts handel dem appellanten für appoſtel zugeben angeſagt, ſo ſollen die gemelten vnderrichter, den appellanten, domit wie obſteet nit ſeumen, oder aufhalten, noch in demſelben geferlich nichts auslaſſen, Sonder fürderlich vnnd vngeferlich, förmlich vnd volkomenlich mit gantzer entleibung, alles des ihenen, ſo für ſie in gericht gebracht, Es ſeyen gewelts brieff, Clagen, gegenclagen, antwort der zeugen ſage, vnd ſonſt anders, Vnd auch ſonderlich den tag vnd ſtundt gegbner vrtail vnd der appellation, vnd ob die vor ſitzendem gericht oder nit, vnd welcher maſſen desgleichen die verkündung, bittung der Appoſtel vnd ſtatgebung derſelbigen geſcheen ſey benennen, vnd außtrucken.

> Wie es in verfaſſung des gerichts handels gehalten werden, vnd was der appellant Richtern Schulthaißen vnd Gericht, vnd auch dem Gerichtſchreiber, für ir mühe Arbeit vnd Schreiberlon geben ſoll.

Und nach dem vns Clagweiß fürkompt, das die appellanten beyweilen Richter oder ſchulthaißen vnd ſchöpffen ſchwerlich zuuerfaſſung der gerichtshendel bringen mögen, das ſie auch mit zerung, irent vnd des gerichtſchreibers halben, belaſt, vnd darzu durch dieſelben ſchreyber im ſchreiberlon vbernommen werden.

Hierumb weil vnd vorgenants vnſers vorfarn ſeeligenn am teutſchen malſterthumb herrn End riſſen von Grünbachs gegeben appellation ordnung In dem abermals anzuhangen, ordnen wir, So von jemant mit lebendiger

ger

ger stimm vor Richtern, Schultaissen oder schöpffen appelliert würdet, das sich das gericht ausserhalb zu essens zeitten nicht von einander thun oder scheyden soll, es sey dann der gerichts handel sampt vrteyl vnd geschehener appellation, zuuor notturfftig in schrifften verfaßt, Es were dann sach, das es Inen an einem tugentlichen schreiber mangelt, oder der gerichts handel groß oder weitleuffig were, das es so baldt nit stattlich geschehen mögt, Alsdann mögen sie sich wol scheyden, doch so sollen sie sich zum fürderlichsten, es füglich gesein mag, wider versamblen vnnd den gerichts handel volenden.

Ob aber ausserhalb vor sizendem gericht, wie vorsteet appelliert, vnd die appellation verkünt, vnd apostel gebetten, vnd dem appellanten der gerichtshandel darfür zu geben angezaigt, So soll sich der vnderrichter von dem appelliert worden ist, vngeuerlich inner virtzehen tagen den nechsten zusamen thun, vnd den gerichtshändell, in massen obsteet in schriffe bringen.

Vnnd soll der Appellant dem gericht, so von einem beyvrteyl appelliert ist, ein halben gulden, wo aber von einem endtvrtayl appelliert, ein gulden für alle azung Vnd solchen gerichtshandel, er erstreck sich dann, oder fünffzehen, bis in die dreissig pletter, alsdann so der ein beyvrtheyl betreff, anderthalben Gulden, wo aber ein, endtvrtayl, zwen gulden, vnd wo weitter von ye fünffzehenn plettern ein gulden, vnd ob der Richter, Schulthaiß oder das gericht, eigens sigels nit hetten, vnd vmb ein ander sigel bitten, vnd das gebrauchen müsten, vnd der ichts deßhalben begert, Sich der Appellant, mit dem Sigler vergleichen, vnnd auch dem gerichtschreiber sein lon, Nemlich für ein yedes lautter geschriben plat, das an einer yeden seittenn vier vnd zweinzig Zeyl, vnnd in einer yeden Zeil zum minsten gemeynlich fünf wort helt, in ansehung das ers zu forderst begreiffen, vnd darnach lautter schreyben muß, zweinzig pfenning, alles gegen zustellung desselben gerichtshandels, für alle sein müeh, arbeit vnd vercostung geben, Es were dann, das er in gerichtlicher rechtuertigung der sach, mit auffschreibung des einbringens oder sonst auch gebraucht, darfür soll Ime sein gebürlicher Will, nach messigung des gerichts gemacht werden.

In

In was Zeit der Appellant ſein Appellation, vnd wem er die anbringen vnd volfüeren, wie die auch angenomen werden ſoll.

Vnd damit niemandts durch der Appellanten appellieren vnbilliger
weiſe vffgehalten, vnd das Recht verzogen werde, So ſolle ein yeder Appellandt
ſein gethane appellation, in ſachen zwaintzig gulden vnd darüber, vnd in
geringern, daran doch eer vnd glimpff hangt, vns vnnd vnſern nachkomen,
vnd ſo er vns nit füglig gethaben mag, einem Chomentur alhie zu Mer-
gethaim, vnſers ordens, ſo yder zeit ſein würdet, als vnſerm hoffrichter,
oder in ſeinem abweſen, in vnſer Cantzley, vnſerm Cantzler oder Secretarien, einem ebenmeſſig, In den klainen appellation ſachen ſo für ein Chomenthur wie vor ſteet, vnnd die ſo für ein Amptman zum Newenhauß gehören demſelben vnd in Ir ydes abweſen, Ir yedes beuelhaber, in manats
friſt vonn zeit empfangener appoſtel anzurechnen, bey pene verlaſſung vnd
erleſchung ſolcher appellation anbringen, vnd vmb annemung vnd tagſatzung
bitten, vnd verrer ſouil an Inie iſt volfüren, Er würde dann des aus Ee-
hafften rechtmeſſigen Vrſachen verhindert, die hot er vor vnſerm hoffrichter vnd Rethen, vnd in cleynen ſachen genanten Chomenthur oder Amptman gerichtlich fürzubringen, vnd in dem fürzuſchreitten wie recht iſt.

Darauff ſoll durch vns vnd die obgedachten, zuuor ſolcher annemung
auch abweſender widerpartey dem Appellanten, aus Richterlichem ampt,
wie hernach geſchriben fürgehalten vnd auffgelegt, vnd wo er der aufflegung
gentzlich genug thut alsdann ſein appellation für Inen werde angenomen,
vnd darinnen fürderlich rechttag angeſatzt vnd procedirt werden.

Namlich das derſelbig Appellant in ſachen zwaintzig gulden vnd darüber oder darunder, daran Eer vnd glimpff hangt, inhalt vnſers Vorfarns
des von grunbachs ſeligen, appellation ordnung alß balde vnſer Cantzley
ein gulden geben, vnnd darzu mit handtgebenden trewen an aidſtat
geleben ſoll, Das er acht vnd, gentzlich darfürhalt, das er durch das
ergangen vrtheyl, daruon er appelliert vnrechtmeſſig beſchwerdt ſey, vnd
das er deßhalben, vnd von erlangung wegen böſers rechtens, vnd nit ſeinem widertail zu vmtrib, verzuge, vnd ſonſt vmb keyner andern ſachen willen appelliert habe.

Wo aber der Appellierer, ſolch glüpte zuthun ſich weigert, So ſoll es dafür gehalten, gleich als ob er nit appelliert het, vnd die appellation nit angenomen sonder die vrtheyl werden volstreckt.

Die Partheyen sollen mit vorstendigen rednern, in volfürung der Appellation gefaßt sein.

Vnd damit alsdann zu angesaßten rechttagen in solchen appellation sachen, dester rechtmessiger fürgeschritten, vnd nichtigkeyt verhüttet werde, auch vnser hoffrichter vnd Rethe, vnnd in kleynen sachen obgemelte Comenthur oder Amptman, auff der theyl einbringen, dester bequemer vrtailen mögen, So wöllen wir das beed partheyen in volfürung der appellationen, mit verstendigen fürsprechen oder rednern yedes rechttags möglich geschickt erscheinen söllen.

Welcher Zeit dise ordnung auffhören, vnd wider mit dem appellieren, wie von alter gehalten werden soll.

Vnd wann wir oder vnser nachkommen, vnser hoffhaltung künfftiglich wider von Mergenthen werden verrucken, alsdann lassen wir es in vnnd an obgemelten vnsern vnd vnsers ordens Ampten vnd gerichten, mit dem appelliren aller ding pleyben wie recht, vnd in ordnung vnd gewonheits weiß, hieuor herkomen ist.

Mit vorbehaltung vns vnsern nachkommen vnd orden, dise vnsere ordnung yeder zeit nach gelegenheit vnd vnserm gutten willen vnd wolgefallen, zu ereleren, zu meren, zu mindern, oder gar abzuthun, Zu vrkunth mit vnserm Secret insigel besigelt, vnd geben zu Mergethen montags nach vnsers herrn fronleichnams tag, als man zalt nach Christi vnsers lieben herrn geburt, funfzehenhundert vnd im siben vnd dreissigsten Jare.

*   *   *

Bereits im ersten Theil Cap. 13. und dann auch im dritten Theil Cap. 1. dieser Selectorum findet man Nachricht, daß sich zum Abbruch der landesherrlichen Ober= und Gerichtbarkeiten von den Teutschordenshäusern eines vollkommenen und unabhängigen Gerichtszwangs über alle des Ordens Leute und Güther wolle berühmet werden. Es ist aber auch zugleich, und selbst aus dem zum Grund dienen sollenden teutschordischen Freiheits=

heitsbrief am lezten Ort gezeiget worden, daß derselbe nichts mehrers als eine Bestättigung des gerühmten unabhängigen Gerichtszwangs, so weit er redlich hergebracht, enthalte, und daß das kaiserliche Landgericht Burg-grafthums Nürnberg insbesondere gegen die teutschordische Anmaßungen mit einer cammergerichtlichen remiſſoria geschüzet seye. Alle diejenige Säze, welche an beeden angeführten Stellen sich befinden, bekommen kei-ne geringe Unterstüzung durch die hier abgedruckte teutschordische Appella-tionsordnung. Selbige schreibet sich her von Walthern von Cronenberg, dem ersten der Teutschmeister, welchem der Titul, Administrator des Hoch-meisterthums in Preußen, beygeleget worden. Die Veranlaßung darzu gab die neue Einrichtung, welche der Orden nach verlohrnem Preußen zu machen begehrte, und bey welcher die Ballen Franken, wie hier im vor-beygehen gedacht wird, das meiste an seinen Einkünften aufopfern muste, und auch wohl konnte, weilen ihr die Landesherren mehr, als anderwärts geschehen, geschenket hatten. Der neue Administrator des Hochmeister-thums blieb, als eigentlicher Landmeister in Teutschland, oder Teutschmei-ster in teutschen und welschen Landen, zu Mergentheim sizen, wo, seitdem der Orden den Ort von dem gräflichen Hauß Hohenlohe geschenkt bekom-men, die teutschen Landmeister oder Teutschmeister ihr Wesen zu haben ge-wohnt gewesen. Diese in Mergenthal oder Mergentheim eingerichtete Re-sidenz verursachte dann, daß der neue Administrator der vorhinnigen Ver-faßung allda Abbruch thun muste, um seiner neuen Canzley ein Geschäffte zu verschaffen.

Mergentheim war, wie gedacht, vorhin und ehe es an den Orden gekommen, dem gräflichen Hauß Hohenlohe zuständig. Graf Heinrich, oder wie er vor angenommenem Ordensgelübde geheißen, Graf Gottfried von Hohenlohe schenkte dem Orden, was er an Mergentheim hatte, und zwar mit verschiedenen Bedingnüßen, welche, weil die Urkunde der Schen-kung unter die Ordensheimlichkeiten gezehlet wird, noch nicht sämtlich be-kannt sind. Zum Theil stehen sie in der Preußischen Sammlung allerley ungedruckter Urkunden, Nachrichten und Abhandlungen, im zweiten Band, und deßen viertem Stuck Num. 13. dann in Hanßelmanns diplomatischem Beweiß der hohenlohischen Landshoheit pag. 246. und in des Würzburgi-schen Profeßors langen diſcurſu inaugurali de perſonarum tam impe-

impe-

imperantium quam parentium in imperio juribus, reſp. Hees, und der allorten mit den Bildnüßen ſämtlicher Hoch- und Teutſchmeiſter angedruckten ſuccincta equeſtris ordinis teutonici hiſtoria.　Daß die angezogene Schenkung des Graf Heinrichs blos dasjenige betroffen, was er würklich an Mergentheim beſeßen, erhellet unter andern daher, weilen erſt nachher der Zehenden zu Mergentheim an den Orden gekommen, weilen zugleich das Stifft Würzburg verſchiedene Güther allorten behalten, und weilen noch jezo Zoll und Glait allort dem hochfürſtlichen Hauß Brandenburg zuſtehet.

Gaylichsheim oder Gelchsheim war nach Mergentheim das zweite Amt, welches die vom Walter von Cronenberg beliebte Veränderung betroffen.　Von dieſem Gelchsheim handeln bereits etliche Urkunden, welche in dem erſten Theil und deſſen dreyzehenden Capitul dieſer Selectorum beygebracht worden.　Das Schloß mit den Untergerichten kam gegen das Ende des funfzehenden Jahrhunderts durch Kauf an den teutſchen Orden, und wurde zu dem teutſchen Hauß Mergentheim geſchlagen.　Im Grund ſtundt es unter Brandenburgiſcher Hoheit, und beſonders unter dem Gerichtszwang des Kaiſerlichen Landgerichts Burggrafthums Nürnberg, ſo wie Mergentheim, anlauts derjenigen Urkunden, welche des nächſten zum Vorſchein ſollen gebracht werden, und in welchen ſich die Teutſchmeiſter als des Marggräflichen Hauſes Brandenburg Angehörige dargeſtellet haben.

Nun ſagt Walter von Cronberg, in Mergentheim und Gelchsheim ſeyen Gerichte geweſen, von dieſen ſeye an die Commende zu Mergentheim, und dann an die Teutſchmeiſter appelliret worden.　Daß an beeden Orten Gerichte geweſen, iſt außer allen Zweifel.　Daß beede Orte aber die Gerichte nicht vom teutſchen Orden erhalten, ſondern vom Landesherrn, iſt gleichfalls nicht zu bezweifeln.　Daß von beeden Gerichten unterweilen an den Commthur zu Mergentheim appellirt worden, mag ſeyn; denn es thut nichts zur Sache, weil es willführlich geweſen.　Weilen der Teutſchmeiſter meiſtens zugleich Commthur in Mergentheim geweſen, ſo wird auch eben ſo oft der Teutſchmeiſter die Appellations-Inſtanz geweſen ſeyn.　An den Hochmeiſter oder an deßen Canzley aber ſind die appellationes niemalen gegangen.　Walter von Cronberg will es ſelbſt nicht angeben, und

was

was er angiebt, damit begehrt er auch den landesherrlichen Gerichten, und dem kaiferlichen Landgericht nicht Abbruch zu thun.

Nun redet Walter von Cronberg allein von den Gerichten zu Mergentheim und Geldsheim, und begehret den übrigen Gerichten, welche etwa bey den Teutfchordenshäußern feyn mögen, nicht das mindeſte von einer Appellationsordnung vorzuſchreiben.   An erſtbenannten beeden Orthen genüget es ihm, zum ſichern Kennzeichen, daß damahlen von keinen einigen Bauerngericht, das mit Teutfchordensleuthen beſetzt geweſen, an einen Teutfchmeiſter appellirt worden.   Dieſe ſämtliche Gerichte ſtehen unter dem Landsherrn, und annebſt im fränkiſchen Craiß unter dem kaiſerlichen Landgericht Burggrafthums Nürnberg.   Zum Beweiß dienet die oben bemerkte cammergerichtliche remiſſoria, und die Geldsheimer Schuzhaberſache, welche vor dem Hofgericht zu Onolzbach angebracht worden.

Weſſen ſich folglich die Teutfchordenscommenden heuth zu Tag berühmen, das hat in der eigentlichen Ordensverfaſſung keinen Grund, am allerwenigſten aber in dem Teutfchordensprivilegio, da dieſes keinem Gericht an ſeinem hergebrachten Gerichtszwang Abbruch zu thun begehret. Soll dieſes privilegium nun anſchlagen, ſo muß der teutfche Orden nach den allgemeinen Rechten und beſonders nach der Reichshofrathsordnung beweiſen, daß die landesherrliche Obergerichte oder die Landgerichte keinen Gerichtszwang hergebracht.   Dieſem Beweiß, wenn ſich auch jemahlen der teutfche Orden, ihn zu unternehmen, anmaßen ſolte, wird dann vorſtehende Appellationsordnung kräftigſt derogiren.   Eben dahero wird auch durch deren Mittheilung allen denen ſonder Zweifel ein nicht geringer Gefallen geſchehen, welchen hier und dar durch neue Privilegien widrige Anmaßungen etwa Abbruch geſchehen will.

Das

Das achte Capitul.

Vom Nürnberger Monopolien-Geiſt.

Bey dieſem ſeit dem dreiſigjährigen Krieg ſich veroffenbahrenden des
Nürnberger Monopolien-Geiſt wird gar wohl in Betrachtung gezogen werden dürffen, was dort der bekannte Seneca in ſeiner acht und vierzigſten
Epiſtel mit nachfolgenden Worten angibet: Non poteſt quisquam
beate degere, qui ſe tantum intuetur, qui omnia ad utilita-
tes ſuas convertit; alteri vivas oportet, ſi vis tibi vivere;
haec ſocietas diligenter et ſanƈte obſervanda eſt, quae nos
omnes omnibus miſcet, et iudicat, aliquod eſſe commune jus
generis humani.

Seit dem dreiſigjährigen Krieg beeiſert man ſich in Nürnberg, dieſer
vernünftigen Regul entgegen zu handeln.   Den Nachbarn will man nichts
gönnen; vielmehr will man alles hindern, was nur immer den benachbarten fürſtlichen Landen zur Fürderung ihrer Nahrung auf irgend eine Art
dienen kann.   Die im ſechſten Capitul bemerkte Getraidtſperr hat davon
keine geringe Probe an Handen gegeben.   Die Stadt Nürnberg hat nemlich behauptet, alle angränzende Lande müſten ihren geringen Vorrath, wenn
ſie deſſen ſchon noch ſo nothwendig bedürftig wären, nach Nürnberg fahren
laſſen, und ſich mit Abgab der Kleyen erſättigen, weilen doch aus ſolcher noch vier Mezen Mehl aufs Simra zu erlangen ſtündten.   Wie
weit man mit dergleichen Anſtalten und Begünſtigungen gekommen, bezeuget der Augenſchein.   Man hat andern Gruben gegraben, und iſt ſelbſt in
ſolchen verſunken.   Die commercia der Stadt Nürnberg ſind gefallen,
ſo bald man den Nachbarn nichts mehr zu gönnen angefangen, und alles
vor ſich zu behalten begehret, wider den Gebrauch derer, welche den Nürnberger Handelſtandt gegründet.

Etliche wenige Beyſpiele werden genug ſeyn, den angemaſten Nürnberger Monopolien-Geiſt zu bezeugen.   Bey Straf der Confiſcation
darf kein Nürnberger Kaufmann Nägel, die in den benachbarten Landen
geſchmiedet worden, erhandeln und verſchicken.   Kein Gürtler, kein
Strumpf-

Strumpfwürker, kein Drechßler, oder sonstiger Handwerker darf seine
Arbeit nach Nürnberg zur spedition an Kaufleute, auf die Post oder
an Fuhrleute bringen, wenn er nicht Gefahr laufen will, daß man ihm
sein Eigenthum confisciret.   Diejenigen, welche auf dem Nürnberger
Viehmärkten Vieh erkaufen, dürfen solches innerhalb zehen Stunden um
Nürnberg her nicht wieder verkauffen, wollen sie anderst auf Betretten nicht
in die Eisen geschlagen, und ohne Gnad empfindlich gestrafet werden. So
darf auch kein Müller in Nürnberg Mehl verkaufen, er habe dann vorher
das Getraidt, aus dem das Mehl gemahlen worden, in Nürnberg erkauft.
Den Buchdruckern in Schwobach und Roth, ohngeachtet sie von ihrer gnädigsten Landesherrschaft privilegiert, hat man mehrmahlen, was sie an die
Buchhändler nach Nürnberg verschicket, weggenommen, und den Buch-
händlern angemuthet, nichts außer Nürnberg drucken zu lassen.   Man ist
im Stande, mehrere dergleichen Thathandlungen anzuzeigen, mit welchen
der Nürnberger Stadtrath alle Commercien in dem fränkischen Craiß zu
hemmen, und sich allein zuzueignen begehret.   Viele derselben sind bereits
bey Gelegenheit der Nürnberger Zollproceße am kaiserlichen und des Reichs-
Cammergericht angezeigt worden.   Unter solchen befinden sich auch die Klagen der Schwobacher Tuchmacherey, welche Bezeug der vom Kaiser Ma-
ximilian dem ersten der Wiener Burgerschaft ertheilten Privilegien bereits
über dreyhundert Jahr floriret.   Ihrentwegen ist bereits im Jahr eine besondere Nota auf zwey Bogen gedruckt, und in Wezlar bekannt gemacht
worden.   Billig begnüget man sich, solche hier einstweilen biß auf weitere
Ausführung einzuschalten.   Sie ist aber folgenden Anlauts.

Brandenburgische Tuchmacher-Handthierungs-Nothdurfft

gegen die Nürnbergische, allen Rechten, bevorab auch denen Kayserlichen Capitulationibus zuwiderlauffende Neuerungen:

Ingleichen

Kurzer Anhang,

Welcher Gestalt die berührte Nothdurfft auch vor die Gold-Schlager
und Borten-Machere in Schwobach, zuwiederholen.

Die Brandenburgische, bevorab auch in der Stadt Schwobach wohnende
Tuch-

Tuchmachere laſſen ihre, uff rechtmäßigſten Zweck abzielende, auch, ihrer ganzen Nahrung wegen, ſehr groſſe Angelegenheit folgender Geſtalt
gründlichſt vortragen: Die natürliche Freyheit, mit wollenem Tuch, Boy,
und Garn ehrliche Handthierung zutreiben, und keine unbillige Beſchwe-
rung dabey ausſtehen zudürffen, haben, eben auch zu Nürnberg, alle,
aus anderen Orten dorthin handelende Tuchmacher, ohne alle Umſchränckung ſolang völlig genoſſen, biß, im vorigen Seculö, eine Nürnbergl-
ſche ſogenannte Tuch-Haus-Ordnung eingeführet worden, welche die Tuchmacher, auſſer der Stadt, in diejenige, ſo inner- und in die andere, ſo
auſſerhalb 6. Meilen, um Nürnberg herum, wohnen, eingetheilet, und
jenen, mithin ſonderlich auch denen zu Schwobach, nach Abſtattung eines
geringen Quanti, nemlich Anfangs dreyer Pfennigen, und hernach eines Kreutzers vor Zoll von einem Stuck Tuch oder Boy, im übrigen die
gemeldte Freyheit durchgehends uneingeſchrencket gelaſſen: dieſen aber uff-
erleget hat, daß ſie ihre Tücher nicht in Privat-Häuſern, ſondern nur im
öffentlichen Tuch-Haus, verkäufflich hingeben dürffen, und dererſelben
gantze Stücke, wann an der Anzahl ihrer Ellen Zweifel vorgefallen, uff
Verlangen derer Kauf-Leute, ſtreichen laſſen müſſen, an Statt deſſen die
Schwobachiſche Tücher und Boyen von ihren Kaufferen würcklich gemeſ-
ſen und übrigens auch in gantzen Stücken verkaufft werden. Bey welchem, uff die angeführte Befrey- und Umſchränckung, unter denen, inn-
und auſſerhalb 6. Meilen wohnenden Tuchmacheren gemachten, auch A.
Chr. 1577. und 1650. der Tuch-Haus-Ordnung und ihrem öffentlich
angeſchlagenen, unter anderen, A. Chr. 1655. ſo wohl ſonſten von un-
zählich vielen Leuten, als auch vom damaligen Caſtnern zu Schwobach und
vieren dazugezogenen Zeugen geleſenen und hiebey abgeſchriebenen Exempla-
ri einverleibten Unterſchied es verblieben, biß erſt zwölff Jahre nach dem dreyſ-
ſigjährigen Krieg eine vermeinte neue Tuch-Haus-Ordnung auch die berührte
nähere Tuchmachere ebenmäſſig auf das Tuch-Haus zu weiſen: ingleichen,
über diejenige drey Kreutzer, ſo uff jedes Stuck in berührten 1650ten
Jahre neuerlich geſetzet worden, weiter von 16. Stücken 15. Kreutzer,
und von 8. Stücken 8. Kreutzer, vor Stand-Geld, abzufordern angefangen; nachgehends aber, vom 1662ten Jahre her, je länger je mehrere Beſchwerungen, zufördert eben denen gemeldten näheren, ſonderlich

zu Schwobach wohnenden Tuchmacheren ihre Handthierungen unterzudru-
cken, neuerlich aufgekommen, welche den Zwang auf das Tuch-Haus,
und zwar ſowohl alles Garn, als auch alles Tuch und Boy, nur allort
allein zuverkauffen, bißhero je länger je härter beharret; item die Impoſten vor jedes Stück Tuch und Boy, nicht einmal bey der Neuerung
derer erwehnten 3. Kreutzer gelaſſen, ſondern bald 4. Kreutzer daraus gemachet, ja hernach (A. 1670.) noch 6. andere Kreutzer dazu geſchlagen,
mithin alle Auflagen vor jedes Stück Tuch und Boy, mit Bey-Rechnung
deß älteſten Zoll-Kreutzers, insgeſamt auf eilf Kreutzer, anmaßlich ge-
ſteigert; item jedem Stücke Tuch und Boy eine gewiſſe Ellen-Anzahl,
bey Straffe der Hinwegnehmung deſſen, was ſich darüber befindet, eigenthätig vorgeſchrieben; item vor ſothane, ſonderlich auch Schwobachiſche
Tuchmacher-Handlung nur drey Tage wöchentlich und an jedem nur 2.
Stunden beſtimmet; item einen abſonderlichen Arlaß-Garn-Zoll, mit
einem Kreutzer uff jedes Pfund, über den Kreutzer vor jedes Päcklein, eigenmächtig aufgebracht; item auch alles ſothanes Garn auf dem Tuch-
Haus und in der berührten wenigen Tag- und Stunden-Zeit zuverkauffen,
vermeintlich angeordnet.   Welche Puncten ferner noch darzu mit dieſen
Umſtänden umgeben ſind: Gefärbte Waare dürffen die gemeldte, ſonderlich auch die Schwobachiſche Tuchmachere nicht verkauffen: ungefärbte aber
zu kauffen, kommet kein Bauer auf das Tuch-Haus, wohin ſich auch die
Kauff-Leute darum nicht begeben, weil daſſelbe erſt um 8. Uhr aufgema-
chet- um 10. Uhr aber wiederum zugeſperret wird, und ſie um ſolche Zeit
mit dem Bauers-Volcke, ſo zu Marcke kommet, umzugehen pflegen, und
noch dazu die Nürnbergiſche Tuchmachere ihre Waaren des Abends vorhero
denen Kauff-Leuten in die Häuſer zubringen wiſſen: dannenhero hingegen
denen Brandenburgiſchen, ſonderlich auch Schwobachiſchen, und anderen
dergleichen, anbey doch, das Aeuſſerſte uff ehrliche Nahrungs-Mittel zu
verſuchen, mit ſchweren Koſten nach Nürnberg ihre Waaren bringenden
und reiſenden Tuchmacheren die freye Handlung faſt gäntzlich entzogen: inzwiſchen aber der erwehnte übermäſſige Zoll von ihnen gleichwohl erpreſſet:
nicht weniger durch die angemaßte Vorſchreibung der Ellen-Anzahl, indem nicht allein ſolche, der Tuchmacheren-Beſchaffenheit nach, niemand
allezeit gewiß treffen kan, und darüber unterſchiedlichen Meiſteren ziemliche

Trümmer, zu ihrer grossen Einbus, unausbittlich hinweggenommen worden, sondern auch das Aufreissen und Nachmessen derer Tücher und Boyen
die Ungelegenheit, daß sie aus der Falten- und Zusammenlegungs-Ord-
nung kommen und zum Verkauff unansehnlicher werden, nach sich ziehet,
eine grosse Ueberlast angethan: anbey mit deme, daß gemeldte Tuchmacher
an die wöchentliche drey Tag und bey jedem nur an zwey Stunden und an
das Tuch-Haus gebunden seyn sollen, alle Gelegenheit, zu anderer Zeit
und anderer Orten ihrer ehrlichen Nahrung nachzugehen, aus denen Händen gerissen: übrigens mit dem Arlaß-Garn-Zoll noch uff eine sonderbare
Art unbillig verfahren wird: Allermassen es zwar, dem neuerlichen Nürnbergischen eigenen, im 1662ten Jahr erfolgten Tuch-Haus-Ordnungs-
Anhang nach, den Namen haben soll, als ob am Zoll vor jedes Pfund Arlaß-
Garn der Verkauffer nur 2. Pfennig geben dürffe, und die übrige 2. Pfennig
der Kauffer entrichten müsse; hingegen als ein und andere Schwobachische
Tuchmachere e. g. vor 16. Pfund Arlaß-Garn 10. Kreutzer gegeben hatten,
sind, unter der Meldung, daß jeder 16. Kreutzer hätte geben sollen, einem jeden
alle 16. Pfund, und darunter vor 40. fl. Garn uff ein Mahl, vermeintlich
confisciret worden: welche, vor jedes Pfund einen Kreutzer vom Kauffer allein anmaßlich behauptende Praxis annoch), dem erwehnten ausdrücklichen
Nürnbergischen eigenen Anhang Schnurstracks zuwider, unabläßig im
Schwange gehet, obgleich noch dazu Burgermeister und Rath zu Nürnberg,
sub Secretô suô, A. 1662. d. 27. Junii, an die Beamte- und Se-
natum zu Schwobach, gar folgende Wort von sich geschrieben: Daß sich
ja niemand beschweren- oder vermeinen mög, ob wär es um ein geringes
Gefäll zuthun, haben wir es dahin gemittelt, daß von jedem Pfund Garn
mehr nicht dann zween Pfenning, daran die Helfft, nemlich 1. Pf. von
dem Verkauffer, die andere Helfft aber, als auch 1. Pf., durch den Kauffer, bezahlt und entrichtet werden sollen. Nicht weniger ist die Nürnbergische Praxis so gar arg, daß in allen Fällen, wo es, im gantzen Brandenburg-Onolzbachischen Fürstenthum, und allen desselben, zum Theil
zehen und mehrere Meilen von Nürnberg liegenden Städten und anderen
Orten, Nürnbergischen Leuten, bey Handlungen und Gewerben, nicht
nach ihrem Willen gehet, die Schwobachische Tuchmachere alsobald zu
Nürnberg davor herhalten müssen, indem man darüber alldort ihnen ihre

Waa,

Waaren geschwind mit Arresten beleget und andere Drangsal anthut, wie sich bey diesen Begebenheiten ausgewiesen, da e. g. zu Ereglingen ein Nürnbergischer Burger und ein Jud über einen Wollen-Kauff in Streit gerathen und vor den Juden der Spruch ergangen: item da die Nürnberg- und Schwobachische Leinenwebere in Handwercks-Sachen miteinander irrig worden: Et c. & c. Was aber zu allen diesen Nürnbergischen Unternehmungen alle tùm Naturalia, tùm Gentium, tùm Civilia, hæcque etiam totius Germaniæ publica Jura sagen, solches geben Sie unaufhörlich also zuvernehmen: Natura Homines producit multorum indigos. Inopiæ Levamenta sunt in commerciorum Libertate. At ipsa Indigentia Jus dat ad Artes, Modos, Vias, Media, quibus necessaria sunt paranda. Quibus prohibitionem, Impedimentum, restrictionem opponere, Juri Naturæ est contrarium. Ideò damnanda sunt Artium, Mercimonii vel Opificiorum ad victum quærendum tendentium Interdicta: Vid. D. Mev. de Jur. Nat. & Gent. Inspect. IV. §. XXIX. Gentium Jurisprudentia constituit, ut Commercia essent libera, tuta, commoda, nec prohibendi, onerandi, aut ab iis excludendi, nisi ex causa per Naturæ Jus probabili, (welche, wie die genuina ipsius naturalis Legis Principia mit sich bringen, einen solchen gemeinen Nutzen, der, soweit immer möglich ist, auf das gesamte menschliche Geschlecht sich erstrecke, zum Grunde haben soll und muß,) Facultas: Vid. id. Mev. d. l. Inspect. V. §. XLIII. §. 2. Commercia citra sonticam causam, (uff welche die nächstvorherige, vom gemeinen deß gesammten menschlichen Geschlechts Nutzen gethane Erinnerung wiederholet seyn will,) cum vicinis prohibere fas non est, aliàs pœnalibus Imper. Cameræ Decretis locus sit &c. Vid. Hert. de Superiorit. Territ. §. 13. pr. Denen unmittelbaren Reichs-Städten ist zwar auf ihre angehörige Bürgerschafften, (nicht aber auf die Schwobachische und andere Brandenburgische Tuchmachere dem Rath zu Nürnberg,) wegen der Consumtionen, (und demnach nicht in terminis hujusmodi Querelarum, wie die Schwobachische Tuchmachere fort und fort urgiren müssen,) lechtwas, ohne Berührung, Schaden, oder Nachtheil derer Fremden, (e. g. auch derer Tuchmachere zu Schwobach, &c.) auch ohne Præjudiz deſſen, ſo ſie vor den Kriegs-Jahren in rechtmäßiger Ubung und Herbringen geweſen, (welche Beſchaffenheit von denen Nürnbergiſchen, erſt zwölf, vierzehen und mehrere Jahre nach ſothanen Kriegs-Zeiten auf die Bahn gekommenen, Tuch-Haus-Impoſten ſehr weit entfernet iſt,) zuſchlagen unbenommen: dieweil aber unterſchiedliche unmittelbare Reichs-ſowohl als andere Mediat-Städte (zumal aber auch der Rath zu Nürnberg,) ſich eine Zeit hero ganz neuerlich unternommen, und noch de Facto, auch durch Arreſten, und andere im H. Reich verbotene eigengewaltige Zwangs-Mittel, (dergleichen zu Nürnberg denen Tuchmacheren von Schwobach viele begegnet ſind, und noch immer begegnen,) unterſtehen, unter ihren Thoren, oder ſonſten anderer Orten inn und vor denen Städten, die ein-aus-und durchgehende Waaren mit gewiſſen Aufſchlägen, unter dem Namen Accis, Stand-Marck-Recht-Weg-Kauf-Haus-Renten-und Pflaſter-Gelder, und andern dergleichen Impoſten; zube-ſchweren, ſolches alles aber in dem Effect und Nachfolge für nichts anderes als einen neuen Zoll, ja offtmals weit höher zuhalten, und denen benachbarten Chur-Fürſten und Ständen, deren Landen, Leuten und Unterthanen, auch dem gemeinen Kauf-und Handelsmann, (und in Sonderheit denen Tuchmacheren zu Schwobach,) zu nicht geringem Schaden und Ungelegenheit gereichig, auch der Freyheit derer Commerciorum deß Handels und Wandels gerad und Schnurſtracks zuwider iſt: So ſollen ſolche unzuläßige Beſchwerungen ohne Verzug abgeſtellet und aufgehoben, auch gegen die Ubertrettere gebührenden Ernſts Einſehen gethan werden, und dabeneben einem jeden Chur-Fürſten, Fürſten und Stand erlaubt ſeyn, Sich und die Seinige ſolcher Beſchwerden Selbſt, ſo gut er kan, zuerledigen und zubefreyen: Vid. Capitulat. Auguſtiſſimi Leopoldi Art. 22. & Auguſtiſſimi Joſephi Art. 21. per tot. Habent autem Remedia vel ordinaria, vel extraordinaria, ſeu violenta. Poſſunt impetrare Mandata inhibitoria &c. Poſſunt uti retorſionis Jure, & gravare eum, à quô gravantur: Poſſunt vim vi repellere, vel armatâ manu vim inferenti reſiſtere: Vid. Limnæ. ad Cap. Ferdin. III. Art. 20. §. antepen. Aus welchen Mitteln das Jus Retorſionis allbereit im vorigen Seculô, teſtantibus Hiſtoriis Brandenburgicis, einer Chur-Brandenburgiſchen

gischen Stadt wider ihre unbillige Adverſarios überaus wohl zu Statten
gekommen, mithin im Burggrafthum Nürnberg denen Brandenburgiſchen
Burgeren und Unterthanen, und darunter denen Tuchmacheren zu Schwobach, auch noch wohl der Geſtalt zu Statten kommen kan, daß dasjenige, was denen erwehnten damaligen Adverſariis begegnet iſt, im Burggrafthum Nürnberg ipſis Norimbergenſibus endlich ebenmäßig begegnen, und jene berührter Hiſtoriarum, von beſagten anderwertigen Wi-
derſacheren redende Worte ſo zuappliciren ſeyn mögten: Erant ſuperio-
ribus annis. longè majora Norimbergæ Commercia, atque
hodiè ſunt. Norimbergenſes Aditum fermè omnem Suoba-
cenſibus & aliis Brandenburgicis Subditis intercludebant.
Jactata hæc Controverſia in multos Annos iisdem Suobacen-
ſibus & Conſortibus plurimum incommodavit: Qui tandem
obtinuerunt, ut Norimbergenſibus in univerſis Brandenburgicis Territoriis negotiandi Facultas atque libertas omnis
præcideretur, non ſine eorundem Norimbergenſium gravi
Jacturâ. Aller Maſſen man Brandenburgiſcher Seiten, inprimis
etiam idem Retorſionis Jus hierunter zuergreiffen, Sich wiederum
enixiſſimè reſerviret, und alhier noch dieſe Erinnerungen beyſetzet:
Die Nürnbergiſche eigene, A. 1660. renovirte Tuch-Haus-Ordnung
agnoſciret ſelbſt ausdrücklich, ſie ſey ſchuldig ihren Innhalt der Geſtalt
einzurichten, daß ſowohl Fremde als Einheimiſche mit und neben einander
bleiben können: dannenhero muß ſothane Schuldigkeit um ſoviel deſto
mehr im Wercke ſelbſten beobachtet werden: Unterdeſſen ſind hergegen die Nürnbergiſche, eben notirte Iniquitäten noch dazu bey unterſchiedlichen Puncten, e. g., da ein jedes Stück Tuch und Boy
auf eine gewiſſe Ellen-Anzahl, bey Verluſt deß Uberſchuſſes, ſich
erſtrecken: item da man die Schwobachiſche Tücher, Boy und Garn nicht
an einem jeden, ſondern wöchentlich nur an dreyen gewiſſen Tägen, auch
nirgend, als auf dem Tuch-Haus, kauffen dürffen ſoll, ꝛc. würcklich ſo-
gar arg beſchaffen, daß ſie ſowohl keinen Nürnbergiſchen publicis Redi-
tibus, als auch keinem Theil deret mitelnander handelenden Leut einigen
Nutzen bringen, nur aber die Schwobachiſche und andere Brandenburgiſche Tuchmacher in Schaden ſetzen, ja ihnen ihre ehrliche und dabey vorhin

ſauere

faure Nahrung faſt völlig entziehen, mithin, juxta hanc omninò fundatam doctrinam: Peccatum mortale eſt, pauperi illud mo-
dicum, quod habet, auferre, perindè ac ſi eriperentur ipſi
oculi; & qui id facit, dicitur homo Sanguinis: Syrac. XXXIV,
25. Quia ſcil. res dicitur Sanguis, utpotè corporis labore
parta, durch ſaur Schweiß und Blut: D. Gryphiand. I. Oecon.
legal. 8. n. 36. mortalium peccatorum ſich theilhafftig machen; anbey im übrigen datum, weil ſie, außer dem (hic & nunc ſo zureden)
ordinariô, nur an Extra-Ordinar-Zöllen vor jedes Stück Tuch,
oder Boy, 10. Kreutzer, und vor jeden Centner Arlaß-Garns 100. Kr.
beharrlich erpreſſen, dieſe Nürnbergiſche extremam Hypocriſin, welche, bey dem Toback-Zoll, an Brandenburg nur etliche wenige, ja gar
nur einen Kreutzer, (an Nürnberg aber keine gantze Gülden,) vor einen
Centner Tobacks, der doch einen ſolchen Favorem, wie Boy, Tuch und
Arlaß-Garn, keines weges meritiret, allerdings improbiren und un-
beſchreiblich groſſe Unverantwortlichkeiten daraus machen will, ingleichen
nur die Brandenburg-keines weges aber die Nürnbergiſche Quanta Quæ-
ſtionis über den dreyſig-jährigen Krieg, höchſt unthulich, hinaufzuwel-
ſen vermeinet, abermals an den hellen Tage legende. Solchem allem nach,
und dieweil auch, ebenmäßig vermög der Kaiſerlichen Capitulation, der
Kaiſerliche Fiſcal gegen die angeführte unverantwortliche Attentata verfahren ſoll, hat man Brandenburgiſcher Seiten um ſoviel deſtomehr ſich
deſſen, worum man auch Auguſtiſſimam Juſtitiam Cameralem,
eben bey dem Brandenburgiſchen, überaus Sonnen-klar und reichlich ge-
gründeteſten Conventions-Proceſs, je länger je inſtändiger und ange-
legentlichſter bittet, unfehlbarlichſt zuverſichern, daß nemlich die Schwa-
bach-und andere Brandenburgiſche Tuchmachere und dererſelben ehrliche
in Verkauffungen derer wollenen Tücher, Boy, und Arlaß-Garns beſte-
hende Handthierung wiederum in ihre uralte völlige Freyheit werden geſetzet: hergegen alle, ſelbiger zuwider, aufgebrachte unzuläßige Beſchweru-
gen deß Zwangs auf das Tuch-Haus, der Bindung an wöchentliche drey
Tage, und bey jedem nur an zwey Stunden, der Vorſchreibung gewiſſer
Ellen-Anzahl, und derer neuerlichen, auch übermäßigen Zoll und dergleichen Impoſten, ohne längern Verzug, abgeſtellet und aufgehoben, auch
                                                                    gegen

gegen die Ubertrettere, namentlich gegen den Rath zu Nürnberg, gebüh=
renden Ernsts Einsehen gethan werden, wie hierauf die bekannte eidliche
Versprechung der offtallerhöchstgedachten Kaiserlichen eigenen Capitulation ausdrücklich und auf das allerangelegentlichste einverleibet worden.

Kurtzer Anhang:

Eben dergleichen Nothdurfft ist auch vor andere Burgere zu Schwo=
bach enixissimè darum zuurgiren, weil unter ihnen e. g. die Goldschla=
gere von ihrer Arbeit in Nürnberg, vorhandenen Verboths wegen, gar
nichts verkauffen: die Bortenmacher aber ihre Failschafften nur an Dienst=
und Frey=Tägen hinein bringen: auch nirgend, als uff der grossen Waag
verhandeln dürffen, und von jeden 10. fl. ihrer Waaren 6. Kreutzer erle=
gen müssen: vor dem dreyßigjährigen Krieg aber ihre völlige Handlungs=
Freyheit, ohne alle Beschwerung, allda genossen haben.

Das

Das neunte Capitul.

Von der Mändelischen Stifftung.

Nach alter Einrichtung der Gerichte hat man Stifftungen gerichtlich bestättigen laßen. Heut zu Tag läßt man auch Stifftungen und Testamente gerichtlich insinuiren. Dieses nennet man insgemein actus voluntariae jurisdictionis, und behauptet, gar niemand habe darbey etwas zu reden oder einzuwenden. Das gehöret aber offenbar unter die Mißbräuche der heutigen Gerichtsverfaßung, wenn man schon mit dieser Anmerkung niemand zu nahe getretten haben will. Die alte teutsche Gerichtsverfaßung hat hierunter eine ganz andere Gestalt gehabt. Nach solcher geschahe die Uebergab bey Gericht nicht blos solennitatis causa, wie heut zu Tag. Mit der alten gerichtlichen Uebergab war ein mehreres verbunden. Heut zu Tag gehet es uns Teutschen hierunter, wie ehedem den Römern mit der testamenti factione. Anfangs geschahe sie in den comitiis, nachher mit etwelchen solennitaeten. Letztere konnten auf verschiedene Art angefochten werden. Was aber in comitiis geschehen, hatte allezeit Bestandt. Die nemliche Krafft hatte ehedem die teutsche Uebergab der Stifftungen und Testamente. Es war nemlich mit selbiger, wenn man sich so ausdrucken darf, eine aliqualis causae cognitio verknüpft. Sogar erfolgte darbey sehr oft eine Anleit, auch eine symbolische Uebergab des Eigenthums. Von dem allen kann anliegende Urkunde etwa eine Probe abgeben. Sie enthält nemlich

Herrn Johann Mändel, Vicarier St. Jörgen Altars der Pfarrkirche zu Onolzbach, etwa Pfarrherr daselbsten, von Kayserl. Landgericht, Burggrafthums Nürnberg, confirmirter Stifftungs-Brieff. de Anno 1532.

Ich Wilhelm von Wießenthau, Ritter, Landrichter des Kayserl. Landgerichts deß Burggrafthums zu Nürnberg, thue kund mit dießem ofenen Brieff, gegen allermänniglich, daß hievor für mich im Gericht kommen

und

vnd erschienen ist, der Würdig Herr Johann Mändlein, Vicarier St. Jörgen Altar in der Pfarrkirchen hie zu Onolzbach, vnd hat ihme durch sein zu recht erlaubten, vnd angedingten Fürsprechen, fürbringen laßen, nachdeme er dem allmächtigen Gott zu Lob vnd zu Trost, vnd zu Erhaltung armer elender Leuth, ein Stifftung von seinen aigenen Güthern aufgerichtet vnd in Schrifften verfaßet hab, wie sich dann in einer schrifftl. Copey, welche Er hiemit einlege, von Wortt zu Wortt finden wird, welche Stifftung auch die erbaren vnd weißen Burger-Meister vnd Rath hie zu Onolzbach, in Crafft einer Schrifft, die er hiemit auch eingelegt, angenommen, wiewohl sich in dießen Handel etlich Irrung begeben wollen, also, daß etliche Persohnen, nit wollen bewilligen in dieselbe vffgerichte Stifftung, demnach bitt Er Herr Hannß Mändlein, zu mehrerer Beckrifftigung seiner Stifftung, solch sein schrifftlich Einlag, Bewilligung vnd Stifftung armen elenden Leuthen zu guth geschehen, von wegen diß, laut erstlich, die eingelegte Ordnung vnd Stifftung Herrn Hannß Mändleins ihres Innhalts von Wortt zu Wortt, wie hernach folget, als:

Ich Johann Mändel, Vicarier St. Jörgen Altars der Pfarrckirchen zu Onolzbach, etwa Pfarrherr daselbst, beckenn vnnd thue kund offentlich mit dießem Brieff, für mich vnd meine Erben vnd Testamentarien, daß ich aus christl. vnd guten bewegenden Vrsachen vnd zuvorderst Gott, dem Allmächtigen zu Lob vnd Danck, auch zu Trost vnd Erhaltung frommen christlichen Hauß-Armen Menschen, eine ewige Stifftung, ins Allmoßen geordnet, gemacht vnd gewidmet, auch zu solcher Stifftung, wie hernach folgt, gemelte Stück vnd Güter, Zinnß vnd Gült übergeben, veraignet vnd vermacht hab, wiedem, stifft, verordne, vbergib vnd vermach auch jezo mit freyen guthen Willen, wohlbedachten Sinn vnd Muth, rechter guther Vernunfft vnd Vorbetrachtung, auch mit sonder Verwilligung meiner freundlichen lieben Brüdern, Jörgen, Hannßen, vnd Marpen der Mändlein in der allerbesten vnd beständigsten Form, Weis, Maas vnd Ordnung, wie das, in Crafft einer Stifftung, Donation vnd Vbergab, vnter den Lebendigen, jezo vnd hinführo ewiglichen vor allen vnd iglichen Geistlichen vnd Weltlichen Leuten, Richtern vnd Gerichten, von Rechts- vnd Gewohnheit wegen, am allercrefftigsten vnd beständigsten geschehen, Crafft, Macht, Fug

vnd Bestand hat, haben soll, kan oder mag, daß bey gemeiner Statt
hier zu Onolzbach, von den hernachbestimmten, mein aigenen Stücken vnd
Güthern, auch Zinnßen vnd Güthern, hinführo in Ewigkeit ein Allmoßen
vnd Gottes-Gab, nemlich fünf Schißel, fünff frommen Haußarmen Menschen, Manns- oder Weibs-Persohnen jungen oder alten, die sich ihre
Tag eines erbarn, christlichen guthen Wandels vnd Lebens gefließen haben,
jeglichen wochentlich ein Schißel, an einen offentlichen Ort darzu erwehlt,
soll gereicht vnd gegeben werden, in aller Mas vnd Gestallt, wie Weil.
der Ehrwürdig vnd hochgelehrt Herr Matthias Rehen Doctor vnd Pre-
diger selbige in St. Gumbrechts Stifft allhie, seine drey Schißeln geordnet, vnd gestifftet hat, derselben Schißel soll ein jeglicher haben, nemlich
vor sieben Pfenning Brod, drey Pfund Fleisch vnd ein halb Pfund Butter außerhalb der Fasten, aber in der Fasten, nachdem das Fleisch abge-
het, soll der Butter auf die Fünff Schißeln, fünff Pfund seyn, vnd alle
Wochen auf eine jede Schißel vor die drey Pfund Fleisch, vier Höring vnd
dazu inner- oder außerhalb der Fasten, auf eine jede Schißel zwey Mas
Erbeß, Gersten oder Linßen vngefährlich abgewechßelt, solch obbemelte
fünff Schißeln mit dem vermelten Allmoßen dazugehörig, sollen den erbarn
vnd weißen BurgerMeistern vnd Rath, der Statt hier zu Onolzbach vnd
ihren Nachkommen zu verleihen zustehen vnd sollen derselben Schißeln allweg, zwo ohn alle Mittel zweien Persohnen, meines Geschlechts, oder
Freundschaffts oder ihren Kindern, die zur Lernung, täglich studieren oder
Handwerck lernen wollten, oder sonst nothdürfftig seyn würden, es wären
Innwohner dießer Statt oder Ausländer, so vor anders gemercket vnd ge-
spührt, daß solches ein Nothdurfft vnd an ihnen wohl angelegt sey, geliehen vnd gegeben werden, so lang nit ärmere auß der genannten Freundschafft vorhanden seyn vnd die andere drey Schißeln, allweg dreyen
Burgern zu Onolzbach folgen, es sollen vnd mögen auch gedachte
Burger Meistere vnd Rath vnd ihre Nachkommen, als Lehen Herren, diß Allmoßen der gemelten Schißeln eines oder mehr halbieren
vnd theilen nach ihren Rath vnd Guthbeduncken, wie es die Gelegenheit
der Zeit vnd Persohnen jedesmals erfordern wird, sie sollen auch jedes
Jahrs, einen des Raths erwählen vnd verordnen, der solch Allmoßen
treulich vnd fleißig ausgeben vnd darumb alle Jahr gebürliche Rechnung thun, dem soll auch für seine Mühe vnd Arbeit, jedes Jahrs

Fünff

Fünff Gulden rheinl. gegeben werden, vnd so der Persohnen eine oder
mehr, die also mit ganzen oder mit halben Schißeln belehnet weren,
sich vnerberlich hielten oder mit Zufällen der Nahrung versehen würden,
mit Erbfall oder mit andere Weiß, dieselben Schißeln mögen die obge‐
nannte Burger Meister vnd Rath als Lehen Herrn wieder zu sich nehmen,
vnd andern frommen erbarn Menschen leihen, wie obstehet, es soll auch
ein jede Persohn, den man eine ganze oder halbe Schißel leihet vnd gibt,
sich eines erbarn vnd gottsförchtigen Wandels vnd Lebens halten, Gott
dem Allmächtigen, von dem sie solch Almosen haben, danckbar seyn, ih‐
ne herzlich anruffen vnd bitten, vm gemeiner Christenheit Anliegen vnd
Nothdurfft, auch alles anders darumb seine Göttl. Allmächtigckeit gebetten
seyn will, wie dann ein iegliches sein Gewißen vnd Andacht lernen vnd er‐
mahnen wird, so sind diß nachfolgende die Stück vnd Güther dießer Stiff‐
tung, nemlichen ein Tagwerck Wießmath, die Rohrwießen genannt, bey
Wallers Dorff, die jezo Bestandweiß besizt vnd geneußt, Leonhard Brand
daselbst vnd jährl. gibt Achtzehen Pfund, ist erkaufft, von Balthaßar
Weiglein, ein Tagwerck Wießmath in der Stöcka, zwischen Neustetten
vnd Aurach, gibt jährl. Acht Pfund, erkaufft, von Hannßen Beybele,
zu Aurach, item anderthalb Tagwerck Wißmath in der Stättenau oder
Neunstätten gelegen, vnd ein Tagwerck wechßelt sich mit einem andern
Tagwerck an der Aurach gelegen, besizt Hannß Baybel zu Aurach, gibt
jährlich 15. Pfund erkaufft von Christoph Kreßen, zu Dietenbronn, item
4. Tagwerck Wießmath bey Leütershaußen in Biegelberger marckung in
Wießeckern gelegen, besizt Hannß Veit zu Leütershaußen, gibt jährlich
Vier Gulden, aber nach seinem Tod mag sie höher verliehen werden, er‐
laufft von Carl von Heßberg, item neun zehen Morgen hart‐ oder Reut
Aecker hinter der Feuchtlach, ausgetheilet, erkaufft von Hannßen vnd Jo‐
hannes Weihel, Hannß Halbmeier besizt Acht Morgen zu Mainhardswin‐
den vnd gibt jährl. davon vier Mezen Korns: vnd Vier Mezen Habern
Onolzbachl. Mees, Michel Rohe daselbst, besizt Vier Morgen, gibt jähr‐
lich zween Mezen Korns vnd zween Mezen Habers: vnd zwanzig Pfen‐
ning, Hannß Dillhopff daselbst, besizt drey Morgen, gibt jährl. ein Me‐
zen Korns ein Mezen Haberns; Item! Sebastian Meyer zu Seebronn be‐
sizt zween Morgen, gelegen an der Straß, bey Kurzen Dorff, gibt jährl.

ein

ein Mezen Korn ein Mezen Habern vnd zehen Pfenning, item genannter
Sebastian Meier besizt auch zween Morgen gegen Seebronn gelegen, vnd
gibt jährl. ein Herrlber Seidlein vnd fünff Heller, aber, die andern obgenannten Reitdcker, geben alle Onolzbacher Meeß, wie oben angezeigt. Item! den Zehenden zu Röttenbach vnd Höffen in der Prünst samt
einem Wießlein, hat Andreas Kolb zu Röttenbach gibt jährlich Fünff
Gulden ein Ort, sambt einen Keeß eines Pfunds werth, erkaufft von Hanß
Wilhelmen zu Weinberg, item! ein zehenden zu Lemleckeruth, zwischen Claff-
heim vnd Deßmannsdorff, trägt jährlich bey Sechs oder Acht vnd zwanzig
Mezens Korns vnd Haberus, Onolzbl. Meeß, davon gebühren jährlich
einem Pfarrer zu Onolzbach zween Mezen Korns vnd zween Mezen Ha-
berns, erckaufft vom Seßler zu Cammerforst vnd dann Fünff vnd zwanzig
Gulden jährlich erkaufts Zinuß umb Fünff hundert Gulden, von dem
Ehrwürdigen hochgelehrten Herrn Wilhelm Fencken, der Arzney Doctor
auf Eschenbach vnd Engershoff, bey Thurwang gelegen, solche 25. fl.
Zinuß, genannter Herr Wilhelm Fenck, Doctor schuldig ist, hieher gen
Onolzbach auf jeden Allerheiligen Tag zu antworten vnd zu bezalen, jedoch,
so mögen solch Finff vnd zwanzig Gulden, wiederumb mit Fünff hundert
Gulden abgelöst werden, laut Brifflicher Urckund, der Datum stehet
Freitags nach Simonis vnd Judæ nach Christi Geburt Funffzehen hundert
vnd im sieben vnd zwanzigsten Jahr, welche jezgemelte Verschreibung ich
obgemelter Johann Mändlein, den offtgedachten Burger Meistern vnd Rath
zu Onolzbach neben andern Brieffen auch zugestellt vnd vbergeben hat, vnd
will auch, daß ihnen vnd ihren Nachckommen, obgedachter Herr Wilhelm
Fenck, Doctor vnd seine Erben, hinführo mit Hauptsumma vnd Zinuß
getwärttig vnd pflichtig seyn sollen, ohn alle Auszüge, Widerrede vnd Behelff, in allermaßen, als ob solches in der berührten Verschreibung, mit
nemlichen Wortten, gesezt vnd ausgetruckt wäre, solche obgeschriebene
Stück und Güter auch Zinuß vnd Gült, alle vnd jegliche mit ihren Zu-
vnd Eingehörungen, Herrlichckeiten, Gerechtigckeiten, Fällen, Nuzungen vnd allen andern nichts davon ausgenommen, wie ich obgenannter
Stiffter, dieselben sämtlich vnd sonderlich, als mein frey, ledig, lauter
aigen, daß anders wo vnverdaufft, vnversezt und vnverckummert ist, bisher inngehabt, genoßen, gebraucht vnd hergebracht hab ich mit samt allen

brieff-

briefflichen Vrkunden darüber den obgemelten Burger Meistern vnd Rath
der Statt Onolzbach vnd ihren Nachkommen, für mich, meine Erben vnd
Testamentarien, freiwilliglichen vbergeben vnd zugestellt vnd bin derselben gar vnd gänzlich abgetretten, hab mich auch daran, allen Recht vnd
Gerechtigkeit verziehen vnd begeben, vnd thue solch hiermit in Crafft dis
Brieffs, wie ich solches am rechtlichsten thun soll vnd mag, also, daß
vielgemelte Burger Meister vnd Rath vnd ihre Nachkommen, solch
alles hinführo, als ihr aigen Guth innhaben, nuzen nießen vnd gebrauchen, vnd dagegen die obgemelten Fünff Allmoßen Schißel alle Wochen
ohne Abgang ewiglichen geben vnd austheilen auch alles ander thun sollen, wie obgeschrieben stehet, vnd dieße meine Stifftung vnd Vbergab
ausweist, ohne alle Irrung, Verhinderung meiner Erben, Testamentarien vnd allermänniglich vnd sollen auch mit solchen Allmoßen zugeben,
auf den Sonntag nach Sant Walburgis Tag, so man der wenigsten
Zahl Christi im drey vnd dreyßigsten Jahr zehlen wird vnd fürther alle
Wochen ohne Abgang reichen vnd geben, wie obgemelt ist, vnd ob sich
vberkurz oder lang begebe, daß von den obgenannten Stücken vnd Gütern
oder Zinnß vnd Gülten etwas, es were viel oder wenig abgelöst, ver-
laufft oder verändert wird, so soll daßelbige Geld oder Haupt-Summa,
zum förderlichsten wiederumb andere jährliche gewiße Gült vnd Nuzung,
nach dem besten vnd nüzlichsten angelegt werden, damit dem Allmoßen
nichts abgebrochen, oder entzogen, sondern daßelbige allezeit ohne Abgang,
wie oben stehet, getreulich gegeben vnd ausgetheilet werden, wie dann
offtgedachte Burger Meister vnd Rath für sich vnd ihre Nachkommen, solches alles, also getreulichen zu halten und zu thun, bey ihren rechten
wahren Treuen zugesagt, vnd versprochen haben, Innhalt ihres besigelt
übergebenen Revers, deß Datum stehet, wie das Datum dieses
Brieffs, wo aber dieße meine Stifftung einigerweiß oder Weeg versaumbt
vnd nicht gehalten wurde; So sollen alsdenn meine Erben, Testamentarien vnd nechsten Freunde, oder diejenen, die den Revers Brieff oder
dieße Stifftung billicherweiß innhaben würden, vollkommen Gewalt, Macht
vnd gut Recht haben, solch meine Stifftung vnd Vbergab zu widerruffen,
die vorerzehlten Stück vnd Güter, mit ihren Nuzungen, Zinnßen vnd Gülten, oder ob die obgemeltermaßen abgelöst vnd wieder angelegt weren,

S 3   erfor-

erfordere, die ihnen auch verhindert männiglich zu ihren Handen gegeben
werden sollen, fürter dieselbigen zum förderlichsten an andere Ort zu stifften vnd zu übergeben, alles getreulich vnd ohne Gefährde, vnd deß alles
zu wahrer Vrkund habe ich diesen Brieff mit meiner aigenen Hand vnterschrieben vnd dazu mit meinem Pettschire verpettschiret, der geben ist, am
Montag, nach Cathedra Petri vnd Christi vnsers Seeligmachers Geburth,
Funffzehen hundert vnd in Zwey vnd Dreißigsten Jahr. etc. etc.

Johann Mändlein, manu propria.

So verlaut der eingelegte Revers Burger Meister vnd Rath zu
Onolzbach, wie sie sich dagegen verschrieben, verpflicht vnd solches zu voll-
strecken angenommen haben, seines Innhalts, immaßen hernach folgt:

Wir Burger Meistere vnd Rath der Stadt Onolzbach, nachdem der
Würdig Herr Johann Mändlein, Vicarier St. Jörgen Altars der Pfarr-
Kirchen hie zu Onolzbach, etwa Pfarrer jeztgemelter Kirchen, aus Christl.
Gemüth vnd guten bewegenden Vhrsachen, zuvorderst Gott dem Allmächtigen zu Lob vnd Danck auch zu Trost vnd Erhaltung frommen Hauß-Armen Menschen ein Stifftung eines Allmoßen, nemlich Fünff Schißeln, die
Fünff frommen Hauß-Armen Menschen, Manns- vnd Weibs-Persohnen jungen oder alten, die sich ihr Tag eines erbarn christlichen Wandels
vnd Lebens gefließen haben, jegl. wochentlich ein Schißel ohne Abgang
gereicht vnd gegeben werden sollen, bey Unß vnd in gemeiner Statt
vfgereicht, gemacht, geordnet vnd gewidmet, auch dazu etliche eigene Stück vnd Nuzungen, Zu- vnd Eingehörungen, Rechten, vnd Gerechtigkeiten, vnß vnd vnßern Nachkommen, vermacht, verschafft vnd
vbergeben hat, Innhalts derselben seiner Stifftung, Donation vnd
Vbergab, von Wortten zu Wortten lautend, wie die hieroben, von Anfang diß Briefs geschrieben stehet, demnach bekennen wir vnd thun kund
offentlich mit diesem Brieff, für vns vnd vnßere Nachkommen, daß wir
solche christl. Stifftung, Donation vnd Vbergab, so durch das Kaißerl.
Landgericht des Burggraffthums zu Nürmberg confirmiret vnd bestättiget werden soll, auf vnß, vnsere Nachkommen vnd gemeiner Statt Onolzbach, auf vnd angenommen haben, gereden vnd versprechen auch darauf,
für Unß vnd Vnßere Nachkommen, hiermit vnd in Crafft diß Briffs, bey

Vnßern

Baßern vnd ihren Rechten, guten wahren Treuen, daß wir oder vnßer
Nachkommen, mit ganzem Fleiß, darob vnd daran seyn sollen vnd wol-
len, damit obgedacht Herrn Johann Mändleins Stifftung vnd Allmoßen-
Schißel, von den angezeigten, seinen verlaßen vnd vbergebenen Stücken,
Gütern, Gülten, Zinßen vnd Nuzungen, hinfüßro in Ewigkeit ohne
Abgang alle Wochen gegeben vnd gereicht, auch damit vmgegangen fürse-
hen vnd ausgericht werde, In aller Gestalt vnd Maßen, wie die obberührt
seine Stifftung, Donation vnd Vbergab, in allen ihren Articuln, innhält vnd ausweißt etc. etc. wo aber solch Stifftung durch vns oder vnßer
Nachkommen, einigerweiß vnd weg versäumbt vnd die bestimmten Fünff
Allmoßen-Schißeln wochentlich nicht gegeben werden vnd außgetheilt würden, wie sich nach Innhalt vnd Ausweißung der Stifftung gebührt, welches doch keineswegs seyn noch geschehen soll; So sollen alsdann des Stiff-
ters Testamentarien Erben vnd nechste Freunde oder wer dießen Vnßern Revers-Brieff, billigerweiß innhaben wird, vollkommen Gewalt,
Macht, vnd gut Recht haben, die oben angezeigten Stuck vnd Güter
sämtlich vnd sonderlich wieder von vns vnd vnßern Nachkommen zu erfordern vnd wir vnd vnßere Nachkommen alsdann schuldig vnd verpflicht seyn,
ihnen solche Güter wiederumb zu ihren Handen zu antwortten vnd folgen
zu laßen, ohne allen Auszug, Widerred vnd Behelff, damit sie fürter solche Stifftung vnd Güter an andere Ort wenden vnd stifften mögen, wie
denn vielgemelte Güter-Stifftung solches alles innhält vnd vermag, getreulich vnd ohne Gefährde. Vnd deß zu Vrkund vnd wahrer steter Haltung und Vollziehung obgedachter Stifftung, haben wir obgenannten Herrn
Hannß Mändlein, dießen Brieff mit gemeiner Statt Onolzbach ange-
hängten Innsiegel, besiegelt vbergeben vnd geschehen am Montag nach Cathedra Petri nach Christi Geburt vnßers lieben Herrn, Funffzehen hundert vnd im zwey vnd dreyßigsten Jahr.

Nach Verlesung solcher Ordnung vnd Stifftung, auch die eingelegten Revers Burger Meister vnd Rath zu Onolzbach, hat obgedachter
Herr Hannß Mändlein gebetten, solch Stifftung vnd Revers, nach Ordnung, Freyheit vnd Herkommen, dießes Kaißerlichen Landgerichts zu confirmiren vnd bestättigen, darauf haben die Vrtheiler zu Recht erkannt,
man soll solch Fürnehmen vnd Begehren zuvor von Landgerichts wegen ver-

kün-

künden, an die Ende, da die Güter so vermelter Herr Johann Mändlein zu solcher Stifftung verordnet, vnd verschafft hat, gelegen, auch die jenen, die solches von wegen selber Güeter berühren mocht, gesessen sind, ob jemand darwider Einrede thun wollt, der - oder dieselben sollen zum nechsten Landgericht gehört werden vnd ferner darauf ergehen vnd geschehen, was Recht ist, gesprochener Vrtheil nach, ist denen jenen, die solches berühren mag vnd an die End, da die Güter gelegen sind, obgemelter Mas, verkund, nemlich gen Ingolstatt vnd Onolzbach, alsdenn solches mit diß Kaiserlichen Landgerichts geschwohrnen Botten, Veiten Neukam erzeigt ist, vnd als vf solch ausgangen Proclama vnd Verkündigung zu nachfolgenden Landgericht niemand erschienen ist, wenig Einrede in obgedachte Ordnung vnd Stifftung zu thun, demnach hat obvermelter Herr Johann Mändlein abermals gebetten, dieselben nach Ordnung, Herkommen vnd Freiheit diß Kaiserlichen Landgerichts zu confirmiren vnd zu bestättigen, darauf ist durch die Vrtheiler zu Recht erkannt, thue jemand Einrede uf die ausgegangen Verkündung in die Ordnung vnd Stifftung eines Allmoßen, Herrn Johann Mändleins Vicarier St. Jörgen Altars der Pfarrkirchen zu Onolzbach, dieweil jezo Landgericht sizt, das werde gehört vnd geschehen, ferner darauf was Recht ist, thue aber niemand Einrede;

So soll solch Ordnung vnd Stifftung nach Freiheit, Ordnung vnd Herkommen diß Kaiserlichen Landgerichts confirmirt vnd bestättiget werden, darauf auch solche Donation vnd Stifftung, dieweil niemand jezt darwider geredt hat, mit gemeiner Folg der Vrtheiler vf den Ayd, confirmiret vnd bestättigt ist, also daß die nun hinführo in allen ihren Stücken Puncten vnd Artickeln vor allen Leuten, Richtern vnd Gerichten, geistlichen vnd Weltlichen vnd sonst an allen Enden vnd Stätter, wo die fürgewendet oder gebrauche wird, gänzlich vnd gar, Crafft, vnd Macht haben, vnd stet bleiben soll, für alles männigliches Wiedersprechen vnd Abtheilen, des sind dem abgeredten Theil Vrkund zu geben, erkannt worden. Geben, mit Urtheil vnter des Kaiserlichen Landgerichts anhangenden Insiegel, am Samstag nach dem Sonntag Misericordia Domini, nach Christi vnsers lieben Herrn Geburth, Funff zehen hundert vnd im zwey vnd dreißigsten Jahr.

(L. S.)　　　　　　　　　Johann Dettelbach.

Das

Das zehende Capitul.

Von den Zollstraßen.

Unter andern vielen Rechtfertigungen, welche zwischen Brandenburg und
Nürnberg obwalten, betreffen nicht wenige die Brandenburgische Zollgerechtigkeit, welche man Nürnbergischer seits unendlich einzuschränken begehret. In dieser Absicht hat sich der Verfasser der historiæ diplomaticæ
Norimbergensis besonders viele Mühe gegeben, darben aber viele con-
tradictiones, und sogar unrichtige asserta mit unterlauffen lassen. Von
allen diesen Nürnberger Versuchen gegen die Brandenburgische Zollgerecht-
same wird als der Grund oder die Veranlassung angegeben, das privilegium vom Jahr 1434. welches sich in der historia Norimbergensi
diplomatica pag. 604. findet. Als Folgen dieses privilegii und zu
dessen Erläuterung wird dann ebendaselbst pag. 997. sequ. verschiedenes
angegeben, besonders ein cammergerichtliches Urthel de an. 1684. und
dann unter andern eine angeblich noch unentschiedene Mandatssache, Endres Sorgen betreffend. Wenn man aber beedes, das Urthel sowol als
die Mandatsache beym Licht besiehet, und mit den Acten zusammen hält,
so findet sich, daß das eine sowohl als das andere wider Nürnberg und vor
Brandenburg zeuget. Die Mandatsache, Endres Sorgen betreffend ist
bereits an. 1684. entschieden worden, und vor Brandenburg, wider
Nürnberg. Das Urthel liegt sub num. I. hierbey, und ist selbst in der
historia diplomatica pag. 998. zu lesen. Brandenburg ist darinn ab-
solvirt, und blos festgesezet worden, daß man die Straff des umfahrenen
Zolls nicht von der Ladung, sondern von den Fuhrleuten nehmen solle. Die
Ursache von diesem Anhang des Urthels liegt darinnen, daß Nürnberg vor-
gegeben, die Kaufleute hätten dem Fuhrmann Endres Sorg keinen Befehl
ertheilet, den Zoll zu Oberferrieden zu umfahren. Ein anderes ist also,
wenn die Kaufleute dem Fuhrmann die Straßen vorschreiben, und also
darmit das Umfahren des Zolls veranlassen. Ueberhaupt erhellet aus dem
Urthel, daß Fuhrleute auf den ordentlichen Zollstraßen bleiben müssen,
und weder zur Linken noch zur Rechten abweichen dörfen. Noch mehr giebt

dieß die Lage von Oberferrieben, und der Innhalt der gerichtlichen Handlungen zu erkennen. Und noch mehr wird dieß ins Klare gesetzet, durch
ein anderes Urthel, welches eben auch in Sachen Nürnberg gegen Brandenburg am kaiserlichen und des Reichs Cammergericht an. 1628. ausgefallen. Dessen Innhalt ist hier sub num. 2. zu lesen, und der Leser findet zu dessen mehrerer Aufklärung sub num. 3. die an. 1581. überge-
bene Brandenburgische articulirte causales. In diesen wird das obje-
ctum litis also angegeben: ein Nürnberger Metzgersknecht habe sich von
der Zollstraßen abgewendet, seye auf die ordentliche getrieben, und den Zoll
zu entrichten angehalten worden. Dieß wollte man Nürnberger Seits als
eine ungebührliche Pfandung anfechten. Das Urthel erkläret aber dieses
Anfechten vor eine verbothene turbation der Brandenburgischen Zollge-
rechtsame. Hält man nun die erwehnte beede Urthel mit den vorausgegan-
genen gerichtlichen Handlungen gegen das privilegium, mittelst dessen die
Nürnberger sich die Freyheit zuschreiben wollen, von den Zollstraßen abzuweichen, nach Gefallen Nebenwege zu suchen, und somit gleichsam unge-
ahndet den Zoll zu umfahren; so findet man gar bald, daß man zu Nürnberg solches privilegium gar übel verdrehe, und daß es vielmehr, wie
auch dessen Text klar an Handen giebt, die Nürnberger verbinde, auf den
ordentlichen Straßen zu bleiben, wo man Zoll und Mauth zu geben pfleget. Folglich ist es lächerlich, daß man in der historia diplomatica
dem privilegio die Ueberschrifft geben mögen, als seyen die Nürnberger
dadurch befreiet, daß man sie auf keine gewisse Straßen nöthigen, noch
mit einem Gleit beschwehren solle. Diese Ueberschrift ist offenbar falsch,
und der commentator hat sich dessentwegen auch nicht getrauet, seine
Ueberschrift mit Anmerkungen zu belegen. Wenn also schon das privilegium nicht das besaget, was Nürnberg daraus durch Beleidigung und
Ueberschreitung der hermeneutischen Reguln erzwingen will; so ist es dem
ohngeachtet doch nicht leer, und vergeblich. Vielmehr schützet es allerdings
Nürnberg gegen diejenige ungerechte Gewalt, über welche es sich beklagen
zu dürfen vermeinet. Es heißet nemlich, Fürsten und Stände sollen die
Nürnberger und deren Waaren, in ihre Lande zu fahren nicht nöthigen,
kämen sie aber mit Willen in ihre Lande, so soll man sie von keiner Landstraßen, darauf Zoll und Mauth sind, auf andere Straßen dringen, noch

　　　　　　　　　　　　　　　　　　　　　　　　　　　　　　　　sie

sie wider Willen mit Gleit beschwehren oder beladen. Siehet man zugleich
auf die narrata privilegii, so findet sich eben das, nemlich wie sich die
Nürnberger beklaget, daß man sie unterweilen von den Commercial, und
Zollstraßen auf andere unbequeme Straßen zu zwingen begehre. Dieß in-
volviret dann nichts anders, als daß die Nürnberger die Zollstraßen allerdings zu bauen oder zu fahren so schuldig als willig seyn sollen. Dahin
gehen auch beede Urthel, und den Nürnbergern geziemet also niemalen,
von den Zollstraßen nach Gefallen abzuweichen, und zum Abbruch des Zolls
Nebenweege zu suchen. Nichts ist auch billiger; denn der Zollherr soll die
Zoll-Heer-land-und Commercialstraßen hegen; wie kann er es aber
thun, wenn den Kauf-und Fuhrleuten erlaubt seyn soll, alle nur erdenk-
liche Schleiffweege aufzusuchen, und den Zoll zu umfahren?

Num. 1.

Sententia publicata die lunae 10. Dec. 1684.

In sachen Burgermeister und Rath der Stadt Nürnberg und weiland En-
deres Sorgen, jezt deßen Kinder Vormunder, in actis benannt, Appellanten eines, wider auch weiland herrn Georg Friedrichen, jezt herrn Christian, und herrn Joachim Ernsten Gebrüder, Marggrafen zu Brandenburg, appellaten, andern theils, con- und reconventionis, ist D.
Hirtern Marggräflichen Anwalds sein den 13. nov. jüngst der proro-
gation halber beschehen begehren, alß unnothdürfftig abgeschlagen, sondern läßet man es bey dem den 5. und 20. febr. an. 1595. hinc inde
gethanen Beschluß verbleiben: darauf und allen fürbringen nach zu recht
erkannt, daß durch richter voriger Instanz (jedoch daß die in ergangener
urthel angezogene caution wegen darinn gesezter straffe des umfahrnen
Zolls halber auf die fuhrleuthe, und nicht auf verwürckung der kaufleuthe
güther und waaren verstanden werden soll,) wohl geurtheilet, übel davon
appelliret. Die Gerichtskosten derowegen aufgeloffen, aus bewegenden
ursachen gegen einander compensirend und vergleichend.

T 2

Num.

Num. 2.

Sententia publicata die veneris 4. julii 1628.

Jn Sachen Burgermeister und Rath der Stadt Nürnberg Clägere wieder weilandt Herrn Georg Friederichen jezo Herrn Christian Marggrafen zu Brandenburg und consorten beklagten Mandati Hannß Müllers abgetrungene 15. pfund Geldts und 53. pfenninge betreffend ist allen Vorbringen nach zu recht erkennt, daß ermeldte clägere den beclagten in seiner possession der Zollgerechtigkeit articulirter maßen zu turbiren nicht gezimbt, noch gebührt, sundern darahn zuvil und unrecht gethan, und deßwegen gebührliche caution zu leisten, auch die angenommene 15. pfund gelds und 53. pfenning wiederum zuzustellen und einzuantworten schuldig, und deßhalben zu condemniren, und zu verdammen seye, alß wir ihn hiemit condemniren und verdammen, ermeldte clägere gedachten beclagten die uncosten an diesem kaiserlichen Cammergericht uffgeloffen nach rechtlicher Ermeßigung zu entrichten und zu bezahlen sellig ertheilend.

Num. 3.

Articulirte ursachen der pfandung meines gnedigen Fürsten und Herrn Herrn Marggraven Georg Friedrich zu Brandenburg contra Herren Burgermeister und rath zu Nürnberg, Mandati der pfandung den Zoll zu Oberferrieden und Hannß Müllers abgepfändete 15. pfund geldts betreffend, producirt Spirae 13. januarii An. 1581.

Hochwürdiger Fürst Römischer Keyserlicher Maystet Chammerrichter Gnediger herr, als vf anruffen herren Burgermeisters vnnd Raths der stadt Nürnberg, wider den Durchleuchtigen Hochgebornen fürsten vnnd Herren, Herren Georg Friederich, Marggrauen zu Brandenburg etc. vnnd S. F. G. Zollnern Michael Hochbergern zu Oberferrieden, ein berortes Mandat vnnd ladung vf die pfandung-constitution mit verschwigner Warheit vnnd angebung deßen, so nicht ist, vbel erlangt, vnnd den andern

dern Decembris negst verfloßenen 80. Iars ober antwortet, vnnd darinnen Hochgedacht J. F. G. vnnd derselben Zollnern beuollen worden, Hansen Müllers eines burgers vnnd Metzgers zu Nürnberg dienern, Gabriel
Oberdorffer genant, funfftzehen pfundt gelts, vnd dan Drey vnd funfftzig
pf. Zoll, so ihme abgenommen, auch ermelter Diener des Glübds, welches ihme abgenütßigt soll worden sein, nach ausweisung bevorter Constitution ohne verzug einige eintrd vnnd entgeltnus widerumb zu stellen, heraus zu geben, zu erlegen vmb vf den 12. Januarii jüngst angefangen-
81. Iares an diesem Keyserlichen Chammergericht zuerscheinen, gleublich
anzeig zuthun, daß dem ausgangenen Mandat alles seines inhalts gehorsamlich gelebt sey, dan auch der pfandung vnd verpflichtung gerechtigkeit in
rechten vorzubringen etc. alles fernern inhalts, angeregts insinuirten
Keys. Mandats vnnd Citation.

Demnach erscheinet hochernants Fürsten constituirter Anwalt in
crafft seines gemeinen vnnd dan von wegen des mit citirten Zollners habenden Special-gewalts (welche er hiermit zu legitimirung seiner Person vbergeben thut,) doch mit vorgehender Protestation de non con-
sentiendo nisi quatenus et in quantum, vnnd erstlich gleublich anzuzeigen, daß dem vbel ausgebrachten Mandat gehorsamlich sey gelebt worden, haben gleichwol die fürstlichen Brandenburgischen herrn Stadthalter
vnd Reht dem mitcitirten Zölner zeittlich zuuor bevolhen, die parition
anbeuolner maßen zuuolziehen, welcher aber hernach wolernauten Herren
Stadthalter vnd Reht in schrifften vnderthenig anzeigt, daß er an einen
Erbarn Raht bey einen botten geschrieben, iemandt an die Malstadt, da
die pignoratio beschehen, zuuordtnen, wolle er als dan dem Mandato
alles seines inhalts, vnnd wie sich geburt, parirn, vnd nachsetzen, darauf aber ihme bis dahero kein andere antwort eruolgt, dan wie beygelegtes
recipisse mit A. gemercket, ausweiset.

Daraus dan zu befinden daß Anwalts G. F. vnd Herr, in abwesen
S. F. G. derselben, anheimb gelasene Stadthalter vnnd Rehte, auch
der mit citirte Zolner an Volzihung geburender Parition, ihres Theils
nihtzliht haben erwinden laßen, derowegen beclagter Anwalt, sie dis Orts
ver entschuldigt zuhalten vnderthenig bitten thutt, seindt aber nochmaln
erbittig, wofern iemandt von einem Erbarn raht gen Ferrieden ad lo-

X 3   cum

cum pignorationis abgefertiget, daß als balden die parition gegen vbergebung schuldiger Caution beschehen solle. So dan vors ander der beschehenen pfandung gerechtigkheit vnd vrsachen fürzubringen, vbergibt Brandenburgischer Anwalt nachuolgende causal·articel, mit vndertheniliger Bitt, dieselben Recht anzunemen, vnd den Nürnbergischen Syndicum darauf vnderschiedlich vnd vermög der Ordnung zu antworten anzuhalten, souil er dan deren verneint, erbeut sich Anwalt (doch außgeschloßen den vberfluß,) war zu machen vnnd zubeweisen; sezt vnnd sagt hierauf:

1. Erstlich wahr daß hochgedachter beclagter fürst so wol S. F. D. hochlöbliche Voreltern vber menschen gedechtnis Burggrauen zu Nürnberg vnd des H. R. Reichs fürsten gewesen, vnnd beclagter fürst noch sey.

2. War daß S. F. G. neben andern Keys. vnnd Königlichen Regalien vnnd Herligkheiten das Burggraffthumb zu Nürnberg mit seinen ehren vnd würden Landt·vnd hohen gerichten, gleitten, Zollen, wiltpannen, von Keys. Mytt. vnnd dem heiligen Reich haben, vnd zu lehen tragen.

3. War daß in J. F. G. fürstenthumb lant vnd territorio des Burggraffthumbs zu Nürnberg, vnder andern auch ein fleckhen, Oberferrieden genandt, (in J. F. G. Ambt Burgthan gehörig,) gelegen.

4. Wehr daß sie auch in demselben fleckhen von alters vnd vnuerdencklichen iahren hero, ie vnd allwegen ein Zollstadt vnd Zollner gehalten, da vnnder andern Zolbarn weren auch von dem Wihe, so daselbsten durchgetrieben oder gefurt, J. F. G. der geburende Zoll entricht wurde.

5. War daß J. F. G. in bemelten vnd andern daselbst herumb ligenden fleckhen auch das Gleit sambt aller Obrigkeit zustendig vnnd zugehörig.

6. War daß beclagter furst niht weniger als J. F. G. hochlobliche Voreltern solcher Regalien, Gleit vnnd Zols, so wol der Obrigkheit, von 10. 20. 30. 40. 50. vnnd mehr iahren, dan menschen gedechtnus erreht, inn ringer vnwidertribner possession uel quasi gewesen, vnd beclagter fürst noch sey.

7. War daß durch weilant Pfalzgraff Friderrichen hochloblicher gedechtnus in Anno 1386. zwischen der herschafft Brandenburg vnnd einem rath zu Nürnberg ein spruch gemacht, vnnd vfgericht, wo·vnd von was wahr

wahren an J. F. G. Zollſtetten, auch wie uil allenthalben in J. F. G.
landt vnd Fürſtenthumb zu gleit vnd Zolgelt gegeben vnd genomen werden
ſoll.

8. War daß auch in dem durch Herren Dieterich von Harras in an.
1496. zwiſchen Brandenburg vnnd Nurnberg vfgerihten Vertrag inſon·
derheit verſehen, daß mit diſem Zoll zu Ferrieden gehalten werden ſoll
wie Hertzog Friderich in ſeinem ſpruch mit andern Zollen verordnet.

9. War daß in bemeltem Hertzog Friderichs Spruch vnder andern
auch in gemein diſponirt vnnd verſehen, daß man von allem Wihe, ſo
von der ſtadt Nürnberg getriben, oder gefurt wurdt, den gebürenden Zoll
zugeben ſchuldig.

10. War daß nach beſag der rehten vnnd derſelben leer ſolcher
anſpruch hoc reſpectu ſtrictiſſime vorſtehn, als was darinnen niht
exprimirt, noch begriffen, von niemants mehr darein gezogen, noch auf
ander Ding extendirt, oder reſtringirt werden ſoll, kan, oder mag.

11. War daß auch ſo woll zu Ferrieden, als an andern hochge·
dachts beclagten fürſten vnib Nürnberg habenden Zollſtetten, von 10. 20.
30. 40. 50. vnnd mehr iahren, dan ſich menſchen gedehtnis erſtreckt, ie
vnnd alwegen, der Zoll ohn einihen vnderſchied von allem Wihe, ſo von
der ſtadt Nurnberg getriben, ohne widerred gegeben, vnnd genomen
worden.

12. War ohn daß die von Nurnberg Anwalts G. F. vnd H. vnnd
ihr f. G. verordneten Zollerern an einnemung ſolches Zolls (außerhalb,
was erſt in neuligkheit beſchehen,) hiebevor einichen eintrez iemaln gethon.

13. Demnach war, als den 24. Octobris negſt abgelauffen 80.
iars der Zolner zu gedachtem Oberferrieden, von Schwobach anheims ge·
reiſet, daß er gegen abents bey Obern Kindelberg von fernen ein hauffen
ſchaff durch Anwalts G. f. vnd Herren holtz daſelbſten (an einer vngewön·
lichen ſtraßen, da zuuor kein weg nie geweſen, noch in kunfftigen Zeitten
werden mag,) von der ſtadt Nurnberg eilents fortreiben ſehen.

14. War daß er ſich darauf gen Vnderferrieden verfügt, alda drey
baurn zu ſich genomen, vnd mit denſelben ſolchen ſchaffhauffen nachge·
uolgt.

15. War, als bemelter Zolner ſambt den bauern den angeregten
ſchaff·

schaffhauſen als balt ereiſet, vnnd den ſchaffknecht ſolches geſuchten heimll-chen ſchlichs vnnd neben hindertreibens gerechtfertiget, daß er ſich verne-men laßen, wie er nach Kerckers buhel (ſo Nurnbergiſcher Syndicus zu ſeinem Vortheil angeben, daß es vnuern von der ſtadt Nürnberg, aber doch vber die funff meil wegs dauon gelegen,) treiben wollen.

16. War daß articulirter Schaffknecht vf der Rechten domals wol gebanten Landtſtraße durch vnderferrieden zu treiben, viel neher gehabt, dan vf diſen heimlichen ſchlupf vnnd abweg.

17. War daß der Zolner den ſchaffknecht dahin gehalten, mit den ſchaffen nach Oberferrieden zu der gewönlichen Zollſtadt vmbzutreiben, welche er knecht daſelbſten in ein ſtadel getelben, vnd abgezellet.

18. War da an geburenden Zollſtedten der Zoll, auch ohnerfordert, nicht angebotten, noch bezalt vnnd außgericht, oder beyweg geſucht, vnnd der Zoll vertruben wurdt, daß einem Zollner erleubt, vnd zugelaßen, die vnuerzolte doch zolbare verfurte oder vertribne wahren, als ipſo iüre in commiſſum gefallen, einzuzihen, vnd die perſonen zuhemmen, vnd als ab executione et coactione anzuſahen.

19. War daß ſich hierauf der Schaffknecht freywillig erbotten, ein gloch von ſeinem eigen gelt zubezalen, mit dem vermelden, er hette ſonſt in einer Herberg zeren müßen, auch wol mehr ein gloch bezalt, oder das gelt vnnutzlich anworden, muſte itzt gleichfals gedenckhen, vnd ſolte forthin von ihme nicht mehr beſchehen.

20. War daß vf ſein guttwillig erbietten bey dem Wurt 14. Pfund (ſouil ihme doch der Zolner ſambt den bauren anzumutten niht begert) ver-zert worden, welche er ſchaffknecht bezalt, vnnd neben ſeinen geſellen mit verthon helffen.

21. War daß des andern tag der ſchaffknecht gegen endtrichtung des ſchuldigen Zols (als von iedem ſtuck j. heller vnnd alſo von 106. ſchaffen 53. pf.) widerumb von ſtatten gelaßen worden.

22. War daß bemelter ſchaffknecht ferner niht angelobt, dan ſich kunfftiglichen ſolches gebrauchten vnnd ander dergleichen heimlichen ſchlich, bey vnd abweg zuendthalten, ſondern an denen orten, da ſich geburt, zutrei-ben, damit andern nachzuuolgen nicht vrſach gegeben vnd alſo ein neue-rung

rung gemacht, vnnd beclagten furſten die Zolls gerechtigkheit geſchmelert
werde.

23. Gantz ohn, als ſolte ſolches alles der meinung vnnd vorhabens
beſchehen ſein, dardurch des Zolſ halben ein neue gerechtigkeit einzufüren
vnnd zuerlangen.

24. Sonder dagegen wahr, daß dis orts dem rechten vnd kundtba-
ren landtsgebrauch, inſonderheit aber obenangezogen aufſpruch gemes gehandelt, daß auch Anwalts g. f. vnd h. vnd der mitbeclagte Zolner, ſo
langt er das Ambt tregt, vermog ſeiner habenden beſtallung vnnd pflicht
deßen gutt fug vnd macht haben.

25. Wahr daß alle vorgeſchribene articul kundt vnnd offenbar, daß
auch dauon zu Ferrieden vnnd gantzen Ambt Burgthan, Schwabach vnd
Schwandt ein gemein geſchrey vnd leymutt ſey.

Dem allen nach bitten Fürſtlicher Anwalt vnderthenig vf diſe war-
haffte vnnd beſtendige articulata das Vbel aufgebracht Keyſ. Mandat
ſambt der Ladung widerumb zu caſſirn vnnd circumducirn, vnnd dan
verner mit Vrthel zu recht erkennen, vnnd außzuſprechen, das mehr hoch-
ermelter ſein guediger fürſt vnd herr vnnd J. F. G. Zolner zu Ferrieden
durch diſe hochuerurſachte pfandung, aus obenangezogen rechtmeßigen Vrſachen keines wegs mifhandlet ſondern deßen wol befugt geweſen, vnd daß
derwegen die h. Cleger ſich hinfuro desgleichen vnbillchen Vornemens vnd
berugens gentzlich enthalten, vnnd J. F. G. an ihren articulirten rechten vnd gerechtigkheiten poſſeſſion uel quaſi gerugwiglich vnuerhindert
vnd vnmoleſtirt bleiben laßen, alles mit abtrag vnnd erſtattung aller vnd
ieder aufgewanten gerichtscoſten vnnd ſchaden, hieruber vnd vmb dis alles
vnnd iedes, auch was ſonſten hierinnen recht, vnnd Anwalt hochgedachten
ſeinem G. F. vnnd H. in ander weg zum beſten bitten ſolte, könnte oder
möchte, E. F. G. Hochabellich niltrichterlich ambt vmb mitheilung Rechtens vnnd gerechtigkheit geburlichs Vleis anruffende.

Vorbehetlich etc.

———————————

Das eilfte Capitul.

Von Nürnberger Zollproceßen.

Hiervon ist schon in dem dritten Theil dieser Selectorum einiges eingeschaltet worden. So wie jenes fast den ersten Anfang der Proceße betrifft, so hat hingegen das hiernach folgende kurze promemoria nebst
den angefügten obſervationibus diejenige beede Nürnberger Druckschriften zum Vorwurf, in welchen die heutige Gestalt der Zollproceße vor etwa zehen Jahren angeblich beleuchtet werden wollen. Da es zugleich dienet, die hiſtoriam diplomaticam Norimbergenſem in dieſem Punct
zu beurtheilen, so hat man es dem Leser hier mit zu theilen keinen Anstand
nehmen können.

Promemoria.

Unter den im ersten Absaz angeführten Gründen der anmaßlichen Nürnbergischen Zoll Bewegung (1.) enthaltend, gibt man zu deren vorderiſten Grund
an, das Privilegium Kaßer Carls IV. de Anno 1355. (2.) welches zwar überhaupts nicht mißkennen läſt, daß gleichwie der Nürnbergische Eigennutz bey jeder günstigen Gelegenheit, mancherley höchsten Gna-
den-Verleyhungen, auch zum offenbarsten Abbruch des dritten nachzutrach-
ten immerfort bemühet gewesen, also man den der Stadt Nürnberg mit
besondern Hulden zugethanen Kaßer Carln IV. sogar biß in Italien und
auf Rom zur Kaßerlichen Crönung verfolgt habe, um das hier belobte
Privilegium gar am Heiligen Oster-Tag auszubringen: Wird aber dieses Privilegium näher eingesehen, so ist darinnen (a) nur von ungerech-
ten, ungewöhnlichen und neuen Zöllen die Rede, zu dergleichen sich die
Brandenburgischen,

Conf. Species facti in Zoll und Steuer-Sachen etc. de Ao. 1699.

in der That und Wahrheit nimmermehr qualificiren laßen; und so klar (b)
die eigentliche Beweg- und End-Ursache dieses Privilegii nehmlich das
öftere Kaßerliche Hoff-Lager zu Nürnberg, aus der an. 1366. nachge-
folg.

folgten Carolinischen Verfügung (3.) sich erbricht; eben so gewiß muß
über dem Auffhören solcher Beweg‑ und End‑Ursachen deren Würckung
sich verliehren, mithin hier alles und jedes in einem blosen Zeit‑Werck be‑
ruhen bleiben: Wornächst (c) gegen die jenseits intendirende Ausdähn‑
und Erweiterung solcherley Königlichen Gnaden‑Gaben das Hochfürstliche
Hauß Brandenburg nicht nur überhaupts de iure communi, quae-
libet priuilegia in tertii praeiudicium vergentia reprobante,
gleich andern rechtmäßigen Besitzern, sondern auch Jure speciali, Crafft
der mit ausdrücklicher Caſſation und Vernichtigung alles deßen, was
denen besterworbenen Gerechtsamen nur immer abbrüchig scheinen möchte,
begleiteten Kayß. Anerkentnißen, tam de praeterito quam de fu-
turo zum Ueberfluß verwahret stehet, dahin Aurea Bulla laudati
Caroli IV. de An. 1363. item Conceſſiones Sigismundi Imp.
de annis 1414. 1417. et 1433. Friderici III. de 1454. et 1456.
nec non Caroli V. de 14. Aprilis, 1521 gehören, die schon viel‑
mahl produciret und zu lesen sind, apud Lunig im Reichs‑Archiv,
Part. Spec. III. pag. 4. 29. 299. 308. seqq. Müller in Reichs‑Tag‑
Theatro sub Friderico III. 3. Vorst. Cap. XI. pag. 621. seqq.
Conf. Limnaeus ad Capit. Maximil. II. Art. IX. p. 493. Welch
erstaunliches Unglück würde es seyn (d) daferne die Brandenburgische, umb
Kayßer und Reich vornehmlichen unter Kayßer Friederichen III. mit Guth
und Blut theuer verdienten Begnadigungen, denen von der Stadt Nürn‑
berg, oder eigentlich von ihrem großsüchtigen gleichwohlen noch in ganz
neuern Zeiten ungebührlichen Betragens halber, test. Ant. Fabri Eu‑
ropäische Staats‑Canzley Tom. CXV. pag. 67. et 77. seqq. von
Kayß. Majestät sehr ernstlich getadelten Regenten erschlichenen Privilegiis schlechterdinge weichen müsten?

Was hätte aber auch Nürnberg, wenn ihre emendicirte Zoll‑Be‑
freyung sogar richtig und ohnanstößig geweßen, wohl vonnöthen gehabt,
dreyßig Jahre darnach, welches der zweyte Grund ist, sich in besondere
Verträge einzulaßen?

Ohngeachtet diese Stadt anno 1386. zur Zeit des Pfalzgräffischen
Ausspruchs in trefflicher Verfaßung stunde, auch, als eine der vornehm‑
sten in damahligen großen Städte‑Bund, Fürsten, Graffen und Herren

Truz bieten durffte, so muß Ihr jedem doch die Art und Weiße, wormit man vorige Carolinische Vergünstigung herausgebracht hat, besonders am Herzen gelegen, und dahero zumahlen auf den, Ihr zwar mit vorzügli-cher Gnade beygethanen König Wenzeln bereits damahls wenig mehr Staat zu machen, also für künfftige Zeit zu bedencken, vor rathsamer vorgekom-men seyn, pro meliori titulo obtinendo sich mit dem Herren Burg-graffen gütlich zu sezen, auch dabey immerfort etwas neuerlich abzuzwa-cken. (4.) Deßgleichen dann auch mit dem An. 1453. vom Pfalzgraff und Herzoge Ludwigen (einem damals noch heimlichen und bald darnach of-fentlichen Feind Marggraff Albrechts) betheidigten Vertrag geschehen; Wie dem allen, und obschon dieser Vertrag von Kayßer Friederichen III. durch den An. 1456. wegen der Zölle ertheilten Gnaden-Brieff

> Lunigs R. Archiv Part. spec. 3 Th. pag. 308. conf. Bran-denburgische allgemeine Zoll-Vertheidigung, p. 19. 20. 24. 80. 88: 93. 97. 98. 118. seqq.

virtualiter entcräfftet werden; so begehret man doch Hochfürstlicher Bran-denburgischer Seits von gesamniten Verträgen, darunter auch von dem Harrasischen de an. 1496. keineswegs abzuweichen, dafern solche nur ih-rem wahren Innhalt und ächten Verstand nach genommen und der gewohn-ten Nürnberglschen Cavillationen entlediget werden: Dann es machen (a) beregte Verträge drey unterschiedene Claßen der Burg- und Marggräffli-chen Gelaite und Zölle, davon die Erste Claße denen 14. in Pfalzgraff Friederichs Spruch-Brieff de Anno 1386. benannten Zoll-Stätten au-ßer welchen die Herren Burggraffen in ihren damals besessenen Landen kei-ne neue aufrichten sollen, die zweyte denen nach der Zeit erworbenen oder ererbten, auf das alte Herkommen verwießenen Zöllen und Glaiten und die dritte Claße denen Wehrzöllen gewidmet ist. Nun hat man ex parte Brandenburgica bey keiner dieser drey Claßen (b) einig erwiesenen Un-fug oder Uebermaaß zu Schulden gebracht, vielmehr beruhet aller wiedri-ge Vorwurff auf dem gegentheiligen ungesättigten Eigennuz und daher ent-springenden verdächtigen Jammergeschrey, da weder (c) die beschuldigte Vervielfältigung der Zoll-Stätte noch (d) die angebliche Erhöhung der Zoll- und Gleits-Gelder hinreichend zu verificiren ist, sondern beede am Ende auf eitele Erdichtungen hinauslauffen, anbetrachtet (quoad c) je-

ßige

ſige in Laudo Palatino nicht begriffene Zoll = Stätte entweder denen
erſt nach der Zeit redlich erworbenen Landes = Stücken ſich beyzählen,
oder nur bloße (5.) Wehr = Zoll = Stätte ſind, und der leztern kei=
nen Zoll = Herrn in Rechten mißgönnten Errichtung deſto ohnvermeidli=
cher worden, je ſtärcker die betrügeriſche Mißbräuche der commerci=
renden und ihrer gedungenen Fuhr = Leute von Zeit zu Zeit erwachßen, da
ſelbe bald ganz neue von denen gebräuchlichen Landſtraßen öffters drey, vier
und mehrere Stunden abweichende Umb = und Neben=Wege zu ſuchen, bald
auch umb das auf ein Pferd geſezte Zoll = quantum zu verringern, von
dem mit 8 und mehr Pferden beſpannt geweßene Gütter = Wägen, kurz
vor der ordentlichen Zoll = Stadt die Helffte abzuſpannen, dieſe auf kaum
gangbaren Steigen und Winckeln leer durchzuſchleichen, inzwiſchen aber
die andere Pferd = Helffte das ſchwehr und hochbeladene Gütter = Gepäcke,
quaſi in figura equi Trojani, durch die Zoll = Statt faſt biß zum Nie=
derfallen fortziehen zu laßen, hergegen ſobald die Zoll = Taffel aus den Au=
gen iſt, jene einſtweilen verſteckte erſte Helffte wieder anzuſpannen pflegen,
derley bößliche Ungebühren dem Zoll = Herrn, der neben den Haupt = Sta=
tionen die Wehrzollſtätte mit gedoppelten Coſten unterhalten muß, und
doch nur einfachen Zoll fordern darff, ganz offenbahr das gröſte Nachtheil
gebähren. Wird demnächſt quoad d. denen, von Nürnberg als neuer=
lich und erhöhet angegebenen Zoll = praeſtandis aufs genaueſte nachgeſe=
hen, ſo läßet ſich der Pfalzgräffliche Spruch = Briff bey den Worten: und
daſſelb Geld ſullen Pfenning ſeyn die dann je zu der Zeit, zu Nürnberg
und im Land zu Francken gäng und gäb ſind, mit geſunder Vernunfft von
keiner andern als von der Vertrags = Zeit, aber nimmermehr von (6.) je=
der Zeit (uti cauillatur Rabuliſtica Noribergenſis) auslegen, und
gleichwie ferners bemelte Vertrags = Pfennige ihren wahren innerlichen Zeit=
werth nach, 30, 40. und mehrern heut zu Tag übliche, Bettlers = Pfen=
ninge abwerffen, maßen in dießeitigen Druck = Schrifften vielfältig beſon=
ders in der Vorſtellung der alten Münzen unter dem Erfolg dargethan,
daß eine hochlöbl. Cammer = Gerichts = viſitation ſich nit entbrechen mögen,
dieſeitig hauptſächlichen mit auf den Münz = Punct geſtelltes Suchen per
Concluſum de 2. Dec. 1709. zur billigen Beobachtung anzuerinnern;
Alſo wird es wohl keinem ohnbefangenen Gemüthe an genugſamer Ueber=

U 3 zeu=

zeugung fehlen, daß die Nürnbergische Klaglieder über das Brandenbur,
gische Zoll-Steigern nur schlechterdings in eitelen und gehäßigen Anschuldi,
gungen beruhen, welches zwey auswärtige große Gelehrte, nahmentlich
der jetzige Herr Graff von Bünau, und der auch nach dem Todt gepriene
Auguſtinus Leyſerus (7.) schon vor geraumer Zeit ohnpartheyiſch an,
erkannt haben, erſterer zwar in Comment. Juris Publici de Jure
circa Rem monetar. German. Cap. III. §. 20.   Vbi Magna
„hac de re controuerſia inter sereniſſimos Marchiones Bran-
„denburgenſes et Civitatem Noribergenſem mota fuit, quum
„vi laudi Comitis Palatini Friderici de an. 1386. jus certam
„denariorum summam loco vectigalium exigendi permiſſum
„fuerit, und daßelb Geld sollen Pfenning seyn, die dann je zu der Zeit
„zu Nürnberg und in dem Land zu Francken geng und geb sind; Noriber-
„genſes per hos denarios illos intelligunt, quibus hodie uti-
mur.   Sed qui Brandenburgenſium partes tuentur, ad tempus contractus reſpiciendum eſſe, satis firmis argumentis
probarunt dann Leyſerus

Medit. ad Pandect. Vol. VI. ſpec. CCCCXXVII. Coroll.
    2. p. 1151.

Etſi Vectigalia Vetera augeri nequeant, licebit tamen Princi-
pi poſtquam priſca pecunia hodie inſigniter mutata eſt, habi-
ta veteris valoris ratione, amplius quid, quam olim conſti-
tutum fuit, exigere.   Nam ſi eum, cui Seculis XIV vel XV.
obolum accipere permiſſum fuit, hodie ad eundem obolum
adſtringas, injuſte facies profecto: Ego itaque in lite, quam
ſuper hac quaeſtione Marchiones Brandenburgici cum Nori-
bergenſibus exercent, Marchionibus adſentio.

Von der hier übereintreffenden (8.) Praxi anderer teutschen Zoll,
Herren, und wie hochnothwendig selbe die Beobachtung des ehmaligen al,
ten Geld-Werths gehalten haben, solte eine reiche Anzahl sicherer Exem,
pel beyzubringen wohl nicht schwehr seyn; man lässet sich aber an dem Chur
Trierischen und Herzog Würtembergischen Vergängen genügen, und hof,
fet ohne Frevelmuth glauben zu dörffen, daß sowenig das Nürnbergische
Lermen-Blasen über die Sereniſſimae Domui Brandenburgicae
                                                                    auf,

aufgebürdete Vertrags wiederige Unbilden und Zoll-Neuerungen hafften
mag, eben so wenig (dann jezo erscheinet der dritte Grund) aus denen hierzu aufgebottenen für sich zwar hochvenerirlichen Reichs-Sazungen, dem
Brandenburgischen Zoll-Wesen einiger baltbarer Vorwurff erwachsen könne, anbetrachtet 1.) allegirte Leges Imperii nur bloß von neuen und
gesteigerten alten, oder während 30. jährigen Krieg eingeführten Zöllen
reden, dergleichen aber Brandenburgischer Seits bey obiger Bewandsame
sich nimmermehr erfinden, auch was dorten 2.) von dem zu Errichtung der
Zölle nöthigen Consensu Imperatoris et Electorum verordnet ist,
offterholte Brandenburgische Zölle darumb nicht berühret, weil dieselbe
nebst denen darzuerlangten Commissionen und Investituren lange vor
belobten Reichs-Sazungen obhanden gewesen, eines theils aber insgemein
kein Geseze auf verwichene Zeiten sich erstrecken, und andern theils besage
der ohnwidersprechlichen Geschichtskunde in denen erwöhnten Reichs-Sazungen vorangegangen 13ten 14ten und 15ten Jahr-Hunderten die teutsche Könige und Kayser ohnbeschränckte Macht gehabt, über die Ihnen
ehemals vorzüglich zugestandene Zölle nach Willkühr zu disponiren, sie
denen Lands-Herren zu verleihen, bald zu wiederruffen, bald auch wiederum zu erneuern, welchemnach des Oesterreichischen Kayser Friederichs III.
seinen getreuen Erhalter bey Scepter und Crone, dem Marggraffen Albrechten zu Brandenburg An. 1456. ertheilte Privilegium außer Zweiffel auf festen Fuß stehe, ohne daß deme die in Seculis XVI. et XVII.
erfolgte Reichs-Sazungen das mindeste abbrechen, als die vielmehr 3.) sothanige ältere Begabniße ausdrücklichen verwahren, und von denen beliebten
Verfügungen ausnehmen. vid. Instrum Pac. Westphal. Art. IX.
§. 2. in verbis: et aliorum quorumcunque juribus ac Privilegiis, ut et Teloniis ab Imperatore, de Consensu Electorum
(anno 1456. ceu dato Privilegii Fridericiani nondum necessa-
rio) concessis, ut usu diuturno introductis in pleno suo vigore manentibus; item Kayßers Francisci, denen verigen Caroli
VII. Caroli VI. Josephi, Leopoldi gleichstimmige Wahl-Capitula-
tion Art. VIII. verbis: „doch soll denjenigen Privilegien, welche Chur-
„fürsten, Fürsten und Stände des Reichs von weyl. denen vorgewesenen
„Römischen Kayßern und Königen zur Zeit da der Churfürstliche Con-
„sen-

„senſus per pacta et capitulationes noch nicht alſo eingeführt, oder
„nöthig geweſen, rechtmäßig erlangt oder hergebracht, hierdurch nichts
„praeiudiciret oder benommen, ſondern etc.

Wannenhero der Nürnbergiſche Nachrichtgeber das leere Wort-Ge-
pränge und das kecke Bezüchtigen einer ab-Seiten der Hochfürſtlichen Häußer Brandenburg zu Schulden gebrachten Reichs-Conſtitutions-widri-
gen Ungebühr füglicher erſpahren können, und er damit eben ſo, wie mit
denen beeden erſtern Gründen, blind anlauffet, deßwegen man auch dabey,
dann bey denen nachkommenden zwey Abſäzen, deren Richtig- oder Unrich-
tigkeit von denen Actis und Protocollis judicialibus lediglich abhanget, ſich unnöthiger Weiße nicht aufzuhalten hat; um allein aber (a) jene
über der in zweyten Abſaz mit num. 1. bemerkten, und alldorten (9.) ganz
kurz, gewiß nicht ohne Verdruß, als gewinnlich für Brandenburg ange-
zelgten cauſa an. 1628. ergangenen Cameral Urthel nach ihrem buch-
ſtäblichen Ausdruck bemercken ſolle, zur ſattſamen Bewährung, welch voll-
gültiges Gericht denen Hochfürſtlichen Zoll-Gerechtſamen und deren Poſſeſſion die höchſte Juſtiz älterer Zeiten, unter ernſtlicher Verhebung der
wiedrigen Turbationen, und Verdammung des Gegentheils in die Ge-
richts-Coſten beygeleget habe: ſed habent ſua fata libelli, höret man
den Nachrichtgeber ſich und ſeinen Committenten tröſten, wenn das Recht nicht
nach ihrem Wunſch und Dünckel ausfället, oder der rühmende koſtbare Betrieb
nicht gleich balden reiffe Früchte trägt, wo indeßen demſelben (b) das beträcht-
liche Glück nicht abzuſprechen iſt, eine ſolche genaue Kundſchafft interiorum
ſecretorumque Cameralium vielleicht nicht ohne Verwunderung fremder unpartheyiſcher Leute, zu beſitzen, dergleichen man dißeits weder von
denen zu Anfang gegenwärtigen Seculi beſtellt geweſenen Re- und Cor-
referenten (ausgeſchieden, was die zu Regensburg vorgekommene Viſi-
tations-Protocolla eröffnen) noch von denen ſchon lange praeparirten
Relationen, noch auch von denen feſtgeſtellten Principiis decidendi
ſich keineswegs erfreuen, wohl aber c) hoffen darff, es werde auguſtiſ-
ſima Camera bey des ganzen Wercks nähern Einſicht, den äußerſten Un-
fug gegentheilig ſimulirter Beſchwehrden hocherleuchtet erkennen, und ohne
der intendirenden Trennung derer ex adverſo mit allen Fleiß verviel-
fältigten, doch auf einerley Grund beruhenden Zoll-Sachen, Plaz zu geben,

nicht anständige Schreib-Art übersiehet, das volle Gewicht dieser unwiderleglichen Realien nicht wohl abzusprechen ist.

(9.) Das hier dem hochfürstl. Hauß zuerkannte Possessorium der Zollgerechtigkeit konnte Nürnberg freylich nicht behagen, deswegen man integrum sententiae tenorem lieber weggelaßen und statt beßer die der Urthel sub num. 11. beygefügte Declaration mit dem Jedoch bemerket hat, wiewohlen am Ende wenig daran gelegen ist, ob die verwürkte Zollstrafen denen Fuhrleuten oder denen Kaufleuten zur Last fallen.

(10.) Dieser Erfolg wird in jenseitiger weitern Nachricht p. 18. der allzugeneralen Anfragen und denen verschwiegenen Special-Umständen Casus praesentis beygemeßen, doch sehr unkünstlich, weil doch überhaupts das generale mehr als das particulare bedeutet, und der die Frage veranlaßten causae besonders noch immerfort unbekannte Umstände generalitati principiorum nicht derogiren mögen.

Das zwölfte Capitul.

Von der Schwobacher Pfarr.

Von dem Alter dieser Pfarr, und wie das Closter Eberach in und um Schwobach etwas überkommen, handelt Falckenstein in der Schwobacher Chronick, und auch die Stieberische Topographie. Was aber die Verbindung der Schwobacher Pfarr mit dem Closter Eberach anbetrifft, so schreibet sich solche von der Zeit her, als Schwobach selbst dem gedachten Closter angehöret. Es nahm nemlich damalen das Closter nach Gewohnheit derselbigen Zeiten die Güther der Kirchen an sich, und wollte Herr der Pfarr seyn. Ueberhaupt ist bekannt, daß die Pfarrer ehedem das Guth der ihnen anvertrauten Kirchen zu sich gezogen. Das Closter gab also dem Pfarrer, den es nur einen Vicarier nennte, von den Kirchengüthern blos so vieles, als ihm geliebte. Indessen hieß in Schwobach der Pfarrer zum Unterschied anderer Vicarier, welche von dem Innhaber der Kirchengüther nach Gefallen gesetzet und entsetzet werden können, ein ewiger Vicarier; zum sichern Kennzeichen, daß dem Closter kein Recht irgend über die Pfarr oder den Pfarrer zustehe. Indessen da die Gottesdienste täglich gemehret und erweitert wurden, nach Gestalt der catholischen Kirchen, besonders wegen der Vigilien und Jahrtäge, welche ihre eigene Stifftungen hatten; so folgte nothwendig, daß die Zahl der Priester muste gemehret werden. Wäre das Kirchenguth nicht zum Theil in Handen des Closters Eberach gestandten, so würde gar bald dießfalls eine Auskunft haben getroffen werden können. Dahero geschahe es dann, daß, weil Eberach das Kirchenguth nicht in seinem Wesen gelassen, der Pfarrer und das weitläufftig auseinander gesetzte Pfarrvolk zu Schwobach sich selbst zu helfen suchte, und nach dem von Eberach an sich genommenen Kirchenguth verschiedentlich zu greifen bemüßiget wurde. Dieß erkennt man unter andern aus den beeden Thaidigungen, welche aus dergleichen Veranlassungen an. 1374. und 1403. verabredet worden, um wiederum Ruhe und Friede herzustellen. Umsonst muß auch nicht noch jetzo das Closter Eberach denen Beamten zu Schwobach in recognitionem des Schußes über das Kirchenguth etwas von Alters her gesetztes abgeben. Von dieser und andern dergleichen recognitionen wird künftig zu reden, Gelegenheit sich an Handen geben. Dermalen wird es genug seyn, benannte beede Thaidigungen, deren ältere in der jüngern enthalten, hier abschrifftlich mitzutheilen.

Wir Friderich von Gottes Gnaden Burggraff zu Nürnberg, und wir Berchtholdt Abbt deß Closters zu Hailßbrun, In Eystetter Bistumb Cisterzer Ordens beckennen offentlichen mit diesem Brieff allermeniglich und jeglichen gegenwertigen und zuckünfftigen Ansehern dieser Brieffen, daß auff die Materie des Kriegs und Zwitracht die gehandelt worde, und die man Forcht, daß Sie gehandelt würde, zwischen den georodneten Geistlichen Manne, Herrn Peter Abbt, deß Closters zu Ebrach und dem Conuent daselbst Cisterzer Ordens Würzburger Bistumbs von einem Theil Und dem E. Mann HErn Ulrichen Meckhenloßer ewigen Vicarier der Pfarr Kirchen in dem Marckh Schwobach, und den Obern Rathgeben Rathgeben und Inwohnern deß Marckhs zu Schwobach Eystetter Bistumb auf den andern Theil, über den Gebrechen der Zahl der Priester und Gesellen die mit dem vorgenannten ewigen Vicario daselbst in dem vorgenannten Marckht und Seiner Pfarr in Göttlichen Ambten dienen sollen, derselben Priester und Gesellen Zahl die vorgenannten HE. Ulrich ewiger Vicarier und die Obern Rathgeben Rathgeben und Innwohner des Marckhs zu Schwobach für wahr gesagt und fürgeben habe, Dieselben Zahl ungenügig und untüglichen und zu Klein sein zu dem Regieren und verwesen deß Volcks der ganzen Pfarr und deß Marckhs zu Schwobach, und über die vorgenannten Zwitracht zu stillen, als viel, alß Unß müglich ist, gänzlich auß zu reuthen und zu machen zwischen den vorgesamten Theilen in künfftigen Zeiten ein ewige wehrende einigkeit und eintrechtigkeit, So haben beede vorgenannten theil williglichen und freylichen mit zeitiger Vorbedrachtung Gunste und Wohlgefallen, aller der, die die sache angehet oder angangen hat, zusammen gelobt in Unß obgenannten Friedrichen, Burggraffe zu Nürnberg, und Berchtholden Abbt zu Hailbrun, alß Schiedleuth und Freundtliche verrichter die von beiden theilen darzu genohmen sind, und haben Unß auch die vorgenannten theil, demüthiglich mit Anligung gefordert unnd gebeten,

die

die vorgenannten Schidunge vnd Richtunge an Vns zu nennen, alß daß
in einem offen instrument darüber gemacht vollkomentlicher begriffen ist,
deſſelben Instruments Form vnd Haltunge, hienach Stehet in dieſen Wortten in nomine Domini Amen, Innhaltung dieß offen Instruments
kundt ſey allermänniglichen offentlichen, daß in dem Jahre von der Gebur-
the des Herrn, Taußent vier Hundert im dritten Jahre, In der Eylſten
Indizen Pabſtumbs deß Allerhehligſten in, Gott Watters vnd vnßers
Herrn, HE. Bonifacii von Göttlicher Fürſichtigkeit deß Neunten Pabſts,
In den vierzehenden Jahre an den lezten Tage des Monats Auguſti in
der Neunten Ore, oder dabey In der Veſte Cadolzburg, Würzburger
Biſthumbs In meiner offens Schreibers, vnd der hernach geſchrieben Zeugen gegenwertigkeit wahren In eigener Perſohn geſtalt, der Ehrwürdige
Watter vnd Herr, Herr Peter Abbt zu Ebrach Ciſterzer Ordens Würzburger
Biſthumbs, In Seinem vnd Seines Conuents zu Ebrach nahme, von einen
theil vnd den Erbar Mann Herr Virich Meckhenloher ewiger Vicarier der
Pfarr Kirchen zu Schwobach vnd auch die Fürſüchtigen Manne, Conradt Sto-
re, Friedrich Linckh, vnd Conradt Hilpolt, Burgere des Marckhs Schwobach
für Sich vnd alle gemeinſchaffte, vnd in dem Namen der Burger vnd Junwoh-
ner deß Marckhs Schwobach, Enſtetter Biſtumbe auff den andern theil, vnd ſein
einmüthiglich einer ſchidunge einrechtig worden, in dem Durchleuchtigen Fürſten vnd Herrn, Herrn Friedrichen Burggraffen zu Nürnberg, vnd in den Ehrwürdigen Watter vnd Herrn, Hrn Berchtholden Abbt des Cloſters zu
Hailsbrun Ciſterzer Ordens Enſtetter Biſiumbs, alß in Ihr ſchiedleuth
ſcheider vnd Freundtliche Verrichter von mehrung wegen, vnd über die
mehrunge der Zahl der Prieſter vnd Geſellen, In Göttlichen Dienſte der
Pfarr Kirchen zu Schwobach, vnd für Regirer des Volckhs vnd von mehrung
wegen Göttliches Dienſtes daß bißher zwiſchen ihn gehabt vnd gehandelt iſt, vnd
gaben vnd verliehen den vorgenannten ſchiedleuthen vnd Freundtlichen verrichtern aller ſache, Gewalt vnd vollkomeñe Macht, die vorgenannten ſache vnd Klage freundtlichen zu enden vnd zu ſezen zu leutern vnd außzuſprechen zu ordnen
vns zu ſcheiden, mit Wortten oder inſchrifften in Gegenwertigkeit oder
in Abweſung beider vorgenannter theil, oder eines theils an werckhlich oder
vnwerckhlichen Tagen ſtäude oder führende Ordnung des Rechts gehalten,
oder nicht gehalten, wo wenn vnd alß offt, den vorgenannten ſchiedleu-

then

en vnd freundtlichen verrichtern nuzdinckhet sein vnd auch hinzu gesezt, in
dem zusammen geloben, ob es den schiedleuthen nuze dünckhet sein, zu einer leichtern eintrechtigkeit zu machen, daß Sie mögen zu ihnen nehmen,
den Erbarn Mann H. Petern Dechant des Stifftes zu Onolzbach, Würzburger Bistumbs, der mit den schiedleuthen, die vorgenannte sache vnd
Clage freundtlichen enden soll, vnd die vorgenannte zusam gelobt haben,
auch gelobt mit Handtgebenden Threuen mir hernach geschrieben offen
Schreiber alß einer bewerlichen Persohn, ewiglichen Stete, danckhneme
vnd veste zu halten, ohn alles Gefährde vnd ohn alle Gegen Liste, Be-
trügnuße vnd Verzeihen hintangesezt, alles daß daß die vorgenannten
Schiedleuth vnd Verrichter zwischen Ihn, sagen sezen außsprechen vnd
ordiniren, auch haben Sie gelobt, daß Sie künfftiglich besorgen vnd
thun wollen alß viel alß an Ihn ist, daß die vorgenannten Sache vnd
Klage gestillet vnd hingeleget werde, nach der Forme alß vorgeschrieben ist,
nach Keinerley Hintern, damit die vorgenannte Sache vnd Clage möchten
geendert werden, alß vorgeschrieben ist, vnd vber däß Vorgenannt alles vnd
jegliches, haben die vorgenannten Zusammengelober Weiter theil vnd ein
ieglicher mich hernach geschrieben offen Schreiber gebeten, Ihn zu machen,
eines oder mehr offen Instrument, dieser Ding sind geschehen des Jahres der Indizen deß Babstthum des Tages des Monats der Orte der Statt
alß oben geschrieben ist, in Gegenwertigkeit der hernach geschrieben Zeugen, die darzu gerufft vnd gebeten wurden, deß Durchleuchtigen Fürsten
Herrn Johannßen Burggraffen zu Nürnberg, vnd der Erbaren Manne
vnd Herrn Petrus Dechant zu Onolzbach, Herr Thomas Sinder Pfarrer zu Leutershaußen, Herr Vlrichs Kettenawer Pfarrer zu Zierndorff,
vnd der Erbarn Vesten Ritter Hrn. Ehren Frides, Hrn. Walters, Hrn.
Burckharts, Hrn. Hilpolts von Seckhendorff, vnd viel ander Priester
vnd leyen obiger Persohnen, vnd wenn Ich obgemelter Johannes Franckh
ein Clerickh Würzburger Bistumb ein offen Schreiber von Keyserl. Macht,
mit den vorgenannten Zeugen bey allen vnd Jeglichen vorgeschrieben Sachen, da die also geschahen vnd gethan wurden gegenwärtig gewest bin,
vnd die also hört vnd sahe geschehen, darumb hab Ich dieses offen Instrument mit meiner eignen händig geschrieben geöffnet vnd gemacht, vnd
in diese offen Forme gebracht vnd mit meinen gewöhnlichen Zeichen vnd

P 3   Nah-

Nahmen gezeichent, darüber gebeten vnd gefordert zu einen Glauben vnd
Zeugnüße der vorgeschrieben Dinge, wir obgenannte schiblcuth vnd verrichter friderich Burggraffe zu Nürnberg vnd Berchthold Abbt zu Hailß-
brunne haben zu Vnß genohmen mit beider vorgemelter Theil Freyen Willen vnd Gunste den Erbarn Mann Meister Peter von Mindrichingen Dechant zu Onolzbach für einen mitverbunden mit Helffer in den vorgenannten Sachen, vnd haben die Beschwerung vnd Plrde der Verschidung oder
Richtigung von Bede vnd anlleJunge der vorgeschrieben theil williglichen an
Vnß vnd zu vnß genohmen, doch vnwiederruffen vnd Krenckhung der Schidung vnd Richtigung die vor Zeiten vnd etwan geschehen ist, zwischen H.
Otten desselben mals Abbt zu Ebrach vnd Seinen Convent von einem
Theil vnd Herrn Heinrich desselbenmals ewigen Vicarier in der Pfarr Kirchen zu Schwobach auf den andern theil, vmb die vnd vber Vngenüglich-
ckeit vnd Kleinheit der Priester vnd gesellen nahrunge, die in der vorgenannten Pfarr Schwobach mit demselben Herrn Heinrich zu derselben Zeit In
göttlichen Ambten dienen sollen, alß daß in einem Brieff der mit Bewehr-
ten Jnsigeln darüber ist bevestet vnd gemacht völliglich begriffen ist, desselben Brieffs Handlunge vnd Ferme hernach geschrieben stehet in dießen
Wortten: in Nomine Dominj Amen, Alle gegenwertige vnd zukünfftige Anseher dießer gegenwärtiger Brieff erkennen ewiglich daß die Materie
des Kriegs oder Zwitracht die gehandelt ward vnd alß man Forcht gehandelt würde, Zwischen vnß Herrn Otten Abbt und daß Conuent
zu Ebrach Würzburger Bißthumbs, von einem Theil, vnd Herrn
Heinrichen ewigen Vicarier der Pfarr Kirchen zu Schwobach für sich vnd
Sein nachkommen auff den andern theil, vber deß vorgenannten Vicariers
Gesellen pfründte vnd Nahrunge die Er für gabe vnd für wahr sagte, vn-
genüglich zu klein vnd zu geringe sein, Auff die Zwitracht zu sezen vnd zu
stillen vnd gründlich außzureuthen, vnd ein ewig wehrende einigkeit vnd
eintrechtigckeit zu machen, haben wir vorgenannten beide theil, mit einer
vorgehabten zeitigen Betrachtunge Wohlgefallen vnd Gunst aller der, die
die sache angingen einem Zusaz der Erbarn Manne Herrn Johannßen Pfarrer zu Roth H. Conradts von Schwobach Vicarier zu St. Laurenzen
zu Nürnberg, Christian von Gem Richter zu Schwobach Friedrich genannt, Augustus, Heinrich genannt, Waldner, Heinrich genannt, Tracht
vnd

vnd Friedrich genannt Linckh, Burgere des Marckhs zu Schwobach, die
Materie des vorgenannten Krieges befohlen vnd vollkommen Macht geben
den vorgenannten Manne alß Getreu wůrdigen schied leüthen die von beiden thellen mit fleißiger Anligunge darzu gebeten sind worden, die sich auch
der Bůrde der schidung vnd die vorgenannten theil einiglich eintrechtig zu
machen williglich vnterfangen haben, vnd über die vorgenannten Zwitrech-
tigkeit haben wir Ihn offenlich geben vollkommen macht keinerley Wieder-
ruffung darein zu kommen zu ordiniren zu machen ein eintrechtigkeit vnd
mesigkeit der vorgenannten Pfrůndte dieselben Schiedleüth haben sich geeini-
get eintrechtiglichen vnd einmůthiglichen in ein Vrthell einer Ordnungen vnd
eintrechtigkeit, vber die vorgenannten Pfrůndte mit zeitigem Rathe vnd
vorgehabter Betrachtunge in der Maß alß hernach geschrieben Stehet Ewiglichen zu weren, vnd haben erkant vnd geordinirt, daß der vorgenannte
H. Heinrich ewiger Vicarier zu Schwobach vnd alle sein nachkomen ewiglich in kůnfftigen Zeiten, Drey Priester vnd Gesellen In Seinen Tisch
vnd in Seiner Herberg halten soll, die Er in Seinem Tische mit Eßen vnd
Trinckhen ewiglich versehen soll alß zimblich vnd redlich ist, vnd daß Er
dieselbigen Kost ehrlichen vnd bequemlichen mög geleiden vnd getragen zu
ehrn vnd gemach Seiner ganzen Pfarr, So haben die vorgenannten Schid-
leüth geordinirt vnd geschieden, daß wir vorgenanten Abbt vnd Conuent
zu Ebrach demselben ewigen Vicario vnd allen Seinen nachkommen, von
erste an, von vnßern Casten In vnßern Hoff zu Nürnberg, Sechß vnd
zwainzig Simra Korns, vnd zwey kleine Maaß die man nennet Caar, vnd
Sechzehen Simra Habern, alß Sie der Meister Ebracher Hoffs zu Nürnberg in Seine Ambt vnd Gůlden gemeinglich gehaben mog ohn alle Betrie-
gung vnd Liste, vnd auch zwölf Caar Waizen geben sollen vnd geben werde ohn alle münderung vnuerzöglich alle Jahr, Jährlichen auff aller heiligen tag, Item den Zehende groß vnd klein in den Newungen, die man
nennet Reüthzehende bey der Brunste in der Marckh zu Schwobach gelegen,
Item gemeiniglichen allen kleinen Zehenden des ganzen Marckhs zu Schwobach vnd zu Tellenhoffen, die zu Teutsch heiße vnd genannt werden, Hop-
fen, Erbeis, Kůchern Bonnen, Wůckhen, Flachß, Hanff, Mahen, Linßen, Ruben, Kraut, Hirsch, Tatel-Korn, Karten, Hüner, Genß,
Enden, Schwein vnd Keßen vnd auch alle Klein Zehende, welcherley Nahmens

mens Sie sind, oder mit welcherley Namen Sie genennet werden, die
werden vnd sollen alle gehören ganz vnd gar zu demselben ewigen Vicario
vnd Seinen nachkommen gehören ohngefährde, Item durch die ganzen
Pfarr vnd durch alle Dörffer vnd Weyler ausgenohmen, In dem Dorff
„Poppenreuth, soll der obgenannt Vicarier, vnd sein Nachkommen,
„aufheben vnd einnehmen die hernach geschrieben Klein Zehende,
„Hüner, Genße, Enden, Keße, Schwein, vnd die Pfennung von den
Füllen der Pferdte, doch mit Beheltnüße vnd ohn schade dem vorgenannten Vicario vnd Seinen Nachkomen an Seinen Rechten vnd nuzen die
Er vnd ander Sein vorfahrende an der Pfarr vnd in der pfarr in der Wiedem bey Schwobach vnd in andern Seinen Dörffern an Wißen an Zinßen
an Gülten oder an welcherley andern sachen daß ist die Er bißher von lan-
ger vnd alter Gewonheit gehabt hat, die solle im Fürbaß frey hailsam vnd
vnversehrt ewiglich bleiben, Item zu Dietersdorff, rotenbach, Holzhelmb,
vnd Inßenbach sollen die Zehende von Ruben, von Keßen, von Enden,
von Hünern, Genßen, als vorgeschrieben ist, gehören dem vorgenannten Vicario und Seinen Nachkommen, vnd daß Er bequemlichen
getragen müge auß den vorgenannten nuzen nicht allein die vorgenannten Pfründte alß vor berührt ist, Sonder auch alle Bi-
schöffliche Recht vnd Bürde oder ander Anlegung vnd Auffezung
die gewöhnlichen andern ewigen Vicarier angelegt werde, vber die vorgenannten Ding haben die vorgenannten Schiedleüth wohlgeacht vnd ge-
merckht daß ein klein Ding ist Recht zu sezen, es sey dann, daß man dieselben schuz vnd Handthab, vnd haben gesezt vnd geordiniret mit schuldigen threuen beider vorigen theil, daß dieselben beede theil dann den Ehrwürdigen in Gott Vatter vnd Herrn, Herrn Raben Bischoff zu Eystett
fleißiglichen bitten sollen, daß Er alle vnd jegliche vorgenannte schidung sezung vnd Ordnunge stehe vnd Danckhnemme haben wolle, vnd Sie auch
mit anhenckhunge Seines Insigels bestätten, vnd wir schiedleüth, als wir
oben mit Nahmen genennt sein, bekennen daß wir alle vnd jegliche schidunge sezung vnd Ordnung alß vorgeschrieben ist mit guten Threwen vnd fleißiger embsigkeit von beider Theil Gunst vor vnd offenlich gemacht vnd gethan
haben, vnd wir Raben Bischoff zu Eystett haben aller vorgenannter schidung, sezung vnd Ordnunge durch die Liebe Gottes vnd daß Hail der Seele

vnd

ben, nicht nur die billige Erinnerung hochlöblicher Reichs-Visitation vom 2. Dec 1709 sondern auch zugleich den trifftigen Gehalt derer, In jenseitig weitern Nachricht Sub Num. XXXIX. angemerckten Puncten, darunter vornehmlich den sowohl beede Hochfürstliche Häuser Brandenburg als übrige benachbarten schwehrdruckenden punctum reconventionis, tam de jure Communi quam' Camerali simul cum conventione' tractandum, solchermaßen beherzigen, daß Hochderselben erkleckliché Justiz-Pfleege Hochfürstlich Brandenburgischer Seits man ewig zu preißen, keineswegs aber das von Nürnberg öffters regierende fatum zu fürchten Ursache haben möge.

In welchen tröstlichen Zutrauen man dem vierdten Absatz, die durante Justitio Camerali am Kayserlichen Reichs-Hoff-Rath fortgesezten Zoll-Klagen enthaltend, jezo mehr nicht entgegen stellet, als was auf dem Reichs-Tag mittelst derer In jenseitig weiteren Nachricht per XIX. XX. XXI. XXIV. XXV. XXVI. XXVII. XXIX. XXXII et XXXIIX. numerirten Druckschrifften gründlichst vorgetragen worden, und nachdeme sämtliche 3. Reichs-Collegia die Unrechtfertigkeit und Illegalitaet des Nürnbergischen Unterfangens, quaestionirte biß dahin beym Cammergericht verhandelte Zoll-Sachen währendem Justitio zum Kayserlichen Reichs-Hoff-Rath bringen zu wollen, per Conclusum uniforme de 14 Julii, 1706. klar und deutlich genug (10.) anerkannt haben; So egibt sich von selbsten, wie, und welchergestalten eines Theils das contradicirende Commissions-Decret vom 24 Nov. 1706. bey reiffer Erwägung der im teutschen Reich denen Ständen gleichmäßig mit Kayserlicher Majestät angehöriger Macht und Befugniß, Reichs-Gesetze zu geben und zu interpretiren, müße angesehen, und was für rechtliche Crafft andern Theils denen besagten Commissions-Decreto nachgehenden Reichs-Hoffräthlichen Verfügungen könne zugeeignet werden? Verum sat sapienti et Patriotae!

Nachdeme ferner die im fünfften Absaz recensirte zwiefältige Sache, das von dem Nürnbergischen Magistrat, in Territorio Brandenburgico zu dreyen verschiedenen mahlen gewaltsamlich manuque armata niedergerissene Eschenauer Zoll-Hauß, dann die Hochfürstlich Brandenb. Culmbachischer Seits, bey unterbliebenen, obgleich sehnlichst gebettenen provisoviſorio, licitae Defenſionis et retorſionis ergò, hinwiederum demolirte Buckenhöfer Stock-Förſters-Wohnung betreffend, ſchon vor etlichen Jahren auf den allgemeinen Reichs-Tag gelanget iſt; Alß muß man billich vor einen Ueberfluß achten, ſich derenthalben jetzo umbſtändiger zu expliciren; man will vielmehr auf die an. 1748. herausgegebene Actenmäßige Speciem facti, ingleichen auf den jenſeitigen ſo betitulten Ungrund des Hochfürſtlich Brandenburg Culmbachiſchen Recurſus comitialis entgegengeſetzten beſtärckten Grund etc. welchen zwar bißherige harte und ungewiße läufften noch nicht zur offentlichen Diſtribution kommen laſſen, ſich nur lediglich beziehen, unterdeßen keineswegs zweifflend, es werde ob der ſchon genugſam bekannten Geſchichte und deren wahrem Zuſammenhang jedem ohnpartheyiſchen in die Augen leuchten, was für ohngezäumte Feindſeeligkeiten und freche Thathandlungen der Rath zu Nürnberg, wo ihm nur die Uebermacht und die Gelegenheit begünſtiget, auszuüben fähig ſeye! und mag übrigens das augendi odii gratia mit groſſen Buchſtaben oben ausgedruckte Vorgeben auf ſeinen ſchlechten Unwerth erſitzen bleiben.

Der ſechſte Abſatz ſoll endlich ordinem rei et ſtatum controverſiae auf das allerkürzeſte vor Augen ſtellen, iſt auch von Wort zu Wort dem Authori Hiſtoriae Norlb. Diplom. abgeborget, und deſſen Gedenckungs-Arth gemäs ſeuchte genug ausgefallen, dabey jedoch Zweiffels-ledig mit Fleiß ſo gefaßet, als ob die Hochfürſtl. Häußer des ſtrittigen Zolls halber in peritorio verſirten, hergegen Nürnberg in Poſſeſſorio ſtünde, welches ſich doch gerade umgekehret befindet, indeme Nürnberg mit ſeinen geſchminckten Beſchwehrden den Impetrantiſchen-Hauß Brandenburg aber den Impetratiſchen Theil vorſtellet. Wie nun beederſeitige reſpective Klag- und Ablehnungs-Gründe in obigen erſten Abſatz bereits ihre hinreichende Erläuterungen bekommen haben; alſo iſt hier nur noch mit wenigen anzumercken, daß

ad 1.) das vorzeiten radicitus dem Kayſer allein zugehörige, denn nach und nach denen Reichs-Ständen angediehene, auch von verſchiedenen derſelben ſonſten titulo praeſcriptionis immemorialis, emptionis venditionis, hypothecae etc. etc. erworbene Zoll-Regale

Pſef-

Pfeffinger ad Vitriar. Inst. Jur. Publ. Tom. III. Lib. 3.
    Tit. 4. pag. 507.
zwar (a) per se et simpliciter ex Jure territorii nicht fliesse
    Idem ibid. praec. pag. 500.

jedoch ;b) von den teutschen Königen und Kaysern insgemein, und ordentlicher Weise nur denen Territorial-Herren zugetheilet worden, vid.
supra Observata; daß eben daraus (c.) pro Territorio Burg-
graviali ein gar starckes Argument erwachse, daß folglich (d) der
Nürnbergische Einwurff von denen noch meistens in quaestione seyen-
den Juribus Burggraviatus sich desto geschwinder vereitele, je weniger (e) der Gegentheil zugeben wird, daß seine Vorfahren bey der nahmentlich über das Territorium umb Nürnberg angetrettnen Petitori-
Klage super mero non ente zu streiten unternommen, daß au-
ßerdem (f) die in Sachen Chur-Bayern contra Brandenburg-Culmbach allegirte Reichs-Hoff-Räthliche Verhängnisse der Stadt Nürnberg
nichts zu legen, und man Hochfürstl. Seits wider dieselbe durch die beym Hochlöbl. Cammergericht An. 1628. zugebillichte Possession der Zoll-Gerechtig-
keit sattsam gewahret seye, daß ad II. man die ex adverso eingeklagte Zoll-
praegravationes, deren eigentliche Bewandsam nach, mit Rechts-Be-
standt verneint und ihre Abthuung nur allein um der Reichs Hoff Räthlichen
Gewalt auszuweichen, salvo jure bewerkstelliget, annebst die Kriegeri-
sche Zeiten in einigen Process-Schrifften nur ohngefehr loco argu-
menti secundarii angezogen haben; daß ad III. IV. et V. wegen der
Verträge, Nürnbergische Privilegien um wegen der übel ausgesonnenen
Deutung der Worte, ye zu der Zeit, mehrerholter erster Absaz zur sichern
Auskunfft dienen, hiebenebst die Frage nicht vergeblich seyn werde, ob zwischen der Münze des 14. und der des 16. Seculi, welch Lezteres die denen
Brandenburgischen Waldgenoßen obliegende (jedoch seitdeme leyder! immer-
fortgesteigerte) Pfande reguliret hat, kein Unterschied Plaz greiffe? Weil
übrigens die kurze Nachricht mit dem werthgeschäzten Autore Classico,
vel quasi Canonico, Histor. Norib. Diplom. zu schließen beliebet,
so darff man sich etwan wohl die Freyheit nehmen, das von auswärtigen
unpartheyischen Gelehrten davon ergangene Urthel pro colophone hier
beyzufügen: Sicuti autem in vasto illo annotationum ad codi-

cem

cem Statutorum Noribergensium opere, ita et hic plurima deprehendere licet a scopo prorsus aliena, haud pauca quoque vulgaria, levia et parum accurate dicta, ut adeo vel solo, multa congerendi, Studio sese commendare Autor iste videatur. Acta Erudit. Lips. Mens. Sept. An. MDCCXXXIX. p. 554.

Obfervationes.

(1.) Bekanntlich sind dieße erschlichene Zollbefreyungen weder von Oesterreich noch von Bayern jemahls geachtet worden.

(2.) Warum wird aber wohl hier nicht vollends auf das Privilegium Friderici II. de anno 1219. zuruckgegangen? welches doch der prächtige Commentator Historiae Dipl. Norib. Prodr. pag. 12. für den Grund aller Nürnbergischen Vorrechte und Freyheiten, und weiters pag. 266. pro palmario Noricorum fundamento anpreißet? welches auch den Zoll zu Aschau nur auf die geringen Schiff-Abgaben einschränket, ja von Regenspurg biß Paßau allen Zoll verbietet.— Vielleicht begehret man zu Nürnberg die Urschrift dieses Fridericianischen Privilegii heutigen Tags eben so wenig aus dem Staub hervorzusuchen, als wenig solches ehedem geschehen ist, nach der Anzeige Christ. Gottl. de Murr in Disquisit. de Comitiis Friderici II. Imp. Noribergae celebratis pag. 9. „mirum est, neminem eorum, qui hoc privilegium exhibent, ipsum autographum inspexisse. Inzwischen wird bey dem großen Geräusche, so jener Commentator Hist. Dipl. Norib. von berührten privilegio Fridericiano machet, und theils (a) deßen denen Privilegiis Henrici VII. Ludovici Bav. et Caroli IV. beschehenen Einverleibung, theils (b) die gerichtliche Production jactiret, (ad a.) gewiß ein baumstarker Glauben dazu gehören, um sich zu überreden, daß entweder Henricus VII. und Ludovicus Bav. bey ihren Italiänischen Kriegs-Zügen, zu Pisa oder Carolus IV. bey seiner Crönnng zu Rom, inter missarum solennia, angeregtes Diploma Fridericianum eingesehen haben, es ist auch (ad b) von der gerichtlichen Production mehr nicht bekannt, dann daß in revisorio der Fraiß-Sache denen zu Speyer am 8. Junii 1585. übergebenen brieflichen Ur-

kun-

kunden simplex copia angeflicket worden, so da nicht allein dem Gesez-
und Ordnungsmäßigen modo probandi sondern auch der Eigenschaft
des, keine neue in voriger Instanz noch nicht behörig producirten Urkunden verstattenden revisorii schnurstracks zuwider gelaufen, demnach ohnschwehr zu ermeßen ist, mit was Fug dictus Commentator Historiae
Diplom. Norib. in Prodr. pag. 266. den rechtschaffenen Cameral-
Referenten einer ungeziemenden Uebergehung dieses Fridericianischen
Gnaden-Briefs beschuldige? Wo doch deßen Referenten-Amt mit der
am 8 sept 1583. ergangenen poßeßori-Urthel bereits aufgehöret hatte, aber in der somit beendigten Instanz erwöhnter Gnaden-Brief nicht,
vielmehr erst in Judicio revisorio, und zwar auf ganz illegale und ohn-
zuläßige Art exhibiret worden.

(3.) Eine andere Frage mögte daher entstehen, warum das obigem
Privilegio Carolino im Jahr 1366. nachgefolgte ebenmäßige Caro-
linum

Hist. Dipl. Norib. p. 433.

hier auch nicht angezogen worden? Worauf die Antwort ex ipsis do-
cumenti visceribus dahin gehet, daß man gegenüber (a) sich dasjenige
nicht anständig gehalten, was daselbst von dem Land umb Nürnberg, item
von denen Herrschafften und Gebieten derjenigen Besizer, deren Zölle Kayser. Carol. IV. wiederruffet oder vielmehr nur zuruck stellet, öffters zu lesen ist, dabey man sich jenseits ohne Zweifel erinnert hat, wie vortrefflich
solche Carolinische Zuruckstellung von dem ehrlichen Fraiß-Referenten
pro asserenda territorii Burggravialis pertinentia angewandt
worden,

apud Gylmann. Symph. T. 1. P. 3. Vol. 23. verbis:

„dicit enim ibi Imperator, quod iam antea concesserit Burg-
„gravio Friderico Zoll und Glait eodem modo, ut Comitibus
„de Wertheim, Hohenlohe und Bruneck, aliisque Principibus Im-
„perii, in ihren Herrschafften und Gebieten, quorum omnium Zoll
„und Glait non tam revocat sed verius suspendit, ex speciali
„causa der Kayserl. Hoffhaltung etc. quam ipsam tamen susper-
„sionem, cessante illa speciali causa desiisse, postea colligitur

X 3   „ex

„ex transactione Palatini Friderici de An. 1386. ubi expri-
„muntur der Burggraffen Zollstett versus Bavariam et Franco-
„niam: Et inde clarissime patet, quod non aliunde ex cau-
„sa singulari, sed cum reliquis Territorii juribus ab Impera-
„toribus ista acceperint. Idque juris etiam communis prae-
„sumtio dictat, cum ne in proprio quidem territorio liceat
„gabellas instituere sine authoritate Summi Principis, vel
„Praescriptione temporis immemorialis, difficilius id prae-
„sumitur in alieno etc. Lauter so beschaffene Gedanken, dafür denen
Nürnbergischen Regenten und Hochgelehrten, welche in ihrem stolzen Sinn
das Burggräfliche Territorium um die Stadt bereits lange wollen zu
Boden getretten haben, nothwendig grauen muß, wie (b) für der vom
belobten Referenten auch angezeigten Beweg- und End-Ursache der in
dicto Privilegio an. 1366. begriffenen temporal-Revocation, so
dem deutlichen Wort-Ausdruck nach der Kayserlichen Hofhaltung in Nürnberg und dem daher rührenden starken Besuch der Fürsten und Stände zugeschrieben wird, welcher Ehre in folgenden und jezigen Zeiten die Stadt
Nürnberg (etwann nicht zum großen Kummer deren lieber allein herrschen-
den Regenten) selten oder gar nicht mehr genossen hat, daß also cessante
concessionis causa auch derselben effectus natürlicher Weiße cessiren müßen: Es wäre zwar von der Kayserl. Hoffhaltung zu Nürnberg,
von K. Carls IV. sonderbahren Belieben an dieser Ihm Baß gelegensten
Stadt und von deßen zum Vortheil des Erb-Königreichs Böhmen, dabey gelegten Erweiterungs-Absichten, noch gar vieles zu erinnern; man
begnügt sich aber diesmal nur mit demjenigen, was hiervon Köhler in seiner Reichs-Historia pag. 314. und selbst der partheyische Commentator. Histor. Diplom. Norib. Prodr. p 136. et Oper. ipf. pag.
357. ferners Ludewig in der guldenen Bulle Erläuterung Tom. II. pag.
954. cum praeced. umständiger angeführet haben.

(4.) Ohnangesehen in Pfalzgraf Friederichs Spruch der Zoll zur
Neuen Statt den vorderisten Platz überkommen; so hat jedoch Nürnberg
schon in den ersten Regierungs-Jahren Kayßers Ruperti diesen Zoll wieder aufgehoben wißen wollen;

Hist. Dipl. Norib. pag. 517.

Eine

Eine feine Probe des Nürnbergischen Vertraghaltens. Gleichwohlen erscheinet nachgehends bald wieder ein gewohnter Chamaeleon, maßen
an. 1440 Kanßer Friederich III. kaum erwählet und noch nicht gecrönet
war, als der Nürnbergische Stadt Rath ohnverweilt sein Stadt-Botten
nacher Wien abgeordnet, und die Bestättigung, wie anderer Privilegien
also insonderheit des Pfalzgräfischen Spruch-Briefs, doch ungehöret des
Herrn Marggrafen, ausgewürket hat, teste Hist. Norib. Dipl. pag.
623. cum praeced. pag. 462. et 465. daß es aber mit dieser gemeinen Confirmirung hart zugegangen, hat der Rath zu Nürnberg denen
andern Reichs-Städten schrifftlich angezeiget, und dieselbe, solche stille
Ausbringung in Weißheit und geheim zu halten, ersuchet, laut Urkund in
des Freyherrn von Senckenberg Sammlung 1. Theil N. IX. pag. 35.

(5.) Bey denen Wehr-Zöllen macht oftangezogene Historia Norib. Diplom. pag. 1003. einen geflißentlichen Nebel, wann sie Fürth
und Ferrieben darunter rechnet, welche doch im Harrasischen Vertrag ibid.
p. 754. Verbis: „Item als die von Nürnberg vermaint haben, die
„Zoll zu Fürth und Ferrieden von neuem aufgerichtet seyn, und wieder ab-
„gethan werden sollen, ist beredt, daß sollich Zoll sollen bleiben ausdrück-
„lichen, als Hauptzölle behandelt sind. Ecce bonam fidem No-
ricam.

(6.) Um recht handgreiflich zu cavilliren, will der Autor Histor.
Norib. Diplom. p. 1001. anstatt der in dem selbstigen Abdruck des
Pfalzgräflichen Spruchs-Briefs de 1386. p. 464. befindlichen Worten,
ne zu Zeiten, die Worte lesen neder Zeit, und glaubet, was sonderbares
darmit zu fangen, wann er sich auf den, hundert und zehen Jahre hernach
errichteten Harrasischen Vertrag de anno 1496. berufet, wo je zu Zeiten und jezo eben so, wie an. 1386. einander entgegen gesezet werden:
Ist wohl was verwirrteres nur zu gedenken? Sind beede Ausdrücke einander entgegen gesezet, so kan je zu Zeiten und jezo ohnmöglich einerley sondern jenes muß dictante sana ratione bonaque fide, unstrittig das
tempus praesens, dieses aber tempus futurum bedeuten, welches
auch der zum vermeintlichen Behuf übel angeführte Harrasische Vertrag

Hist. Norib. Diplom. p. 750. et 751.
zum hellesten ausweiset: Verbis: Und ihr Land-Richter des Kanßerli-
chen

chen Landgerichts des Burggraffthums Nürnberg, der je zu Zeiten ist und
seyn wird, item, daß auch Ihrer Gnaden Land Schreiber, der je zu Zeiten ist, oder seyn wird etc.

(7.) Hier ist wohl anmerkungswürdig, wie kahl der Commentator Histor. Norib. Diplom. Prodr. p. 57. in nota * über ober-
wehnt zweyer Gelehrten, denen Brandenburgischen Vertheidigungen beyfällige Zeugniße dahin fahre, wann er großmüthig saget, daß solche aus
denen Documentis sich von selbsten wiederlegten, und daß zumahlen von
der Münze die eigentliche Frage uie obgewaltet habe.   Aber wo sind denn
die angeblich wiederlegende Documenta anzutreffen? und wie läßet sich
salva fronte der Actenmäßige Status controversiae abläugnen, daß
von Nürnbergischer Seite über die Erhöhung der Zölle immerfort geklaget,
hergegen ex parte Brandenburgica diese übel bezüchtigte Erhöh- und
Steigerung aus dem Grund des im 14. seculo bestandenen wahren Pfennig Werths jedesmals cräftigst widersprochen worden?

(8.) Dieser kommet auch sehr nahe, was zu Nürnberg bey der Loo-
sung und bey denen hierzu in der Schau einzuwechselnden Symbolis kund-
baren Gebrauchs ist.

> Conf. gesammlete Nachrichten von der in Nürnberg alljährlich ge-
> wöhnlichen Loosungs-Abgab de an. 1761. nebst daselbst alle-
> girten impressis.

Solcher Aehnlichkeit zu Folge wirde der redliche und pflichteiferige weyl.
Dr. Pachelbel, den jenseitige weitere Nachricht de 11. Novembris
1761 zu wiederholten mahlen hämisch ansticht, wenn er noch lebte, wohl
fähig seyn, Harmoniam Serenissimae Domus Brandenburgicae
et Inclyti Senatus Noribergensis ans Licht zu bringen, Leztern dadurch ein Hof-Compliment zu machen, und mit dergleichen flatterie dasjenige Bittere etwas zu versüßen, welches er dem löblichen Magistrat
nicht nur wegen des übel bestrittenen Brandenburgischen Zollwesen überhaupts, sondern auch wegen des Nürnbergischen Stadt-Zolls und der deßhalber Kayß. Maj. schuldig gebliebenen Million Goldes vorgerucket, worauf man jenseits ex generoso quodam contemtu, sich weiters gar
nicht eingelaßen hat, da inzwischen denen Pachelbischen Arbeithen, soferne
man ohnnöthige historische Ausschweifungen und die der heutigen Mode-
nicht

vnd von bede wegen der vorgenannten theil steth vnd danckhnemme gehalten,
vnd auffgenohmen, vnd haben Sie mit Rechten wißen bewehrt vnd confirmirt vnd zu ein offen Zeichen des bewehrens vnd der Bestättigung ist
Wnßer Insigel an dießen Brieff gehenckhet, vnd wir Bruder Ott Abbt
vnd daß Conuent deß Closters zu Ebrach beckennen daß alle vnd ieglich vorgeschriben Ding wahr sein vnd alle geschehen vnd dargangen sind von vnsere
Gunste vnd Wohlgefallen, vnd geloben die ewiglich zu halten mit guten Lautern
Threwe vnd daß zu gezeügniße beckennen daß Wnßer Insigel von Rechter
guter wißen an dießen Brieff gehangen sind, vnd Ich Herr Heinrich ewiger Vicarier zu Schwobach bekenne für mich vnd alle mein nachkommen, daß
alle vnd jeglich vorgeschrieben Sach wahr sind, vnd daß die geordnet sein
zu nuz vnd zu Ehren meiner vorgenannten Kirchen, vnd gelob auch die für
mich vnd meine nachkommen mit guten threwen ohn alle verwandelung zu
thun, vnd vnuerbrochenlich zu halten, deß zu gezeügniße ist mein
Insigel mit Rechten wißen an dießen Brieff gehenckht, Dieße Ding sind
geschehen da man zehlt nach Christi Geburth Taußent drey hundert Vier
vnd Siebenzig Jahre vmb St. Michelstag deß heyl. Erz Engels, der Schiedung vnd schiedung Brieff wollen wir obgenannten schiedleüthe vnd verrichter mit der Materie der obgenannten Zwitracht die an Wnß gesezt ist, mit
dießer gegenwertigen Wnßer schiedung Ausspruch vnd Ordnunge Kein
Krenckhunge vnd Beschwerunge machen, Sonder Dieselbe schiedung in
allen Ihren Artickheln vnd puncten meinen wir hailsam vnd vnverserth zu
bleiben, Sonder in dießer gegenwertigen obgenannten Zwitracht zu einuge
vnd Richtigunge der vorgenannten theil scheiden sezen vnd sprechen wir vorgenannten schiedleuth zwischen Wnß, als hernach geschrieben stehet, daß
der vorgenannte Vlrich ewiger Vicarier der Pfarr zu Schwobach oder
wer nach Ihn in künfftigen Zeiten ewiger Vicarier da sein würdet zu ihm
nehmen haben, vnd stettiglich halten soll andere Priester vnd gesellen zween
vber die Zahl der Dreyer Gesellen die Er vormals von Altersher gehalten
hat, zu dem Dienste Göttlicher Ambt, vnd dieselben zween Gesellen sollen
in gleicher maß mit Ihm vnd den vorgenannten Dreyen Priestern vnd gesellen daselbst dem Verwesen vnd dem regieren des Volckhs in der vorgenannten Pfarr Kirchen zu Schwobach, vnd in den drey Kirchen die darzu
gehören Fleißiglichen vnd sorgfaltiglichen alß Recht ist, anlegen vorsein vnd

verſehen vnd alß Sie von Rechtswegen vnd billichen thun ſollen,　Dieſelben zween Geſellen ſollen auch von allen Seelgreten Vigilien, von Hoch-
zeitlichen täglichen Theylungen, gabe vnd Fällen, der die vorgehabte halten, Drey Prieſter vnd geſellen, genoßen gebraucht eingenohmen vnd ſich
bißher erfreut haben, von wem die herkommen ſind, es|ſey vom pfarrer
gemeineſten oder Pfarr Volckh an Gelt ſchenckhunge, an Jährlichen Lohne
oder an Betllichen vnd andern ſachen in gleicher maße vnd Weiße ſoll Ihr
ieglicher derſelben zweyer Geſellen derſelben Stuckh vnd Artickel aller zu Seinen theil ſo viel nehmen,　haben vnd nießen alß ieglicher der vorgehabten
dreyer Geſellen vor genoßen eingenohmen vnd gehabt hat ohngefehrde, wie
ſetzen vnd ſcheiden darzu daß der Pfarrer der iezunder da iſt, oder ein ieglicher ſein Nachkomme, der in zuckünfftiger Zeit da ſein würdet für baß in
künfftige Zeiten mit dem vorgenannten fünff Geſellen ſelb ſechſt Göttlichen
Dienſt dem regiren vnd vorweſen deß Volckhs fleißiglichen vorſein vnd auch
alſo daß Er ſelber oder ſeiner auß Seinen Geſellen alle Tag täglichen es
ſey hochzeitlich oder werckhenlich Tag in dem Neuen Spithal zu Schwobach zwiſchen der Frühemeße, die man helt in der Pfarr Kirchen zu Schwobach vnd der offen Tagmeße, ein Meße leſen ſoll vnd halten oder ſchickhen
daß Sie geleſen vnd gehalten werde, vnd auch ſoll derſelbe Pfarrer vnd
ein ieglicher Sein nachkommen fürbaß beſtellen vnd ſchickhen, daß Sein
Geſelle zuſtunden nach der Frühemeße die man helt in der Pfarr Kirchen
oder Vnter derſelben Frühe Meße vor der Meße in dem Spitahl oder vnter
der Tagmeße, alßdann dem Pfarrer aller füglichſt iſt an wercklichen Tagen
etlich meſſe leſen oder ſingen ſolle, doch alſo, ſo Sie Ihr Erbar gewißen
vnd Vernunfft darzu mahnet vnd weiſet, Es ſoll auch ein Jeglicher Pfarrer der iezunden da iſt oder Fürbaß da ſein würdet mit Seinen Geſellen alle
Tag täglichen Veſper ſingen in der Pfarr zu Schwobach, wir ſetzen vnd
ſcheiden auch, daß, daß vorgenannte Spithal vnd alle Arm vnd Krankhe
Menſchen vnd Innwohnere deßelben Spithals, mit allen Ihren Dienern
vnd Haußgeſinde vnter der Seelſorg eines ieglichen Pfarrers zu Schwobach ewiglichen ſein vnd bleiben ſollen,　vnd auch Ihr Gräbniße in der
Pfarr vnd der Pfarr Kirchhoff haben ſolle, vnd auch mit allem Opfer leichten Seelgraten vnd allen Pfarrlichen Rechten, einem ieglichem Pfarrer
gehorſam vnterthänig ſein vnd gewärtte, als ander ſein Pfarrvolckh, vnd

daß

daß auch der vorgenannt Pfarrer Hr. Ulrich der lezunden da ist oder ein
Jeglicher Sein nachkomme die vorgenannten zween Priester und Gesellen,
die uber die alten Zahl der dreyer Gesellen genommen sein oder genohmen
sollen werden bequemlich und gefüglich halten und ihn Speiße Nothdurfft und
nahrunge vorderlich reichen und geben möge, So haben wir obgenannten schieds-
leuth erkant gesezt und geordnet und sezen ordnen und sprechen auß mit dießen
Gegenwertigen Brieffe, daß der Ehrwürdige Herr, Herr Peter Abbt zu Ebrach
und Sein Conuent und Ihr nachkomme dem obgenannten Herrn Ulrichen ewigen Vicario zu Schwobach und Seine nachkommen antwortten geben und reichen sollen, die hernach geschriebene gut und Zehende mit Ihren Gülten Zinßen
und Früchten mit Nahmen den Zehende bey Schwobach gelegen auff dem
Weldt genn Nürnberg ganz und gar, Item ein Gut gelegen zu Dietersdorff, daß da Gült drey Simra Korns, daß der Widman innen hat, Item
ein Guth gelegen zu Nembsdorff, daß da Gült ein Halb Simra Korns
und eylf pfundt Heller, Item die Mühl in der Statt zu Schwobach gelegen mit Ihren Korn Gülten und ein Wießen in dem Mühlgraben gelegen
die da gibt drey Gulden, die obgeschriebene Gut zehende Wießen und Zinße,
soll der vorgenannt Herr Ulrich Pfarrer zu Schwobach und Seine Nachkommen zu Nahrung und aufhaltunge der vorgenannten zweyen Gesellen
fürbaß in künfftige Zeiten alle Jahr Jährlichen auffheben und einnehmen,
und auch dieselben besizzen entsezen und besezen mit allen Rechten und Herr-
schaffte ohn alle Hinternüße und Wiederred deß vorgenannten Abbts und
Seines Conuents zu Ebrach und Ihre nachkome, doch wollen wir und Sezen ob daß gescheh daß die vorgenannten Gut Zinße oder Zehende eines Jahres oder mehr von ungewitter von Donnerschlägen, von Hagel oder von
Blizen oder von Welcherleysachen daß geschehe verderben und schade nehme
an Ihren früchten und nuzen es wer an viel oder an wenig daß dannoch der
obgenannte Herr Ulrich Pfarrer zu Schwobach und Sein nachkome die
vorgenannten zween Gesellen von Ihm nicht fallen noch urlauben soll sondern Sie gleich, wohl bey Ihm behalte, handeln und gewehren aller Nahrunge und Speiße und Nothdurft, alß ob Er von der vorgenannten Gute
alle Frucht nuz und Zinße vollkommenlich eingenohmen und empfangen hett
zu den vorgenannten theilen vestiglich zu halten mit guten Threwen ohn gevehrde und allen Grawen abzulaßen bey der pœn Taußendt Gul-

Z 2   den

den den halben theil der Taußendt Gulden soll der theil der dieße Richtl-
gung bricht vnd verserth, geben vnßerm Herrn dem Bischoff zu Eystett der
dann zu der Zeit Bischoff da ist, den andern halben theil der Taußendt
Gulden soll der brechende Theil geben dem Theil der da verserth wirdet vnd
die Richtigunge helt, vnd soll darthun an Ayde Statt, Auch sezen vnd
ordiniren wir zwischen den obgeschrieben theilen bey derselben pœn taußendt Gulden, daß der ehegenannten theil keiner noch ihr nachkommen deß
andern theils Guth welch die sein, es sein fahrend oder liegende Zinße,
Gülte Widem-Höffe Häußer Recht Zehende, welcherley die sein alt oder
nur gewöhnlich oder ungewöhnlich zehende gegenwertig oder zukünfftig ober
dieße obgenannten Ordnung vnd sezung vnd ober die obgenannten Guth-
Zinße vnd Gült die zu Haltung der zweyer Gesellen geben vnd bescheiden
sind, fürbaß nimmermehr ansprechen anfordern beleidingen verbieten ver-
kümmern noch auffheben noch Ihm die in keinerley weiße oder Recht zuziehen oder vnterwinden sollen noch wolle, durch Ihn oder ander Leüth ordentlich oder vnordenlich heimblich oder offentlich mit keinerley dürsterkeit Frevel
noch macht vnd mit keinerley Gewalt noch gericht Geistlichs noch wehrentli-
ches, wir haben auch geacht vnd gebriefft, daß die ding die Ewiglich bleiben vnd wehren sollen, wohl billich mit Gezeügniße der schrifft beveftent
vnd gestorckhent sollen weren, darumb daß der Menschen Gedächtniße ver-
geßentlich vnd vergänglich ist, vnd die Zukunfft des Todes vnwißenlich vnd
vnwenlich kombt vnd gewiß ist, darumb so sezen wir vnd scheiden bey der
obgeschriebenen pœn, daß ieglicher vorgeschrieben theil den Ehrwürdigen
in Gott vatter vnd Herrn, Herrn Fridrich Bischoff zu Eystett mit sorgfel-
tigem beden bitten sollen, daß Er alle vnd ieglich vorgenannter Schidung
vnd Ordnunge stethe vnd danckhnehme haben wolle vnd Sie auch an Seinen besondern Brieff ob deß nothdurfft würdet, vnd Seinen anhangenden
Siegel besterckhen wolle, vnd auch dieße Brieff mit Anhenckhunge Seines
Insigels wolle bestätten, wir offtgenannten schiedleüth bekennen, daß wir
alle vnd iegliche vorgeschriebene Ordnunge vnd sazunge mit guten Threwen
vnd fleißiger embsigkeit mit beider theil freyer Gunste vor vnd nach darüber
geben alß gemacht habe, vnd zu gezeügniße vnßer Innsiegel an dießen Brieff
gehenckht habe, vnd wir Friederich Bischoff zu Eystett haben Gott zu Ehren vnd den Seelen zu Hall vnd von fleißiger bete vnd Forderung wegen
dieße

diese Gesezung vnd Ordnunge stethe vnd Danckhnehme gehalten vnd aufge-
nohmen vnd vom rechter Gewißen bewehrt vnd bestättiget vnd zugezeügniße
der Bestettigunge ist vnßer Insigel an dießen Brieff gehenckhet worden,
vnd wir Bruder Peter Abbt vnd daß Conuent des Münsters zu Ebrach
beckennen daß alle vorgeschriebene Sache wahr sind vnd von vnßer Gunst
vnd Wohlgefallen geschehen sind, vnd geloben die mit guten lautern Threwen
ewiglich zu halten, vnd haben deß Zugezeugniße vnßer Insigel mit guter
Wißen an dießen Brieff laßen henckhen, vnd Ich Vlrich ewiger Vicarier
zu Schwobach bekenne alle vorgeschriebene Sache wahr zu sein vnd alß nuz
vnd ehrn meiner vorgenannten Kirchen vnd meiner nachkommen, die also,
alß vorgeschrieben ist gestalt vnd geordiniret sein, vnd gelob die alle für
mich vnd mein Nachkommen bey der vorgenannten pœn Taußendt Gulden
ewiglich vnzerbrochenlich zu halten, vnd hab daß Zugezeügniße mit guter
Wißen mein Innsigel an diesen Brieff gehangen, vnd wir die Obern Rath-
geber vnd Vntern-Rathgeber vnd Innwohner des Marckhs Schwobach
bekennen für Vnß die ganze Gemein des Marckhs vnd Pfarr-Volckhs zu
Schwobach, daß die vorgenannt Ordnunge Richtigunge vnd eintrechtigckeit
mit vnßer aller Gunst willen vnd Wohlgefallen geschehen ist, vnd geloben
für vnß vnd alle vnßer nachkommen bey der obgenannten paen Taußendt
Gulden die vorgenannten Schildung alle vnzerbrochenlich ewiglich zu halten,
vnd haben des Zugezeügniße Vnser Statt Insigel an dießen Brieff mit guter vnßer Wißen gehangen.

Das

Das dreyzehende Capitul.
Von Wilhermsdorf.

Wilhermsdorf hat seit einiger Zeit ein besonderes Auffehen im Fränk-schen Craiß gemachet, und es wird nicht undienlich seyn, die Veranlaſ-sung darzu kenntbar zu machen, durch die vor 4. Jahren im Druck er-schienene

Facti Speciem.

Albereits seit verschiedenen Jahren findet sich in des Kayserl. Hochpreiß-lichen Reichs-Hof-Raths Anschlags-Protocollen die Rubric, von des Herrn Grafen Philipp Ferdinands von Limburg-Stirum vorhabenden Ver-äusserung der Güther Wilhermsdorff, Buchklingen und Neußes, dann deren Appertinentien, ohne daß das Publicum von der eigentlichen Lage der Sache jemalen einen grundhaltenden Unterricht erhalten. Gleich-wohln fangt diese Angelegenheit an, ziemlich intereſſant zu werden, und die Folgen davon scheinen verschiedene Beschwerlichkeiten nach sich zu zie-hen. Eben dahero wird man dann veranlaſſet, gegenwärtige Speciem facti, dem Publico mitzutheilen, um selbiges in den Stand zu setzen, von den bisherigen und künfftigen Ereignuſſen so grundhaltender zu ur-theilen.

Die Güther Wilhelmsdorff, Buchklingen und Neußes, nebst ihrer Zu- und Eingehör, liegen unstritig in dem Territorio des Hochfürstli-chen Hauses Brandenburg, welchem darauf ab antiquo alle jura emi-nentiora zustehen. Buchklingen und Neußes sind durchgehends pur Brandenburgisches Lehen. Wilhelmsdorff aber bestehet dermahlen aus dreyerley Lehens-Corporibus. Das eine gehet von der Cron Böhmen zu Lehen, und das zwente von dem Hochstifft Würzburg, das dritte aber und vornehmste samt der Hochfraischlichen Obrigkeit, dem jure eccle-siastico & patronatus &c. von dem Hochfürstlichen Hauß Branden-burg, welchem auch die Jurisdiction des Kayserlichen Land-Gerichts Burggrafthums Nürnberg der Orten gebühret.

Wir

Mit dem Böhmischen sowohl als Würzburgischen Lehen iſt beſag der vorhandenen Lehen-Brief nicht die mindeſte Obrigkeit oder Herrlichkeit verknüpft, denn Kayſer Rudolphus II. hat als König von Böhmen allererſt durch kurz vor ſeinem Ableben erlaſſene ſonderbare ſchriftliche Interceſſionales bewürcket, daß an. 1612. Herr Marggraf Joachim Ernſt den damaligen Beſitzer Heinrich Hermann von Milchling mit den Jurisdictionalien als einem rechten Ritter-Mann-Lehen beliehen. Ins beſondere iſt das Böhmiſche Lehen Originetenus von geringer Importanz, denn es beſtundt ehedem blos aus dem neunten Theil der Veſte, jetzo aus der ganzen Veſte oder Hauß, deſſen Graben allſchon Brandenburgiſch Lehen iſt, und an den alten mit Gräbern angefüllten Kirchhof anſtößet, aus 2. Höfen und einem Hof, der Dorfsmühl, vier Sölden, dem Fiſchwaſſer im Mühlgraben, einer Wieſen, die Kothlach genannt, und ſechs halb Tagwerck Wießmaths, wie die Lehen-Briefe deutlich ausweiſen.

Die älteſten Beſitzer von Wilhelmsdorff, welche man kennet, waren auſſer verſchiedenen Eigenthums-Beſitzern, die in ihrem Geſchlecht nun ausgeſtorbene von Wilhelmsdorff. Anno 1437. wurde eines damahln verſtorbenen Eirings von Wilhelmsdorff Helffte am Böhmiſchen Lehen, obſchon ſein Bruders Sohn noch lebte, vor fällig erkläret, und an Matthes Schlick, Ritter, verſchenckt, der ſie ſofort an die Wilhelmsdorffer wieder verkauffte. Von derſelben Nachkommen erlangte circa an. 1566. der oben benannte Heinrich Hermann Schutzper genannt Milchling in Geſellſchafft ſeiner Brüder, Wilhelmsdorff, ſowohl eigen als Lehen. Die von Böhmen relevirende Veſte oder Hauß zu Wilhelmsdorff baute er neu auf, ruckte es von dem Berg herab näher an das Dorf, veränderte den Graben und nennte es nach ſeinen Namen Burgmilchling, wovon er hernach ſelbſt den Namen Burgmilchling annahm. Seine Nachkommenſchafft war von kurzer Dauer. Im dreßig jährigen Krieg erhielt der Obriſt-Feld-Wachtmeiſter Clauß Dietrich von Sperreuth die Expectanz auf das Böhmiſche Lehen, welche ſein Sohn hernach an Georg Hannibal von Eck verkauffte. Dieſer erlebte den Caſum aperturæ, und transferirte durch Kauf das Bömiſche Lehen auf Herrn Grafen Wolffgang Julius von Hohenlohe. Dieſer wurde zugleich Beſitzer von dem Würzburgiſchen Lehen, und allem, was zu Wilhelmsdorf von dem Brandenburgiſchen Lehenhof

abhau-

abhanget. Er ſetzte ſich auch mit der Reichsſtadt Nürnberg wegen des juris patronatus, welches kurz vorhin dieſe Stadt von dem letzten Freyherrn von Burgmilchling geſchenckt bekommen.

Herr Graf Wolffgang Julius ſtarb ohne Kinder, und hinterließ zur
Erbin ſeine zweyte Gemahlin, als Wittib, eine Graf Welziſche Tochter,
welche ſich hernach weiters an den letzt verſtorbenen Herrn Fürſten, Philipp
Ernſt von Hohenlohe Waldenburg Schillingsfürſt vermählte, und mit dieſem zwey Kinder erzeugte. Der Herr Sohn ſtarb unbeerbt, die Frau
Tochter aber eine vermählte Gräfin von Limburg Stirum hinterließ als al-
leinige Erbin ihrer Frau Mutter fünf Kinder, zwey Herrn Söhne, Philipp Ferdinand, und den in geiſtlichen Stand lebenden Ernſt Maria, dann
drey Frauen Töchter, welche reſpect. nach Bartenſtein, Blanckenheim
und Montfort vermählt ſind. Letztere haben an dem Böhmiſch und Würzburgiſchen Lehen keinen Theil, weilen ſelbiges Mannlehen iſt. Aber auf
das Brandenburgiſche Lehen als ein ſtipulirtes Kunckel-Lehen haben ſie die
Anwartſchafft gehabt.

Weil Herr Graf Wolffgang Julius von Hohenlohe ſich unbeerbt ſa-
he, ſo machte er an. 1670. mit der Reichsſtadt Nürnberg wegen der
Evangeliſchen Kirchen-Rechte den Vertrag, daß, im Fall das mindeſte
daran von den Catholicken turbirt werden würde, das geſamte Haus Hohenlohe Neuenſtein ſamt dem Hochfürſtl. Hauß Brandenburg-Onolzbach
und Brandenburg-Culmbach, als erbettenen Garants die Turbationes
abſtellen, auſſerdem die Kirchen-Rechte an die Stadt Nürnberg fallen ſoll-
ten. Wegen der Böhmiſchen Lehen wurde auch damahln bedungen, daß
in Caſum aperturæ die Cron Böhmen fünff zehen tauſend Gulden an
die Allodial-Erben zahlen ſolte. Annebſt wurde damalen alles, was an
Wilhelmsdorff Brandenburgiſches Rittermannlehen und nach dem Burg-
milchlingiſchen Saalbuch Eigenthum bis dahin geweßen, durch weitläufftige Verhandlungen in die Qualität von Mann- und Weiber-Lehen ver-
ſetzet.

In ſoweit war der Wittib und Erbin des Herrn Grafen Wolfgang
Julius von ihm geholffen. Was aber das Böhmiſche und Würzburgiſche
Manns-Lehen anbetrifft, ſo wurde nach ſeinem Todt, weilen ſie proprie
dem Lehenhof heimgefallen, es dahin vermittelt, daß ſelbige gleichfalls der

Wit-

Wittib bleiben, ihr anderer Gemahl aber sie als Mann-Lehen empfangen solte. Darbey blieb es auch auf unbeerbtes Absterben ihres einigen Sohns. Dармit aber die Graf Limburg Stirumischen Herren Söhne nicht endlich um dasjenige, was eigentlich ihnen allein zugehörte, kommen mögten, so wurde An. 1743. In dem Rotenburgischen Receß ausdrücklich bedungen, daß der Herr Fürst von Schillingsfürst an Wilhelmsdorff kein Recht haben, das Böhmisch- und Würzburgische Lehen an der Behörde fürderlich auffsagen, und die Transcription derselben auf seiner Frau Halbschwester beede Herren Söhne möglichst bewürcken, indeßen aber diese als Usufructuarii benannte beederley Lehen Nutzen und genießen solten.

Außer diesem Receß wurde von Schillingsfürst noch eine besondere Refutations- Urkunde ausgestellet, dahin, daß die beeden Herren Grafen von Limburg Stirum ihr habendes Recht auch auf andere solten transferiren dörffen. Dieses Negotium war ab Seiten Schillingsfürst nicht gratuitum, sondern vor die Schwester-Söhne perquam onerosum.

Also sahe es mit Wilhelmsdorff aus, als die Frau Gräfin von Limburg Stirum An. 1758. verstorben, die gleich ihren Catholischen Vorfahren in das dasige Schloß erstlich ein Oratorium privatissimum einrichtete, und hernach aus diesem zum offenbahren Abbruch des Westphällischen Friedens und des darinnen festgesetzten Status anni normalis so gar einen öffentlichen Gottesdienst zu machen sich mit starcken Hochfürstl. Brandenburg-Onolzbachischen Widerspruch ermächtigte.

Herr Graf Philipp Ferdinand von Limburg Stirum war bereits bey der Frau Mutter Lebzeiten mehr auszugeben gewohnt, als er einzunehmen hatte. Nach der Frau Mutter Todt vergrößerte sich natürlicher Weiße diese Neigung, welche sich gar bald mit der Begierde durch Proceße und sonst sich einen großen Namen zu machen, verknüpfte, ihn selbst aber, weiln er seinen jüngern Herrn Bruder, als Geistlich zur Succession in die Lehen unfähig wuste, verleithete, sich in eine große Schulden-Last zu versencken. Um sich nach der geschöpfften Hofnung mit Vortheil von selbiger los zu machen, veranlaßete er weitläufftige Tausch-Tractaten mit dem damahligen Hochfürstl. Culmbachischen Hof, welche sich aber gleichwohln zerschlagen musten, ob sie ihm schon kein geringes gekostet hat-

ten, und bey seiner Gemüths-Verfassung am Ende nicht wenig beschä-
digten.

Anfangs wolte sich fast jedermann überreden, nur gedachte Culmbachische Tausch-Tractaten würden gewiß zu Stand kommen. Diß be-
wog dann den Reichs-Ritterschafftlichen Canton Altmühl, wegen habender Privilegien zu vigiliren, und davon bey Kayserl. Majest. so mehr
Anzeige zu thun, als sich ohnehin zwischen dem Herrn Grafen, und dem
Canton verschiedene Irrungen erhoben hatten. Ab Seiten des Kayserl.
Reichs-Hof-Raths wurde dann sub 17ten Febr. 1766. ein Mandatum S.
C. gegen den Herrn Grafen erkannt, und ihm, weil man den Hochfürst-
lich-Culmbachischen Hof zu menagiren begehrte, blos die Alienirung
seiner Güther, soweit sie den ritterschafftlichen Privilegien entgegen, in-
hibirte. Anno eodem den 28sten Aug. bekam er paritoriam sim-
plicem, weiln er Contumax in respondendo gewesen. Nach dem
Reichs-Hof-Raths Concluso vom 29sten Jan. 1768. hatte der Herr
Graf Philipp Ferdinand sich inzwischen vernehmen lassen, auch wie er
Schulden halber zu verkauffen bemühiget, generaliter gemeldet, jedoch
zugleich der K. K. Böhmische Lehenhof sich immisciret; Es wurde dahero ihm Herrn Grafen die Alienation verbothen, er habe dann seine Verkauffs-Tractaten gänzlich vorgeleget, und um Kayserliche Ratification
gebührend angesucht.

Daß diß alles bloß zu Aufrechthaltung der Ritterschafftlichen Privilegien gegen den Hochfürstl. Culmbachischen Hof geschehen, bezeuget der
Augenschein. Inzwischen zerschlugen sich die Tractaten des Hochfürstl.
Culmbachischen Hofs, und der Herr Graf Philipp Ferdinand fieng nun
particular Verkauffs-Tractaten an mit dem Culmbachischen Ober-
Bau-Director von Retzenstein. Diese achtete man vor ein bloßes
Blendwerck, um per indirectum wenigstens einen Theil der Stirum-
schen Güther in Culmbachische Hände zu bringen. Dahin verlautete auch
der Official-Bericht des Ritter-Cantons Altmühl, und sub 17ten
Jun. 1768. wurde dem Herrn Graf Philipp Ferdinand wiederhohlt alle
Alienatio verbothen, er habe dann darzu Kayserliche Ratification
eingehohlet. Weilen aber die Retzensteinische Tractaten gar bald sich zerschlugen, und man anfieng, auf die Graf Stirumischen Schulden Refle-
xion

xion zu machen, so wurden zwar nach dem Reichs-Ritterschafftlichen Antrag die bißherigen inhibitoria sub 16ten Dec. 1768. wiederhohlet, jedoch selbige so wenig als die vorigen publicirt, und darzu vieles an der bißherigen Schärffe gemildert.

Da der Herr Graf, Philipp Ferdinand von Limpurg-Stirum solchergestalt theils Tausch-theils Kaufs-Tractaten, deren etliche nicht einmahl offentlich bekannt worden, angegangen, auch seine Creditores fast durchgehends mit Lehenherrlichen Consensen versehen, so hat er sich ein eigen Geschäfft seyn lassen, über seine Possessiones verschiedene Anschläge zu entwerffen, und diese auf allerhand Art zu übertreiben, um sowohl sich selbst, als auch die Creditores und andere zu amüsiren. Ja, wann man diese Anschläge genau gegen einander hält, so wird man finden, daß sie sich offt in totum und auf eine ganz wunderbahre Art widersprechen, wovon das Publicum vielleicht durch GOttes Verhängnus noch besonders überzeugt werden muß. Inzwischen will man solches blos bemerckt haben, damit das Publicum, dem etwa ein und anderer Anschlag oder Lehens-Verzeichnus in die Hand kommet, das Urtheil nicht eher, als nach vorgängiger genauen Prüffung fällen möge.

Sämtliche Creditores, welche mit Lehenherrlich so Würzburgisch als Brandenburgischen Consensen versehen waren, wurden auch jedesmahlen von dem Herrn Graf Philipp Ferdinand von Stirum in die fructus feudi & hypothecæ solenni ritu immittirt, dergleichen er auch bey dem K. K. Hrn. General-Major Grafen von Wurmsee, einem nicht consentirten Creditore, beobachtete. Sämtliche Obligationes wurden annebst zu allem Uberfluß von dem jüngern Herrn Grafen, Ernst Maria von Stirum, mit unterschrieben. Diese verschiedene Verbindlichkeiten bewogen dann endlich den Herrn Grafen von Stirum, ernstlich auf den Verkauff zu dencken, um sich von dem onere et fortis et usurarum los zu machen, wellen zumahlen von letztern die reditus bonorum weit überstiegen wurden. Darzu kamen die Klagen der starck mißhandelten Unterthanen, die Beschwehrden des Ritters-Orts Altmühl, wegen nicht bezahlter stipulirter Contingente, und die mißlungene-selbst von Kayserl. Majestät geahndete Werbungs-Projecte.

Noch

Noch vor dem obgedachten Reichs-Hof-Raths-Concluso vom 16. Dec. 1768. wurden dahero Kaufs-und Tausch-Tractaten mit dem Fuldaischen Geheimen-Rath Freyherrn Wurster von Creuzberg gesuchet, welche auch endlich m. Jan. 1769. dahin zu Standt kamen, daß der Käufer 360000. Gulden, nemlich 210000. Gulden an Güthern, und 150000. Gulden an baarem Geld vor das Guth Wilhelmsdorff und dessen Zugehör mit vorbehaltenem Consensu ad alienandum sowohl der Drey Lehenherren als der Agnaten, dann mit reservirter Kayserl. Ratification zu geben sich anheischig machte, auch das Kaufs-Pretium zu Befriedigung der Lehenherrl. Consense und der Agnaten zu verwenden bedunge. Wenn man dieses Kaufs-Pretium genau betrachtet, und gegen die vor etlich dreyßig Jahren gefertigte Anschläge hält, nach welchen die drey Güther Wilhelmsdorff, Buchklingen und Neußes zusammen, nur ohngefehr auf 250000. Gulden geschätzet worden; so findet sich, daß selbiges offenbahr mehr als justum seye. Da auch der Käuffer nicht von dem Standt ist, daß die Causa et occasio der vorerwehnten Kayserl. Inhibitorialien bey ihm anschlagen mag, so konnte sich die Kayserl. allerhöchste Ratification gar wohl versprochen werden. Gleichergestalten konnte man sich gegründete Hoffnung machen, daß sowohlen die Agnaten, als der Ritter-Orth Altmühl die Adimplirung des Contractus facilitiren würden, weilen letzterer von den Irrungen mit dem Herrn Graf Philipp Ferdinand loß wurde, und erstere zu den bedungenen nahmhafften Abstandts-Geldern gelangten. Die höchsten Lehenhöfe aber, welche zum theil bereits eventualiter consentiret, wurden gegen alle fernere Deterioration des Lehens gesichert, und die Creditores erlangten einen sichern Zahler.

So bald daher der gedachte Kauf und Tausch-Contract zu Standt gekommen, so geschahe davon auch die gebührende Anzeige sowohl bey Kayserl. Majestät und den höchsten Lehenhöfen, als auch beym Ritter-Ort Altmühl, den Agnaten und vorzüglichsten Creditoribus. Weil sich aber bey genauer Calculirung fand, daß das Guth Wilhelmsdorff allein nicht hinlange, so fand sich der vorbenamte Käufer bewogen, die ihm auch wegen Buchklingen angebothene Tractaten anzugehen, welche am 3. May 1769. auf ein hundert tausend Gulden zu Standt kamen,

derge-

dergeſtalten, daß er 44. tauſend an Güthern und 56. tauſend Gulden baar
zu geben verſprach, und das nemliche, was wegen Wilhelmsdorff bedungen
worden, bedingte.

Indeſſen war der Ritter-Orth Altmühl auf ſeine Privilegien allzu
aufmerkſam, als daß er verſaumen ſollte, alles was vorgieng, allerhöchſten Orths anzuzeigen, worbey er jedoch auch nicht unterließ, ſowohl die
Graf Stirumiſche Bedruckungen der Unterthanen, als auch die von dem
Herrn Graf Philipp Ferdinand von Stirum ſelbſt verzeichnete Schulden
zur höchſten Wiſſenſchaft zu bringen.   Weilen nun unter dieſen Schulden
der Ritter-Orth Altmühl ſelbſt mit einem ſtarken Capital angeſchrieben
ſtund, ſo veranlaſte dieß das Reichs-Hof-Raths-Concluſum vom 9.
May 1769. mittelſt deßen ein Concurſus Creditorum und eine Se-
queſtratio der drey Güther Wilhelmsdorff, Buchklingen und Neußes
erkannt, auch hierzu die gewöhnliche Commiſſio Cæſarea nicht dem
Canton Altmühl, weil dieſer ſelbſt Creditor war, ſondern dem Canton
Steigerwald übertragen wurde.

Noch ehe dieſe Erkanntnus bekannt worden, verſtund ſich der kauffende
Freyherr Wurſter von Creutzberg mit den Agnaten, und mit den vorzüg-
lichſten Creditoribus wegen der Zahlungs-Termine, und ließ ſich ſofort,
weilen zumalen der verkauffende Herr Graf Philipp Ferdinand von Stirum ſtark auf die Adimplirung der Contracte andrung am 5. Jun. 1769.
zu Buchklingen und Wilhelmsdorff immittiren.   Die immiſſio geſchaße
bezeug des ſolennen Inſtrumenti unter ſolchen Bedingungen, daß darbey ſo wohl die Auctorität Kayſerl. Majeſtät und der höchſten Lehenhöfe,
als auch die Sicherheit aller Intereſſenten geziemend und nothdürfftig gewahret worden.   Der Käuffer trat ſomit in den Genuß der beeden gekauff-
ten Güther vornehmlich als Succeſſor der immittirten mit Lehenherrlichen Conſenſen verſehenen Creditorum und der ein jus radicatum
habenden Agnaten, ſo lange bis Kayſerl. Majeſtät und die höchſten Lehenhöfe den Kauf ratificiren würden.

Die drey Graf Stirumiſchen Frauen Schweſtern übergaben ihm daher auch nebſt dem Herrn Bruder Graf Ernſt Maria die Lehens-Refu-
tationes, dergleichen geſchaße auch von Seiten Hohenlohe Schillingsfürſt.
Die Creditores, welche theils ſogleich bezahlt wurden, theils Zahlungs-

Aa 3   Termi-

Termine annahmen, cedirten ihm jura & actiones, und der Ritter-
Orth Altmühl verschrieb ihn nach der Ritterschafftlichen Verfaßung bey
sämtlichen Ritter-Craißen und Cantonen zur Reception in ordinem
equestrem, besonders weilen man keine in den Privilegien bedungene
Auslosung bey dem sehr hohen Wursterischen Kaufs-Pretio befahren,
durffte.

Alle diese Umstände veranlaßten dann, daß die Commissio Cæsa-
rea vom 9. May 1769. niemahlen eröffnet, sondern Kayserl. Majestät
vielmehr die veränderte Lage der Sachen alleruntertthänigst angezeigt, und
besonders documentirt dargethan worden, wie nach erfolgter und ver-
sicherter Befriedigung der Lehenherrlichen Consense, der Agnaten und
vorzüglichsten Hypothecariorum das Guth Neußes nebst den noch vorhandenen angetauschten Güthern zu Bezahlung der noch übrigen wenigen-
meist illiquiden Schulden mehr als hinlänglich, somit auch weitershin kein
Concursus Creditorum vorhanden seye. Aus dem allen aber durffte
man rechtliche Hofnung schöpfen, es werde die Kayserliche Ratification
gewiß erfolgen, der Herr Fürst von Hohenlohe-Schillingsfürst durch seinen förmlich nachgesuchten Consensum ad alienandum die Trans-
scription der Böhmischen und Würzburgischen Lehen auf den kaufenden
Freyherrn Wurster von Creutzberg, der sie auch rite gemuthet, bewürcken, und folglich das ganze Geschäfft allerseits finalisirt werden, so wie
von Seiten des Hochfürstlichen Hauses Brandenburg die würckliche Belehnung des neuen Vasallen, da keine Inhibitio noch sonstiges rechtliches
Impedimentum entgegen stund, zum legalen Vollzug gelanget war.

Allein weilen der Herr Graf Philipp Ferdinand von Stirum nicht
allezeit Sanctitatem pactorum zur Richtschnur seiner Handlungen zu
machen gewohnt war, und darben im Werck verspührte, daß durch den
Wursterischen Kauff der Güther Wilhelmsdorff und Buchklingen er von
seiner Schulden-Last fast völlig befreyet worden; so ließ er sich beygehen
allerley zu wagen, um wiederum zu den verkaufften Güthern wenigstens
in tantum zu gelangen, ohne sich nur im mindesten um die Wursterische
Schadloßstellung zu bekümmern. Aus dieser unlautern Absicht ermächtigte er sich, Wilhelmsdorff und Buchklingen Armata manu zu inva-
diren, und sich darinnen als den Eigenthums-Herrn zu betragen; muste
sich

sich aber hierunter gar bald von dem Hochfürstlichen Hauß Brandenburg zu Recht weisen lassen. Ein gleiches geschahe auch, als der Herr General-Major Graf von Wurmser sich verleithen ließ, propria auctoritate eine anmaßliche Possession von Wilhelmsdorf zu apprehendiren, da er doch nur eine Privat-Hypothec vor sich hatte, das Wilhelmsdorfische baare Kaufs-Pretium aber von den consentirten Schulden längst absorbirt, und er dargegen auf angetauschte Güther hinlänglich versichert worden.

Der Herr Graf Philipp Ferdinand von Stirum, welcher von dem Graf Wurmserischen Facto Wortheil ziehen wolte, veranlaste sogleich ein Supplicam pro dimittendo hypothecam vel solvendo, welche er im Nahmen seiner Diener, die seit kurzen Jahren mit notorisch leerer Hand in seine Dienste gekommen, allerhöchster Orten übergab. Annebst wendete er nach seinem eigenem Berühmen alles an, um den Lehenherrlichen Consensum ad alienandum in Prag und Würzburg zu hindern. Zur Beweg-Ursache muste ihm der contra dispositionem pacis Westphalicæ intrudirte catholische Gottesdienst dienen, als welcher bey einem Evangelischen Besitzer ehender abnehmen als wachsen würde. Daß dem auch also seye, bezeugen die Protocolla der K. K. Böhmischen teutschen Lehens-Schranne; ja es muste sogar der Jesuiter-Provincial zu Würzburg über die angegebene Gravamina, welche die Catholischen zu Wilhelmsdorff zu erleiden haben solten, Erkundigung einziehen.

Damit aber der Herr Graf Philipp Ferdinand von Stirum so mehr alles verwirren, und daraus etwa ad tempus Nutzen ziehen mögte, so imputirte er seinen Vorfahren allerley Beschädigung des Böhmischen und Würzburgischen Lehens, welch beedes er doch selbst bey dem Wurserischen Kauf-Tausch und Immissions-Geschäfft nur auf ohngefehr acht und sechzig tausend Gulden im Werth geschätzet hatte. Ob er mit diesem Vorgeben mehr das Hochfürstliche Hauß Brandenburg, aus deßen Lehen das Böhmisch und Würzburgische nun vergrößert werden solte, oder aber den angehenden Brandenburgischen Vasallen zu lacessiren gesuchet, will man hier nicht entscheiden. Vielleicht hat er beedes zugleich im Schild geführet. Denn um dem Vasallen sowohl als deßen Hochfürstlicher Brandenburgischer Lehens-Herrschafft den Beweiß, wo möglich aus Handen zu ziehen, bewegte

bewegte er Tit. Herrn Fürsten von Hohenlohe-Schillingsfürst, einen Rath nach Wilhelmsdorff abzuordnen, der nach seiner Anleitung alle Acten-Behältnüße plötzlich und eigenmächtig versiegeln, und sich aller Beweiß-Documenten zu bemächtigen suchen muste.

Der solchergestalt in vielerley Weeg contra datam fidem gednstigte Freyherr Wurster von Creutzberg säumte nicht von allen vorbemerckten Factis successive die allerunterthänigste Anzeige höchster Orthen zu thun; so wie er auch, daß der Herr Graf von Wurmßer sich würcklich mit ihm gesetzet, und ihm die gehabte Jura mit Graf Stirumischer Approbation cedirt, geziemend angezeigt hat. Dargegen war der Herr Graf Philipp Ferdinand von Stirum, weil er nicht das mindeste von einem Recht mehr vor sich hatte und gleichwohln noch nicht genug Confusiones gemacht zu haben glaubte, sehr geschäfftig, unter der angenommenen Persohn seines jüngern Herrn Bruders allerley seltsame Auftritte zu wagen. Dieser muste nemlich gegen seinen ältern Herrn Bruder sich über Verkürzungen beschweren, ein mit diesem contradictorie getroffenes Condominat einklagen, und selbst gegen das Hochfürstliche Hauß Brandenburg den von beeden Herrn Brüdern vollzogenen Wilhelmsdorffer und Buchklinger Verkauff anfechten, ob er schon die pro refutatione et consensu bedungene und erhaltene Wurstere Güther in seinen Nutzen durch Verkauff längst verwandt hatte.

Alles dieses bewürckte endlich das Reichs-Hof-Raths-Conclusum vom 22. Jun. 1770. nach solchem soll der Wursterische Kauff zu Verkürzung der Graf Stirumischen Hypothecariorum abgesehen seyn, selbiger seye also in Ansehung des zum Nachtheil der Creditorum enthaltenen Artickels nicht zu genehmigen, die darinnen stipulirte Befreyung der Güther Wilhelsdorff und Buchklingen von aller Verbindlichkeit gegen die übrige Hypothecarios seye zu cassiren, die Gr. Blanckenheimische Renunciation und die Wursterische Receptio in ordinem equestrem nebst dem sub poena nullitatis bedungenen K. K. Böhmischen und Fürstl. Würzburgischen Lehens-Consens seye noch nicht beygebracht worden, die Wursterische Immission seye also unstatthafft und allzuvoreilig, denn zuforderist sämtliche auf Wilhelmsdorff und Buchklingen versicherte Glaubiger zu befriedigen, der Ritter-Ort Steigerwald habe also ohnverzüglich

den

den Concurs zu eröffnen, Creditores zu citiren, und die drey Güther, Wilhelmsdorff, Buchklingen und Neußes, in Administration zu nehmen, und falls sich der Wursterische Kauff gänzlich zerschlagen sollte, so lange darmit, bis der Freyherr von Wurster wegen allen dessen, was er in Absicht auf den Kauff præstiret, völlig befriedigt seye, fortzufahren, auch bey dermaligen Umständen das Exercitium jurisdictionalium zu besorgen.

Bis hieher war also der Graf Stirumische Concursus Creditorum noch nicht eröffnet, er wurde auch in der Folge nicht eröffnet, so wenig als die commissorialische Administration angegangen, denn letztere dem Herrn Graf Philipp Ferdinand von Stirum, besonders bey dem in Wien über ihn verhängten Personal-Arrest, selbst nicht anstund. Die commissorialische Administration konnte fürnemlich deswegen nicht angegangen werden, weil das Hochfürstliche Hauß Brandenburg nach der jedem Lehenherrn zustehenden Freyheit seinen Vasallen würcklich belehnet, und dieser die Immissiones aller Creditorum Hypothecariorum vor sich hatte, der Wursterische Kauff selbst aber nicht cassirt war, sondern nur dessen allenfalls künfftige Zerschlagung vermuthet werden wollte. Darzu wollte der Wursterische Kauff, als in fraudem Creditorum abzielend, angesehen werden, welche exceptio, quippe altioris indaginis, gleichwohln ad processum ordinarium et separatum gehöret, und sich nicht mit der Exmission des qua Käuffer und Creditor immittirten und vom Lehenherrn angenommenen Käuffers nach bereits gänzlich bezahlten und zu Befriedigung der Hypothecariorum und Agnaten verwendeten Kauffschilling anheben kann. So war auch bereits in den Wursterischen Exhibitis und des Ritter-Orths Altmühl erstatteten Official-Berichten ad oculum demonstriret worden, daß diejenigen Creditores, welche außer den bezahlten annoch Hypothec Verschreibungen haben wollten, aus dem Guth Neußes und den angetauschten Güthern überflüßig bezahlt werden könnten, wie dann auch seit dem etliche würcklich daher bezahlt worden wären.

Wann dann solchergestalt alles, was sich nur in facto et jure sagen lässet, vor den Freyherrn von Wurster militiret, so ergriff er auch so getroster das Remedium restitutionis in integrum und interpo-

nirte selbiges mit Beobachtung aller Gebührnus am 28sten Aug. 1770.
da auch an dem nemlichen Tag Mediante Concluso der Wiener Burger und Metzger, Joseph Lenz, wegen seiner Handwercks-Forderung auf
die dem Herrn Gr. Philipp Ferdinand von Stirum des nächstens auszuse-
tzende Competenz-Gelder versichert wurde, so besorgte der Freyherr
von Wurster nicht weniger dieserhalben seine rechtliche Nothdurfft, und
producirte zugleich die Graf Blanckenhelmische Renunciation, und
das nöthige wegen der Ritterschafftlichen Reception, mit der allerun-
terthänigsten Versicherung, alles übrige annoch in forma beyzubringen;
so wie auch der Herr Graff sich sub 10. Maii 1769. reversirt hatte,
weder moratorium zu suchen noch einen concursum creditorum
oder eine sequestration zu veranlaßen.

Während daß dieß in judicio vorgieng, wurde ganz unversehens
der Freyherr von Wurster durch einen K. K. Lieutenant von der Egerischen
Garnison und ein Commando Infanterie von der Erfurter Besatzung aus dem
K. K. Böhmischen Lehen exmittirt, und die Appertinentien dieses Le-
hens nach Fürstlich Schillngsfürstischer Anweisung und mit vieler Ge-
schäfftigkeit der Graf Stirumischen Bedienten via facti zum Abbruch des
Hochfürstlich Brandenburgischen Lehens wider den Innhalt aller Lehen-
Briefe und Saal-Bücher unendlich extendirt; Wobey zugleich ersagter
Lieutenant schrifftlich declarirte, wie die K. K. allerhöchste Willens-Mey-
nung sogar dahin gehe, daß der Kayserlichen Administration in das K.
Böhmische Lehen einzugreifen nicht gestattet werden solle. Alle Vorstel-
lungen, welche dargegen von Seiten des Hochfürstlichen Haußes Bran-
denburg geschehen, waren bisher vergebens, und die Anschläge der Graf
Stirumischen Anhänger zielten auf nichts geringers ab, als theils das
Hochfürstlich Brandenburgische Lehen zu absorbiren, theils ratione religionis den Statum anni normalis ganz umzukehren.

Hierinn hat sich der Herr Graf Philipp Ferdinand von Stirum in
Zeit seines Wohlstandes und auch seltdem sehr geschäfftig erwiesen. Er
war sinnreich genug, wider alle alte Documenta und Saalbücher ein
großes Bild von dem K. K. Böhmischen Lehen zu mahlen, das nun bey
der über Wilhelmsdorff verhängten Invasion das Palladium seyn soll.
Der alte ehrwürdige Pfarrer Bernhold, und die nachgefolgte Pfarrer

Buch

Buch und Meier mußten über alle Gattungen von Religions-Beschwerden klagen. Bey der Belehnung, welche letztmahls der Herr Graf Philipp Ferdinand in Onolzbach erhalten, bekam er hierob so schrifftlich, als mündlich eine den Gesetzen und Verträgen angemeßene Weißung. Er ließ sie fruchtloß seyn, und fieng dargegen an, den Pfarrer Meier, mit dem er wegen deßen Frau besonders in Zwist gerieth, über alle Maaß zu tyrannisiren. Er suspendirte ihn, er verhängte über ihn den härtesten Arrest, und würde ihn endlich ganz verderbt haben, wann nicht GOtt ein besonderes Einsehen gehabt hätte. Die einstimmige Aussage der etlich Jahr lang entsetzlich tyrannisirten Evangelischen Pfarr-Gemeinde und die verhandelte Acten zeugen von dem Odio religionis. Das Hochfürstliche Haus Brandenburg war also nach obhabender Garantie und besitzenden juribus eminentioribus so berechtiget als bemüßiget, auf Anbringen der Stadt Nürnberg den Pfarrer Meier nicht allein in das ihm abspolirte Officium sondern auch das Pfarrliche Officium selbst, in die ihm gebührende Jura, Possessiones und Emolumenta M. Oct. 1770. zu restituiren, nachdem diese größten theils von dem Herrn Graf Philipp Ferdinand Reichs-Gesetz widrig an den Freyherrn Wurster von Creuzberg haben verkaufft werden wollen.

Indem dieß alles in Wilhelmsdorff vorgieng, überhäuffte der Herr Graf Philipp Ferdinand von Stirum den Kayserl. Reichs-Hofrath in eigenem und seines Herrn Bruders Namen mit Supplicis, und bath unter andern, die Kayserl. Commission auf seine in Westphalen gehabte Güther zu extendiren, und auf Tit. Herrn Fürsten von Schwarzenberg zu transcribiren. Zu gleicher Zeit gab die K. K. Böhmisch und Oesterreichische Hof-Canzley schrifftliche Nachricht an den Kayserl. Reichs-Hof-Rath von der getroffenen militarischen Vorkehrung zu Aufrechthaltung der Böhmischen Lehens-Rechte, und Bewahrung wider alle weitere Eingriffe. Letzterer Ausdruck zeuget von Graf Stirumischen Insinuationen, die im Grund falsch sind, und aus denen er einen temporellen Vortheil zu ziehen suchet.

Gleichwohlen gelung es ihm sub 8. Oct. 1770. daß die nachgesuchte Transcriptio Commissionis durch ein hochverehrliches Conclusum erfolgte; zu einer Zeit, da der in causa bestellte Referens von Wien

abwe-

abwesend gewesen, und ohne daß zugleich die Wursterische Exhibita in Relation gekommen. Nach erstgedachtem Concluso sollen sogleich 6000. fl. zu Bezahlung der Wiener Creditorum simplicium verwendet, solche successive von dem allererst auszusetzenden Graf Stirumischen Competenz- Geldern ersetzet, und im übrigen den vorhinnigen Commissions- Aufträgen nachgegangen werden. Hierdurch sehen sich dann die Creditores hypothecarii und vornehmlich der an ihrer Stelle stehende Freyherr von Wurster mit einmahl des habenden Juris quæsiti entsetzet; dahero selbiger auch dem bereits interponirten Remedio restitutionis in integrum rite inhæriret. Die Graf Stirumische Adhærenten aber halten sich berechtigt, die Unterthanen gegen ihre Herrschafft auf das niederträchtigste aufzuwiegeln. Daß jedoch allen aus den bisherigen Factis zu befahren stehenden üblen Folgen durch Kayserl. Majestät in balden allergerechtest werde vorgebogen werden, wird billig das allerrespectuoseste Verträuen geheget.

Biß hieher gehet die aller Orthen gedruckte species facti, zu deren Bestärkung nicht wenig beytragen wird, den über die jurisdictionalia vorhandenen ersten Lehenbrief hier einzurucken, der samt den revers also lautet:

Ich Heinrich Hermann Freyherr zu Burckhmilchling und Wilhermsdorff, Als der Durchleuchtig Hochgeborn Fürst unnd Herr, Herr Joachim Ernst Marggraff zu Brandenburg Inn Preussen, zu Stettin Pommern, der Caßuben unnd Wenden, auch Inn Schlesien zu Crossen unnd Jägerndorff, Herzog, Burggraff zu Nürnberg unnd Fürst zu Rügen, Mein Gnediger Fürst und Herr, mir nachbenanntes Lehen gelehen hat, lautt deß Lehen-Brieffs, wie der von Worten zu Worten hernach volget.

Von Gottes Gnaden Wir Joachim Ernst Marggraff zu Brandenburg inn Preußen zue Stettin Pommern der Caßuben unnd Wenden, Auch Inn Schleßien zue Crossen unnd Jägerndorff, Herzog, Burggraf zu Nürnberg und Fürst zu Rügen, Als Wir unlangst dem Edlem Unserm Lehenman und lieben getreuen Heinrich Herman, Freyherrn zue Burchhmilchling und Wilhermsdorff, uff sein unterthenig Ansuchen gegen verglichener recompens einen gewißen Fraischbezirck uff Wilhermßdorffer Marckung gnedig bewilliget unnd eingeraumbt, auch Neullicher Tagen ordenlich

verstei

verſteinen laſſen, darzu daſelbſten Beim Flecken Wilhermsdorff ein Halß-
Gericht Stock und Galgen aufzurichten vergönnet Und erlaubt, Mit dem
geding, das gedächter Freyherr zue Burgmilchling und ſeine Mannliche
Leibs-Lehens-Erben abſteigender Linie, als Innhabere deß Schloß Burg-
milchlingen und Flecken Wilhermsdorff die Hohe und Fraiſchliche Obrigkeitt Inn ſolchen Fraiſch-Bezirckh, ſampt berürten Halß-Gericht Stock
und Galgen, darzu denn Pann über das Blut zu richten, neben den Au-
griff und was dem weiter anhengig, von Unns, Unſern Erben und Nachkommen, zu rechten Ritter-Mann-Lehen tragen unnd empfahen ſollen, ſo
offt es zue ſchulden kompt, nach Außweiſung deß hierüber unter gleichen
dato diß Brieffs uffgerichten ſonderbaren Haupt-Receß. Bekennen und
thuen Kundt offentlich mit dieſem Brieff gen Yedermeniglich, das Wir
darauff vorernannten Heinrich Hermann Freyherrn zue Burckmilchlingen
Berürte Hohe und Fraiſchliche Obrigkeitt Inn ahngeregten vermarckten
Fraiſch-Bezirckh ſambt dem Halß-Gericht Stock und Galgen, bey demſelben Schloß und Dorff Wilhermsdorff, darzue denn Pann über das
Blut zu richten, neben vorgedachten Angriff zue Rechten Ritter-Mann-
lehen recht und redlich verliehen haben. Thun auch ſolches hiemit und Inn
Crafft diß Brieffs wiſſentlich Allßo und dergeſtalt, das Er Heinrich Hermann Freyherr zu Burgmilchling Und alle ſeine Mannliche Leibs-Lehens-
Erben abſteigender Linie, alß Innhaber ernannten Schloß Burckmilchling und Flecken Wilhermsdorff daſelbſten, vnd Inn beſagten verſteinten
Fraiſch-Bezirckh, alle und Yede ſchedliche vnd vbelthätige Leütt, ſo darinnen begriffen und zur Geſengnus gebracht werden, Nach gründlicher Be-
findung einer Yeden Verhandlung des Heyligen Reichs Rechten und Peinlichen Halß-Gerichts-Ordnung gemees, ſtraffen laßen, auch alles anders
exerciren und verüben möge, was von Rechts vnd Gewohnheit wegen,
der Hohen und Fraiſchlichen Obrigkeitt anhengig iſt. Der gemelde Freyherr zue Burckmilchling und oberwehnte Seine Mannliche Leibs-Lehens-
Erben Innhaber des Schloß Burckmilchling, und Flecken Wilhermsdorff,
ſollen auch nun fürbaß gedachte Hohe und Fraiſchliche Obrigkeitt Inn beſtimpten Vermarckten Fraiſch-Bezirckh ſamt dem Halß-Gericht auch Stock
und Galgen, darzu denn Pann über das Blut zu richten, Neben mehrbe-
ſagten Ahngriff, wie Obſtehet, von Unns Unßern Erben und Fürſten-

thum-

thums deß Burggraffthums zu Nürnberg zu Rechtem Ritter-Mannlehen
haben, nehmen empfahen, tragen und gebrauchen, auch Wuß, Wnßern
Erben und Nachkommen davon thun und leisten, nach Mannlehens-Recht
und Gewohnheitt, so offt es zue schulden kompt, Doch Unß, Wnßern Erben und Fürstenthumb des Burggraffthums zu Nürnberg, an Wnßerm
vnd sonst einem Yeden an seinem Rechten; Wie auch Innsonderheitt der
Nachvolg und Handvestung, Ausserhalb vnd nit im Flecken darinnen,
Dann Durchführung der Mißthätigen Personen, So Wir Wnß, Wnßern Erben, Nachkommen, vnd angrenzenden Aembtern, auf alle zutra-
gende Fäll, nichtsdestoweniger, laut vorangeregts vffgerichten Haupt-
Recess mit gewißer mas austrücklich bedingt und vorbehalten; Inn alleweg unvergrefflich, vnschedlich, vnd vhnentgolten, getreulich und ohne
Gefehrde. Zu Whrkundt ist dießer Brieff mitt Wnßerm gemeynen anhangenden Innsiegell besiegelt. Wnd geben zue Onolzbach Mitwochen nach
Michaelis den Dreyßigsten Septembris Nach Christj Unßers einigen Erlö-
sers und Seeligmachers Geburth Im Sechzehen Hundert vnd zwölfften
Jahr. Bekenne vnd thue Kundt offentlich mit dießem Brieff, das Ich
obgemeltes Lehen, lauth des Lehen-Brieffs entpfangen, und darauff Sel-
ner F. D. gewöhnliche Lehens Pflicht gethan, gelobt, und geschworn hab,
Nemlich das Ich zuforderst Ihren F. D. Deroselben Erben und Fürstenthum getreu und gewehr sein, Ihren schaden warnen, frommen fürdern,
und sonst alles das zuthun schuldig und verpflicht sein vnd thun will, das
Ein getreüer Lehenmann seinem Lehenherrn zuthun schuldig vnd Pflichtig ist,
Getreulich und ohne Gevehrde. Deßen zue Vrkundt gib Ich Ihren F.
D. dießen Reverß-Brieff mitt Meinen ahnhangenden Secret-Innsiegel besiegelt. So geschehen zue Onolzbach Mitwochen nach Michaelis den Dreißigsten Septembris Nach Christj Unsers lieben Herrn und Seeligmachers Geburth, Im Sechzehen Hundert und Zwölfften Jahr.

HHermann Fh. zu Burgmilchling.

(L.S.)

Um diejenige kennen zu lernen, welche nebst Heinrich Hermann Freyherrn von Burgmilchling bestehen worden, so wird deßhalber die von seinen Brüdern ausgestellte Vollmacht angeschloßen, folgenden Anlauts:

Wir Wolffgang von Gottes Gnaden bestettigter Abbt des Stiffs
Fulda, Römischer Kayßerin Erz-Canzler, durch Germanien vnd Gallien
Primas, als Vormunder, vnßer dreyer noch vnerwachßener vnd minderjähriger freundlicher lieber Bruder, Crafft Hartmanns, Wilhelms vnd
Georgen, Schutzspeer genannt Milchling, Vnd dann ich Caspar Schutzspeer genannt Milchling zu Trenßa, für mich Selbsten, alle Gebrüdere.
Als vnd nachdem vnlängst verrückter Zeit, wir neben vnd mit sampt vnnßerm freundlichen liebenn Brüdern, Heinrich Hermann Schutzspernn genannt Milchling, zu Trensa Wolffen vonn Wilmersdorff, Seine doselb-
sten gehapte Lehenn, Erb-Stuck, Güter vnnd Gerechtigkeit, Innhalts
vnnd nach Ausweißung darüber aufgerichter vnnd verfertigter Kauffver-
schreibung, vor ein gewiße vnnd nahmhaffte Summa Gelots, beständige,
Erblichs vnd vnwiderrufflichs Kauffs angekaufft, vnnd darauf die würckliche vnnd rechtmeßige Possession mit allenn vnnd jedenn Rechten erlangt
habenn, So wißen vnnd erkennen Wir Vnnß daraus verpflicht vnnd schuldig sein, neben obgedachten Vnnßern Brudern ehunmals bey dem Hochgebohrnen vnnd Durchleuchtigen Fürsten vnnd Herrn, Herrn Georg Friederichen Marggraven zu Brandenburgk, zu Stettin, Pommern der Caßuben vnnd Wenden, auch Inn Schleßien, zu Jegerndorff etc. Herzogen,
Burggraven zu Nürnbergk, vnnd Fürsten zu Rugen, vnnßerm besondern
lieben Herrn vnnd Freundt, vnnd gnaedigem Herrnn, vnns der Gebüer
vnnd vnnderthenig anzuzeigenn, auch vmb freundtliche vnnd gnedige Juve-
stitur vnnd Belehnung, deren Lehen, sambt anndernn ihrenn angehörigenn
Stücken, freyheyten, Gerecht vnnd Herrlichkeiten, wie die mit Nahmen
benennt werden megenn, nach lauth der alten Lehenbriefe so auch in obangezogenen getroffenen Kauff begriffen seynn, vnnd vonn Ihrer Liebdenn
vnnd Fürstlichen Gnaden zu Lehen rühren annzusuchen, wie wohl wir ehun
eigner Person vnns zu Insinuiren vnnd zuerzeigenn gneigt vnnd begirig,
So werden wir doch zum theil, aus gebrechlichheit vnd vnnvermeglicheit
vnnßer Leibe, auch anndernn vnnß mergklich anngelegenen Sachenn, Ge-
schefftenn vnnd ehehafften, wieder vnnßern fürgehabten Willen vnd Mey-

nung

nung dcromaßen verhindert vnnd davon abgehalten, das wir solches eigner
Personn, wie wir doch gar gernn theten, nit volnziehen vnd verbringen
vermögen; Bekennen offentlich mit diesem Brief vnnd thun kunth Jeder-
meniglich, das wir demnach obgedachten vnßerm freundlichenn lieben Bruder Heinrich Hermann Schuzspeern genannt Milchling, volkommenn Macht
vnnd Gewalt vbergebenn vnnd zugestellt haben, thun das auch also hiemit
vnnd in Krafft dits Briefs wie solchs am creffligsten vnnd beständigstenn
vonn Rechts oder Gewohnheit wegen geschehen soll, nehmlichen vnnd dergestalten, das er vonn vnnßeret, auch seiner selbsten wegen, bey hochgedachtem Marggrafen Georg Friederichen etc. solche vielberürte vonn Ihrer
liebten vnnd Fürstl. Gnaden rürende Lehenn mit iren Zugehörungen, wie
die obgenannter Wolff vonn Wilmersdorff herbracht, suchen vnnd anne-
menn, auch Sich darmit Investiren vnd belehnenn laßenn soll; Desgleichen gebenn wir Ihm Gewaldt hochgedachten Fürsten vnnd Marggrafen,
für sich selbstenn auch an Unßer statt gebührliche Holdung sambt nothdürff-
tigenn Eyden vnnd Pflichten zu leistenn vnnd inn vnnßere Seele zu schweren,
vnnd gemeinlich alles vnnd jedes ferner hierinnen zu thun, vnnd zu handlenn, das die Nothdurfft sampt dießer Sachen Vmbstände erfordern, vnnd
wir selbsten, ob wir eigener Personn gegenwertig weren handlen vnnd
thun soltenn, vnnd ob gedachter vnnßer Bruder einigs weitern oder mehrern Gewalts dann hierinnen begriffen vnnd geschrieben stunde bedürfftig
seyn würde, den allen wir völlig der immer gestelt vnnd erdacht werden
könnte oder mögte, wollen wir Ime, als ob der innsonderheit mit ausge-
drucktenn Wortenn hierinnen specificirt, Crafft dießes Briefs hiemit zuge-
stelt vnnd vbergeben haben; was auch obgenannter vnßer Bruder dermaßen also inn vnßern Namen, handlenn, thun, laßen, zusagen sich verpflich-
ten, gereden vnnd geloben wirdet, dasselbige alles wollen wir ßhet vnnd
angenehm haben vnnd Inen Inn alle Weege schadloß halten, mit allen
vnnd jeglichen Clausulis Im Lehens-Eydt, denn er darüber schwert, begriffen ohn alle Gefährde, Deßen zu vrkundt vnnd würcklicher Vollziehung,
haben wir vnßer Secret vnnd Innsiegel hierunten wißentlich ausdrucken
laßen, Geben vnnd geschehen Freytags den Sechsten Monats-Tag Aprilis, nach Christi vnßers lieben Herrn vnnd Seeligmachers Geburt, im
Funffzehenhunderten Fünff vnd Sechzigsten Jahr.

        (L. S.)   (L. S.)   Der

Der in vorstehender Vollmacht bemerkte Herr Probst von Ellwang war eigentlich derjenige, welcher wegen seiner von Alters her zu Onolzbach gehabten großen Kanntnus den Burgmilchlingischen Kauf bewürkte, und das alte Brandenburgische Lehen allda, unter welchem auch der Wegzoll *ex concessione Imp.* Maximiliani I. begriffen gewesen, vor sich und seine Familie erlangte. Zur leichtern Erlangung der jurisdictionalien aber trug nicht wenig bey die bereits in der facti specie benannte, wegen ihrer Wichtigkeit aus dem Original in ein offen Instrument gebrachte Rudolphinische Intercession, folgenden Innhalts:

In Nomine Sacro-sanctæ Trinitatis, Amen!

Kund und zu wißen seye hiermit männiglichen, absonderlich aber denen, so es zu wißen von nöthen, daß im Jahr Christi Unßers Erlößers und Seeligmachers Ein taußend, Siebenhundert zwey und Siebenzig, Indictione Romana V. bey Glorwürdigster Herrsch- und Regierung des Allerdurchlauchtigst-Großmächtigst und Unüberwindlichsten Fürsten und Herrn, Herrn Josephi des zweyten von Gottes Gnaden erwehlten Römischen Kayßers, zu allen Zeiten Mehrern des Reichs in Germanien und zu Jerusalem Königs, MitRegenten und Erb-Thron Folgers der Königreiche Hungarn, Bohelm, Dalmatien, Croatien, Sclavonien rc. rc. Erzherzogs zu Oesterreich, Herzogs zu Burgund, zu Lothringen, zu Steyer, zu Cärnthen und zu Crain, Groß-Herzogs zu Toscana, Großfürst zu Siebenbürgen, Marggraffen zu Mähren, Herzogs zu Brabant, zu Limpurg, zu Lützenburg, zu Geldern, zu Württenberg, zu Ober- und Nieder Schlesien, zu Mayland und zu Mantua, zu Parma, Piacenza und Qvastalla, zu Calabrien, zu Baar, zu Montferrat und zu Teschen, Fürst zu Schwaben und zu Charleville, Gefürsteter Graff zu Habsburg, zu Görz und zu Gradisca, Marggraff des Heil. Römischen Reichs zu Burgau, zu Ober-und Niederlaußniz, zu Pont a Moußon und zu Nomeny, Graf zu Vaudemont, zu Blankenberg, zu Zütphen, zu Saarwerden, zu Salm und zu Falckenstein, Herr auf der Windischen Marck und zu Mecheln rc. rc.

Select. Norimb. Tom. V.   C c   Unsers

Unsers allergnädigsten Kaysers, Königs und Herrns, Ihro Kayserl. Mayt. Regierung und Reiche des Römischen im Siebenden Jahr 2c. 2c.

Donnerstags den 20. Augusti des Herrn Hoff-Regierungs-und Ju-
stiz-Rath Christoph Ferdinand Hänleins Wohlgebohrn, mich un-
terschriebenen Kays. geschwornen Notarium mit meinen als Zeugen subrequirirten unten benannten ebenmäßigen zweyen Herren Notarien auf
die Hochfürstl. Canzley beruffen lassen, da denn bey unßern-in der zwey
Treppen hoch gelegenen sogenannten Commissions-Stuben, woraus
zwey große Fenster Stöcke auf die Gaße gegen Mitternacht sehen, Vormittags um zehen Uhr erfolgten Erscheinen, wir wohlernannten Herrn
Hoff-Regierungs-und JustizRath, an der darinnen befindlichen langen
Taffel sizend-benebst den Hrn Hoff-Regierungs-und JustizRaths Cany-
listen Carl Christian Vogel angetroffen: Welche erstere dann den Vor-
trag an mich und beede subrequirir te Herren Notarien dahin gemachet,
daß: „nachdeme wegen der-dem Hochfürstl. Hauß Brandenburg-Onolz-
„bach, auf denen Königl. Böhmischen Lehen zu Wilhermsdorff zustehenden
„Hochfraischlichen Obrigkeit, ein höchstwichtiges Original-Docu-
„ment, in welchem von des Allerhöchst-seel. Römischen Kaysers und Kö-
„nigs in Böhmen Rudolphi II. Mayst. sothanige dem Hochfürstl. Hauß,
„auf denen Königl. Böhmischen Lehen zu Wilhermsdorff competirende
„Hochfraischliche Obrigkeit, klar und ohnwidersprechlich eingestanden wor-
„den, nach vielen Nachsuchen endlichen vorgefunden-und vom Hochfürstl.
„Regierung Ihme gnädigst übertragen worden, hiervon ein solennes
„und Authentisches Transsumtum, durch ein offenes Kays. Nota-
„riats-Instrument zu dem Ende nehmen zu laßen, damit daßelbe,
„weilen es bey dem-von beederseitig Kays. Königl. Böhmischen und Hoch-
„fürstl. Brandenburg-Onolzbachl. Commissarien, in loco Wilherms-
„dorff vorigen Jahrs gehaltenen Congreß nicht mehr zum Vorschein ge-
„bracht werden können, bey denen anjezo an Ihro der Kayßerin Königin
„Mayst. Hofflager fortzusezen allergnädigst beliebten Tractaten produ-
„ciret werden könne;

„Alß wolten Deroselben mir dem Kayserl. Notario und meinen zu
„Zeugen subrequirirten beyden ebenmäßig Kays. Herren Notarien, ge-
„rachtes in dem hier vor Augen liegenden Fasciculo Actorum einge-

„heff-

"hefftet - und enregiſtrirtes Documentum , ſo ein von Allerhöchſt ge-
"dachter Römiſch Kayſ. auch Königl. Böhmiſcher Mayſt. Rudolpho II.
"an Weyl. die Herrn Marggraffen zu Brandenburg Chriſtian und Joa-
"chim Ernſt Hochfürſtl. Durchlt Durchlt Piiſſ. Memoriæ ſub dato
"Prag den 24. Octobr. 1603. erlaßenes Allerhöchſt Kayſ. Königl. In-
"terceſſional - Schreiben iſt , mit dem Dienſtfreundlichen Erſuchen
"prævia ſubarrhatione ſolita vorlegen , daß wir als geſchworne öf-
"fentliche Kayſ. Notarii zufoörderiſt deßen Authenticitæt an der Hand-
"ſchrifft , allerhöchſten Unterſchrifft , Contraſignaturen und Sigill auf
"das genaueſte und ſorgfältigſte inſpiciren - und unterſuchen , ſonach von
"demſelben de Verbo ad Verbum, de Littera ad Litteram ein
"accurates Tranſumtum nehmen , und darüber mittels aufmerckſamb-
"ſter Collationir - und auch Wörttlicher Inſerirung beregten Docu-
"menti, ein offenes Notariats -Inſtrument gegen die Gebühr fer-
"tigen möchten.

Nachdeme nun vorberegten billig - und Rechtlichen Anſuchen ratione
officii nicht zu entſtehen vermocht ; So habe ſothanes mir und meinen
Gezeugen in einem Faſciculo Actorum, unter der Aufſchrifft

Wilhermsdorff hohe Obrigkeit und Blut
Panns Belehnung.

Acta

Die zwiſchen dem Hochfürſtl. Amt Cadolzburg und Heinrich Hermann Freyherrn zu Burgmilchling und Wilhermsdorff obwaltende Nachbarliche Irrungen und zu deren Abthuung, von demſelben verlangte Belehnung der Hohen Obrigkeit und BlutPanns zu Wilhermsdorff und auf ſeinen Güthern , dann den darüber getroffenen Vergleich, auch darauf erfolgte Belehnung betr.

item

Wilhelmsdorffſl. ungefallene Marck
und Fraiſch Steine.

Hohenlohe.
Ais &c. 1603. 4. 5. 7. 8. 12. 13. 14. 49.

Nr. 7.

Sub Nr. Actorum |2.| in Originali vorgelegtes Document, mit
jenen nicht nur auf das genaueste und sorgfältigste betrachtet, sondern auch
nach befundener Authenticitæt an ohnverlezten Pappier, durchaus vollkommenen kenntlicher und deutlich leßerlicher Schrifft, allerhöchsten Kayf. Königl. Unterschrifft, Contrasignaturen, Inscription, und aufgedruck-
ten Sigill, von demselben de Verbo ad Verbum & de Littera ad
Litteram, ein accurates und Gleichstimmiges Transumtum genommen, dann solches nach vorheriger aufmercksambster Collationirung, dem
darüber gefertigten Instrumento Notariali publico, nachstehend
Wörtlich und Buchstablich einverleibt:

Ruedolff der Ander von Gottes Gnaden Erwölter Römischer Kaiser auch zu Hungern und Behaimb etc. Künigl. Hochgeborne Liebe Ohaimb
vnnd Fürsten, vnns hat der Wolgeborne vnnßer vnnd des Reichs lieber
Getreuer Hainrich Hermann Schüzper Milchling genandt, Freiherr zu
BurgMilchling vnnd Wilhermßdorf, vnnßer Rath, vntertheniglist angebracht, was maßen sich bedes, zwischen Weilandt seinem Vattern vnd
Ime selbisten aines, vnnd dann E. l. l. vnlengst verstorbenen Vettern
Weilandt Marggraf Georg Friederichen zu Anspach, ander thails, etliche
viel Jar hero allerley beschwerliche nachbarliche Irrungen vnnd mißver-
standt, maistentails dannenhero haubtsächlich Entspunnen vnd erhalden
hetten, In dem S. l. wegen malefizischer Obrigkeit, welche Sie zwar
auf sein des Burgmilchlings, von vnns vnd vnnser Cron Behaim zu lehen rürender Herrschafft Wilhermßdorf, zu bestraffen hergebracht, Aber
zu jedesmal so sehr vnnd viel extendirt; das die Beambten weitt ultra
limites des gebrachten Herkombens geschritten, vnd die mißthättigen Personen, aigener Macht vnnd Gewalts, seiner vnbegrüßet hinweg geführet,
vnd nur zu erhaldtung der Actuum possessorior. oftermalen viel höher
vnd schwerer, als das Verbrechen gewest, gestraft hetten; Ob nun zwar
zu vnterschidlichen malen vmb Abstellung deßen, ermeldte S. l. ersucht
worden, So hette aber jedoch solches alles weniger dann nichts helfen,
noch Ime Burgmilchling fürtragen wollen, mit gehorsambister Bitt, weil
E. l. l. nun mehr bey angetrettener Regierung, sich gegen die Benachbarten, vnd meniglich also bezaigen thetten, das guete Ruh, Friedt vnd
mehr

mehrere Ainigkeit, als zuvor, zuuerhoffen, Er Milchling auch dannen=
hero entschloßen, sich bey E. L. L. umb Belehnung obbemeldter Malefitzi=
schen Obrigkeit, als da in specie seinn, die der Ortten landsgebräuchige
vier Haubt Fraisch Fell, zusambt dem Blutban, gebürlicher maßen, ge=
gen Erstattung ainer leidlichen Recompens anzugeben, oder aber die=
selben gar käufflichen an sich zu bringen: Das wir demnach zu mrerer Er=
langung deßen, Ime mit vnßerm wolmainenden Intercession Schreiben zu
erscheinen gnädigst geruhen wolten, wann wir dann nicht zweiffeln, das
E. L. L. hieben ohne das, dasjenige was der Billigkeit gemeß ist, thuen,
vnnd sich gegen Ime Milchling, wol zu erzaigen wißen werden, jedoch a=
ber vnnd weiln Er zu vnnßerm Vorbittschreiben, so ain sonders Ver=
trauen hatt, So haben wir Ime daßelbe nit wol fueglich abschlagen vnd
verwaigern khünnen, gnedigist vnd freündtlich begehrendt E. L. L. wollen
zu erhaltung nachbarlicher gueter Ruhe, auch Friedt vnd ainigkeit, Ime
auf sein gebürliches Ansuchen, aintweder angeregte infundationem
berürter malefizischen Obrigkeit, nunmer ohne sonders Bedenckhen alther=
khombenen Gebrauch nach, wiederfaren, oder aber gar in billichen Kauff=
hin, vnd also solche Gerechtigkheitten hinfüro geruhiglich, wie auch da=
durch dießer vnnßerer Interceßion im Werck genoßen Empfinden laßen,

Solches geraicht vnns von E. L. L. zu sondern gnedigistem freundli=
chem Wolgefallen, vnd wir sein denselben mit Kaiser= vnd Küniglichen
Gnaden in Freundschafft wolgewogen: Geben auf vnserm Küniglichen
Schloß Prag, den vier vnnd zwainzigisten Octobris, Anno etc. im
Sechzehen hundert vnnd dritten, vnßerer Reiche des Römischen im ꝛꝛꝛlij
der Hungerischen im ꝛꝛvllij vnnd des Beheimischen im ꝛꝛvllij.

Rudolff

Selenco Ad Poppl de Lobcouicz	ad mandatum sacræ Cæf. Mtis proprium.
S. R. Bohemiæ Can-cellarius.	Hainrich von Pisnitz mpria. LzlPlateis.

In-

Inſcripto

praeſ. 14. Nov. A. 1603.

Den Hochgebohrnen Chriſtian und Joachim Ernſten Gebrüdern, Marggrafen zu Brandenburg zu Stettin Pommern, der Caßuben und Wenden Hertzogen, Burggrafen zu Nürnberg vnd Fürſten zu Rüegen, vnſern lieben Oheimben vnd Fürſten.

Schluß Siegel (L. S.) a tergo aufgetruckt.

und darmit dieſen legali et ſolenni modo vollbrachten Actum, ge⸗ dachten Vormittags um zwölff Uhr geendiget. Geſchehen ſind dieße Dinge im Jahr, Indiction, Kayſ. und Königl. Regierung, Orthen, Monath, Tag und Stunden, wie obſtehet.

Geſtalten nun Ich ſacra Imperiali Authoritate Notarius ju⸗ ratus publicus, mit und benebenſt meinen zu dießem Actu ſubrequi⸗ rirten Gezeugen, Herrn Notario Caeſareo jurato publico Johann Heinrich Model und gleichfalßig Kayſ. offentlichen Notario Johann Za⸗ charias Herbſt, bey obbeſchriebener Handlung von Anfang biß zum Ende gegenwärtig geweſen, das vorgelegte Original - Document auch, nach genaueſter Einſicht und aufmerckſambſter Collationirung, in obangereg⸗ ter Maaße richtig, vollſtändig und ohnverwerfflich befunden; Alß habe ich den gantzen Vorgang in gegenwärtiges Inſtrumentum publicum gebracht, und nachdeme es mit meinen gehaltenen Protocoll fleißig col⸗ lationiret und gleichſtimmig erfunden, eigenhändig mundiret, ſofort mit meinen gewöhnlichen Notariats - Signet corroboriret, dann nebſt obgedachten Herrn Gezeugen ſubſcribiret, und darauf in forma pro⸗ bante ausgehändiget. Ad haec omnia & ſingula, ratione offi⸗ cii, legitime requiſitus & rogatus.

Notariats-Signet.	(L. S.)	Georg Andreas Krug. Auth. Imper. Notar. jurat. publ. in fidem praemiſſorum. Mpr.
Notariats-Signet.	(L. S.)	Johann Heinrich Model, Notar. Caeſ. jurat.publ.tanquamTeſtis requiſitus.
Notariats Signet.	(L. S.)	Johann Zacharias Herbſt, Notar. Caeſ. publ. jurat. als erbettener Zeug.

Die

Die narrata dieser Kaiserlichen intercession, so wie sie der von Burgmilchling am Kaiserlichen Hof angebracht, stimmen nun aber nicht überein mit dem solcher intercession gefolgten Vertrag, Lehenbrief und Lehenrevers. Die von Burgmilchling glaubten nemlich so ehender zum Zweck gelangen zu können, wenn sie das, was sie verlangten, recht klein im Anfang darstellten. Dem hochfürstlichen Hauß Brandenburg schrieben sie die der Orten ganz unbekannte vier hohe Rugen allein zu, und doch lie-ßen sie sich hernach mit dem belehnen, was sie eigentlich verlangt, nem-lich mit der hohen und fraißlichen Obrigkeit, mit dem Halsgericht, mit der execution peinlicher Urtheile, mit Stock und Galgen, und mit dem Bann, über das Blut zu richten. Eben so unrichtig waren die preces auch in Ansehung dessen, daß die Herrschaft Burgmilchling als ein Lehen der Cron Böhmen angegeben worden. Denn Burgmilchling ist nichts an-ders, als die alte Veste zu Wilmesdorf oder Wilhermsdorf, und laut des Lehenbriefs vom Kaiser Maximiliano II. dd. 30. Apr. 1566. bestunde das Böhmische Lehen, so wie es von Heinrich Herrmann Schukbar ge-nannt Milchling erkauft und empfangen worden, ohne alle jurisdiction, lediglich in der Vesten zu Wilmesdorf, zwey Höfen, einer Wiesen, die Kothlache genannt, in der Marck zu Wilmesdorf gelegen, und einem Hof daselbst, item einer Mühl, die Dorfmühl genannt, item vier Söldengü-thern, und sechsthalb Tagwerk Wiesen, dann einem Fischwasser, der Mühl-graben genannt. So viel mag zur Erläuterung der kaiserlichen interces-sion hinlänglich seyn, dazumalen selbige bereits zu erkennen giebt, daß die hohe jurisdiction, selbst über das Böhmische Lehen Brandenburgisch seye.

Nun wird noch kürzlich berührt werden dörfen, was, seitdem die oben abgedruckte species facti im publico erschienen, sich weiters zuge-tragen. In der Veste zu Wilhermsdorf, oder in der Behausung, wie sie auch in den Böhmischen Lehenbriefen genennet wird, befand sich nemlich eine kaiserlich königliche Besakung, welche das Böhmische Lehen auf das weiteste ausdehnte, und nichts weniger als die Brandenburgische hohe Obrig-keit anerkannte. Das Böhmische Lehen wurde auch bey dem über die Gräf-lich Stirumische possessiones erkannten Gantproceß und der darmit verknüpften sequestration ausgenommen, weilen die jura coronae
Bohe-

Bohemicæ dergleichen kaiserlichen Verordnungen nicht unterworfen seyn sollten.   Indem nun das alles zu Schmälerung des Brandenburgischen Lehens gereichte, so wurde eine gütliche Auskunft in Vorschlag gebracht, und endlich das Böhmische Lehen cum annexis gegen zwey Brandenburgische importante Lehen zu Unterknöringen und Biburg von dem hochfürstlichen Hauß Brandenburg zu Umgehung aller mehrern Weiterungen eingetauschet.

Das vierzehende Capitul.

Vom Ammerndorfer Kernmarkt.

Ammerndorf, ein Dorf, unter das Closter Hailsbronn gehörig, und in dem Oberamt Cadolzburg gelegen, ist besag alter Urkunden bis gegen das Ende des funfzehnden Jahrhunderts Amelratdorf genennet worden. Der Ort kam von den Herrn Burggrafen zu Nürnberg an das Closter Hails-bronn, und haben bereits im Jahr 1246. die beede Herren Burggrafen Conrad und Friederich, Gebrüder, Zollerischen Stamms, alle ihre zu Amelratdorf gehabte Güther, welche eigentlich eine besondere Ammonie ausgemachet, nebst allen darauf gehabten Rechten dem Closter frey auf-gegeben und überlassen. Was einige Bürger von Nürnberg zu gleicher Zeit all-dorten besessen, war solcher Ammonie unterworfen, und wurde nach und nach an das Closter gebracht. Mehrers von dem Ort anzuführen, ist nicht nöthig, weil hier lediglich von dem alldort befindlichen Kernmarkt gehandelt werden soll. Dieser Kernmarkt schreibt sich von den ältesten Zeiten her, und ist der Landesherrlichen Vorsorge vor die der Orten an der Bibert und Zenn befindliche Mühlen zu verdanken. Der ältern Ordnungen jezo nicht weit-läufig zu gedenken, so wurde an. 1668. das sub num. 1. angebogene regulativ nahmens beeder hochfürstlichen Regierungen zu Onolzbach und Bareuth publicirt, solches auch in der Folge mehrmahlen, besonders an. 1691. erneuert. Durch diesen Kernmarkt glaubte indessen das præten-dirte Nürnbergische Getraidt-monopolium ziemlich eingeschränkt zu seyn; deswegen aber wurde auch verschiedenes zum Abbruch des Kern-markts unter der Hand eingeleithet. Dahero ward dann zu Aufrechthal-tung der hochfürstlich Brandenburgischen Gerechtsame vor nöthig erachtet, das, was die alten Rechte mit sich brachten, in eine neue Ordnung zu ver-fassen, und an. 1755. publiciren zu lassen, wie die sub num. 2. anliegende Copey des mehrern besaget.

Num. 2.

Nachdeme geraume Zeit her, der alte privilegirte Kernmarckt zu Ammerndorff theilß durch die denselben besuchende Korn-Händler und Bauern,
theilß aber und hauptsächlich durch bekandte eigennutzige Käuffer, (welche
vor bißmahlen noch nicht öffentlich benahmßet werden sollen) in das Abnuh-
men dergestalten gekommen, daß nicht nur dem ersagten Ort Ammerndorff
ein großer Tort dadurch zugewachßen, sondern auch Handel und Wandel
hierinnen gesperret, und viele Klagen von so einem alß andern bedrängten
Theil erreget, und bey dem dahiesigen Ober-und-Amt eingebracht worden;
Alß hat man sich bemüßiget befunden, zu Abstellung sothaner Beschwehrden, dann zu Aufrechthaltung des Kern-Marckts, unterthänigste Vorstel-
lung bey einem hochfürstlichen hochpreißlichen Hoff-Regierungs-und Justiz-
Rath zu Onolzbach zu machen, worauff dann von daher untern 22ten
des abgewichenen Monaths Sept. der gnädigste Befehl an allhiesiges Ober-
und Verwalter-Amt ertheilet worden, die von deß hochseeligen Herrn
Marggrafens Ioachim Ernſts hochfürstl. Durchl. p. m. gegebene Kern-
Marckts-Ordnung nach seinen buchstäblichen Inhalt in die vollständige
Vollziehung zu setzen, weſſenthalben nach denen darinnen enthaltenen Haupt-
Articuln verordnet wird:

Erstens, solle in denen Marcktagen, welche alle Montag, und
Donnerstag gehalten, ein Fahnen außgesteckt werden, welcher biß 12.
Uhr Mittags stehen bleibet, in welcher Zeit die Marggrävischen Müller,
Becken, Melber, und Unterthanen allein zu kauffen Macht-nach Fallung
des Fahnens aber alle Frembde ohne Unterscheid zu kauffen, die Freyheit
haben. Jedoch wird exprés und bey ohnausbleiblicher Straff verordnet,
daß wann auch besagte Anspachische Müller, Becken, Melber und Unterthanen vor 12. Uhr einkauffen, dem Verkauffer doch nicht ehender alß
nach 12. Uhr abzufahren vergönnet seye. Sollten sich aber

Zweytens, die den Kern-Marckt hier besuchende Getreydt-Bauern
unterfangen, ober- oder unterhalb des hiesigen Orts, alß von Habers-
dorff biß an der unterhalb Ammerndorf liegenden-über den Rednitzfluß
gehenden sogenandten Ferne-Brucken an einen Anspachischen oder auswärtigen Müller, Becken, Melber oder Unterthanen einiges Getreydt zu
ver-

verkauffen, und dadurch deren Gerechtsamen des privilegirten Getreydt-Marckts præjudiz zuzufügen, der oder diejenige sollen sogleich bey deren Rückreiße vor jedem Wagen mit einer Straffe von fünff Gulden angesehen werden.

Drittens haben die Marggräflichen Müller, Becken, und Unterthanen, sich nicht betretten zu laßen, vor einen Frembden, wer er auch seyn mag, einzukauffen oder aufzuschütten, und so

Vierdtens, jemand außer denen bestimmten zweyen Märckt-Tägen sonst in der Wochen mit Getreydt durch Ammerndorff paßiren wollte, derselbe angehalten werden, daß er das Getreydt einsetze, biß auff den nechstfolgenden Marcktag. Wie dann

Fünfftens, auch bey Straff denen Getreydt-Bauern verbotten ist, weder ober- noch unterhalb des hiesigen Orts einsetzen zu dörffen.

Sechstens, sollte sich jemand unterstehen, die Straßen zu umfahren daß er Ammerndorff und die rechte Landstraßen meyden würde, der solle auf Betretten, und Erfahrung, nicht nur mit Arrest beleget, sondern auch mit einer gleichmäßigen Straffe von fünff Gulden, excl. der Arrest- und andern Kosten angesehen werden. Endlichen, und

Siebendens, solle ein jeder dieße Straßen suchen, und bey Verlust seines Getreydts verwarnet seyn, daß er den Zoll zu verfahren, sich nicht verleiten laße.

Wannenhero ein solches alles von dahiesig hochfürstl. Ober- und Verwalter-Amt zu der Käuffer und Verkäuffer genauesten Nachgelebung und Wißenschafft, mit dem weitern Anfügen, gebracht wird, wie das Schrannen- und Mäßgeld ebenfalls nach der alten Verordnung von dem Simra ungemeßnen Getreydts mit zwey Kreutzer und von den Genießenen mit vier Kreutzer ohnnachläßig erhoben, eingebracht, und gehörig verrechnet werden sollen.

Und weilen dann zu Aufrechthaltung mehrgedachter Kern-Marckt-Ordnung nöthig seyn will, jemanden im Ort, um des Amts Entlegenheit willen, die Auffsicht zu übertragen; So ist dem Oberlandzoll Bereuther Ziegler, neben dem Schultheiß Steinberger allda, ein solches committiret, und Krafft dießes dem letztern, wie auch schon mündlich geschehen, gemeßentlich befohlen worden, bey sich ergebender Waigerung, oder Contravenirung der Korn-Marcktsordnung, den Erstern mit bürgerlichen

mous-

mousquetiers jedesmahlen an Handen zugehen, und den darwiderhand-
lenden zu Beobachtung derselben mit Ernst und Nachdruck anzuweisen.

Da demnach übrigens dieße Verordnung 2. Marcktäg hinter einander öffentlich abgelesen, und von dato in 14. Tagen in die vollständige
Execution gebracht werden solle, daß also ein jeder sich hiernach richten
und vor Schaden und Nachtheil zu hüten von selbsten wißen wird.
Closterhailsbronn den 10. Oct. 1755.

(**L. S.**) Hochfürstl. Brandenburg-Onolzbachis.
Ober- und Verwalter Amt allda.

Num. 1.

Demnach eine zeithero auff den Wochen und Getreyd Märckten zu Ammerndorff, dieße üble Gewohnheit eingerißen, daß die benachbarten Müller und Becken, auch andere Leuthe den zu Marckt gebrachten Kern Wagen
voll weiß erkauffet, darnach ungemeßen hinwegführen, und erst daheim
in ihren Häußern und Mühlen durch die ihrige und hierzu nicht verpflich-
tete Leuthe abmeßen laßen, und ihr hierzubestellte und beeidigte Meßer, alß
welcher gleichwohln den gantzen Marckt über mit Versäumung des seinigen
aufwarten, und herumlauffen muß, sich nicht unbillig darwider zum höchsten beschwehret;

Alß wird von des Hochfürstl. Hochfürstl. Brandenb. Brandenb. Amt
und Closter Hailßbronn wegen, hiemit männiglich wißend gemachet, daß
künfftighin jeder, so Getrald gen Marckt bringet, und verkauffet, es mögen gleich sein Abläuffer daßelbe allda zu Ammerndorff meßen laßen, oder
nicht, obbenandten Meßer das gewöhnliche mit alters hergebrachte Meß-
geld reichen, und ob sich einer hierzu nicht verstehen wollte, auf des Meß-
fers Anlangen, von dem Dorffs Amman allda mit seinen Anspann und
Getrald solang, biß er dieße seine ehedeßen auch üblich geweßene Schuldigkeit, maßen ein solches mit vielen alten Leuthen gnugsam zu erweißen,
abgerichtet, angehalten werden solle.

Wor-

Wornach sich männiglich, so mehrbesagten Ammerndorffer Wochen-Marckt besuchen will, zu achten. Signatum unter unßer, der Closter-beamten, eigenhändigen subscription, und vorgedruckten gewöhnlichen Pettschafft. Hailßbronn den 28. Mart. Ao. 1668.

(L.S.) GChr. Störr. (L.S.) GChr. Appoldt.

Das

Das funfzehende Capitul.

Vom Onolzbachischen Stadt-Gericht.

Daß die Städte, so bald sie das Stadtrecht erhalten, auch ihre Gerichte überkommen, ist eine bekannte Sache, und so weniger zu bezweifeln,
als selbst in Dörfern und in Marktflecken eigene Gerichte angetroffen werden, wie schon die in diesen selectis mitgetheilte Weißthümer bezeugen.
Dergleichen Gerichte haben aber auch sehr oft ihre besondere Form und
Rechte gehabt, wie dieß von Sächsischen, Oesterreichischen, Baierischen
und dergleichen Städten offenkundig ist. Von den Burggräflichen Landen
unterhalb Gebürgs bezeuget das nemliche unter andern die vom Herrn
Marggrafen Joachim Ernst im Jahr 1608. verfaßte und publicirte sogenannte Amts-Ordnung; denn dieses Landsgesetz hebet alle bis dahin bey
verschiedenen Gerichten üblich gewesene statuta quoad successionem
conjugalem ausdrücklich auf, und befiehlet, daß diese successio con-
jugum durch das ganze Land und an allen dessen Gerichten uniformi-
ter auf die vorgeschriebene Art behandelt werden solle.

Gleiche Beschaffenheit hatte es mit den Stadtgerichten, und ihrer
Form, Gericht zu halten. Wie es damit bey dem Stadtgericht zu Onoly-
bach beschaffen gewesen, zeiget das hier sub num. 1. nachfolgende gar
ordentliche Gerichts-protocoll. Das Gericht hatte unter der Aufsicht
des Obervogts, Richter und Schöpfen. Erstlich wurde testante num.
2. eine summarische Klage übergeben. In allen Terminen wurden Bescheide zur direction der Partheyen publicirt. Zur determinirung der
Beweißführung wurde libellus articulatus nach num. 3. erfodert.
Die appellationes musten in der sub num. 4. befindlichen Form in-
terponirt werden. Nach der in num. 5. bemerkten Gerichtsform wurden die solennia appellationis angesetzet, und nach deren Berichtigung
der Bericht an das kaiserliche Landgericht Burggrafthums Nürnberg, als
an das judicium ad quod, mittelst num. 6. ausgefertiget. Noch ist
zu bemerken, daß nach altem teutschen Gebrauch dem Kläger und dem Beklagten membra judicii oder Gerichtsschöpfen zu Fürsprechern bewilligt
wor-

worden, Aus allem aber ist abzunehmen, daß die Gerichte der Orten nach der Vorschrift des Churfürsten Friedrichs des ersten vom Jahr 1434. gar ordentlich bestellet gewesen.

Num. 1.

Stadtgerichts-protocoll de 20. nov. 1604.

Conrad Kippes burger vnd Bierpreuer alhier, Clagt wider Gedeon Bacher Paumaister, wegen eines Ime versprochenen Rörbronnens, Bate deruf vmb Herrn Leonhart Berchtolden Ime zum fürsprecher Zuuergonstigen, welcher vf erlaubtnus sich zum rechten vnd allem deme, so Ime von Rechtswegen von Nötten, angedingt, deruf In Namen des Kippeßen ein wolgegründte Clag No. I. signirt, gerichtlich übergeben vnd Inhalts gebeten.

Gedeon Bacher Beclagter ist uff die hiebeneben den 6. nov. außgangene Citation erschienen, und hat vmb Herrn Christoff Weber zum fürsprech gebetten, welcher sich gleichsfals vf erlaubtnus zum rechten angedingt, vnd nach solchem von der einkommen Clag Abschrifft gebeten etc.

Beschaidt.

In sachen Conradt Kippeschen Burger vnd Bier Preuers Cleger an einem, gegen vnd wider Gedeon Bacher Paumeister beclagten am andern, die begerte abschrifft eingeführter Clag betreffent, haben Richter vnd Urtheiler, dem beclagten von Clegers einbrachter Clag die begerte Abschrifft zugelaßen vnd Ime zu Einbringung seiner gegen-Noturft Dinstags den 27. nov. zum andern Termin angesetzt.

Volgt die
Clagschrifft.

Statgericht gehalten den 8. Januarij An. 1605.

. Herr Christoff Weber wegen Gedeon Bachers abwesent, vf negsten beclagten Conradt Kippeß Burger vnd Bier Prauers alhier, gegen vnd wider Gedeon Bacher Churfürst. Brandb. Paumeister, erscheint als er

Petter

Petener Wort reder vnd will erstlich von sein Paumeister wegen, so ihme von Gerichts vnd rechtswegen von Nöten sein will, gepeten vnd sich zur gebur angepoten haben, hieruff vf gedacht Conradt Kippeß negst vorbrach-te Clag vnd heut angestelten Termin, so übergibt Paumaister hiemit schrifftliche Summarische Exceptiones peremptorias, mit 5. Beilagen mit Pit, dieselb offentlich zuuerlesen, vnd darüber wie hiemi gepeten; genstig zuerkennen, mit Vorbehalt aller Rechtlichen Notturfft.

Leonhert Berchtoldt erscheint wegen Kippeß vnd sagt nach verlesung eingebner schrifft, das solches alles so abgelesen worden, an seinen wirden vnd vnwirden bestehe, Pit allein zu seiner ferner Notturfft Ime davon Copi volgen zu laßen.

Christoff Weber hat vf begern des Clegers, Ime von gegentheils Handlung abschrifft zu ertheilen, wie auch zur gegenhandlung wider einen Termin zu benennen vnd anzusetzen, sonsten aber wie in seinen Excep-tionibus zu erkennen vnd sprechen, setzt es.

Beschaidt.

In sachen Conradt Kippes Vier Preuers Clegers, gegen vnd wider Gedeon Bacher beclagten, die von Clegern begerte Abschrifft betreffent, haben Richter vnd Statgericht dem Cleger dern von Beclagten eingebner Handlung zu seiner Nachrichtung abschrifft zugelassen; vnd andern Termin Dienstag den 22. January schirst Künfftig zu ferner gegenhandlung hier-mit ernannt vnd angesetzt.

Volgen die
Exceptiones und Abschrifften.

Statgericht
den 22. January An. 1605. gehalten.

Hr. Leonhert Berchtoldt wegen Conradt Kippeß zeigt an, wie Er am nehern Gericht, des Paumaisters verantworttung angehert, darauf so vbergibt Er dieße Replicschrifft, Pat die zuuerlesen vnd Inhalt zu erkennen.

Hr. Christoff Weber wegen Gedeon Bachers sagte, Er hab die ein-gegebene Replicschrifft hörn verlesen; Pat dauon abschrifft vnd zu seiner Notturfft einen andern Termin antzu setzen.

Berch-

Berchtoldt leſt Abſchrifft zu vnd Pit vmb ein fürderlichen Termin vnd will ſeines theils hieruf die Sachen zu erkentnus geſetzt haben.

item petiit Weber

Beſchaidt.

Vff Gedeon Bachers beclagten begerte Abſchrifft, iſt Jme dieſelb gerichtlich zu erkannt, dabei ein ander Termin zu entlichen beſchluß Dinſtags der 5. Febr. ſchirſt künfftig ernanndt vnd angeſetzt.

Nota.

Vff des beclagten Bachers ferner anhalten die ſachen zu befürdern iſt negſt künfftig freitag der 25. diß benandt vnd angeſetzt worden.

Statgericht
den 25. Januarn An. 1605.

Herr Chriſtoff Weber abweſent Gedeon Bachers Paumeiſters, alß fürſprecher erſcheindt, vnd will anfengklich all rechtlich beding repetirt, dabei dieſe duplicas vbergeben haben. Pat Inhalts zu er kennen:

Leonhart Berchtolt wegen Conradt Kippes ſagt, Er hab angehert, welcher maſſen beclagte ſich ſchrifftlich verantwortet, leſt daſſelbig vf ſein Wert vnd vnwert bleiben, repetirt vnd widerholt, ſein vorige Clag vnd verantwortung vnd erfrelet ſich ebener maſſen vff die zu hofe ergangene ſchrifftliche beſcheidt, Pit derſelben Inhalts, ſo woln der gantzen Handlung rechtliche erkendtnus zu thun, wie Er dann ſolches an Jüngſt verſcheinen gehaltenem Statgericht zu erkandtnus ordenlichen Rechtens geſetzt habe.

Habe Nun beclagter Paumeiſter der Injurien halber was wider Jne zu Clagen, ſo ſtehe ſolches Jme ordentlicher weiß bevor, möge es ordenlich ſuchen, ſo wolle Er Jme daruf ordenliche Antwortt geben. Hr Weber wegen Paumeiſters will ſich vf die eingebene ſchrifft nochmals getzogen haben, Pit wie drinn Kippes behart ſein vorig begern vnd ſetzt es.

Beſchaidt,

In ſachen Conradt kippes Clegers vnd Gedeon Bachers beclagten, den ſtrittigen Prunen betreffent, iſt der beſchaidt,

Wo fern Clagenter Kippes sein Clag In kurtze Articul bringen, vnd fürderlich erweisen, Auch Beclagter doruf was sich geburt, hanblen werd, te, das Sie damit zugelaßen sein vnd ferner eignen soll was recht ist, do, neben ist Bachers Gegenschmach Clag für dißmal nicht angenommen, son, dern Ime, ob Er will, mit solcher abgesondert, dießer sachen zuuerfaren hiemit vorbehalten.

Statgericht
den 19. febr. An. 1605.

Leonhert Berchtoldt wegen Conradt Kippes vbergibt vermög Jüngst ergangenen beschaids, diese Articulirte Clag, Pit dieselb offentlich zuuer, lesen vnd Inhalts zuerkennen, wund wiewol an Jüngstuerschienen Termin durch beschaidt angedeut worden, die Zeugen zugleich auch zu benennen, dieweil aber man nit wißen kan, auf was Puncten Er Zeugknus füren sol, so Pit Er dieselbige Puncten. Ime Nambhafft zu machen, Alß Erpeut Er sich, dieselb fürzustellen vnd zu erweißen.

Christoff Weber wegen beclagten Bachers, sagt, Er habe Clagen ten Kippes Articulirte Clag horen verlesen, Pit Ime dauon abschrifft zu erteilen, was Er aber fürs ander mündtlich furpringen laßen, Ob Ime wol bei Jüngstgehaltenen Termin durch ordenlichen beschaidt auferlegt wer, den, So balden seine Zeugen dobei mit zu benennen, halt beclagter Pau, maister darfür, das ein jeder, deme Zeugnus zu füren von Nöten, selbst wißen muß, worumb vnd weßhalber Er solche zu füren bedacht, vnd wer dieselbige sein, die Ime dartzu dinlich, do Er nuhn auferlegte zeugnus be, nennen werdt, so sei beclagter Paumaister sein gegen Interrogatoria vfs negst zu übergeben erPietig, will auch hieruff eines andern Termins er, warten.

Kippes left sich diß vermalndt einstreuen nichts Irren, Repet'rt sein eingewante schriffte vnd mündlichen Reces, left abschriffe zu.

Bacher ist gleichsfalß gehert, vnd left es seines theils bej dem von der Zeit ergangen fürst. befelch bewenden.

Beschaidt

In Sachen Conradt Kippes Clegers contra Gedeon Bacher Pau, maister beclagten sindt die vberraichte Articul probatoriales gerichtlich

ange,

angenommen, daneben dem beclagten dauon abschrifft jugelaßen, vnd zu einbringung seiner Defensionaln ein ander Termin, Nemblich freitags den 22. diß benandt vnd angesetzt.

Stattgericht
gehalten den 25. febr. An. 1605.

Herr Christoff Weber wegen beclagten Bachers vbergibt dieße schrifft mit Widerholung voriger Handlung etc. mit Bit dieselbige vor Gericht offentlich juuerlesen, vnd wie drin gepetten Jme gonstige Hüelff zu erteilen.

Leonhert Berchtold wegen Conradt Kippes Clegers het angehert, was beclagter Paumaister schrifftlich vbergeben, Bit von derselben Abschrifft zu zu laßen, vnd Jme ein andern Termin anzusetzen, soll alß dann darauff die gebürliche Noturfft verhandelt vnd vbergeben werden,

Christoff Weber sagt wegen Paumaisters, Er wolle nit hoffen, das es weiter von Nöten, Noch von Gerichts wegen Jme zu zu laßen, denn clagenden Kippes von der vbergeben en schrifft abschrifft zu ertheilen, Sintemal solches nur zur weitläufigkeit vnd vertzug geraiche, vnd man zuuor der handlung gnugsame Nachrichtung, will also vermög vbergebener schrifft priora repetirt vnd wie drinn gepeten haben,

Leonhert Berchtoldt wegen Kippes lest sich des beclagten Paumaisters einstreuen nichts hindern, Repetirt vnd widerholt sein zunor eingewanten Reces vnd begern, Bit nit allein von vbergebener schrifft Copi, sondern auch von Jetzt gehaltenen Reces Abschrifft, Bit nochmal solcher durch offentliche Vmbfrag zu erkennen vnd setzt es.

Christoff Weber wegen Paumaisters sei gehert, setzt es ebenmeßig.

Beschaidt,

In sachen Conradt Kippes burger vnd Pier Preuers alhier zu Onolz-bach, Cleger einß, vnd dann Gedeon Bacher beclagten andern Theils, ist die von beclagten heut den 25. febr. vbergebene schrifft, seinem begeren nach vor Gericht offentlich abgelesen vnd lest man es druf, wegen des strittigen Prunnens vnd der Reconveniendo angemasten schmachclag bei denen den 25. Januarij vnd 19. Februarij Jüngsthin Publicirten beschaidten, vngeachtet in gemelter schrifft eingewanten Vorbringens nochmal ver-

E e 2   pleiben,

pleiben, Mit dem Anhang, wofern beclagter Bacher den 1. Martij schleß
künfftig, der Jme pro termino hiemit angesetzt, mit den vferlegten
responsionibus nicht verfaren werdte das alß dann Clagenter Kippes
mit seinem beweiß aller Articul zugelaßen, vnd beclagten Bachern daruf
vnd sonsten sein Noturfft vor vnd einzubringen vorbehalten sein sollen etc.

Ist von beeden Partheien ferner in schrifften Judicialiter nichts ge-
handlet, sondern von Jnen In beisein Jrer insonderheit erpetener beistandt
die gütliche Vergleichung zu abstellung ferner weitleufftiger Rechtfertigung
bei Herrn Caspar Loeschen des eltern Raths gesucht vnd tractirt worden,
Dieweiln aber domals solche gütliche Vergleichung sich zerschlagen, doch
nichts deßweniger beeden Partheien zu guten dieselb vor sitzenden gericht,
den 8. Martij hernacher weitter vorgestelt, Auch vf Ihrer allerseiten mech-
tiglich von henden geben, deßgleichen angloben des gerichts stabs vnd Jn-
sonderheit an stat fürstl. Gn. zu Brandenburg vnsers gn. fürsten vnd herrn,
dem gestrengen Edlen vnd vesten Bernhart von Hutten Jrn fürstl. gn. Rath
vnd obervogt alhier gethanen Handtgelübtnus an Aidstatt ein Vertrag in
schrifften verfaßet, vnd offentlich abgelesen, wie derselbe von Worten zu
Worten also lautet:

Vertrag.

So hat doch Bachern dem allem zu entgegen, Erstlich eine prote-
stations-Schrifft, und dann hernacher Extrajudicialiter den 3. Aprilis Instehenten 605. Jar, Denunciationes Appellationis interpo-
sitæ, beneben vidimirte Copien Instrumenti Appellationis vbergeben vnd Inhalts gepetten, So gleichwol biß vf des Statgerichts ferner
zusamen kunfft vnd erkantnus angenomen worden.

Das solches alles, wie ob steet, vor Gericht von Terminen zu Terminen geschriebener maßen fürgangen vnd gehandelt worden, das bezeugen
wir Richter vnd beisitzere dießes Fürstl. Brand. Statgerichts alhier zu
Onolzbach mit herunden fürgedruckten gemeinen Stat Secret Insigel doch
sonst demselben gemeinen Stat uns vnd vnsern Nachkomen ohne schaden,
geben daselbst den 11. April an. 1605.

Num.

Num. 2.

Ehrnueste, Fürsichtige, vnndt weise, dieses löblichen Gerichts Veordnete Richter, vnndt Assessores gönstige Herrn, E. E. Hr. vnnd G. kan ich vor vnndt anzu bringen nicht vmbgehen, wie das ich Gedeon Bachern gewesenen Baumeistern allhier, vor vngefehr vier Jahren einen Bronnen vmb 200. fl. der gestallt abgekaufft, das ihme Bachern nach beschehener gewehrschafft also balden 100. fl. entrichtet, die vbrigen aber neun Jahr lang verzinst werden solten, Ob ich mich nun wohl genzlich versehen, das ermelter Bacher, ungeacht ihme vor geleister gewehrschafft 71. fl. eingehendigt, auch der noch restirenden Summen halber richtige mittel angedeutet, berührten Bronnen aus lautern muthwillen, vnndt sein Bachers nichtigen vorgeben nach darumben, weil ihme seinem vnzeitigem begeren nach nit willfahrt, vnndt der vberrest (welchen man doch, wie obgehört, noch zur Zeit zu erstatten keines wegs schuldig,) nit also balden geraicht werden wollen.

Wann aber solches obangeregtem Contract, vnnd der zwischen vns getreulich gepflogenen abred allerdings zu wider, ich auch zu erwehnten 71. fl. so er zu restituiren von Rechtswegen schuldig, biß dahero nicht gelangen mögen, vnndt gleichwohl des entzogenen Bronnens halber in merdlichen schaden vnndt vncosten gerathen. Alß ist gelanget an E. E. H. vnndt G. mein vnterdienstliches bitten vnndt Rechtmeßig begeren, ihme Bachern nicht allein besagte 71. fl. Sondern auch die solche Zeit vber aufgewante verursachte Costen vnndt schäden zu erstatten, vnndt gutt zu machen ernstlich anzu halten, Hierüber E. E. Hr. vnndt G. milrichterlich Ampt vmb ertheilung Rechtens vnndt der gerechtigkeit vnter dienstlichs Weiß anruffend. Vorbehältlich.

Num. 3.

Ehrnueste Fürsichtige, vnndt weisse, dis löblichen Gerichts verordnete Richter vnndt Assessores, Gönstige Herrn Auf Jüngst in Sachen Conrabt Kippes Clegers, Contra Gedeon Bachern, Beclagten, ergangenen

bescheit

bescheid vbergiebt Clagender Kippes nachvolgende Articul, mit Bitt gegentheiln zu gebührlicher Litis Contestation, vnndt Rechtmeßiger Responsion, An zu halten, was alß dann verneint, ist Clagender Kippes (citra tamen superfluitatem) zu erweißen erbötig.

1. Sagt demnach erstlich wahr, das Beclagter Bacher, ihme Kippeßen ein lebendig wasser in seine Behausung dergestalt zu führen versprochen, das er alle stundt zwen Aymer, vnndt tag vnndt nacht vier suder haben solle,

2. Auch wahr, das Er Bacher solches Wasser Acht Jahr lang in beulichen Wesen zu erhalten zugesagt.

3.) Hingegen wahr, das Clagender Kippes ihme Bachern fur berurt Waßer 200 fl. zu entrichten bewilliget.

4.) Immaßen wahr, das solcher Contract nicht allein auffs Papier gebracht, vnndt von Ehrlichen leuthen vnterschrieben, sondern auch dem Stadtbuch alhier einverleibt worden.

5.) Vnndt obwohl wahr, das Kippes ihme Bachern vor geleister Gewehrschafft sovil alß 71 fl. an Gelt, Bier, Treber, Gersten, vnndt Holtz guth gemacht.

6.) So ist doch wahr, das er Bacher, die mit mundt vnndt Handt zugesagt gewehrschafft gar nicht geleistet.

7.) Sondern wahr, das er nach empfangenen 71 fl. den Brunnen aus lauterm muthwillen, bei der Nacht wiederumben verschlagen.

8.) gantz ohne aber, das er hierzu verursacht worden.

9.) Dann obgleich wahr, das ihme der vberrest vff die verschriebene 200 fl. seinem vnzeitigen Begern nach nit alsobalden geliefert.

10.) So ist doch wahr, das man ihme dieselben vor geleister gewehrschafft zu geben nit schuldig.

11.) Weil sonderlich wahr, das sich Beclagter ihme Clegern die 100 fl. Neun Jahr lang vmb einen gebuhrlichen Zinß anstehen zu laßen erbotten.

12.) Wan dann wahr, das Bacher ihme Kippeßen, vngeacht der hierüber ertheilten Fr. etc. Beuelch, weder das Wasser, noch ermelt 71. fl. bis dahero restituiret.

13. So

13.) So iſt auch wahr, das er angeregtes geltt widerumben zu erſtatten von Rechtswegen anzu ſtrengen.

Inmaßen Clagender Klppes ihne Cum refuſione expenſarum, Damnorum, & Intereſſe mit gebührendem ernſt darzu anzu haltten gebeten, vnndt hierüber das miltrichterlich Ampt vmb ertheilung Rechtens vnndt der Gerechtigkeit Beſtes vleiß an geruffen haben will.

Vorbehältlich etc.

Num. 4.

Ehrenveſte Fürſichtige wolweiße Herren Richter vnd Urthellet dießes loblichen Stadt-Gerichts allhie zu Onolzbach etc. Gonſtige herren etc. Nachdeme In ſachen Gedeon Bachers Churf. Br. vnd Blmiſchen beſtellten Baumelſters, dann Conrad Klppeßen Burgers vnd Bier Preiers alhie einen Röhr Pronnen, vnd dahero ihme Bachern noch etlich außStehendt Geldt betreffend Sambſtags den 9. Mart. nechſthin vor E. E. F. ww. ein beſchaid ertheilet vnd publiciret worden, deßen ermelder Gedeon Bacher zum höchſten beſchwehret, dahero zu Erlangung beßern Rechtens den In Recht heilſamblich zugelaßenen Weg der Appellation vor die hand zu nehmen verurſachet worden, Derowegen auch, welln er ſolche appellation In der Perſon obliegender ehehafften vnd geſchäffe auch damahlen vnuermeldenlich vorgeſtandener Verreißung halb nicht In daß werckh ſetzen mögen, mihr vnderſchriebenem hierzu vollkomblichen gewald zugeſtellet, Crafft deßen ich In Recht hierzu beſtimPter Zeit, noch ante effluxum decendij an daß hochlöbl. Kaiß. Landgericht Burggraffthumbs Nürnberg coram Notario et teſtibus in ſcriptis wie ſich gepüret appelliret, Immaßen dieſelben ob beygefügten vidimirter copia Inſtrumenti appellationis mit mehrern zu vernehmen; Sodann nuhn bey hochermeltem K. Land-Gericht Crafft deßen loblichen ordnung die Interponirte appellationes In einer gewißen darzu beſtimPten Zeit introduciret, anhengig gemachet, vnd proſequiret werden ſollen, zu ſolcher introduction vnd proſecution aber, wie auch ad juſtificandum et deducenda gravamina man vor allen Dingen der gantzen acten prioris Inſtantiae

tiae vnumganglich vonnöten, vnd zu gebrauchen. Der Judex à quo
auch vff gePürlich erfuchen intra triginta dies ab interposita appel-
latione solche gegen erstattung billichmeßiger gePür Crafft der Rechten
auch angezogenen ordnung zu ediren schuldig, Alß thue, E. E. F. W.
ich Crafft angeregten vnd habenden fernern Gewalds, welcher sich auf die
prosecution der gantzen Sachen erstrecket, solche appellationen, von
deren Instrumento dieselben glaubwirdige vidimirte Copien zu em-
Pfahen denunciren, und benebens vmb erthellung der acten prioris
Instantiae loco Apostolorum reuerentialium et ut exinde gravamina construi queant, In offener form vnd gePürender Zeit nomine supra dicti mej principalis In bester Form Rechtens solenni-
ter vleißig, vleißiger vnd allervleißigst, Instanter, Instantius, in-
stantissime erfuchen vnd derselben um die gePür erwarten darauff habe
der Notturfft zuuerfahren, an solchem wird die Gerechtigkeit befördert,
vnd hab ich E. E. F. We. ein solches Crafft habenden gewalds hiemit an-
zufügen nicht vnderlaßen mögen.

Num. 5.

Demnach Gedeon Bacher Paumaister mittwochs den 3. Aprilis ein denun-
ciation Appellationis beneben Copien Instrumenti Appellationis
Richter vnd Statgericht zu Onolzbach wider Conradt Kippes Pier Preu-
ern eingeben laßen, darinnen Er vmb die ergangene Acta loco Apostolorum reverentialium Pitten thut, Alß wollen Richter vnd Gericht,
so ferr Er Bacher oder sein Anwalt vf empfangenen special gewalt nach
Statgerichts herkommen vnd gebrauch, den formalibus Appellationis,
mit Laistung des Aids vf schirst künfftigen Freitag ein genügen thue, Ime
hiemit die Acta loco reuerentialium zuerkandt vnd vmb die gebür zukommen laßen, Actum Onoltzbach den 6. Aprilis An. 605.

Richter vnd Sattgericht zu Onoltzbach.

Num.

Num. 6.

Wohlgeborner Geſtreng Edel vnnd veſt, auch Ehrnveſt vnnd hochgelerte,
deß Kay. Landgerichts Burggraffth. Nürnberg, wohl verordnete, Hr. Kayſerlich
Landtrichter vnnd Aſſeſſores, großg. auch gebietende Hn. vnnd guete Freundt,
denſelbigen ſeien vnſere freundl. auch vnterthenig-willige Dienſt iederzeit beuor,
vnnd will mir gar keinen Zweifel machen, die Hn. werden ſich ſambt vnnd ſonders
zu errinnern haben, waß ſie mir Bernh. von Hutten etc. vnlängſten vnd ſub
dato den 17. Martii, Inſtehenden Jahrs, In ſachen Gedeon Bachern,
geweſenen Baumeiſtern allhier an einem, vnnd dann Conradt Kippeß
Burger vnnd Bierbreuers, anders theils aynen verſprochenen Bronnen
betreffent, gn. zugeſchrieben vnnd begeret, Wann aber mir Bernh. von
Hutten (alß der ich die ſachen nicht allein ſondern ein ganzer E. Weißer
Rath, dieſer Statt, neben vnnd mit mir Tractiret) beſchwerlich vorfallen
wollen das ich allein in den ſachen berichten ſollt, ſonderlich, weil Gideon
Bacher ſo wohl in ſeiner vermeinten Appellation vnnd proteſtation
Zettul, alß in andern ſeinen berichten den falſch vnndt vngrundt, vorge-
bracht, habe ich ſolch ſchreiben mit mir vf das Rathauß genommen, mit
Einem E. Rath berathſchlaget; vnnd weiln wir Bürgermeiſter vnnd Rath
aus dieſem Schreiben, ſo viel befinden, das wir beneben dem Hn. Obervogt, vnſerm inſonders ggl. lieben Jungkern, ſo wohln alß Ihr von dem
Bacherer mit Vngrundt angegriffen, Alß ob wir ihne Bachern, mit vielen erbottenen doch vngehaltenen Wortten, (deßwegen wir vnns zur Ret-
tung vnſerer wohlhergebrachten Ehrn, gegen dem Bacherer, vnſer Noturfft, per expreſſum vorbehalten haben wollen, de quo forma qua
fieri poteſt, optima proteſtamur) Alß haben wir für eine hohe notturfft geacht, Sonderlich aber vff begern deß Hn. Obervogts, dieſen vnſern bericht ſambtlich mit einander zu thuen, Sollen derowegen Euch euer gl.
auch herrlich vnnd gonnſt. dienſtfreundtlich vnnd Vnterthenig nicht bergen,
das ſich die Sachen in grundt der Wahrheit, Viel anders dann Bacherer
vorgiebt, verhalten. Vnnd nemblich allſo, demnach die Irrungen ſo
ſich zwiſchen Kippeßen vnnd Bacherern ergeben, Erſtlichen vnns vff dem
Rathhaus, hernacher der Ehrlöblichen Fürſtl. Regierung, dann auch die-

sem löblichen Stattgericht alhier, sowohln ezlichen H. Doctorn vnnd andern ehrlichen gueten Leuthen, nicht wenig, sondern vielfältig mühe vnnd Arbeit gemacht, doch wenig bei den partheien, ein guetes verfangen wölln, wie nit allein den großen Vncosten, darein beede theil einander füreten, sondern auch die beharrliche Vneinigkheit vnnd Verbitterung, so sich bey beeden Parthenen teglich mehren theten, gespüret, auch mehrers Vnheils vnnd vieler Aidtschwür befahren müßen do doch die Hauptsach der Wichtigkeit not gewesen.

Zuvorkommung nun deßen, vnnd zu abhelffung der ganzen sachen, habe ich der Obervogt, vff bitten vnnd begern, ehrlicher Leuthe, beede partheien, vff das Rathaus erfordert, denselbigen in beisein Aines ganzen Raths, vngeuehrlichen, was biß dahero geschrieben, mündlichen, wie auch das der Exitus juris dubius vorgehalten, vnnd Treulichen vermahnet, vmb gueter Nachtbarschafft vnnd freundtschafft willen, die sachen Güetlichen vertragen zu laßen, Ihnen auch die Güetlichkheit dermaßen vorgeschlagen, daß mit ihrem Wißen vnnd willen, solte gehandelt werden, wie dann zu solchem, ein Anfang gemacht, aber wohl befunden, daß es von wegen beeder parthenen Halßstarrigkheit, wenig würdte verrichtet werden, Alß haben wir sambtlichen vnter andern, eines Compromiss gedacht, darzu dann fast meniglich geredt, vnnd ist nit ohn, daß Bacherer gar gerne gesehen, auch so frech gewesen vnnd begeret, daß man mir die Sachen, nach seinem Wißen, ansprechen solte, (welches aber in compromiß sachen nicht gebreuchlich noch herkommen,) haben wir ihme geantworttet, daß wir thuen wolten, was ehrlichen Leuthen gebüret,

Daruff haben beede Parthenen, ohn einige fernere beschwerung, oder wiederred freywillig sich vngezwungen vnd vngetrungen compromittirt, mir dem Obervogt an statt vnnd von wegen, Fr. Dhlt. vnsers gn. Fürsten vnnd Hrn. mit Handtgeben der Treüen, an Aidts statt, auch' an den Gerichtsstab angelobt, daß was neben einem E. Rath ich der Obervogt vnd wir sambtl. güetlich außsprechen würden, daß sie zu beeden Theilen vnweigerlich darbei verbleiben wollten, auch darüber die sachen, Vertrags weiß, vff das Pappir gebracht, vnnd gefertiget, (wie solcher bey den Actis zu finden, aber von Bacherern nit gelöset noch abgeholet worden wie er nun sein angeloben vnnd zusagen gehalten, vnnd ob seine sachen vber gentzt

sein

sein Versprechen vnnd Zusagen, billig an dem Landgericht, angenommen werden mögen, das geben wir Euch, E. G. Herl. vnnd gn. zu bedencken.

So ist auch von seinem procurator dem Bauschbach kein ganz freundlich vnd mit Vngtundt gesezet, Als ob er von Aynem dem Statgericht alhier gesprochenen Vrtheyl Appelliren thete. Do doch wir die des Rats vnnd Statgerichts Alhier In dieser sachen niemhal Ayn Vrtheyl gesprochen, Auch die sachen für vnnd bey uns noch so weit khommen, das wir Ayn Vrtheyl sprechen sollen, wie dann Bacher noch nit Respondirt auch litem contestiret, wollen uns demnach sembtlich zu F. G. H. vnd gn. dienstfreundlich vnd vnderthenig getrösten sie werden vil gemelten velnigen Bachern, sondern seynem procuratori nit allein von Ihrem vnbilligen vornemen Abweyßen, vnnd off seyne gethane gelibt Remittiren, sondern auch gebürlich straffen, weyln es uns zu diesem mhal Als An vnsern ehren vnnd der warheytt, Angegriffene Interessenten off das wir nit der Rachgir beschuldiget werden mögen, nit gebüren wil, wir wollen uns aber nochmaln vnser Noturfft, gegen Ihme Bachern vnd seynem procurator vorbehalten haben de quo iterum protestamur. Das F. G. H. u. g. wir dienstfreundlich auch underthenig zu begerter Antwortt nit verhalten sollen. Seyen denselbigen freundlich auch vnderthenig zu dienen willig, Datum den 29. Martij An. 1606.

Bernh. von Hutten, Fr. Geh. Rath Obervogt
dann
Burgermeister vnd Rath alhier zu Onolzbach.

Das

Das sechzehende Capitul.

Vom Langenzenner Gericht.

Von Langenzenn wird es, da heut zu Tag so viele Gerichtsordnungen und Weißthümer zu Aufklärung der teutschen Rechte ans Licht kommen, nicht undienlich seyn, hier gleichfals etwas von einem Weißthum, dann die landesherrliche Gerichtsordnung und die Landesfürstliche Ertheilung des Stadtrechts mitzutheilen, andern aber die nähere Ausführung dessen, was daraus vor die Landesherrschafft zu erweissen stehet, zu überlassen.

Stadt Langenzennischer Gerichts-Ordnung.
Eh-Gericht, und andere bürgerliche Gericht.
Erstlich die Frag zu den Eh-Gerichten.

Item, um alle Gebrechen, die der Herrschafft widerfahren mögt in ihren Lehen, Gütern, Herrlichkeiten, Obrigkeiten, der Herrschafften, Geleiten, Zöllen, Wild-Bahn, Waldern, Holzern, Rennthen, Zinßen, Gulten, Wassern, Wenten und Weiden, wo der Herrschafft dißhalben entzogen wäre, oder würde.

Die erste Frag.

Ob das Eh-Gericht besetzt sey, als wie Gebrauch, und vor Alter herkommen ist, auf ein Aidte zu fragen.

Die ander Frag.

Ob man nicht billig die Artickeln vorlesen, damit sich ein jeder vor Schaden wißen zu verhüten, am Aidte.

Die drit Frag.

Ob einer oder mehr in solchen Fragen, und Artickeln, wie hernach folget, bußwürdig und unrecht befunden würde, was derselbig unserm gnädigen Fürsten (Herrn) verfallen seyn, 10. Pf. und darum gestraft werden.

Item

Item: die Herrschafft hat das ganze Jahr vier Eh-Gericht, und ohn die bürgerliche Gericht, so offt die Nothdurfft solches erfordert, und wird das erst Ehgericht, am Montag nach Walburgi, das ander am Montag nach Trinitatis, so die Herrschafft aus beweglichen Ursachen abgeschafft, das drit am Montag nach Michaelis, das viert am Montag nach Obersten, darauf sollen alle die kommen und daßelbige besuchen, die dazu und darauf gehören, und an denenselben Ehgerichten soll ein jeder Vogt vorgemelte Fragen thun, und fragen.

Der Brief darüber sagend.

Wir Friedrich von Gottes Gnaden, Marggraff zu Brandenburg, des heiligen Römischen Reichs Erz-Cämmerer, und Burggraf zu Nürnberg, beckennen öffentlich mit diesen Brief gen aller männiglich, die ihn sehen, hören oder lesen, von solcher Irtung wegen, so den allenthalben in unsern Städten und Gerichten zwischen Rath und Gemeinen, und auch sonst auferstanden seind, und zu besorgen ist, wo das mit unterstanden, und redliche Ordnung zwischen ihn gemacht würde, daß sich das weiter einreißen, und uns unser Herrschafft und Landen zu grosen Schaden, und Irsal kommen mögt, hierumb so haben wir das nach Rath unser Räth und Getreuen für uns genommen, und nach den besten gewegen und wollen, und seyen daß diese nachgeschrieben Stück fürbaß zukünfftige Zeiten allwegen in allen unsern Stätten und Gerichten zu Francken, und uff dem Berg gehalten sollen werden, wie dann hernach geschrieben stehet.

Zum Ersten: daß alle Jahr järnhin ein jeglicher unser Statt, und in jeglichen unserm Gericht ein jeglicher Rath am dritten Ostertag ab-, und nimmer seyn soll, uff denselben Tag ein jeglicher Rath wieder verneuert, und gesezt soll werden, es wäre denn, daß sie von der Herrschafft, oder andern Ehhafften, Noth und Sachen wegen, uff denselben Tag verhindert wurden, so sollen sie es hernach enden, so sie best mögen ohn Gefehrde.

Also daß ein jeder Vogt unser Statt und Gericht einem aus dem alten Rathe kießen und wahlen solt, der deßelb fürbaß mit dem Vogt aber einem aus dem Rathe wählen solte, dieselben zween sollen Macht haben, mit dem Vogt drey aus dem Rathe zu ihnen zu wählen, daß ihr also fünf werden, dieselben fünf mit dem Vogt sollen fürter ganz Macht haben,

einen

einen ganzen Rath zu setzen, und zu wählen, der dann dasselbig Jahr bleiben soll, doch also daß ein jeglicher Rathe, In einer jeglichen unser Statt, und Gericht zum meisten mit zweyen andern verneut soll werden, und derselb ganze Rathe soll Macht haben, zwen Burgermeister zu wählen, die daßelbe Jahr, und nicht länger Burgermeister bleiben sollen, dieselben zwen Burgermeister sollen dem Vogt globen, und schwören alle Steuern Geld, und Bueßen, und was den in einer jeglichen unßer Statt und Gericht gefallt, und gebührt getreulichen einzunehmen, und wenn sie solch Geld also eingenommen, und zu einer Summa gemacht haben, so sollen sie dieselbig Summa, was und wohin sie davon ausgegeben, vor einen Vogt und Rath, derselben Statt, und Gericht, und vor zweyen Pidermanen aus der Gemeine, die dann ein Vogt und Rathe dazu fordern soll, allwegen uff mitfasten acht Tag vor oder nach vornehmen ungeferlich und unverzogenlich dißelben zwen aus der Gemein, die also zu solcher Rechnung gefordert werden, die sollen dem Vogt und Rathe geloben, und schwören, getreulichen ob solcher Rechnung zu seyn, und zuzuhören, ob Sie in solcher Rechnung nichts hörten, oder vernehmen, daß wider die Herrschafft Statt, und Gemeine wäre, das sollen sie allezeit bey dem Aidt der Herrschafft, und der Gemein einer jeden Statt und Gericht offenbaren, und zu wißen thun, und nicht verschweigen, durch niemand Willen in keine Weiß, daß man darein gereden, und nach den besten gewandeln möge.

Auch so soll und mag ein jeder unser Obervogt seine Untervogt wohl haben wem er will, der ihme das Gericht besizt, ohn Hinderung, und einsprechen aller männiglich; auch sollen alle Amtleute derselben unser Statt und Gericht, die allezeit nach Noth eines Vogts und des Raths gesezet sollen werden, jährlichen von solchen ihren Amten einen jeden unsern Obervogt, und einem Rathe, und zween aus der Gemein, in obbeschrieben Maas, ein Rechnung thun, von allem dem das ihn dann von solchen Amten gefället, und davon eingenommen haben, und auch darüber globen und schwören, damit getreulich umzugehen, als sich dann dazu gebühret, ohn alles Gefehrde, was aber geistlich wäre, und Gotteshäußer, Spithal, oder Pfründe antreffe, zu solcher Rechnung soll man allweg nehmen und fordern, den Vogt, dem Pfarrherrn, Spithal-Herrn, oder die Verweser, fer, die dann darüber und dazu gesezt sind, und den solchs befohlen ist, und solche Amtleute, die mag man alle Jahr järlich verändern, mit andern, es wäre dann, daß sie sich redlichen in solchen ihren Amten hielten, und daß die die darüber gesezt sind, erkennten, daß solches nicht nothdürfftig wäre, solche Amtleut mit andern zu verändern; Auch soll ein jede Gemein in einer ieden unßer Statt, und Gericht, allen Gesezen und Gebotten, die dann ein Rathe mit Willen, und Wißen eines ieden Vogts, durch Gemeins Nuz willen gesezt, und gemacht werden, gefolgig und gehorsam seyn, und wer solches überführe, er were Rath oder Gemein, der soll Strafe und Poen darüber verfallen seyn, die gedultig leiden, und genug thun, wie dann darauf gesezt sind, und kein Unterschiede in solcher Straf und Poen zu haben, es sey Rath, oder Gemein, ohn Gefehrde.

Auch was eine jede Statt zu bauen hat, da sollen sie zween nehmen, einem aus dem Rathe, und einem aus der Gemeine mit Willen, und Wißen des Vogts, solchen Bau nach dem Beßten vorzusehn und aufzurichten.

Auch was sie Burger einnemen, die sollen der Herrschafft dem Rathe, Statt, und Gericht schwören, in Beyweßen des Vogts, wie dann hernach geschrieben stehet, also wann einer für sie kommt, und begehrt Burger zu werden, und daß sie ihn einnehmen wollen, so sollen sie ihne vor fragen, zum ersten, ob er nicht einen andern Herrn hab, oder jemand Amtmann sey oder nicht, alt Zenck oder Krieg vorhanden hab, oder jemand eigen sey, hat der Artickel keinen uff ihn, so sollen sie ihme zu Burger einnehmen, der soll zu Gott, und dem heiligen schwören, der Herrschafft und dem Vogt, und Rath, an der Herrschafft statt getreu und gewähre, und ihren Geboten gehorsam zu seyn, ihren Schaden zu bewahren, und ihren Frommen zu werben, ohn alles Gefehrde.

Auch sollen die Burger einer jeden Statt und Gericht keinen Burger fahren, noch von ihm kommen laßen, ohn Wißen und Willen der Herrschafft, und eines Vogts, und eines Raths, derselb dann auch nach seiner Hinfarth thun sollen, als der Statt oder Gerichts Recht und Gewohnheit ist, ohn Gefehrde.

Auch wenn man einem Burger in dem innern Rath sezt, der soll globen und schwören, ein Geheim zu haben, und zu verschweigen von Raths-
wegen

wegen bis in seinen Tod, und darzu einer Herrschafft, der Statt und gantzen Gemein getreulichen vor zu seyn, und das ehrlichst und möglichst, und beste für ein Herrschafft und ganze Gemein zu rethen, nach aller seiner Verständnuß, und wäre Zeugniß zu geben, wozu er gefodert wird, und rechte Urthel zu sprechen, uf seinen Eide, nach seiner Verständnus, denen armen als den reichen, und das durch keinerley sachen willen, nicht zu laßen ohn Gefehrde.

Auch über das Blut zu richten, ist unser Meynung, welcher Uebelthäter im Beyweßen eines Vogts, oder seines Gewalts und zweyer Geschwornen Schöpfen seiner Mißhandlung beckanntlich wäre, über den bedarff man nicht schwören, noch zu übersiben, und man mag einen solchen achten, als Recht ist, und dieß alles zur Urckund haben wir unser Innsiegel an diesen Brief hencken laßen, der geben ist zu Cadolzburg am Montag vor unser lieben Frauen Tag als sie gebohren worden, nach Christi unsers lieben Herrn Geburt Vierzehen Hundert, und darnach im vier und dreißigsten Jahr.

Brief über das Stadt-Recht Langenzenn.

Wir Albrecht von Gottes Gnaden, Marggraff zu Brandenburg, und Burggraff zu Nürnberg, beckennen mit diesen offen Brief, gen allermänniglich, für uns alle unsere Erben, und Nachkommen, daß für uns kommen seyn, unsere liebe Getreuen Burgermeister, Rathe, und Gemein unser Statt zu Langenzenn, und haben uns fleißiglichen, und demüthiglich gebetten, sich ihre Erben, und Nachkommen zu begnaden, und Statt-Recht zu geben, so dann ander die unßern zu Onolzbach und in andern unßern Stätten von uns begnadet, und begabet seyn;

Also haben wir angesehen ihr fleißig demüthig Bitte, auch ihr willig Gehorsam, Dienst, Hülff und Steuer, so sie uns und unser Herrschafft offt williglichen gethan haben, und hinführo in künfftigen Zeiten, wohl gethun mögen, und haben Ihnen, ihren Erben und Nachkommen zu ewigen Zeiten gegeben, und geben ihnen auch in Crafft dieß Briefs, alle die Statt-Recht, inwendigs der Mauer zu Langenzenn, die dann Onolzbach, und andere unsere Stätte haben, und sollen und mögen auch

der

der und fürter gebrauchen, inwendigs der Mauer als ander die unsern in unsern Statten von manniglich ungehindert, doch ausgenommen uns, unsern Erben, und Nachkommen, unschädlichen, an unsern Frommen, und Diensten, zu unserm Schloß Cadolzburg gehörende, alles ohn Arg und ohn alle Gefehrde, und das zu Urkund geben wir ihnen, ihren Erben und Nachkommen diesen Brief für uns, unsere Erben, und Nachkommen, mit unserm anhängenden Innsiegel versiegelt, der geben ist zu Onolzbach am Samstag, vor dem Suntag Jubilate nach Christi unsers lieben Herrn Geburt vierzehen hundert, und darnach in dem drey und vierzigsten Jahre.

Das siebenzehende Capitul.

Vom Nürnberger Fraisch-Proceß.

Dieser Proceß erhob sich durch die Brandenburgische Klage, und beede Theile wollten in possessorio judicio titulatam possessionem evinciren, so daß ein starker Theil der gerichtlichen Handlungen puncto petitorii rubricirt worden. Hierbey begehrte man sich beederseits das territorium zuzuschreiben; weilen aber die Brandenburgische intention hierunter vorzüglich gegründet erfunden wurde, so erfolgte auch das Urtheil vor Brandenburg. Diesen Grund des Urtheils will man heut zu Tag in Nürnberg mißkennen, und scheuet sich nicht, die Brandenburgische hohe Fraisch-Obrigkeit als eine servitutem juris publici zu behandlen. Um dieser Verdrehung des Urthels zu begegnen, hat man vor etlich dreyßig Jahren einen Auszug aus den Acten fertigen und drucken lassen. Wie es mit dergleichen- nicht in die Buchläden kommenden Druckschriften zu geschehen pfleget; sie werden anfangs ausgetheilet, und ehe man es druckt, ist kein Exemplar mehr zu finden, mit dem man sich Vortheil schaffen könnte; so gieng es auch hier. Diesem Mangel nun abzuhelfen, wird solche Druckschrifft hier eingeschaltet; sie hat aber unter einen sehr weitläuftigen Titul folgenden neuerlich in paragraphos abgetheilten Innhalt.

Wahrhaffte Erzehlung und gründliche Erläuterung aus denen Judicial-Acten, wie es mit der so benamsten grossen Fraisch-Sache, welche zwischen denen beeden Hoch-Fürstl. Brandenburgischen Culm- und Onolzbachischen Häusern, dann Burgermeister und Rath zu Nürnberg, eine lange Zeit über obgeschwebet hat, eigentlich und ohne Mißverstand beschaffen.

Und wie anfänglich Brandenburg die Klage bey dem Hoch-Löbl. Kayserl. und Reichs-Cammer-Gericht im Jahr 1526. angebracht, und nach vielen und grossen Schrifft-Wechseln, den Obsieg wider Nürnberg mit Urthel und Recht Anno 1583. erhalten:

So,

Sodann aber der verlustigte Nürnbergische Theil, als dardurch vermennlich gravirt, vor denen Hoch-ansehnlichen Kanserlichen und anderer hohen Stände, HHerren Commiſſarien und Deputatis, als Reviſoir, die Sache von Anno 1583. bis 1587. vergeblich aufgezogen: Und als

In Reviſorio eine Confirmatoria prioris Sententiæ Cameralis gantz purè, und ohne alle reſtriction ausgefallen,

Endlichen von Anno 1591. bis ad annum 1621. vor dem Hoch-Preißlichen Cammer-Gericht die Klage in petitorio von neuem erhoben, und solche bis ad probatoria zwar fortgeführt; Hierauf aber, und schon über hundert Jahr her, dieselbe völlig liegend- und unverfolgt gelassen, und also ipſo facto deſerirt und begeben hat:

Inſonderheit aber, und vornemlichen, daß der Haupt-Grund aller Klage und Gegen-Defenſion auf dem Territorio und der Landes-Superiorität und Herrlichkeit um die Stadt Nürnberg beruhet, und

Daß beede Theile ihr vorderſtes Abſehen und Intent auf dieſes Fundamentum beſtändig gerichtet, folgſamlich das Dominium univerſale Territorii beederſeits eiffrig behauptet, und die in Litem gezogene Fraiß-Fälle pro parte principali & neceſſaria solcher Landes-Herrlichen Obrigkeit und Gerichtbarkeit in allen Ihren vielfältigen und weitläufftigen Gerichts-Handlungen tractirt, auch die nöthig erachtete Beweißthümer utrinque dahin dirigirt, und die allegirte actus poſſeſſorios, allemahl und ohne Unterlaß, mit obgemeldten origine, fonte & titulo univerſali Territorii, ſuperioritatis ac Juriſdictionis omnimodæ zu legitimiren und gültig zu machen geſucht, auch, zur kräfftigern Ausführung deſſen, mancherley Kanſerliche Inveſtituren, Conceſſionen, Privilegien, Verträge und andere Urkunden und Documenten in groſſer Anzahl, vor denen, à celſiſſimo Judicio approbirten HHerren Commiſſarien, produciren und vorlegen laſſen: Worüber, als oben schon erwehnt,

Das Hoch-löbl. Cammer-Gericht, poſt concluſionem cauſæ, im Monat Sept. 1583. das erſtemahl definitivè erkannt, und ſolcher-geſtalten, wie es retroacta & actitata an Hand gegeben haben, in tramite Juſtitiæ geſprochen, mithin dem Hoch-Fürſtl. Hauſe Brandenburg, als wohl-fundirten Klägern, den Sieg Rechtens in dem, mit beſſern

Tituln und actibus, als von dem Nürnbergischen Gegen-Theil, bestellf-
ten possessorio, und in der That selbsten schon ausgeführten petitorio,
vollkommen zugewendet;

Die HErren Revisores aber, der Nürnbergischen sehr hoch ge-
triebenen Gravaminum ohngehindert, es lediglich bey dem vorgängigen
Cameral-Spruch gelassen, und dardurch

Den zweymahl succumbirten Nürnbergischen Theil bemüßiget
haben,

Daß derselbe das petitorium NB. über das Territorium und
die Fraiß in dem ganzen per Libellum weitschweiffig circumscribirten
strittigen Gezirck um die Stadt Nürnberg bis an die neuerlich erdichtete,
und doch in keinem einzigen Kayserl. Diplomate benahmst- oder erfindli-
che Drey Grenz-Wasser, die Rednitz, Schwarzach und Schwobach, ohne
Ausnahm eines Orts oder Endes, abermahlen conjunctim ergriffen, die
narrata & petita insgesamt darnach formirt, und sich zur probation
solcher seiner angebrachten petitorischen Klage, und in specie des angemaßten und zum Grund aller seiner Intention gelegten Territorii und
Landes-Herrlichen Obrigkeit öffters expressis verbis anerbotten, auch
sothanen vermeyntlichen Beweißthum zwar unternommen; Bis anhero
aber, und schon über ein Seculum, alles und jedes unausgeführt gelaß-
sen, und also bis zur gegenwärtigen Stunde von dem Cammer-Gericht
keine beyfällige Urthel erlangt, so daß Ihm das Onus probandi des
berühmten Territorii um Nürnberg (wo Er anderst hoch damit zu hören)
je und allewege oblieget: Dahingegen der dißfalls beklagte Hoch-Fürstl.
Theil bey seiner, per duplex Judicium, ex justis titulis & actibus,
schon Gerichtlich erstrittenen Possession der Hohen Landes-Herrlichen-
und darzu referirten Fraißlichen Obrigkeit in guter Ruhe und Sicherheit
bleiben kan, ohne dessenthalben einen absonderlichen Beweißthum extra
prædicta acta über sich zu nehmen, und den Gegen-Theil von dem Ihm
obliegenden onere probandi, in hac vel alia quacunque causa,
gleichsam selbsten zu befreyen und ledig zu machen.

§. 1. Wann man in die ältere Zeiten zurücke gehet, und die Nachrichten von denen Herren Burggraffen zu Nürnberg, so aus dem uralten Gräfflich-Zollerischen Stamm entsprossen sind, nur in etwas ansiehet, so äussert sich alsbalden, wie hochbesagte Herren Burggraffen wegen Ihrer hohen Ankunfft, angebohrner heldenmüthigen Tapfferkeit und stets patriotischen Treue und Eyffer gegen das gesamte Reich teutscher Nation, nicht nur bey allen Glorwürdigsten Römischen Kaysern und Königen insgemein, sondern auch vornehmlich bey denen allerglorreichsten Oberhäuptern aus dem nimmer genug zu preisenden, und nach aller einmüthigen Wunsch bis ans Ende der Zeiten fortherrschenden Hause Oesterreich, jederzeit sehr beliebt und hoch gehalten gewesen, und, als nahe Bluts-verwandte Fürsten Sich mehrentheils allernächst um die allerhöchste Kayserliche Personen gegenwärtig befunden, und sowohl in denen vorgefallenen Kriegs-als Friedens-Negotien, Ihren treu-gemeynten Rath und die würckliche That, als würdige Glieder und Stände des Reichs, willig und nützlich beygetragen, und solches mit vielfältiger Aufsetzung und Dargebung Ihres theuren Fürsten-Bluts vor aller Welt bezeuget, auch darüber nicht allein aus allerhöchster Kayserlichen Milde, sondern auch mit Reichs-kündigen Verdiensten, allerhand besondere prærogativen und wohl-meritirte Begnadigungen vor Sich und Ihre Fürstliche Nachkommen rechtmäßig erworben: Jedannoch aber haben Sie mit allem deme bey der Stadt Nürnberg und deren Raths-Verwandten es niemaln so weit bringen können, daß Sie nicht eine unnöthige Mißgunst von denenselben vermercken, und die von Röm. Kaysern und Königen, auch übrigen des Heil. Römischen Reichs Ständten und Gliedern, wohl-gegönnete Burggräfliche Dignität und Fürstliche Würde, nebst allen dahin gehörigen und von Seculis her dazu genossenen Landes-Herrlichkeiten und Gerechtsamen, einmahl um das andere angetastet, und auf allerley widrige Arten angefochten und bestritten sehen müssen. -

§. 2. Der Anfang hierzu geschahe sonderheitlich innerhalb denen, dammahls noch zimmlich engen, und gar nicht so weit, als anjetzo in das Burggräffliche Fürstenthum sich herausziehenden Nürnbergischen Ring-Mauern, allwo die Herren Burggraffen manche ansehnliche Jura exercirt,

cirt, und, unter andern, Ihren Officialen bey dem Reichs-Schult-heisen-Amt, als Præsidem, beständig sitzen gehabt, und in der Stadt selbsten über alle peinliche und bürgerliche Fälle gerichtet, nebst deme auch das Kayserliche Land-Gericht schon von unfürdencklichen Zeiten her, und sowohl vor- als nach dem bekannten Interregno, zu sehen getragen, und solches in- und ausser der Stadt fortgeübt, und über alle andere rich-tende Gerichte damit gerichtet;

§. 3. Da hingegen der Rath zu Nürnberg um selbige Zeiten in-tra ipsa mœnia keine Jurisdiction vor sich besessen, sondern erst suc-cessu temporis ein und anders, so denen Herren Burggraffen an Ihren schon bestättigten Rechten unschädlich gewesen, von Kayserl. und Königli-chen Majest. aus besondern Gnaden erlangen müssen, und dahero von Henrico VII. in Anno MCCCX. nur die Erlaubnus und Gewalt über geringe Policey-Sachen in der Stadt ausgewürckt, unter der Hand aber nach mehrern getrachtet, und sich endlich gar an die Burggräffliche Jura gewaget, und ein und anders davon dubios oder strittig machen wollen; Wodurch dann die Herren Burggraffen so mehrers bewogen wor-den, denen principiis entgegen zu gehen, und Sich derer Nürnbergischen Andringligkeiten durch erlaubte Mittel zu erwehren.

§. 4. Insonderheit aber klagte bey damahliger Röm. Kayserl. und Königl. Majest. und denen anwesenden Chur- und Fürsten des Reichs in der Stadt Herr Burggraff Friederich im Jahr 1362. offentlich, Daß die Burger vom Rath der Burggraffschafft zu Nürnberg die herkommliche Rech-te und Gefälle bey dem Schultheisen-Amt und dem Zoll zu Nürnberg schmählerten; Hiernächst solche neue Gebot bey grosser Poen setzten, da-mit sie das Gericht kranckten und seine Recht benehmen, also ob das were, daß der Burger ihr einer oder mehr, viel oder wenig Frevel begiengen, darum sie dem Gericht bußwürdig weren, und büssen sollten, daß sie das vor dem Gericht und dem Schultheisen nicht clagen getorffen, und müssen das clagen und bringen vor die Burger: Ingleichen der Herrschafft Ihr Freyheit auf der Veste zu Nürnberg überfahren: So dann die Burggräf-liche Veste verbauet und verschlossen hätten, und sonsten andere alt Burg-gräffliche Rechte in der Stadt, und aussenher in denen Wälden zu krän-cken, sich neuerlich unterfiengen, etc.

§. 5.

§. 5. Deß sich aber die Abgeordnete von denen Burgern des Raths mannigfältig entschuldiget, und das mehreste tanquam rem alienam, & non propriam, auf des Reichs eigene Abstellung ausgesetzt, und sonderlich die Versperrung deß einigen Thors der Kayserl. Vesten sich nicht selbsten zugeeignet, sondern es auf des Reichs Belieben und Veränderung hingegeben, auch die beschuldigte Eingriffe in das Gericht mit dem einigen zu beschönen gesucht haben, daß sie es von Alters also hergebracht: Was Sie Gesetze durch Friedens und Sünes willen setzen, darinnen nehmen Sie dem Richter und dem Kläger allweg ihr alte Recht voraus; Darbey Sie sich aber keiner weitern ordentlichen Jurisdiction berühmt, weniger der beeden Wälde halber vor sich was anderst zu prætendiren gewust, als daß die Stadt darauf gestifftet, noch Recht darein hett, und selben Wald von Alters her genossen, und NB. etlich Dörffer mit Ihnen.

§. 6. Worauf die anwesende Chur- und Fürsten, in Gegenwärtigkeit Kayser Carls des vierdten, solche Zwenung und Mißhellung zwischen Ihren lieben Oheim den Herrn Burggraff Friedrichen, und der Stadt und den Burgern von Nürnberg, dergestalt entschieden haben: „Zu „den ersten und den Walde, genannt Nürnberger Forst, und gelegen „binnen der Termenen und Gezirck der Pfarr zu St. Lorenz zu Nürnberg, „solle der Burggraff beleiben bey den Freyheiten und Rechten, die er und „seine Eltern bey Röm. Kaysern und Königen uns hergebracht hant: „Die Stadt zu Nürnberg aber, die Dorff und alle die von alter Recht „gehabt hant in denselben Walde (Ergò hatte Nürnberg damahln nicht memr Recht in diesem Walde, andere Dörffer und geringe Orte, so das Wald- und Holz-Recht bisher genossen haben) sollen bey Ihren Rechten, die sie von alter nuzher gehabt haben, bleiben und gehalten werden. Dann sollen die Burggraffen ferner einnehmen und geniessen die benamte Zinnße und Frohnen, von denen Schmidt- und andern Hoff-Städten in Nürnberg, und sollen übrigens beleiben bey Ihren Rechten und Gerechtigkeiten am Schultheisen-Amt und dem Zolle. Welcher Ausspruch geschehen zu Nürnberg, nach Christus Geburt 1362. Jahran dem nächsten Samstag vor St. Benedicti Tag.

§. 7. Und ob sich schon die von Nürnberg an diesem verlesenen Brief und Erkanntnuß des Kaysers und derer Chur-Fürsten nicht ersättigen lassen wollen, sondern dargegen lautmerten: Daß der vorgenannt articel

von

von der Burck in den Briefe nit geschrieben stünde; Musten Sie sich doch völlig abweisen lassen, und sprachen die Chur-Fürsten: Der Kayser wolt nit hengen, daß man das den Burgern verschrieb, etc.

§. 8. Und als sie noch weiter lautmerten den articel, der in den vorgenannten des Burggraffen Brief geschrieben stünde, daß Er anders Recht nit hett über den Wald hinter der Burck in St. Sebalds Pfarr, dann daß Er Forstmeister darüber wer, und baten, daß ihnen die Chur-Fürsten denselben articel auch verschrieben; Verantwortet sie, die Chur-Fürsten, es also: Der Kayser wollt das nit hengen:

§. 9. Und fielen also die Nürnbergische unziemliche Anmassungen bey der Burck und auf den Wälden, durch den solennen und wohlbedachten Ausspruch der Kayserl. Majest. und derer Chur- und Fürsten, auf einmahl dahin: Dessen ohnerachtet wagte man es Nürnbergischen Theils gar bald wiederum, und da die Herren Burggraffen im Jahr 1371. einige Zeit abwesend waren, unterstunde man sich, das Thor an der Burck zu ummauern, und einen grossen Thurn gegen die Burggräffliche Burck aufzurichten;

Worgegen sich die Herren Burggraffen bey Kayserl. Majest. wiederum höchlich beschwehrt, auch hierauf erlangt haben, daß Ihnen die Pforte an der Burck offen gelassen, und mit keinem Thor verschlossen, noch Ihnen sonsten Eintrag geschehen solle, wie dann die Stadt eine gewisse Summ in compensationem damni erlegen müssen.

§. 10. Es ware aber dieser billige Entscheid kaum gegeben, so griffe man auf einer andern Seiten schon abermahls zu, und erweiterte unter dem Schein der damahligen Unruhen einen Theil der Stadt-Mauern, und führte sie, nebst denen Gräben eigenthätig durch derer Herren Burggraffen Eigenthum, Grund und Boden, umfieng auch damit etliche Burggräfliche Häuser, Aecker, Gärten und Wiesen jenseits und diesseits der Pegnitz, und vermauerte so gar das Thor gegen Wöhrd, welcher Ort damahls noch denen Herren Burggraffen samt dem Gericht daselbsten zugehörig war, etc. Nachdem man aber eben besagten Herren Burggraffen, welche sich wider solche grosse Neuerung hart gesetzet, und sie mit allem Nachdruck abgestellet wissen wollen, am Ende die Satisfaction dafür gethan, und sich mit denenselben verglichen, liessen Herr Burggraff Friederich der ältere, und Herr

Burg-

Burggraff Johannes und Friederich der jüngere geschehen, und vergün-
stigten im Jahr 1391. daß die Burger zu Nürnberg den neuen Thurn,
welchen sie bey der Burggraffen Vesten auf das alte Thurnstück gebauet,
nunmehro behalten, Item: Ihre Mauern und Gräben, so sie denen Herren Burggraffen durch das Ihrige geführt, in jetzigem Stande lassen, oder
auch die vorgeschriebene Gräben füllen, oder weiter machen und auswerffen mögen, ohne derer Herren Burggraffen fernere Ein- und Wieder-
Rede.

§. 11. Besiehet man ferner die Nürnbergische Chronicen, so bemercken sie gewisse periodos von dem Anwachs und Aufnahm der Stadt,
und theilen dieselbe, gleich dem menschlichen Alter, in gewisse Zeiten ein;
Setzen aber das reiffe Alter derselben in das 1427. Jahr, als in welchem
der hochberühmte Chur-Fürst und Burggraff zu Nürnberg, Fridericus I. der Stadt, mit allerhöchstem Kayserl. Vorbewust und Consens,
verkaufft hat seine Burggräffliche Burck und Zugehörung ob der Stadt,
dann die zwey Drittel deß Schultheisen-Amts und andere viel benamste
Rechte in der Stadt: Ausserhalb aber die nunmehr also genannte Vorstatt
Wöhrd, nebst einigen andern nahe gelegenen Orten, wie auch die beeden
Wälde auf der Seiten St. Sebalder und Lorenzer Pfarr, samt denen daran und darinnen gehabten Rechten, Forst-Gerichten und andern in denen
beeden auf einen Tag datirten Kauffs-Instrumenten specificirten Stücken mehr, wordurch dann die Stadt ein vollkommenes und reiffes Alter
erst erlangt, und dasjenige überkommen habe, was sie vorhero noch nicht
gehabt, also daß Ihr solches alles durch den Burggräfflichen ansehnlichen
Kauff erst zugehen müssen.

§. 12. Nun hätte der Durchlauchtigste Herr Verkauffer und seine Fürstliche Posterität der Stadt das Verkauffte insgesamt mit allem geneigten
Willen gegönnt, und von deme, was würcklich abgegeben worden, so weniger etwas zurücke begehrt, als die berührte Instrumenta emtionis
venditionis durchgehends mit sehr deutlich- und klaren Worten abgefaßt,
und dasjenige, was Nürnberg zukommen solle, darinn gar umständig angezeigt; Benebst diesem aber auch dasselbige, was von diesem Kauff und
Verkauff ausgenommen und denen Herren Burggraffen und Ihren Fürstlichen Nachkommen, mit damahliger Nürnbergischer gänzlichen Eingeständ-

nus und Infriedenheit, vorbehalten seyn und bleiben solle, nehmlichen:
Ihre Lehen, geistlich und weltlich, das Land-Gericht des Burggraffthums
zu Nürnberg, Ihr Wild-Pan, Ihr Glait auswendig der Stadt, Ihr
Zoll und andere Ihrs Burggraffthums Herrlichkeit, Recht und Güter,
so in diesem Kauff nicht enthalten: mit genugsamen und nachdrücklichen
formalien exprimirt und vorbedungen worden, so daß man kaum voraus
glauben oder vermuthen mögen, daß Nürnberg die geringste extension
und Mißdeutung des Verkaufften würde aufbringen können.

§. 13.   Allein, es schluge die Sache ganz anderst aus, und liese sich
die Stadt durch diesen grossen Zuwachs so weit verleiten, daß sie die fim-
brias in das Burggraffthum und desselben vorbehaltene Rechte gerne aus-
breiten, und die Gränzen der erkaufften Wälde und anderer reservirten
Stücke alsbalden überschreiten wollte; Deme aber in Anno 1432. und
also kaum fünff Jahre nach dem Kauff, durch Vergleich und einen Pflug-
Riß um den gesamten Wald-Boden muste abgeholffen werden; Jedoch
bliebe man hierbey nicht, sondern es vermehrten sich die Nürnbergische An-
nöthigungen so weit, daß es in folgenden Jahren gar zum öffentlichen
Stritt darüber kam, welcher endlich, durch Vermittlung Pfalz-Graff
Ludwigs, wiederum vertragen, und wegen des gleich an Nürnberg gelegenen Gostenhofs, dann des Glaits und der Zölle halber ausser der Stadt,
und anderer Dinge mehr, eine schrifftliche Theydigung im Jahr 1453.
aufgericht und ausgefertigt wurde.

§. 14.   Es langte aber auch dieses nicht zu, dem einmahl gefaßten
Nürnbergischen Vorsaß, in die bey dem Kauff reservirte Burggräffliche
Gerechtsamen einzudringen, das billige Maas und Ziel zu setzen, sondern
man gebrauchte den vorgegangenen Kauff zum beständigen Verwand seiner
unberechtigten Anmassungen, und griffe sub hoc involucro immer weiters und mehr um sich, machte auch im Jahr 1462. und 1463. so gar
eine Land-Wehr um die Stadt, jedoch nur einen Schlangen- oder Büch-
sen-Schuß davon, und getrauete sich damals noch nicht bis an die, erst
eine gute Zeit hernach, erdachte drey angebliche Gränz-Wasser, seine
fines zu extendiren: Verursachte aber sonsten so viele Widrigkeiten, daß
man Anno 1496. zur weitern Vergleichung schritte, und um nur aus
der Sache zu kommen, an denen vor sich incontestablen Rechten des
Burg-

Burggraffthums wiederum ein und anderes mit dem Beding nachgabe, daß sich Nürnberg innerhalb denen abermaln ausdrücklich gesetzten Gränzen nunmehro halten, und bey denen Mauren und Gräben, wie sie damals gewesen, stille stehen sollte.

§. 15. Das contrarium aber zeigte sich bald von neuem, und diewellen Nürnberg nicht unterlassen wollte, um die Stadt Thurn zu bauen, Land=Gräben aufzuwerffen, und Land=Wehren zu machen, deßgleichen sich neuerlich unterfienge, einiger Missethäter Viertheile eine gute Strecke von der Stadt aufzuhengen, und, unter dem Vorwand des beschehenen Verkauffs, die Burggräffliche Landes=Herrliche Jura und hohe Obrigkeit offentlich zu beeinträchtigen; So sahe sich Herr Marggraff Friederich genöthiget, bey denen Ständen des damahligen Bunds von Anno 1505. bis 1507. unterschiedlich zu clagen, und Sich über die Nürnbergische unjustificirliche Eingriffe in das Burggräffliche Territorium, Regalien und hohe Obrigkeit höchstens zu beschwehren; Wornach beede Theile, mehr denn auf einem Bunds=Tag, von der Bunds=Versammlung verhört, endlich darauf erkannt, und dem Rath zu Nürnberg auferlegt worden: „Die aufgeworffene Land=Gräben und aufgerichte Plock=Häuser und „Stöck, daran sie der geviertheilten Ubelthäter Stücke gehangen, wieder „einzuziehen, nieder zulegen und abzubrechen, und wann Sie fürterhin, „zu Uffhenckung Ihrer Ubelthäter Stücken, Stöck aufrichten wollten, „dasselbig ferner nit, denn ungefehrlich in der weit, als das Halß=Gericht „Irs Galgens vor Ihrer Stadt sich, vor derselben Thorn thun mögen; „Und wo Sie deshalben ihr Recht und Gerechtigkeit weiter suchen und „fürnehmen wollten, sie solches, wie es Ihnen gebührt, thun sollten. etc.

§. 16. Welches judicatum Ihro Röm. Kayserl. Majest. Maximilianus I. Glorreichsten Angedenckens, ob gleich Nürnberg dargegen appellirt, und den, Ihnen unanständigen Bunds=Spruch wieder umzukehren getrachtet, jedannoch confirmirt, und das vorgemeldte Geheyß, Gebot und Bevelch approbirt, mithin Nürnberg zur würcklichen parition und Einziehung der Gräben, auch Abtheilung der Schrancken, Plock=Häußlein und Stöcke genöthiget, und sie nur alleine noch auf die Ausführung im ordentlichen Rechten, und nicht auf das thätige Bauen und Eingreiffen, verwiesen haben.

§. 17. Dieses Ein- und Zugreiffen aber ware bey Nürnberg albereits
in eine solche Gewohnheit verfallen, daß man den, von Kayserl. Majeft.
selbften gebotenen Weg Rechtens ganz nicht erwehlen und gebrauchen mog-
te, sondern lieber sein Heyl mit unruhigen That-Handlungen beständig versuchen wollte, welches man auch wiederum eine weyhle fort triebe, bis
Brandenburg, aus besonderm und handgreifflichem Vertrauen zu seiner gerechten Sache, die Clage ferner über sich nahm, und dereinst die gebührende Ruhe vor einer so gar sehr um sich greiffenden Stadt zu erlangen,
im Jahr 1526. bey dem Kayserl. und Reichs-Cammer-Gericht, so damahls zu Eßlingen war, dreyerley wohl-fund:rte Klag-Libellen auf einmahl übergab, in welchen die Haupt-Beschwehrten gegen Nürnberg,
theils wegen des Lazareths und anderer in dem Burggräflichen Territorio
mit unbefügter That aufgeführten neuen Gebäude und Burgerfitze, auch
Befestigung der Kirch-Höfe, theils wegen des Glaits vor dem Frauen-
und Lauffer-Thor; und theils wegen turbation an der hohen Landes-
Fürstlichen und Fräißlichen Obrigkeit und dern poſſeſſ vel quaſi in dem
Burggräflichen Territorio um Nürnberg, etc. gar nachdrücklich geführt, und
darüber des hohen Richters Hülffe und gerechte Erkanntnus ausgebetten worden. In der letztern Sache aber, nemlich die Nürnbergische turbationes in
der Burggräflichen hohen Landes-Fürstlichen und Fraißlichen Obrigkeit betreffend, hat Brandenburg von Anfang bis zum Ende den Grund seiner
Klage auf das Burggrafthum und deſſen uralte Ehren und Würden,
Regalien und hohe Landes-Obrigkeit und Herrlichkeit gesetzet, und von
solchem univerſali beständig auf das particulare geschloſſen und argumentirt, mithin die hohe Landes-Fürstliche und Fraißliche Obrigkeit ohne
Unterlaß conneĉt:rt, und aufs genaueſte zusammen vereiniget, ja dieselben öffters promiſcue & synonymice gebraucht, und dardurch clar
und deutlich genug zu vernehmen gegeben, wie es in dieser sehr wichtigen
Sache mit nichten um eine etwa limit:rte, und ex titulo particulari
entsproſſene, oder nur ceĉto modo & in ſignificatu reſtriĉtiori zustehende Fraiß-Gerechtigkeit, sondern um die völlige Hohe, einem Landes-
Fürften, ſub juriſdiĉtione omnimoda, complexivè zukommende
Obrigkeit zu thun seye, und nunmehro hierauf geelaget werde.

§. 18.

§. 18. Allermaſſen ſolches aus allen und jeden Schrifften ſattſam-
lich erhellet, und gleich in dem ſchon gedachten, zu Eßlingen, am 23.
Novemb. 1526. producirten Libello, und dem darbey gebrauchten
filo connexionis & Conſequentiæ, Sonnenheiter zu ſehen iſt, als
woſelbſten der Brandenb. Alt. von wegen der Durchlauchtigen hochgebohrnen Fürſten und Herren, Caſimirs und Georgen, Marggraffen zu
Brandenburg, ſeiner gnädigen Herren, gegen und wider die erbarn, für-
ſichtigen und weyſen Burgermeiſter und Rath der Stadt Nürnberg, und
Martin Geuder daſelbſt, ſagt, clagt und fürbringt, in der allerbeſten
Form und Geſtalt, ſo ſolches beſchehen ſoll, kan oder mag, und zwar in
genere:

Daß daſſelbig ſein Fürbringen, ſo viel des in der That uud Geſchicht ſtehet, wahr ſey; Daß auch uff Ihrer Gnaden endlich petition und Begehren geurtheilt und erkanntwerden ſoll, in Willen und Meynung, den Krieg Rechtens
alſo damit verfangen zu haben, mit Bitt, die Beklagten von Nürnberg
anzuhalten, auf nachfolgende Clag genugſame Antwort zu geben, und
den Krieg Rechtens zu beveſtigen, fürter zu geſchehen was recht iſt; in
ſpecie aber: Daß die hochgedachten Marggraffen, ſeine Principaln,
deß Heil. Röm. Reichs Fürſten und Burggraffen zu Nürnberg ſeyn, auch
neben andern Kayſerl. und Königlichen Regalien das Burggraffthum zu
Nürnberg mit ſeinen Ehren und Würden, Land, und hohen Gerichten,
Glait, Zoll und Wild-Pan, von Kayſerl. Majeſt. haben und zu Lehen
tragen; auch derſelben Regalien und hohen gerichtbarlichen Obrigkeit NB.
deß Burggraffthums, Sie und Ihre Vor-Eltern, die Burggraffen zu
Nürnberg löbl. Gedächtnus, vor 4. 5. 10. 20. 30. 40. 50. 60. 70.
80. Jahren, und ſo lange Zeit, daß niemand anders gedenckt, an her-
nach-bemelden Enden und Orten, etc. im Gebrauch und Gewehr vel
quaſi geweſt ſeyn, und noch, auch, wo ſich fraißbahre That und Miß-
Hendel, der hohen Obrigkeit anhängig, je zu Zeiten zutragen, dieſelben
zu ſtraffen, und Fralß-Pfand zu nemen nit unterlaſſen, noch ruhen, ſondern ſich ſolcher Irer Fürſtl. Gnaden etc. hohen gerichtbarlicher Obrigkeit
üben und gebrauchen: Jedoch, deß alles unangeſehen, ſo unterſtunden
ſich die Beclagten, an etlich obgemelten Enden, Orten und Gezircken in
Irer Fürſtl. Gnaden etc. Fürſtenthum, Land und Territorium des

Burg-

Burggraffthums zu Nürnberg gelegen, so sich fraißbahr That und Hendel begeben, dieselben auß eigen Fürnehmen, und wider Recht und alle
Billigkeit für sich zu ziehen und zu straffen, darduch die hochgenannten
Marggraffen an Jrer Fürstl. Gnaden hoher Jurisdiction und Fraißlicher Obrigkeit turbirt, verhindert und geirrt worden: Und dieweil dann
solch unrechtmeßig und unbillig Turbirung und Betrübnuß in Rechten verbotten, und nit zu gestatten ist, und auch als unleiblich und in keinem Weg
zu geduiten sey; So bitt der Marggräffisch Anwald, in Recht zu sprechen und zu erkennen, daß denen Beclagten, den hochgedachten Marggraffen, in Jrer Gnaden hohen Jurisdiction und Fraißlicher Obrigkeit an
bemeldten Orten und Gezircken solch turbation und Betrüebung zuzufügen nit geziemt noch gebürt hab, und das die gedachten von Nürnberg,
und der gemeldte Geuder, Jhrs jetzt geclagten unbilligen Fürnehmens abzu-
stehn, und Sie die hochgenannte Marggraffen an dem Gebrauch und der
Gewehre vel quasi solcher hohen Fraißlichen Jurisdiction und Obrigkeit unbetriebet und ungeirrt zu lassen, schuldig seyn, und des caution
und Sicherheit thun sollten, Jr Frl. Gn. hinführo weiter nit zu betrüben,
noch zu belestigen, auch sie in die Cost und Schaden samt dem Interesse
bisher erlitten, von dem Künfftigen bezeugend, zu condemniren und
fellig zu ertheilen: Mit beygefügter weitern imploration des hoch-rich-
terlichen Amts um Mittheilung Recht und Gerechtigkeit; Auch mit dem
ausdrücklichen Vorbehalt, diese Clag zu mehren, zu mindern, und zu ändern, wie Gewohnheit und Recht ist.

§. 19.   Als nun der beclagte Nürnbergische Rath sich hierauf eingelassen, und am 10. May 1527. vor dem Kayserl. und Reichs-Cammer-Gericht zu Eßlingen, litem ganz kürzlich negative contestirt;
Producirte Brandenburgischer Alt. den 7. Sept. 1530. zu Ersetzung einbrachter Summarien-Klagen, auch zur Anzeigung und Becräfftigung
Jrer Fürstl. Gn. Gerechtigkeit und quasi possess, nachvolgende posi-
tion und Articel, und sagte dieselben vermittelst des Eyds vor Geverde
war, Darumb endlich auf Jhrer Fürstl. Gnad. etc. vor einbrachter Clag,
angeheffte petition und Begern geurtheilt werden solle: Es verlauten
aber die positional-Articul gleich in denen ersten vier numeris also:
1. Erstlich sey war, daß hochgedachte Marggraffen, seine Principaln,
Burg-

Burggraffen zu Nürnberg und des heyligen Römischen Reichs Fürsten
seyen. 2. Item daß Ir Frl. Gnad. neben andern Kayserlichen und Königlichen Regalien, das Burggraffthumb zu Nürnberg mit seinen Ehren
und Würden, Land und hohen Gerichten, Glait, Zöllen und Wild-Pen-
nen von Kayserl. Majest. und dem Heil. Reich haben und zu Lehen tragen:
3. Item, daß Ir Gnad. und derselbigen löbl. Vor-Eltern seeliger Gedechtnus, Burggraffen zu Nürnberg, solicher des Fürstenthums Burggraffthums zu Nürnberg jetzt-bemeldten Regalien und hohen gerichtbarlichen Obrigkeit vor 4. 5. 10. 20. 30. 40. 50. 60. Jahren und so lang
Zeit, der niemands erdenckt, an hernachbemelden Orten und Enden, inn
Irer Fürstl. Gnaden Fürstenthums Land und Territorium des Burggraffthums zu Nürnberg gelegen, im Gebrauch und Gewehre vel quasi
geweßt und noch seyn. 4. Item, daß Ir Fr. Gnad. auch noch, wo sich
fraißbar That und Miß-Hendel, der hohen Obrigkeit anhengig, je zu
Zeiten zutragen, dieselben zu straffen und Fraiß-Pfand zu nemen nit un-
terlaffen noch ruhen, sonder sich solicher Irer Fürstl. Gnaden hohen gerichtbarlichen Obrigkeit üben und gebrauchen.

§. 20. Wornach die Ort und Ende, in welchen Brandenburg die
vorerzehlte hohe Landes-Fürstl. Obrigkeit ab immemoriali tempore
gehabt und exercirt, Nürnberg aber die Betrübung und turbationes
zu Schulden kommen lassen, nach der länge angeführt, und vielerley Fälle referirt, auch bey aller Gelegenheit des fundaments der Clage mit
gedacht wird, als: An berührten Orten inn meines Gn. Hr. Fürstenthum,
Territorio und hoher Obrigkeit gelegen. Item: Und also meine Gn.
Hr. die Marggraffen an Regal der Fürstlichen und hohen Obrigkeit, auch
derselben quasi possess wieder Recht zu Irren, molestirn und zu betrüben, etc. Betrübung im Amt Gadolzburg; ibi die vorige formalia, und
in specie Betrübung meiner gnädigen HHerren hohen und Fürstlichen
Obrigkeit, und derselben Gebrauchs, etc. Und zu mehrer Anzeigung und
Becräfftigung, das die hohe gerichtbarliche Obrigkeit obgemeldter Ort und
allenthalben daselbst um meinen Gn. Hr. den Marggraffen als Landes-Fürsten zustehe, und die von Nürnberg ausserhalb ihrer Stadt, an bestimmten noch andern Enden darum gelegen, kein Fraißl. Obrigkeit haben, noch
haben sollen. Daß im Goßenhof weder Stock, Pannt, Eisen, noch au-

der

der Gerichts-Zweng von Nürnberg zu haben, ibi: folgt beschließlich daraus, daß Ihnen den von Nürnberg noch weiter heraus in meiner Gn. Hr.
Fürstenthum und Land die Fraiß- oder Halß-Gerichts-Obrigkeit nit zustehen, oder gepüren kan. Ibi: des sich Ihr Frst. Gn. als in Ihren Fürstenthum, Land, Territorio und Obrigkeit beschehen und fürgenommen
beschwehrt. Aus dem allen je nun voligt, und sich schleust, weil die von
Nürnberg Irer Ubeltheter Stück nit weiter von der Stadt (als in meiner
Gn. Hr. der Marggraffen Obrigkeit) hencken sollen lassen, dann als weit
Ir Hoch-Gericht, der Galg jetzt von Ir Stadt steht, und auch wie obgemeldter Bericht vermag, zum Gostenhofe, als in Irer Vorstadt zu rechnen, weder Stock, Paumt, Eisen, oder andere Gericht-Zweng nit haben, noch aufrichten sollen, das sie an keinem End um Nürnberg, die noch
weiter heraus in meiner Gn. Hr. der Marggraffen Fürstenthum, Land,
Territorio und hoher Obrigkeit liegen, kein Fraißliche Obrigkeit haben
können, sunder was sie sich derhalb unterfahen, das es thattelich Eingriff
und unbillige turbirung seyen.

§. 21. Nürnbergischer Syndicus antwortet darauf in Responsionibus prod. 16. Septemb. 1532. hin und wieder, vornemlich aber
ad art. 82. & 83. dieweil in diesem articuln gemeld wird, als ob die
Marggraffen solche Prant-Schatzung und Handlung, als Lands-Fürsten,
in Krafft Fürstlicher Oberkeit fürgenommen, und das die Geprantschatzten
in Iren Fürstl. Gnad. hohen Obrigkeit und Territorio gesessen seyn sollen, etc. Negat desuper ad art. 50. & 113. daß die Dörffer, Ort
und End, da sich ein Erbar Rath fraißlicher Oberkeit gebraucht, in Irer
Fürstl. Gnad. etc. Fürstenthum, Land, Territorio und hoher Obrigkeit
gelegen seyen etc. welches wiederholt wird Hisce formalibus: Syndicus gestee gar nit, daß daraus volge: Daß E. E. Rath an keinem Ende
daselbst um oder ferner hindan, dann die Stöck gestanden, fraißliche Obrigkeit haben, noch viel minder, daß daselbst um mein gnädig Herrn, die
Marggraffen, Fürstenthum, Land, Territorium, oder NB. hohe Obrigkeit haben, oder daß die ordentlich gepürlich Straff so E. E. Rath der
Ende, in Krafft hoher Oberkeit, übt und fürnimt, thätl. Eingriff oder
turbirung seyen.

§. 22.

§. 22. Noch mehrers aber explicirt sich Syndicus in seinen Replicis contra exceptiones adversus Responsiones, productis Spiræ 18. Septemb. 1534. ibi:

Dieweil aber einigerley Betrübung an Regalien, oder quasi possess, noch, daß die articulirten Dörffer, Ort und Ende in Marggräffl. schen Territorio, NB. oder dem Burggraffthum liegen, nit gestanden, und doch NB. der Marggräffl. Alt. diese Fäll NB. dafür angeben, so ist geantwortet: E. E. Rath glaub dieselben nit NB. wie gesetzt, dergestalt, daß E. E. Rath nit glaub, daß meine gnädige Herrn NB. solch articulirt Eingriff NB. zu Handhabung Irer Fürstlichen Gnad. Regalien, oder quasi possess, noch in Irer Fürstlichen Gnaden Territorio gethan, etc.

§. 23. Dahingegen leget sich Nürnberg in seinen am 7. Febr. 1533. übergebenen defensional - peremtorial - und elisiv - articuln, zur vermeynten Gegenwehr und Ableinung der Marggräffl. Forderung und Klag, dann zur anmaßlichen Erhaltung und Anzeigung seiner Obrigkeit, meri imperii, und anderer Gerechtigkeiten und Rechtens, Die Kayserliche Burck, Landvogthey, Wäld, Reichs-Boden, und andere Herrligkeiten mehr, in denen 19. articuln eigenmächtig zu, und volgert daraus in dem 23. articul: Daß durch solich Zustellung der Kayserl. Burck alle Obrigkeit, Gerichts-Zwang und Herrligkeit, und sonderlich die Hoch-Fraißliche Obrigkeit, als Zugehörung und Anhang der Burck, auf E. E. Rath gewend seye. Wiederspricht auch darüber art. 25. daß vor anderthalb oder zwey hundert Jahren die Burggraffen zu- oder um Nürnberg, auf den Wälden, und daselbst um einige hohe peinliche, oder andere Obrigkeit gehabt, unterstanden, noch gepraucht. Und beschließt endlich seine unrichtige Säße mit dem 27. articul solchergestalten: Item, aus dem allen folgt nun schließlich, und an mittel, daß E. E. Rath zu Nürnberg uralte, gute, beständige Ankunfft, Titel und Gerechtigkeit auf den Wälden und um Nürnberg, von Kaysern, Königen und dem Heil. Reich habe.

§. 24. Jedoch trauet Nürnb. Syndicus diesen so hoch angepriesenen Tituln noch nicht völlig, sondern hänget denenselben einen andern Titul an, und ob es gleich offenbare Contraria sind, eine Sache einmal vom Kayser und Reich immediatè, und das andere mal mediatè und

erst von dem tertio herzuleiten, und sein Fundament darinnen zu suchen, so ponirt Er doch weiter also: Nun ferner über diesen vorigen,
beständigen, ursprünglichen Tittel, noch mehr beständige, rechtmeßige Tittel, so E. E. Rath NB. der Fraißlichen oder Peinlichen Obrigkeit an hievor bestimmten Orten und Enden (nemlich innerhalb denen Wälden und
neuerlich so benahmsten Grenz-Wassern) haben anzuzeigen; So sagt Syndicus eines erbaren Raths wahr seyn, daß ein erbar Rath vor hundert
und fünff Jahren, nemlich Freytags nach Johannis Baptistæ, im vierzehen hundert sieben und zwanzigsten Jahr, die beede Nürnberger Wälde
mit aller Ein- und Zugehörung, Rechten und Gerechtigkeiten, so Ir. Frl.
Gnad. etc. daran und darin gehabt, von Marggraffe Friedrichen von Brandenburg, Chur-Fürsten löbl. Gedächtnus, erkaufft haben, etc.   Und
will Syndicus also hiemit eines erbarn Raths zu Nürnberg NB. Titel
und Gerechtigkeit der fraißlichen Obrigkeit halb angezeigt haben. Und bald
hierauf gebraucht sich Syndicus dieser Worte: Nun, so viel das possessorium an Ihne selbst belanget, etc.   Ist aber ganz ohne, daß sie
(die Waldstromer) deßhalb einige Obrigkeit oder Gerichts-Zwang gehabt,
oder noch haben. · Ohne einige Obrigkeit, die doch in des Lehn-Herrn
oder aber anderer Obrigkeit liegen. · In Nürnbergischer Obrigkeit. · Daß
die peinlich fraißlich Halß-Gerichts-Obrigkeit kein Anhang oder Zugehör
des Burggraffthums sey. · Das ein Burggraff ein solche Dignität
oder Hoheit sey, die einige hohe Obrigkeit oder Regal mit sich bringe, oder
nach sich ziehe. · Dieweil aber hochermeldte Fürsten, meine gnädige Herren die Marggraffen (als vorstet) vermeynen, die peinlich Obrigkeit darum einzuziehen, dieweil Ir Fürstl. Gnad. Fürsten seyn, und also in Krafft
Fürstlichs Tittels, NB. mit Meldung, das Burggraffthum sey ein Fürstenthum, etc. · Item, folgt also, das E. E. Rath durch solch will-
kürlich transaction (nemlich Herzog Ludwigs Vertrag de Anno 1453.
worinn pactirt worden, daß zu Gostenhof weder Stock noch Eisen aufgericht werden soll) und Bewilligung einige Obrigkeit oder Herrlichkeit nicht
begeben, etc.

§. 25. Weiter wird bey denen berühmten Fällen der hohen peinlichen Obrigkeit von Syndico gemeldet: Ir Frl. Gnad. könne auch darum
die fraißliche Obrigkeit zu Wendelstein, als einem libellirten Ort, nit
zustecn,

zusteen, weil Sie auch damals einige Herrlichait oder Gerechtigkeit allda
nicht gehabt, ausserhalb des viertdten Theils des burgerlichen oder freundlichen Gerichts, etc. Am Ende aber füget Syndicus gar notanter
hinzu: Wiewohl Er noch überaus viel Fraiß-Fäll, die ein erbar Rath nit
allein in den Dörffern, Orten und Enden, sin der Marggräffischen Klag
und articuln bestimmt, sonder auch in allen andern Dörffern, Weylern,
Höfen etc. um Nürnberg in derselben Gegend nahe bey, und um gelegen,
gestrafft haben, anzalgen und darthun mögt, so will Ers doch dißmals beruhen lassen, behelt ihme doch dasselbig, und alle fernere Nothdurfft bevor, und bittet beschließlich zu bedencken, Daß E. E. Rath in dieser Rechtfertigung fraißlicher Obrigkeit, den clagenden Fürsten nit allein mit besten-
digen rechtmeßigen Titteln und Ankünfften, sondern auch mit der Gewer,
quasi possess, und Anzahl der Fäll, welcher schier dreymahl so viel, als
der Marggräffischen Fäll, weit überlegen sey, dargegen Fürstenthum oder
Burggrafftthum nichts thue. Und dieweil E. E. Rath so uralte beständige, rechtmeßige gute Ankunfft, Tittel und Gerechtigkeit; aber seine gnädige Herren, die Marggraffen, derselben gar nit haben, und NB. darzu
ein Rath solcher Obrigkeit in uralter Gewehr, quasi possess, Ubung
und Gebrauch, je und alleweg geweset, und noch seye, dem allen nach bit
Syndicus, Burgermeister und Rath der Stadt Nürnberg zuvorderist
von einbrachter Clag zu absolviren, und dann zu erkennen und urtheilen,
das hochermeldten Fürsten seinen gnädigen Herrn, den Marggraffen, nit
gebührt hab, E. E. Rath an Ihrer hohen peinlichen Obrigkeit zu irren,
betrüben, verhindern, oder sich derselben an Orten und Enden, in der
vermeynten Klag und articuln benennt, und daselbst um anzumassen, etc.

§. 26. Wider solche Nürnbergische vermeynte articulos defensionales, etc. hat Brandenburg am 5. Martii 1535. præjudicial-
und respect. peremtorial-articul eingebracht, und gleich anfangs begehrt, daß die jenseitige articuli in Recht nicht angenommen, noch ichts
darauf gehandelt oder erkennt werden solle. etc. Hiernächst aber, mit
Vorbehalt der specialen Antung gegen die etwas schimpffliche und schmäh-
liche Verkleinerung derer Herren Burggraffen und Ihres Fürstenthums des
Burggrafftthums zu Nürnberg, aus denen, schon über dreyßig Jahr vorher, vor denen Bunds-Ständen, inter easdem partes, abgehandel-

ten unterschiedlichen Strittigkeiten, die jetzt hervorgebrochene diversität, contrarietät und handgreiffliche Neuerung mit denen sich selbst untereinander zuwiederlauffenden Nürnb. Tittuln und Ankünfften der angemasten hohen Jurisdiction und fraißlichen Obrigkeit deutlich und clar vorgestellt, und zwar von dem 1. bis 10. articul, mit mehrern gewiesen, wie Nürnberg vor dem Bund wieder weyl. Herrn Marggraff Friedrichen auch etliche Clag-Stück angebracht, welcher Innhalt dahin gelautet: Daß Nürnberg fürgeben, daß der Kirch-Tag-Schutz zu Affalterbach, als auf einem angezogenen Zeidel-Gut, mit Verkauffung und Erkauffung der Wälde von den Burggraffen käufflich an sie kommen sey; Item, daß gemeldte von Nürnberg auf hochgedächten Herrn Marggraff Friedrichs angezogene Beschwerung und Beelagung von wegen etzlicher Thürnlein und Greben, so die von Nürnberg, NB. zu nechst bey Ihrer Stadt auf dem Land auffrichten und aufwerffen lassen, abermals fürgeben, und zu Ihren gesuchten Behelff fürgewend haben, als ob Sie in Krafft deß, das Ihrer Fürstl. Gnad. Vor-Eltern, Burggraffen zu Nürnberg, Ihnen den von Nürnberg verkaufft, derselben Gebeu und Gräben zu nechst bey Nürnberg Statt und Fug hätten. Deßgleichen, daß durch gemeldte von Nürnberg, auf abermals Beelagung Marggraff Friedrichs, von wegen etzlicher Plock-Häuser und Stöck, daran etzlicher gevierttheilten Ubelthäter Stück gehenckt worden, um Nürnberg aufgericht, Anno sexto auf gehaltenen Bunds-Tag zu Thunawerth, fürgewendet, und in Ihren vermeynten Behelff fürgeben, daß die hochpeinlich oder fraißlich Obrigkeit NB. von den Burggraffen käufflich an Sie kommen wäre, darum Sie derselben Aufrichtung Fug hetten. Item sey ganz ohn, und werd von der Wieder-Parthey nit beybracht werden mögen, daß NB. zu gemeldten und andern Bunds-Tägen in obberührten Sachen und Handlungen, allda man der fraißlichen hohen oder peinlichen Obrigkeit erwehnet, und dieselben angezogen, von derer von Nürnberg wegen NB. jemals des jetzt erdichten Tittels der Kayserl. Landvogthey gedacht, sonder NB. allein auf der Burggraffen angezogene Verkauffung (wiewohl ohn Grund und Ihrenthalben unfürtreglich) Behelff gesucht sey: Item, daß gemeldter von Nürnberg Fürgeben und Bekanntnus vor denen Versammlungen des Bunds in Gegenwärtigkeit Herrn Marggraff Friedrichs beschehen, und von seiner Fürstl. Gnad ac-
ceptirt

ceptirt, auch alles verzeichnet und aufgeschrieben sey; Item, daß solchen Fürgeben und Bekanntnussen (doch dardurch einiger verkaufften Regalien und hohen Obrigkeit um Nürnberg ungestanden) zuwieder, kein
Kundschafft, Zeugen oder Instrument, wie die Namen haben mögen,
angenommen oder gehört werden sollen; Item, daß die von Nürnberg
solchen Ihren mehr denn einst vorangezogenen vermeynten Tittel zuwieder,
ad colorandam eorum quasi possessionem (der Ihnen doch nit
gestanden würdet anderst, denn mit gewaltthätlichen Eingriff geschehen)
NB. ein andern vermeynten Tittel in jetzt Ihren jüngst eingebrachten articuln fürgewendt, nehml. daß Ihnen die fraißlich Obrigkeit angezogener
Ende um Nürnberg und daselbst um, einer Kayserl. Landvogthey halben,
wie sie es nennen, dero sie in Verwaltung seyn sollen, zugehörig sey. Item,
zu noch mehrer diß Falls der von Nürnberg NB. Wiederwertigkeit Anzeigung, seye wahr, daß sie vor vierzig mehr und mindern Jahren, wo sie
etwa den Herrn Marggraffen als Burggraffen zu Nürnberg, in Ihrer
Fürstl. Gnaden fraißlich hohe Obrigkeit Eingriff gethan, und folgends von
Ihr. Fürstl. Gnad. derwegen angesprochen worden, fürgeben haben: daß
sie solches nit zu Abbruch, Eintrag oder Schmelerung Ihrer Frl. Gnad.
Hoher Obrigkeit, sonder allein aus Ihren alten Herkommen und Gebrauch,
und derhalben habenden Kayserl. und Königl. Freyheiten und Privilegien,
in Krafft deren sie beschediger oder schedlich Leut und übelthätig Personen,
wo sie die ausserhalb gemauerter Stett und Schlösser NB. allenthalben an-
kommen oder betretten, anzunehmen und in Ihr Stadt zu führen Macht
haben sollten, gethan haben. Item, daß solch und dergleichen directo
contrarii tituli, und wiederwertigs Fürgeben, zu Erhaltung oder Anzeigung einer Gerechtigkeit, beyeinander nit besteen, noch viel weniger,
Nürnbergischen articuln nach, einige vermeynte quasi possession
coloriren mögen; Und weilen nun aus solchem deren von Nürnberg un-
bestendig und wiederwertig Fürgeben, zu Beschönung Ihrer beclagten Handlung, so lauter und gnugsam erscheint, und sie dennoch immerdar von einem auf das ander fallen, und vorigen Fürgeben, Handlungen und Bekanntnussen zuwieder, jetzo ein neuen vermeynten Tittel angezogen, erdacht und fürbringen thun; So volge aus obangezeigten rechtmeßigen Ursachen von Noth wegen, daß sie, als Ihnen selbst wissentlich wiederwer-

Ji 3   tig,

tig, mit ſolchen vermeyntlichen articuln die Landvogthey, beßgleichen auch den vermeynten Kauffs Tittel betreffend, von dem ſie, als einen ſelbſt wiſſentlichen Ungrund, den mehrern Theil gefallen, und gleichwol, in jetzt gemeldt Ihren articeln disjunctive,' und doch unzuleßiger Geſtalt angezogen haben, keineswegs zugelaſſen, noch damit gehört, ſondern a limine Judicii und dieſem Gerichts-Stand repellirt werden ſollen.

§. 27. Welches auch ſo viel den andern Theil nemlich der von Nürnberg vermeynt poſſeſſorium vel quaſi und articulirte Fäll betrifft, ausdrücklich wiederholet, und um die rejection derſelben eben ſowohl gebetten, in omnem eventum aber, jedoch cum proteſtatione, auf die Nürnbergiſche defenſional-articul ſub eod. Præſentato ſpecietenus geantwortet wird: Als auf die erſtern 42. Defenſionales mehrentheils mit: nit wahr, oder doch ſub certa reſtrictione, und mit der öfftern Wiederholung, daß denen H.Herren Marggraffen, als Burggraffen zu Nürnberg, von wegen Irer Fürſtl. Gnad. Burggraffthum, die demſelben anhangende Regalien, Oberkeit und Herrlichkeit zuſtehen und gebühren, auch daß Iren Vor-Eltern ſolch Burggraffthum verliehen, und Sie und Ire Nachkommen davon, und anderer Geſtalt nit, Burggraffen zu Nürnberg genennt ſeyn und werden. Und da Nürnberg art. 43. den Einwurff thut, die hochermeldte Fürſten oder Ihrer Frl. Gnad. Vorfahren hätten an- auf- oder innerhalb der Wälde, und ſonſt um Nürnberg weder Stöck, Galgen noch Richtſtatt gehabt, und vermeynten die Dörffer und Güther in der Klag und Articuln benennt, zu denen beeden Aemtern Schwobach und Cadolzburg zu ziehen, und mit denſelben zweyen Orten herein auf die Wäld und gegen Nürnberg in E. E. Raths Fraißliche Obrigkeit und Hals-Gericht zu rucken und einzuniſten; wird reſpondiret, ad eundem Art. glaubt Anwalt ſeines erſten Tails Innhalts halben nit war ſein, aber den Anhang anders nit, dann NB. ſeyt der Zeit die Burggraffen ſich mit Irer weſentlichen Reſidenz von Nürnberg gethan, und das etwo der Ungelegenheit halben; mit dieſem ſonders merckwürdigen additamento: Und nachdem die von Nürnberg, oder Ir Syndicus, hierauf der Embter Cadolzburg und Schwobach halben, ein Meldung und Anziehen, als an ſtatt ainer rubric, vor fernerm articuliren thun, vnnd dadurch gern mit verkerten Verſtand vnd Einführung

Irer

Jrer angezogenen beschwerlichen Handlung, vnd theilichen Eingriff, ainen Glimpff schöpffen, und meiner Gn. Hr. der Marggraven Fürgeben, als widerwerdig anziehen wollten, will Anwalds Gn. Hr. und Principal Nothdurfft eruordern, die Wieder-Parthey Jres geschöpfften vnd fürgegebenen Mißverstands in dem zu erjnnern, vnd auch dem Richter ainen richtigen Verstand auf fürgeworffenen Zweyuel zu machen, Erstlich, daß von wegen meiner gnedigen Herren, der Marggraven, das Burggraff-thum mit seinen zugehörigen Herrlicheyten, Regalien vnnd Oberkeyten, vor den gemelten Emtern articulirt und angezogen, und volgends die Ubung und Gebrauch derselben auf und in die Aembter Schwobach und Cadolzburg, dahin dann, seyt der Zeit die Burggraven Jr Residenz von vnnd ausserhalb Nürnberg gehabt, gebraucht und verendert worden, gezogen seyen, wie das die Gelegenheit, dazumal mit berürter Verenderung, fürter am füglichsten eruordern wollen, also daß nit die Maynung gewest, alle angezogene und articulirte Ort der Oberkeyt, Ankunfft oder Zugehörung halben, in die gemelte Embter zuziehen, sondern fürnemlich von wegen des neulichsten Gebrauchs, aus obberürter beschehener Verenderung aus denselben Embtern geübt, anzuzaigen, vnd daß demnach die Wieder-Parthey, nachvolgender Artickel (wie andere meer) als ganz unerheblich vnnd undienstlichen, wol überig gewest, und dieselbe Mühe ersparen haben mögt.

§. 28. Item ad Art. 50. worinnen gesetzt worden: Es folge nicht, wann gleich ein Fürst einen Namen oder Titel von einer Reichs-Stadt, Land oder Gegend hat, daß darum die peinlich Obrigkeit daselbst allenthalben sein seye; sagt Brandenburgischer Anwald, glaube: Nachdem die Titel oder Denominationes, und die Unterschied derselben Dignitæten oder Würden sein, daß ein solches eruolgen oder nit möge, und demnach solche Volg mit Unterschied, und doch gemeinlich, dergestalt war seyn, daß die Vermutung allweg vor einen Fürsten, und sonderlich weltlichen Herren sey, daß Ihme die Oberkait der Ende, darüber er sein Namen oder Tittel hat, zustee, das wiederwertig werde dann bewiesen. Nemlichen: In Kayserl. geschriebenen Rechten, auch in des H. Reichs Constitutionen werde nindert gefunden, daß ein Burggraffschafft ein solche Dignität oder Hoheit sey, die einige hohe Obrigkeit oder Regal

mit

mit sich bringe oder nach sich ziehe. ꝛc. Dieser Articul seye juris, darauf Anwaldt zu antwortten nit schuldig, glaubt aber (sover Antwortt von nöten) den sonderlich des Burggraffthumbs Nürnberg halben, so Anwaldts gnädige Herren und Principaln, von Röm. Kaysern und Königen, und dem H. Reich, als Fürsten des Reichs, zu Lehen empfangen und tragen, nit wahr seyn: Nimirum, daß die Peinliche hohe Obrigkeit kein solch Regal sey, das allein einem Fürsten zugehör, oder Fürstlichem Tittel anhang, sonder ein jeder Graff, Herr, Statt, Edelmann oder Burger, sey solcher Herrligkeit oder Regale vähig: ꝛc. Wiewol der den mern Theil Juris, und darum keiner Antwortt bedarff; jedoch so Antwortt von nöten, glaubt Anwaldt, ausserhalb der Graven und Herrn, NB. denn on sonder Titel, nit war. Und endlich ad Art. 69. glaubt Anwaldt anders nit, dann NB. aus Fürstlicher und gebürlicher Oberkait gehandelt sein; nemblich, die aufrührische Nürnbergische Bauern bestrafft zu haben.

§. 29. So viel aber der von Nürnberg vermainte Articul, darinnen Fäll und Actus angezogen werden, betreffend, Sagte Marggräfisscher Alt. ingemein: Ob sich gleich die von Nürnberg jezuweilen heimlich oder mit Gewaldt, angezogener Sachen und Handlung, durch eigenthätig Eingriff, und dann obberürter Gestalt unterstanden; So hätten sie doch dardurch einig Gerechtigkeit oder quasi possess nit erlangen mögen, sonder damit seine gnedige Herren, die Marggraffen, als Burggraffen zu Nürnberg, turbirt und betrübt, wie dann derhalben in Libello summario, auch volgenden Articuln, genugsame rechtmeßige Meldung davon geschehen, und so viel die Not erfordert, noch ferner angezeigt werden sollt: porro in fine, tanquam in summa, & Loco omnium: Als sich nun die von Nürnberg bestendiger rechtmeßiger Tittel und Ankunfft, auch der Gewehr, quasi possess und Anzal der Fäll, höchlich berümen; NB. Also daß dargegen Fürstenthumb oder Burggraffthum nichts thun solle, mit beschlißlicher Bitt, solches zu bedencken, etc. Bitt Marggräffischer Anwaldt (doch nit Nürnbergischen vermeinten Anzügen, sonder allein der Billigkeit und allen Rechten nach) solches alles auch zu bedencken, und sunderlich, wie ungegründeter und vermeinter Weiß sie NB. der Fraißlichen Obrigkait halben unzuleßig und directe contrarios titulos fürgewend und angezogen haben, daher dann vollgends alle ihre vermeinte,

meinte,

meinte, und zum Theil ganz wiederwertige, articulirte Fäll, obgleich
die, doch unbestanden, zusambt noch dreyen Wagen voll mit Fällen bewie=
sen, und clar seyn solten, für nichts anders, dann frevenliche, eigenthe=
tige, gewaltsame und ungebürliche Eingriff geacht werden mögen, NB.
sunderlich dieweil seine gnedige Herren Principaln die Marggraffen Ire
rechtmeßige Tittel und Ankunfft Ires Fürstenthums des Burggrafsthums
zu Nürnberg halben, und dann auch beclagter End und Ort, gemeiniglich
darinn begriffen, Ir Gewer und quasi possess dargethan haben, daher
auch gedachten seinen gnedigen Herrn, viel oder merer Fäll, dann wie ge=
scheen, zu articuliren von unnoten gewesen: Sonder ist, allen Rechten
nach, NB. allein an dem genug, daß sie der Enden, do Iren Fürstl.
Gnad. als Burggraven zu Nürnberg, die Hoch Obrigkeit, wie gemelt,
zustet, Ihr rechtmeßig Gewehr und quasi possess anzaigen und bewei=
sen mögen; Wiewol sie auch, wo vonnötten, noch mer Fäll anzuzeigen
hetten, die sie auch in eventum, und angezaigter gestalt, als wo es
vonnötten seyn sollt, dafür es doch Anwaldt nit achtet, vorbehalten ha=
ben wöllen.

§. 30. Alldieweilen auch überdiß Nürnberg die beeden Oerter, Vet=
tenhoffen und Schwarzenbach von denen übrigen denominirten Orten ab=
gesondert, und selbige nit ohne Mittel zu der Stadt, sondern zu dem, erst
in Neuligkeit durch gewaltsame Hand an sich gezogenen Pfälzischen Städt=
lein Altdorff referirt, massen sich die vorige tituli contrarii der einge=
raumten Burck oder des Burggräfflichen Wälder=Verkauffs dahin nicht
schicken oder appliciren lassen wollen: So hat Brandenb. Alt. sich gleich=
falls absonderlich mit diesen formalien darauf vernehmen lassen: Ferner
ner zu den articeln, so vermeynter Weys zur Stadt Altdorff mit der ho=
hen Obrigkait zu ziehen unterstanden worden, zu antwortten: Zum er=
sten anfahend, setzt und sagt Syndicus war sein, daß die Stadt Alt=
dorff etc. glaubt Anwaldt, daß die von Nürnberg etliche Jahr hero, Alt=
dorff innen gehabt und noch: Mit was Obrigkeit und Herrlichkeit aber
allenthalben sey Ine unbewust. Zum ändern articel glaubt Anwaldt,
das Schwarzenbach fast in der Mitten zwischen Altdorff und dem Marg=
grävischen Amt Thann, aber Grub neher dann Altdorff, und Vettenhof=
fen unter Thann, zu nechst an dem Wasser Schwarzach, wol viermal so

weit von Altdorff als Thann gelegen sey; Bettenhoffen. Den articel
unter Bettenhoffen glaubt Anwaldt unbewiesen nit war. Schwarzenbach.
Den 1. ij. iij. und iiij. articel glaubt Anwald unbewiesen nit war; Die
letzten vermeynten Volgungen sagt und glaubt Anwaldt auch nit war.
Dem allen nach repetirt Anwaldt all sein hievorig rechtmeßig Einbringen,
und bitt wie daselbst von wegen seiner gnedigen Herren der Marggraffen
gebeten worden ist, mit Abtrag Gerichts-Costen und Schäden, vorbe-
hältig, etc.

§. 31. Uber die bishero erzehlte Responsiones, præjudicial-
und respect. elisiv-articul, producirte Brandenburgischer Anwaldt
auch articulos additionales & respect. elisivos sub eod. dato,
Und deducirte in denen erstern 22. articuln noch weiters die Fürstlich-
und Fraißliche Gerechtigkeit des Burggraffthums und derer Herren Burggraffen, nehmlichen: Daß Sie von Alters her je und allwegen Fürsten-
Genoß und Fürsten gewesen, und Carolus IV. schon Anno 1363. solches per auream Bullam öffentlich declarirt, und das Burggraffthum
damals ein Edel und würdig Glied des Reichs und Fürstlicher Ehre würdig und theilhafftig erkannt habe. Daß auch die H.Herren Burggraffen
nit allein Irer Person, Herkommens und Stammes, sonder auch des
Burggraffthums halben Fürsten gewest und noch seyn, und darum Weyland Wenzel, Ruprecht und Sigmund, alle drey Römisch König, in
Ihren Schrifften, die wohl pragmaticæ sanctiones genennt werden
mögen, die Burggraffen, ehe dann sie ander Fürstenthum gehabt, oder
überkommen, hochgebohren Fürsten, nnd Ir dazumal habend Burggraffthum ein Fürstenthum genennt haben. Wie dann auch von hochgemeldten
Röm. Kaysern und Königen den Burggraffen zu Nürnberg zuvor, und
ehe dann Ir Fürstl. Gnad. die Marck zu Brandenburg überkommen, mit
ausgedruckten Worten verliehen sind Ir Fürstenthum, Graffschafft, Herrschafft, Würdigkait, Lehen, geistlich und weltliche, Mannschafft, Gericht, Land, Leut, Land-Gericht, Clöster, teutsche Häuser, Burck, Vesten, Stett, Bergwerck, Müntz, Glait, Wild-Pann, Zöll, und dieselben auch mit der Schönheit und Zierheit, wie gewöhnlich, und sich des
Reichs weltlichen Fürsten gebürt, durch Ihr Fürstl. Gnad. empfangen.
Ingleichen, daß Sich die Herren Burggraffen zu Nürnberg zuvor, und

ehe

ehe Ir Fürstl. Gnad. Marggraffen worden, und ausserhalb des Burggraffthums Nürnberg einig Fürstenthum sunst nit gehabt, zu Römischen Kaysern, Königen, Chur- und andern Fürsten und Fürsten-Genoßen im
Reich etc. verheyrath und geheyrath haben, und von Kaysern und König-
gen consanguinei, avunculi, Oheim, Schwehr und Schweger genennet worden: Wie sie auch vier Embter des Burggrafthums, als das
Schencken- Truchseßen- Marschall- und Cammer-Amt, wie andere
Chur- und Fürsten des Reichs, gehabt und noch, die uff etliche vom Adel
und derselben namhaffte Geschlecht, als Seckendorff, Eyb, etc. gewidmet
sind. Aus dem aber volge, daß Anwalds gnediger Herrn Vor-Eltern
und Vorfahren, Burggraffen zu Nürnberg, vor Alters her (ohne Zuthun
anderer Fürstlichen Dignität) nit schlecht gemein Herrn oder Edelleut,) ungeacht, daß Ihnen etwa vor alten Zeitten der Tittel Edel, wie andern
mehr höhers, gleichs und nieders Stands gegeben seyn mag) noch das
Burggrafthum ein bloß und schlecht Herrn-Haus, wie es schmehlich und
schimpfflich genennt, und mit entblößter, erdichter, geringer Zugehörung
angezogen würdet; Sonder nach vermög Kayserl. Declaration selbst,
löbl. Fürsten und Fürsten-Genoß, deßgleichen das Burggrafthum ein
Fürstl. würdiges Glied des heiligen Reichs gewest und noch seye; Und
wann schon, der Wahrheit unvergreifflich zu setzen, die Burggraffschafft
oder das Burggrafthum nit ein Fürstenthum, sonder allein ein Graffschafft, oder Comitia, wie man das nennet, vor Alters gewest, und
noch were; So sey doch genugsam offenbahr und unverborgen, daß auch
die Graffschafften im Heil. Reich in Iren Stand, und Irer Graffschafft
Gebiet, als wol Ire Regalia, Obrigkeit und Herrlichkeit, als die Fürstenthum, haben. Item, daß auch ein Fürstenthum, oder Graffschafft,
als regales dignitates, ohn ein Territorium nit seyn mögen. Item
sey auch wahr, daß NB. dem Territorio die Jurisdiction und hohe
Obrigkeit gemeinlich, wie der Schein der Sonnen, anhengig sey. Item
sey wahr, daß das Burggrafthum dem Reich an Mittel zugethan, und
also von demselben zu Lehen herrühre. Item so sey auch unwiedersprechlich
wahr, daß die Stadt Nürnberg im Territorio des Burggrafthums begriffen und gelegen seyn. Dann wahr sey, daß sich Anwalds gnediger
Herren, der Marggraffen, als Burggraffen zu Nürnberg, Regalia und

Herr-

Herrlichkeiten, von der Stadt Nürnberg aus, als dem Herzen und Ursprung des Burggraffthums, uff das Land, bis an andere Fürstenthum, Herrschafften und derselben Regalien, erstrecken. Daß sie auch, zu Becräfftigung dessen, als Burggraffen zu Nürnberg, von Alters her, von und zu der Stadt gelaitet, und hierzu einen eigenen Glaitsmann in der Stadt je und alle wege wohnhafft und seßhafft gehabt, und noch, welcher menniglich durch das ganze Jahr, so um Glait angesucht, an statt und von wegen Irer Fürstl. Gnad. lebendig oder schrifftlich Glait giebt und mittheilt; Und wann Burgermeister und Rath zu Nürnberg selbst von wegen Irer Burger und Kauffleut, und der Iren, und derselben Haab, Güter und Kauffmannschafft, zur Zeit Fränckfurther oder anderer Messen, bey Ihrer Frl. Gnad. schrifftlich und mündlich um Glait ansuchen lassen, daß sie geschrieben und gebetten haben, dieselben in berührte Messen, oder Merckt, und wieder daraus, durch NB. Irer Frl. Gnad. Fürstenthum, Herrschafft und Gebiete, mit Sicherheit und Glait gnediglich und nach Nothdurfft zu versehen: Worauf auch die Nürnbergische Burger und Kauffleute mit den Iren, gewönlich durch Ir Frl. Gnad. verordnete Glaits-Leut und Reuter, in das Gelait am Thor zu Nürnberg uff bestimmte Tage angenommen, und wieder daselbst hin in Ihrer Frl. Gnad. Glait gebracht und geführt worden. Item, daß seine gnedige Herren die Marggraffen, und derselben Vor-Eltern, dieser Lands-Art herausen, ainig ander Fürstenthum von Röm. Kaysern und Königen und dem Heil. Reich nit haben, dann ditz Burggraffthum zu Nürnberg. Ferner, daß Ir Fürstl. Gnad. den Wild-Pann um Nürnberg von Alters her gehabt und gebraucht, und des noch in öffentlicher unwiedersprechlicher Ubung, Gebrauch und quasi possess seyen. Dahingegen die von Nürnberg uff und an beeden Nürnberger Wälden, die zu beeden Seiten des Wassers Pegnitz gelegen seyn, in Irer Fürstl. Gnad. vorbehalten Wild-Pann einige Gerechtigkeit nit haben: Dann was denselben mit einem sondern und nahmhafften Maas und Bescheidenheit, laut des Begünstigung-Briefs einem Rath darüber gegeben, NB etlich Hetzens und kleinen Waid-Wercks halben, aus Irer Frl. Gnad. Vor-Eltern besondern Gnaden und Gunsten, gegonnet und erlaubt ist. Item, weiter erstrecke sich Irer Fürstl. Gnad. Glait und Zöll von der Stadt Nürnberg an, hin und wieder den

Straß

Straßen nach, an manche Ort uff das Land, und werden unter andern in der Nehe bey und um Nürnberg gelegen, zu Bruck, auch zu Oden- oder Ochenbruck, Tennenlohe und Fürth genommen und gegeben. Item, zu dem erſtreck ſich des Burggraffthums zu Nürnberg Kayſerl. Land-Ge- richt allenthalben daſelbſt um uff das Land, und ſeyen die hievor in der Marggräffiſchen Klag angezogene, und andere daſelbſt um gelegene Ort, unwiederſprechlich darinn begriffen und gelegen. Wie dann die Herren Burggraffen zu Nürnberg, vermög Kayſer- und Königl. Begnadung, auch aufgerichter Vertrag, berührt Jr Kayſerl. Land-Gericht des Burg- graffthums zu Nürnberg nit allein inn- ſonder auch auſſerhalb der Stadt Nürnberg, in dem Burggraffthum, oder andern Enden, Jrer Fürſtl. Gnad. Lande und Gebiete ſetzen und halten laſſen mögen; auch ſolch Jr Land-Gericht von Alters her offt und vielmals auſſerhalb der Stadt Nürn- berg, zu Wöhrde, Guſtenhov, Fürth und anders wo gehalten, und daſ- ſelb noch heutigs Tags Jrs Gefallens thun mögen: Worvon Guſtenhof und Fürth gegen Niedergang der Sonnen, und demnach uff zwo Seiten hinaus gegen Schwaben und Francken, und Wöhrde gegen Bairn und Aufgang der Sonnen gelegen ſey. Item ſeyen auch nit wenig Güter in- und auſſerhalb der Stadt Nürnberg der Herren Marggraffen, als Burg- graffen zu Nürnberg, aigen, und dero von Nürnberg, oder der Jren, von Jrer Gnaden Burggraffthum herrürend Lehen, welche die des Raths und andere von Nürnberg, und die Jren, mit ausgetruckten Worten von Jren Fürſtl. Gnad. und derſelben Fürſtenthum des Burggraffthums zu Nürn- berg, wie ſich gebürt, zu Lehen empfahen, und darüber Pflicht thun. Aus dem allen abermals unwiederſprechlich ervolge und offenbahr erſcheine, daß die Stadt Nürnberg im Fürſtenthum des Burggraffthums und deſſelben Territorio gelegen, von dannen, wie gemelt, als dem Urſprung des Burggraffthums aus, ſich deſſelben und Jrer Fürſtl. Gnad. Regalia, Herrlichkeiten, Obrigkeiten und Gerichts Zwang uff das Land erſtrecken.

§. 32. Und des alles zu noch merer Bekräfftigung, auch gegrün- der Anzaigung und Ablaynung dero von Nürnberg unerfindlichen, erdich- ten und den mehrentheils unnottürfftigen Fürgebens, darin Anwalds Principalen anderer geſtalt nicht, dann aus hochverurſachter Gegenwehr (Dero Jr Frl. Gnad. zum Theil wol übrig geweſt, und ſeyn hetten mögen

und

und wollen) geſetzt zu haben, proteſtiren thun: Sagt Anwaldt ferner
war, daß auch die Stadt Nürnberg nit je und allweg dem Heil. Reich an
Mittel, ſonder auch zum Theil den Burggraffen und derſelben Burggraffthum vor Alters mit Obrigkeit, Gerichtbarkeit und andern zugethan geweſt,
und etlicher Maß noch ſey.　Dann vor 200. und mehr Jahren ſeiner gnedigen Herren Vor-Eltern, die Burggraffen zu Nürnberg, Jren Official, neben des Reichs Schultheiſen, in burgerlichen und peinlichen Gerichten in der Stadt Nürnberg, als einen Præſidenten und Sitzer gehabt haben; Und was für Geſell, es ſey durch Todtſchlag oder in andere
Wege, in burgerlichen und peinlichen Sachen, gefallen, habe bemelter
Burggräffiſcher Official zween, und des Reichs Schultheiß nur ein Theil
davon gehabt und eingenommen, von welchen des Schultheiſen dritten
Theil dannoſt dem Burggräffiſchen Official zehen Pfund Pfennig, Nürnberger Werung, dazu auch gebürt haben: worbey auch der jährliche Schilling von einer jeden Schmidt-Statt: Item der jährliche Zinß von allen
und jeden Herd-Stetten zu Nürnberg der ainen Seiten der Stadt, und
die Schnitter-Fron, Ingleichen die Zoll-Gebührnus an- oder uff dem
Zoll zu Nürnberg, und ſonderlich die Anſprach derer Herren Burggraffen
wegen Erweiterung der Stadt und neugebauten Thurn-Stücks, und die
darauf gefolgte Betaldigung; Die noch vorhandene Lehen in der Stadt,
die Haltung deß Land-Gerichts daſelbſten, und deß Land-Schreibers und
Land-Gerichts-Botten-Wohnung, nebſt andern mehr, angeführt werden.　Und ſo dann nun Jrer Frl. Gnad. Vor-Eltern, Burggraffen zu
Nürnberg, in der Stadt daſelbſten Obrigkeit, Gerichtbarkeit und anders
gehabt, und Jr Frl. Gnad. zum Theil heutigs Tags noch haben; etc. So
volge vielmehr, daß Jren Fürſtl. Gnad. auſſerhalb der Stadt in Jren
Burggraffthum und deſſelben Territorio, da auch Jr Frl. Gnad. andere
deſſelben Regalia, Gerichtbarkeit und Herrlichkeit, wie oben angezeigt,
von Alters her gehabt, und noch haben, NB. auch die hoch peinliche und
fraißlich Obrigkeit juſtee und gebüre, etc.

§. 33.　Worauf, zu abermals fernern Becrefftigung obeingeführ-
ter articel und Ablaynung der Nürnbergiſchen erdichten Tittel, noch angezeigt wird, wie und welchergeſtalten Weyland Herr Marggraff und
Burggraff Friedrich uff einen Tag, und nemlich Freytags nach Johannis

hannis Baptiste Sonnwend Anno 1427. die beede Nürnbergische Wälde
und derselben Gerechtigkeit darauf, mit etlich zugehörigen Waldt- und
Zeidel-Güttern, auch Forst-Gerichten, und daneben andere namhaffte
Stück, und dann Jrer Frl. Gnad. Burck ob der Stadt zu Nürnberg, mit
etlich namhafften Dörffern und Güttern, Jnnhalt der Kauff-Brieff verkaufft; Doch Jr Frl. Gnad. nit allein bey den Wälden Jren Wild-
Pann, Heßen und Glait, und Jrer Leut und Güter Recht in die gemelten
Wälde, (wie dann bey denselben keines fernern Ausnemens von nöten geweßt) sonder auch bey der verenderten Burck abermals Jr Heßen geistlich
und wernltlich, das Land-Gericht des Burggraffthums zu Nürnberg, Jren
Wild-Pann, Jr Glait auswendig der Stadt, und andere Jhrs Burggraffthums Herrlichkeit, Recht und Güter ausgenommen und vorbehalten:
Ganz ohne, daß sich die von Nürnberg demnach in Crafft angezogener
Kauff und Verkauff, uff dem Land, in Jrer Fürstl. Gnad. Burggraffthum und desselben unwiedersprechlichen Territorio, verkauffter hoher
fraißlicher Obrigkeit anzumassen, noch Jr thettlich, unzimlich Eingriff (wie
doch vermainlichen neben dem erdichten andern Tittel gern unterstanden
werden wollt) damit zu beschönen haben: Wiewohl die Ort, Flecken,
Dörffer und Weyler in der Marggräffl. Clag bestimmt, und was der Ende und daselbst um gelegen, angezogenen Kauff und Verkauff gar nichts
angehen.

§. 34. Und ob gleich zu setzen (doch ferner oder mehr nichts, dann
sich in der Wahrheit gründlich erfinden thue, bekennt) die von Nürnberg,
die Jren, oder Jre Verwandte ausserhalb der Stadt im Burggraffthum
an einem oder mehr Orten ein Hals-Gericht, oder fraißliche Obrigkeit,
durch Käuffe, Verträg oder ander Tittel rechtmeßig herbracht und hetten:
So were dannoch dasselbig Jren Fürstl. Gnad. und derselben Burggraffthums Territorio, auch demselben anhangenden und mit Alters herbrachten Regalien, darzu auch andern Orten und Enden im Burggraffthum
gelegen und begriffen, an der hohen fraißlichen Obrigkeit inn allweg unabbrüchig und unnachtheylich. Item obgleich, doch abermal der Wahrheit
unvorgreifflich zu setzen, etwa Römische Kayser und König, wann sie zu
Reichs- und andern Tägen, oder sonst zu Nürnberg geweßt, jemand von-
oder zu Nürnberg jemals verglaitet, sey doch dasselb ex plenitudine
Maje-

Majeſtatis, und nit aus angezogener Landvogthey vermeynter Gerechtigkeit, noch den Burggraffen, oder Ires verliehen Burggraffthums anhangenden und herbrachten Regalien zuwider, Schmelerung, oder Nachtheil
geſchehen.

§. 35. So werden auch nit allein um Nürnberg, ſondern auch
anderſtwo im Reich, etwa die Straſſen Kayſerl. Land-Straſſen genennt:
Und ſey durch die von Nürnberg wol ſelbe anderſtwo alſo angezogen und
genannt, wie zur Nothdurfft Irenthalben beweißlichen. Und an welchem
Ende jetzt vom Reich zu Lehen herrührt, ſey ungezweiffelt, daß daſſelb
auch, ſo man will, deß Reichs Grund und Boden genennt werden mag.
Deßgleichen wurdet ſonders Zweiffels nit für unzimlich geachtet, daß Römiſch Kayſer oder König, wo die zu Tagen, oder ſunſt ſeyen, Ire Er-
getzlichkeit uff Iren und deß Reichs Aigenthümben und andern Belehnun-
gen, mit Jagen, Hetzen, Baiſſen zu Irn Gefallen etwa ſuchen. Wie
aber nun aus dem allen nit volgt, daß darum, und dadurch andern Fürſten, Herren und Ständen Ire Regalien und Herrlichait der Glait, Zoll,
Wild-Penn, Obrigkeit, und anders ſolten geſchmelert oder entzogen werden; Alſo volgt auch nit, daß ſolche Herrlichkeit mit ſamt der hohen Obrigkeit ein Anhang oder Zugehörung der angezogen Kayſerlichen Burck oder
Veſten, oder derſelben fürgegebenen Landvogthey ſey. Dann wo dem alſo, und Dero von Nürnberg vermaint articulirn die Wahrheit ſeyn ſollt
(als nit geſtanden wurdet) ſo müſt auch denen von Nürnberg bißher von
wegen des angezogenen Bevelchs, und Zuſtellung der Kayſerlichen Burck,
und derſelben Landvogthey, zu ſammt der hohen Fraißlichen Obrigkeit vermainlichen Anmaſſung, auch die obgemeldten Herrlichkeit, und demnach
auch das Territorium, mit allen Fürſtlichen Regalien, Irer ſelbſt
Einführung nach zuſtehen; Das aber ein offenbarer Ungrund iſt, und
bey ihren zum Theil ſelbſt gepflogen Handlungen, auch Briefen und Siegeln, wie zur Nothdurfft beweißlich, nit beſtehen konnt. Wie dann auch
zu offenbarer und unwiederſprechlicher Beerefftigung, daß Anwalds gnedige Herren, die Marggraffen, und derſelben Vor-Eltern, als Burggraffen zu Nürnberg, von Alters her (ungeirrt aller Kayſerl. Actus, ſo
Wildpanns und Glaitshalb, Nürnbergiſchem articulirn nach), geübt ſein
ſollen, dem doch angezogener Geſtalt nit Glauben geben wurdet) ſich umb

Nürn-

Nürnberg an- bey- und uff den beeden Wälden vnd anderstwo daselbst umb, wie oben unterschiedlich angezaigt, Glaits- und Wildpanns gebraucht, vnd desselben noch in Ubung, Gewehr vnd quasi possess sein.

§. 36. Aber dagegen sey ganz on, daß sich die von Nürnberg, oder Ir Vorfahren, vermainter angezogener bevohlener Kayserl. Burck, oder Land-Vogtheyhalben, an ainigen Ende oder Ort, bey oder umb Nürnberg gelegen, jemals und noch, ainigs Glaits oder Wildpanns angemaßt, oder sich desselben gebraucht, sonder haben sich, und die Irn, mit Iren Leib, Haben und Gütern, als obgemelt, selbs von den Burggraffen glaiten lassen und noch. Eben dergleichen volgt auch nit, ob gleich (abermals, wie obgemelt, unvorgreiffenlich gesetzt,) Röm. Kayser oder König, so die zu Nürnberg gewest, etwann zu ereigenden Unthaten und Handlungen, zu mehrer Erhaltung gemeins Friedens, Land-Fried-Brechern oder Ubelthetern nachzueiln, und dieselben anzunehmen, und in die Stadt gen Nürnberg zu führen befohlen haben sollten, daß darum die hochpeinlich Obrigkeit bestimmter End, und um Nürnberg, Ein- oder Zugehörung der angezogenen Kayserl. Burck zu Nürnberg, und also Irn Frl. Gnad. in Irem Burggraffthum und derselben Territorio die Gerechtigkeit und Ubung der hohen Obrigkeit damit benommen und abgeschnitten seyn sollt: Und noch beschließlich, so werde auch der Widerparthey noch vielweniger gestanden, und sey ganz ohn, daß ihr angezogen Burck oder West (so sie ein Kayserl. Burck nennen) an Ir selbst ein solche Dignität oder Hoheit sey, daß die ainig' hohe Obrigkeit, oder Regal, noch angezogener massen ainig Landvogthey mit sich bring, oder nach sich zieht; Dann von Inen, den von Nürnberg, sey auch noch nit angezeigt, werde auch nit gestanden, ob, wo, und was Schlösser, Städt oder Märckt seyen, die zur bemeldten Burck oder Westen gehören, und ein Landvogthey um Nürnberg anzeigen möchten. Noch viel weniger werde gestanden, sey auch ganz ohn, daß zu vielgemeldter Burck ainig Richt-Statt, Galgen, auch anders, daran die Uebelthäter hätten gestrafft mögen werden, jemals gehört, oder noch heutigs Tags gehörig sey. Wol sey oben angezeigt, welchergestalt die alten Burggraffen auch in der Stadt Nürnberg bürgerliche und peinliche Gerichtbarkeit gehabt, darum auch Ir Gnad derselben Richt-Statt auch wohl zu fürfallender Nothdurfft gebrauchen lassen mögen. Item, dar-

zu so haben auch die alten Burggraffen in Irs Burggraffthums Aemtern,
Flecken und Märckten um Nürnberg, als zu Schwandt, item: Cadolzburg und anderswo, auch eigen Hals-Gericht und Richt-Statt gehabt.

§. 37. Aus dem allen erscheint nun öffentlich, daß meinen gnädigen HHerren den Marggraffen, als Burggraffen zu Nürnberg, aus Irer
Frl. Gnad. rechtmäßigen angezeigten Titteln und Ankunfft Irs Fürstenthums, des Burggraffthums zu Nürnberg, bestimmter Ende gemeinlich
auch Fürsten daselbst, bey und um Nürnberg die Hoch-Fraißliche Obrigkeit zugehörig sey, daß auch hieraus lauter befunden und verstanden werde,
daß Dero von Nürnberg vermainte und widerwertige angezogene Tittel,
als ohn allen Grund, erdichter und nichtiger Weiß fürgewend, gentzlich
elidirt und widertrieben seyn, dadurch dann öffentlich am Tag liegt, daß
sie, seine gnädige Herren, eigenthätiger und unbilliger Weiß an bestimmten, auch andern Orten und Enden betrübt und molestirt haben. Und
über das alles, zu ferner Becräfftigung meiner gnädigen Herren der Marggraffen, als Burggraffen zu Nürnberg, Gerechtigkeit der hohen Obrigkeit uffm Land, und ausserhalb der Stadt Nürnberg und der von Nürnberg Ungrunds, So setzt und sagt Fürstl. Alt. nochmals unter andern die
Gerichtbarkeit zum Gustenhof betreffend, wie hievor articulirt, die
Wahrheit, und nit vergeblich geschehen sey: Dann, nachdem Burggraff
Friderich obgemelt Inen, den von Nürnberg, etliche namhaffte Stück und
Güter in- und ausserhalb der Stadt, wie obberürt, verkaufft, und sich
dennoch dieselben hoher Obrigkeit, und mehr Gerechtigkeit, dann Inen
verkaufft worden, und die Kauff-Brief zulassen, vermeyntlichen anmassen wollen, daraus Widerwill, Vehd und ander Unrath entstanden und
erfolgt; Sey demnach zu Stillung solcher Vehden und Widerwillen,
nach etlichen vil gepflogen Handlungen, lezlich durch Pfalz-Graff Ludwig
zu Lauff nit vergeblich des nechsten Orts halben bey Nürnberg, zum Gustenhof (als in der Vorstadt zu achten) betandingt, daß, wiewohl sie die
von Nürnberg, bey der Gerechtigkeit, die sie von der Stadt Hals-Ge-
richts wegen darüber hetten, bleiben, daß doch daselbst zum Gustenhof nit
ufgericht, noch fürgenommen werden sollten weder Stöck, Pandt, Eisen,
oder andere Gerichts-Zweng. Daraus abermals und unwidersprechlich
erfolgt, wann ausserhalb der Stadt Nürnberg nit Iren Fürstl. Gnad. als
                                                                    Burg-

Burggraffen zu Nürnberg, einige hohe und fraißliche Obrigkeit, sonder allein Jnen, denen von Nürnberg, in Crafft angezogener vermeynter Tittel, zugehört, daß sie Jnen solchergestalt mit Stock, Pannd und Eisen kein Maas setzen lassen, auch noch viel weniger, so sie die Obrigkeit ferner und fürter so weit hinaus (wie sie die jetzo gern, wann man Jnen desselben allein gestünde, haben wollten) gehabt, daß es der damals uneinigen Handlung, und darauf erfolgten Betandung bedörfft hett.

§. 38. Ferner, wiewohl sich die von Nürnberg noch darüber in Krafft meiner gnädigen Herren, der Burggraffen, obberürten Verkauffs, ausserhalb der Stadt an etlichen Enden hoher Obrigkeit vermainlich unterfangen, und anmassen wollen, und darauf bey und um Nürnberg Thurn gebaut, und Land=Gräben aufgeworffen, und ein Land=Wehr zu machen unterstanden haben; So seyen doch dieselben Thurn, Gräben und Land-Wehr, durch damals Röm. Kayserl. Majest. und derselben Geheyß, Gebot, und Beuelen, Dero nit mer unerlangtes Rechtens aufzurichten, vor 34. Jahren abgeschafft. Item, darauf auch durch damals geweste Bunds-Stände so viel gehandelt und verfügt, daß dieselben wiederum abgebrochen und eingezogen worden. So dann nun aus solchem allen genugsam erscheint, uff was Ungrund der von Nürnberg vermaint Fürgeben, sonderlich mit angehengt erdichten widerwertigen Titteln Jrer fürgewenden Behelff, zu Beschönung Jrer angezogenen und beclagten Handlung, gestellt, daß auch Jr angezogene vermainte Fraiß=Fell, soviel der in der Geschicht war seyn mögen, höhers oder mer nit würcken, dann daß sie Jr unzimliche, ungebürliche Handlung, und gewalthetig Eingriff in meiner gnädigen Herren der Marggraffen und Burggraffen zu Nürnberg Fraiß und Obrigkeit vielfeltig geübt entdecken und anzeigen, und daß es eben solche und dergleichen Handlung und Sachen sind, der sich Jr Fürstl. Gnad. vor der Zeit, und noch gegen Jnen, den von Nürnberg, in viel und mancherley Wege zum höchsten beschwert und beclagt. So bitten uff solchs Fürstlichen Anwalds Principaln und gnädige Herren nochmals zum höchsten, Jr Frl. Gn. in Jren eingebrachten Beschwehrungen und Clagen zu recht, und der Billigkeit zu bedencken, zu handlen, und zu erkennen, wie hiervor gebetten worden sey, und was allenthalben Jrn Frl. Gnad. zum Besten sunst ferner gehandelt, erkennt und gesprochen werden

möge,

möge, nit weniger, als ob daselb ausdrücklich gesetzt oder begehrt were, alles in bester Form Eur. Gnaden darzu dienend, und gebürlich Richterl. Amt mit Vleiß anruffend, auch Jrn Fürstlichen Gnaden allweg fernere Nothdurfft hierinn unbegebl. und vorbehalten.

§. 39. Hierauf nun folgen von beeden Theilen super admissione defensionalium, ut & super responsione ad eosdem, noch verschiedene Schrifften, darinnen eine jede Parthey ihre pro statuminando universali Territorii jure gebrauchte titulos zu behaupten suchet, gestalten sich Nürnberg in denen am 17. Aug. 1535. producirten Replicis wider oben erzehlte Brandenb. Exceptiones folgender massen vernehmen lassen: Wann sich gleich ein Erbar Rath hievor des Kayserl. Tittels und Ankunfft dieser hohen Obrigkeit in Tag-Leistungen nit gebraucht, oder denselben nit fürgewand hätte, so volgt doch daraus gar nit, daß sie sich jetzt desselben in Rechten nit gebrauchen mögten, etc. Et porro: Und das noch mehr ist, wann gleich ein Erbar Rath zu meinen gnädigen Herren um die fraißlich Obrigkeit in Krafft des Kauffs geklagt hätten, und in ordentlichen Rechten, die ihre Krafft erreicht, verlustigt worden were, so mögten sie dennoch von neuem klagen aus dieser Kayserl. Zustellung, Begnadung und Tittel, etc. Und weiter hernach: Dieweil der 28. 29. und 30 defensional-articel ausdrücklich auf den Kauff als Tittel gestellet seyn, etc.

§. 40. Ex adverso aber bemercket Brandenburg in denen am 25. Octobr. ejusd. anni übergebenen Duplicis insonderheit die Contrarietät der Nürnbergischen Tittel, Indem die von Nürnberg hievor jedesmahls angezogen und fürgeben, daß Sie die Fraißliche Obrigkeit um Nürnberg von den Burggraffen erkaufft, aber solchem ihrem Fürgeben zuwider, auch darauf erfolgten Königl. Sprüchen und Abschieden, denen sie geleben und nachkommen müssen, hätten sie doch jetzt einen andern vermeynten Titul, directo contrarium, fürgewend, derhalben sie, als Inen selbs widerwertig, damit keineswegs gehört, sondern, wie gemelt, vom Gerichts-Stand angewiesen werden sollen, dann es ja unmöglich, daß Nürnberg die Fraißliche Obrigkeit von Röm. Kaysern von wegen einer Landrogthen bekommen, und dann dieselbe von den Burggraffen erkaufft haben soll, etc. Und in Summa, man schreib oder sag was man woll, so können oder mö-

mögen doch aus obangezeigten Gründen und Ursachen die beede vermeynte contrarii Tituli & in facto incompatibiles bey einander zugleich simpliciter, oder auch unterschiedlich, vel conditionaliter, vel diversis temporibus, nit bleiben oder bestehen. etc.

§. 41. Welches in sequentibus noch weitläufftiger deduciret wird: Wogegen sich zwar Nürnberg in der am 27. Martii 1536. producirten Beschluß-Schrifft äusserist bemühet hat, die vorgeworffene Contrarietät ihrer Titul zu beschönen, dabey aber die abermahlige Confessiones von sich hören lassen: Die defensionalien seyen darauf gestellet, daß die Marggraffen der Ort nit Land-Fürsten seyen, daß Ihnen ainig hohe Obrigkeit in Krafft des angemaßten Burggraffthums nit gebühre, etc. Item: Man wolle Brandenb. Seits inferiren, durch solchen Abschied (deß Bunds) sey der Marggraff dieser Ort Lands-Fürst.

§. 42. In denen nachfolgenden Brandenb. Conclusionibus aber, den 7. Julii 1536. einkommen, wird weiter erinnert: Dieweil durch den Bündlischen Abschied einem Erbarn Rath das possessorium abgeschnitten, so seyen auch alle articuli indiscriminatim, so zu Sterckung oder ad colorationem, wie mans nennen mag, eben demselbigen possessorio hiebey angehenckt sind, als vergeblich und impertinentes hiebey perimiret.

§. 43. Die anderweite Nürnbergische Conclusiones, prod. 10. Nov, ejusd. anni legen eine ganz deutliche Bekänntnus ab, worauf in diesem proceß der status causæ & defensionis suæ beruhet, massen daselbst folgendes zu lesen: Ob aber die Defensionales, uff die Tittel gestellt, also geschaffen seyen, daß einem Erbarn Rath daraus Gerechtigkeit entstehe, und die quasi possess Frailicher Obrigkeit dadurch gestärckt und coloriret werde, ob auch durch dieselben meiner gnädigen Herren, der Burggraffen, Clag NB. nit genzlich umgestossen und perimirt, solchergestalt, daß narrata libelli, so uff die Gerechtigkeit und quasi possess der Frailichen Obrigkeit vornemlich gestellt, dardurch widersprochen, et ex consequenti aus allegirten Tituln und actibus anders nichts könne inferiret werden, denn daß solche Frailiche Oberkeit ein Erbarn Rath zugehöre, sie auch derselben in quasi possess seyen, und sie demnach von einbrachter Clag endlich absolviret, und erkennt soll werden,

den, wie in defensionalibus gebetten, deß zeucht sich Syndicus an dieselbe und zum Rechten. Will dadurch gegentheils weitleufftig undienst-liche disputation, ob die defensionaln super jure non compe-tente adversario gestellt seyen, abgelehnt haben, cum ex omnibus illis defensionalibus aut principaliter aut consequutivè resul-tat jus & commodum ipsis reis excipientibus.

§. 44. Was in denen, den 29. Jan. 1537. eingekommenen Bran-denb. fernern conclusionibus wegen Contrarietät der Nürnb. Tittel weiters urgirt wird, stimmet mit vorigen gänßlich überein; Noch meh-ters aber ercläret sich Brandenburg in denen am 20. Martii 1538. cum responsionibus ad Art. defensionales Nor. exhibirten Articu-lis additionalibus respect. elisivis, prioribus additis, und po-niret daselbsten: Item, obwohl der clagenden Fürsten halber etwo bey eßlichen Flecken nicht so viel unterschiedliche Fälle, als Nürnberg halben, wiewohl Irenthalben ungegründer Weiß, gestellt sind, sey doch die Wahr-heit, daß Irer Fürstl. Gnad etc. Fäll, auf das possessorium gestellt, mit guter alter Ankunfft und beständigen Tittel coloriret, also daß das possessorium überflüßig und mehr dann gnugsam erwiesen, etc. Daraus folge abermahls schließlich, daß solche Dörffer und Flecken in der clagen-den Fürsten Obrigkeit und Gebiet liegen, Und daß Ir Frl. Gnad die Fraiß-lich Obrigkeit, dieweil auch Frevel-Sachen darunter begriffen sind, ha-ben, etc.

§. 45. Zum weitern Beweißthum, daß Dn. Judex schon ante decisionem causæ auf den à Serenissimis Actoribus vorgelegten Titulum deß Burggräffl. Fürstenthums reflectirt, kan dieses dienen, daß Norimbergenses durch Bescheid vom 18. Decemb. 1538. an-gehalten worden, sich auf die Brandenb. Articulos additionales & elisivos mit ihren responsionibus vernehmen zu lassen, welche dann auch am 31. Jan. 1539. zum Vorschein gekommen, und insonderheit wi-der die articulirte Burggräffliche und Fürstl. Territorial-Gerechtsame gestellet sind, da unter andern Nürnberg in Resp. ad art. addit. 34. sich also vernehmen lässet: Was nun Ir Fürstl. Gnaden ausserhalb Nürn-berg Fraiß und Obrigkeit haben, das läst ein Erbar Rath geschehen. etc. Et paulo post: Deßhalb sie auch das Wort Fürstenthum in der Glaits-

Er-

Erforderung neben dem Wort Herrschafft und Gebiet setzen, etc. Die Ort, do ein Erbar Rath die Fraißlich Obrigkeit hat, dadurch und damit gar nit eingezogen noch gemeynt. In resp. ad art. 72. Damit hat es weit ein andere Gestalt, dann die hoch Obrigkeit und andere Herrlichkeiten dieser Ort seyn ohn Mittel Kayserl. Majest. und des Reichs, etc. Et ad Art. 73. Daß an Mittel alle in diesem Artickel bestimmte und andere hohe Obrigkeiten und Regalien zu der Kayserl. Burck gehören. Ibidem: Wie dann das Territorium und hoch Obrigkeit nie verendert, noch auf die Marggraffen gewend worden. Et fere in fine: Kan darum nit gesagt werden, daß sie dardurch das Territorium und hohe Fürstliche Obrigkeiten verkaufft haben. In resp. ad art. 76. Die Marggraffen haben do weder Territorium, noch Gerechtigkeit, noch Ubung hoher Obrigkeit.

§. 46. Noch mehrere dergleichen expressiones finden sich in denen am 26. May 1540. eingekommenen Nürnb. Articulis Confirmatoriis, confutatoriis & declaratoriis, allwo Nürnberg gleich Anfangs meldet: Man unterstehe sich Brandenb. seits fast in allen Schrifften in dieser, und andern Sachen, das Burggraffthum so hoch zu erheben, und mit breiten Worten zu ein Fürstenthum zu machen, und E. Erbarn Raths rechtmeßige gegründete Tittel und Ankunfft, ad colorandum possessorium fürgewandt, ungegründter Weiß zu widersprechen.

§. 47. Und bald darauf kommt die rubric: Confirmatio Nürnbergischer Tittel der Malefiz-Obrigkeit und anderer Lands-Herrschafft: Art. 13. Aber wird von der Land-Vogthey, als dem Tittul, auf die hohe Malefiz-Obrigkeit folgender gestalt argumentirt: Dieweil dann die Röm. Kayser und König, als vor stet, diß Kayserl. Schloß und Landvogthey gemeiner Stadt Nürnberg zugestellt, inngeleibet, und dermassen mit der Stadt Nürnberg unirt, daß es damit ein Ding seyn soll, so bestet demnach der Tittel der Landvogthey, und kan mit Wahrheit, Grund oder einig Fug anderst nit gesagt noch geschlossen werden, volgt auch nothwendig, daß einem Erbern Rath und gemeiner Stadt Nürnberg die hoch Malefiz-Obrigkeit, also das recht Haupt-Stück einer Landvogthey, zugehör, und demnach eines Erbern Raths über hundertjährige possess und Gebrauch der Malefiz-Obrigkeit dadurch und damit cräfftiglich & fortissime

tiſſime colorirt und geſtärcket werde. Item ſagt wahr ſeyn, daß unter
den Worten: mit allen ſeinen Ehten und Zugehörungen, auch die Malefiz-Obrigkeit dadurch eingeſchloſſen uud begriffen ſey. Item, daß
meine gnädige Herren, die Marggraffen, ſelbs geſetzt und bekennt, daß
die Hals-Gerichts-Obrigkeit, darum vermeyntlich geclagt worden, ein
Zugehörung Irer Burck, als deß Herzens und Urſprungs Irs Burggraffthums, ſey. Item ſagt wahr ſeyn, wann der Burggraffen Burck etnige
Malefiz-Obrigkeit auf dem Land zugehörig geweſt, daß von Noth wegen und principaliter dieſelbig hoch Obrigkeit ſich fürnehmlich auf die
Burck ſelbs müſt erſtreckt haben; Si Jurisdictio adhæreret Territorio propter caſtrum ſeu ratione caſtri, multo fortius ipſi ca-
ſtro : propter vnumquodque tale & ipſum magis.

§. 48. In dem Articulo 48. ziehet Nürnberg ſeine 4. Titulos
zuſammen, und vermeynt dadurch ſeine erlangte quaſi poſſeſſ der Fraißlichen Obrigkeit ſo ſtattlich und cräfftiglich roborirt, colorirt und ge-
ſterckt zu haben, daß nit müglich, Inen dieſelbig mit einigen Rechten ab-
zuerkennen.

§. 49. Jedoch werden auch noch andere argumenta und Anzei-
gungen, daß die Fraißlich Obrigkeit und andere Lands-Herrſchafft Eim
Erbarn Rath und der Stadt Nürnberg on mittel zugehörig ſeye, hinzugethan, als: Es ſeye wahr, daß Grund und Poden, das Territorium
& Univerſitas agrorum an- und uff den Wälden, ſo weit ſie reichen
und begriffen, bis an die obbeſtimmte Waſſer-Flüß ungeverlich, Eim Erbarn Rath zugehören; Aus dem allen nun greifflicher erſcheint, wer der
Ort Lands-Herr und Præſes ſey, dieweil ein Erbar Rath dieſes alles,
aber die Marggraffen Dero keins haben. Item zu noch mehrer Anzeigung, daß das Territorium, Fraiß und andere Lands-Obrigkeit an offt
beſtimmten Orten gemeiner Stadt Nürnberg zugehör etc. Daraus
abermahls leichtlich abzunehmen, und unwiderſprechlich volgt, daß
die Röm. Kanſer und König in dieſem Zirck alle Obrigkeit und Herrlichkeit
auf gemeine Stadt Nürnberg gewend, und derſelben inngeleibt, ſunder-
lich aber die Fraißlich Hals-gerichtliche Obrigkeit, dieweil allen verbotten,
In dieſem Zirck Hals-Gericht zu haben und zu bauen. Welcher aber kains
geſchehen wäre, noch Statt gehabt, wo die peinlich und andere Lands-
Herr-

Herrlichait samt dem Territorio einem Erbern Rath und gemeiner Stadt Nürnberg nit zugehört hätte. Add. art. 98. & 99. tanquam Compendium omnium: Und in Summa, ein Erber Rath und gemeine Stadt Nürnberg, und Ire Verwandte, haben an diesen Orten alle hohe und niedere Herrlichait und Obrigkeit, Grund, Boden, Land, Territorium, Landvogtheyen, Præsidat, Distrikt, Land-Herrschafft, Steuer, Raiß, Volg, Gericht-Zwang, Frevel-Straff, Coercition, Gepott, Verpott, Wäld, Wasser, Vischereyen, Wun, Wayd, Marckung, Forst-Gericht, Schenck-Statt, Schutz und Schirm, Schar-Werck, Fren, Kirchweyh-Schutz, und in Gemain alles, das einem Lands-Herrn zugehört, und daraus ein Lands-Herrschafft mag arguirt werden: Und besteen also eines Raths Titteln, welche sie zu Stärckung und Roboration Irer quasi possess Fraißlicher Obrigkeit deducirt, ganz beständiglich und vestiglich.

§. 50. In Art. 193. 195. 196. it. 203. gebraucht Nürnberg die Wort: Fürstl. und Fraißl. Obrigkeit promiscue & synonymice, oder auch als summe connexa & inseparabilia, und sagt: Das Dorff Prunn liege über die Wasser, und also ausserhalb deß Nürnbergischen Territorii und Gezircke. Die Brandenb. Exceptiones & Conclusiones adversus Articulos confirmatorios, confutatorios & declaratorios prod. 25. Junii Anno 1540. fahren hingegen also fort: Was gehet aber meine gnädige Herren die Marggraffen, oder Irer Fürstl. Gnad. Fürstenthum des Burggraffthums zu Nürnberg an, was sich an andern Orten de facto hin und her wieder hält, Ire Fürstl. Gnad. seyn einmahl Burggraffen zu Nürnberg, Iren Fürstl. Gnad. ist das Burggraffthum als ein Fürstenthum verliehen, dieses Fürstenthum ist auch bey- und um Nürnberg gelegen, und die Stadt Nürnberg darinnen, das findet sich aus Kayserl. und Königl. Investituren, Freyheiten und Briefen: Es ist auch vor etlichen Jahren, vor der Zeit, ehe dann die neue erdicht Landvogtheyen funden, oder je uff dieselben gedacht worden, von Nürnberg selbst schrifftlich und mündlich also bekannt, solches bezeugen auch all andere Regal, Land-Gericht, Glait, Zöll und Wild-Pann, so Ir Frl. Gnad. der Ende um mit Alter geübt und hergebracht: Da aber der Ende ein Rath zu Nürnberg gar kein Regal, Herrlichkeit, oder andere

Universal-Obrigkeit jemals gehabt, oder noch hat, anderst dann was sie je der Wälde und derselben zugehörigen Forst-Gericht halben etwo ainzellich an sie erkaufft oder gebracht haben, davon sie sich aber weder Lands-Herren, Präsidenten, oder anders schreiben mögen: Sonsten aber ausserhalb der Wald-Gerechtigkeit, die da weder Fraißliche oder Lands-Obrigkeit nach Ir zeucht, hat ein Rath zu Nürnberg nicht mehr Herrlichkeit oder Obrigkeit, dann ander Privat-Personen, Burger oder Bauren in den Zirck gesessen.

§. 51. Und also verbleiben die Nürnbergische Responsiones adve sus exceptiones contra admissionem Art. confirmatoriorum, confutatoriorum & declaratoriorum prod. 17. Sept. 1540. durchgehends hierbey, und bitten nochmaln, darauf zum fleißigen acht zu haben: Daß die Marggraffen ihre Intention fürnemlich auf das Burggraff-Amt und Fürstenthum gestellt, und aus diesen zweyen Mediis concludendi geklagt und gebetten haben, des an die Klag und Ire positionales gezogen, deßhalben eim Erbern Rath, als den Beclagten, in allweg, ad exclusionem illius actionis, wider diese media und Haupt-Grund zu handeln gebürt: Wie dann in allen Ihren Confirmatoriis, Confutatoriis & declaratoriis anderst nichts gefunden würde, dann allein Wiedersprechung und Wiederlegung des Burggraff-Amts und Fürstenthums, als deß substantial-puncts fürgewender action, und Anzeigung eines Erbern Raths Tittel und quasi possess Fraißlicher Malefiz-Obrigkeit.

§. 52. Was nun die litigirende Partheyen in denen bis anhero angemerckten beederseitigen Schrifften, theils zu Besteiffung der Klage und der positionalen, und theils zu derselben Ableihnung, weitläufftig articulirt haben, darüber ist hernachmals der Beweiß und Gegen-Beweiß ordentlich geführt, zumalen aber von Seiten Brandenburg die uralte Kayserlich- und Königliche Investituren, remuneratorische Concessionen und stattliche Privilegien, Kauffs-Instrumenta, Verträge, Burggräffliche Lehens-Verleyhungen, ertheilte Landes-Huldigungen, und andere, einem Territorial-Herrn und Landes-Fürsten zustehende Handlungen, samt denen darüber eingelangten Nachbarlichen Schreiben und confessionen, etc. vor denen ernannten Kayserl. Commissarien, aus

denen

denen beeden Fürstlichen Archiven zu Culm- und Onolzbach, mit grosser
Menge in forma authentica producirt und ad recognoscendum
vorgelegt: Deßgleichen eine zimliche Anzahl unverwerfflicher Gezeugen
legaliter vorgestellt und abgehört, wie auch von dem Gegentheil ein gleiches unternommen und darbey primario auf fine angemaßte variirende
titulos sorgsamlich gesehen, und das possessorium darburch zu legitimiren getrachtet: Nach vollzogener publication derer beederseitigen Ro-
tulorum tam Documentorum quam testium aber die Haupt-Sa-
che und derselben medii termini anwiederum durch verschiedene grosse
Wechsel-Schrifften sehr umständig und angelegen ventilirt worden, worzu der Rath zu Nürnberg mit denen am 26. Novemb. 1563. producirten Exceptionibus cum insertis probationibus defensionalium: Item Exceptionibus in puncto der Brandenburgischen præ-
judicialium, additionalium & elisivorum &c. den Anfang gemacht, und in beederley Schrifften nicht in Abrede seyn mögen: Daß
Brandenburgischer Seiten das fürnehmste Intent bey gegenwärtiger Klage gewesen, das Burggraffthum zu einem Tittel und Stärckung deß possessorii zu erhalten, und das Territorium samt der anhangenden hohen
Obrigkeit zu demselben Fürstenthum oder Burggraffthum zu behaupten, etc.

§. 53. Welches Territorium und Fürstenthum samt der hohen
Obrigkeit aber die Beklagte nach aller Möglichkeit, obschon vergeblich, zu
elidiren sich hart und viel bemühet, und darüber manche unnöthige und
unstatthaffte allegationes urgiret haben; Denen dann Brandenburg
am 28. Novemb. 1567. durch eine wolgegründete Probations-Schrifft
bestens begegnet, die bisherige terminos & media concludendi in
ipsa probatione beständig fortgetrieben, und darum wiederum also angefangen: Nachdem zwischen dem Durchlauchtigen hochgebohrnen Fürsten
und Herrn, Herrn Georg Friedrichen, Marggraffen zu Brandenburg,
und Burggraffen zu Nürnberg, etc. und seiner Frl. Gnad. Vorfahren,
löblicher und seeliger Gedächtniß, Clegern an einem, und einem Erbarn
Rath der Stadt Nürnberg, beclagten anders Theils, der hohen Fraißlichen Obrigkeit halben, weitleufftige Irrung fürgefallen, derhalben diese
Sach an diß Hoch-löblich Kayserl. Cammer-Gericht gewachsen, viel

Jahr daselbst anhengig gewesen, der Handel letzlich zur Beweisung und Ge-
gen-Beweisung kommen, welche auch publicirt, und beyde Theil jre
Exception und Probation-Schrifft darauf einbringen sollen, hochgedachter Marggraff aber seines Advocaten halben verhindert, daß seiner
Frl. Gnad. Anwaldt zu dem Einbringen so bald nicht hat kommen können;
Also will Anwaldt hiemit seine Ehehafft und Entschuldigung fürgewendet
haben, mit Bitt, dieselbige der Gebür nach anzunehmen, und ihne entschuldiget zu halten. Aber zu Ausführung seins gnädigen Fürsten und
Herrn Rechtens wider einen E. Rath zu Nürnberg, saget er: diese Sach
hafftet darauf, daß beyde Theil sich auf das interdictum uti possidetis legen, und Krafft desselben jr Vorhaben zu erhalten mainen, hochgedachter Marggraff conveniendo & agendo: Ein E. Rath aber ex-
cipiendo & defendendo: Wie denn derhalben Positional, Additional, Elisiv, Defensional, Peremptorial-Articul übergeben,
und darauf mit brieflichen Urkunden, und lebendigen Zeugen, Beweisung
geführt: Und stehet derhalben nunmals darauff, welchs Theils Beweisung
krefftiger und stercker, damit der Richter sehen möcht, wem Er in pro-
nunciando Bey- oder Abfall thun soll.

§. 54. Wiewol nun die Recht, und derselben Lehrer, allerley
Qualitates anzeygen, daraus man nemen soll, welchs Theils Beweisung krefftiger, und obtiniren möcht, so sind sie doch in deme alle einig,
daß derjenige obtiniren soll, der neben der possession titulum und Ankunfft hat: Quia tali possessori objici non potest, quod vi,
clàm, vel precariò possederit, propter titulum probatum
unà cum possessione: Darum das Urtheil für ihne gesprochen werden
soll: Wider den andern aber, der keinen Tittel hat, præsumirt man,
quòd vi, clàm vel precariò possederit, propter defectum Tituli. Quod autem ille obtinere debet in interdicto uti possidetis, qui unà cum possessione probat titulum, est optimus
textus in c. licet de probation. Vbi dicit inter cætera: Illi
procul dubio sine justo titulo percipere inceperunt, cum duo
insimul eandem rem, & eodem modo, in solidum possidere
non possint, maximè cum iidem Faventini justum possessionis titulum non ostendant, & ex Privilegiis Imperatorum, &
Rom.

Rom. Pontificum, Ecclefiæ Ravennatenfi: conceffis, evidentiffimè colligatur, poffeffionem ipfius Ecclefiæ in prædictis locis juftam fuiffe. Cùm ergò conftet, Faventinenf. ab eo tempore, quo fe poffediffe probare contendunt, minus juftè, ac fine titulo, aliqua in prædictis locis temeritate propria occupaffe, & œconomus ejusdem Ecclefiæ petierit, à vi turbativa feu inquietativa fuper præmiffis commune Faven. prohiberi, nos recognofcentes in hoc cafu, non fic locum effe interdicto, uti poffidetis, ut dicere debeamus, uti poffidetis, ita poffideatis, cùm probationes Ecclefiæ longè fint potiores, et ideo fit in interdicto fuperior, commune Faventiæ fibi condemnamus, fuper jurisdictione & honore, atque diftrictu & aliis ad hoc generaliter pertinentibus in locis prædictis, quoad poffefforium judicium, quo tantum-modo actum eft, perpetuum filentium imponentes, & prohibentes eidem, ut neque per fe, neque per alios fuper his præfumat Ravennaten. Ecclefiam, aut habitatores prædictorum locorum, aliquatenus moleftare; Et dicit ibi glof. in V. uti poffidetis: & hoc verum eft, nifi unus oftendat titulum, ficut hic dicitur, quod fententiandum eft pro eo, qui habet titulum, quam glof. approbant omnes DD.

§. 55. Es ift aber on Noth hievon viel zu difputiren, weil eins Erbarn Raths Syndicus folches felbft fetzet, denn in feinem Satz, den er nennet: Exceptiones cum infertis probationibus defenfionum, in p. pofitionalium, §. fich anhebende: auf daß aber mit der Kürz etc. erzehlet er viel Qualitates, welcher Theil in interdicto uti poffidetis obtiniren mög oder nicht, aber die fürnehmfte Qualitatem nennet er: qui poffidet cum titulo. Denn er fetzet diefe Wort, nem-lich: Item melius probat & obtinet, cujus intentio magis confonat rationi, ut fi unus probat poffeffionem cum titulo, alter fine titulo, potior eft poffeffio titulata; Quia licet in hoc interdicto non fit opus probare titulum, tamen eft multum utilis, quia data paritate probationis, ille obtinet, qui

melio-

meliorem titulum probat. Quia talis poſſeſſio magis juſtificatur per viam rationis. Hæc Syndicus.

Darum ſtehet auch ex confeſſione adverſarii die propoſitio veſt: Quod in interdictis uti poſſidetis is obtinet, qui unâ cum poſſeſſione vel quaſi probat titulum, non obſtante, quod adverſarius probaſſet antiquiorem poſſeſſionem, ſine titulo: das man doch hier nicht einraumet, ſo viel die antiquiorem poſſeſſionem betrifft: Quia præſumitur quod clàm, ſine ſcientia & patientia proprietarii, ſeſe intruſerit.

§. 56.   Weil dann nun beyde Theil Beweiſung geführt, ſo hafftet es darauf, welcher Theil una cum poſſeſſione, vel quaſi, titulum bewieſen hat.   Hierauf ſaget nun klagender Anwaldt: Daß er von wegen ſeines gnädigen Herren Principalen einen beſtändigen und krefftigen titulum bewieſen.   Dann erſtlich iſt, wie hernach ausgeführt, bewieſen, daß hochgedachte Maraggraffen, als Burggraffen zu Nürnberg, deß Heil. Röm. Reichs Fürſten ſeyn, laut deß erſten Articuls.   Zum andern iſt bewieſen, daß Ire Frl. Gnad. neben andern Kayſerl. und Königl. Regalien, das Burggraffthum zu Nürnberg, mit ſeinen Ehren und Würden, Land und hohen Gerichten, Glait, Zöllen und Wild-Pannen, von Kayſerl. Majeſt. und dem Heil. Reich haben, und zu Lehen tragen, laut des andern Articuls.   Zum dritten iſt bewieſen, daß Ir Frl. Gnad. und derſelben löbliche Vor-Eltern ſeeliger Gedechtnuß, Burggraffen zu Nürnberg, ſolcher deß Fürſtenthums, Burggraffthums zu Nürnberg, jetzo gemelten Regalien, und hohen Gerichtbarkeiten, Obrigkeiten, vor 4. 5. 10. 15. 20. 30. 40. 50. 60. Jahren, ſo lange Zeit, deren Anfang niemands gedenckt, an hernachbemelten Orten und Enden, in Irer Fürſtl. Gnad. Fürſtenthum, Land und Territorio deß Burggraffthums zu Nürnberg gelegen, in Gebrauch und Gewehr, vel quaſi, geweſen und noch ſeyn, laut deß dritten Articuls.   Zum vierdten iſt auch Ir Frl. Gnad. das Land-Gericht deß Burggraffthums zu Nürnberg geliehen.   Zum fünfften, daß Ir Frl. Gnad. auch noch, wo ſich fraißbar That und Mißhendel, der hohen Obrigkeit anhengig, je zu Zeiten zugetragen, dieſelben zu ſtraffen, und Fraiß-Pfand zu nehmen, nicht unterlaſſen, noch thun, ſondern ſich ſolcher Irer Frl. Gnad. hohen gerichtlichen Obrigkeit üben und

gebrau-

gebrauchen. Zum sechsten ist bewiesen, daß die Stadt Nürnberg, deßgleichen alle Wälde, Dörffer und Flecken um die Stadt herum, in solches Burggraffthums Obrigkeit, Land-Gericht und Territorio gelegen,
und drinnen begriffen. Daraus erscheinet nun, daß hochgedachter Marggraff beständige Tittel hat, neben der possession der Fraißlichen Obrigkeit, und derwegen in interdicto, uti possidetis, billig obtiniren
soll, weil es Nürnberg an dem Tittel mangelt.

§. 57. Diese sechs Haupt-Probations-Puncta werden auch
durch die ganze Schrifft durchgeführet, und die Landes-Fürstliche Obrigkeit fast auf allen Blättern zum vornehmsten Zweck und Grund deß Be-
weises gesetzet, sodann der Schluß, wie der Anfang, dahin gemachet:
Weil dann nun klagender Anwaldt reichlich und nach aller Nothdurfft ausgeführet, daß sein gnädiger Fürst und Herr, als ein Burggraff zu Nürnberg, titulum & quasi possessionem der Fraißlichen Obrigkeit über
alles dasjenige, so ausserhalb der Stadt, von den Stadt-Gräben an zu
rechnen, gelegen, habe, auch was sich darum zutregt, burgerlich und peinlich, darein gehöret: Und aber beklagter Anwaldt in seiner Exception
§. daß aber: ausdrücklichen diese Wort setzet, wie es dann auch recht ist,
nemlichen: Item: melius probat & obtinet, cujus intentio
magis consonat rationi, ut si unus probat possessionem cum
titulo, alter sine titulo, potior est possessio titulata: Quia
licet in hoc interdicto non sit opus probare titulum, tamen
est multum utilis; Quia data paritate probationis, ille obtinet, qui meliorem titulum probat: Quia talis possessio magis justificatur per viam rationis. Ein Erbar Rath aber zu Nürnberg weder Titulum noch Possess bewysen, wie in der Exception auf
ihre Beweisung ausgeführt werden soll; Als bittet klagender Anwalt, im
Recht zu erkennen, wie in der Klag gebetten, mit Anruffung des Hoch-
Adelichen Richterlichen Ambts, petens sibi jus & justitiam admi-
nistrari.

§. 58. Und auf diesen Schlag wird in denen sub eod. dato producirten Brandenburgischen Replicis, in puncto positionalium,
fortgefahren, ubi statim ab initio: Und will klagender Anwaldt einmal die proposition des Tittels in genere, und zu Ablehnung aller
der

der Dörffer, Flecken und Wälde, da die von Nürnberg die Fraißliche Obrigkeit haben wöllen, hiermit fürbringen, nemlichen, daß das Burg-grafftthum, als ein Lands-Fürstenthum, mit Zollen, Geleiten und andern Regaliis begabet, etc. Deßgleichen Pfalzgraff Ludwigs Vertrag, die alle auf Actus gehen, ausserhalb der Stadt, und die Burggraven, als Lands-Fürsten, und Erb-Land-Richter der Kayserl. Majest. nicht schul-dig, jemand einiger Jurisdiction umb Nürnberg, es seye in Dörffern, Flecken oder Wälden, zu gestehen: Es seye dann, daß Er Tittel und Ankunfft solcher gerichtlichen Obrigkeit beständiger Weiß ausführe; sondern alle Obrigkeit, wie jetzo gesagt, einem Burggraffen, als Lands-Fürsten, und Kayserlichen Erb-Land-Richter zustehet.

§. 59. Wie dann auch solcher Tittel und Ankunfft bey allen und jeden specificirten Orten beständig wiederholt, und zu letzt von dem Schwäbischen Bunds-Spruch gar nachdrücklich gemeldet wird: Es sagt aber klagender Anwaldt, es stecken in dem Spruch deß Schwäbischen Bun-des zweyerley Obrigkeit: Als erstlich Lands-Fürstliche Obrigkeit in ge-nere: Und zum andern, die Fraißliche Obrigkeit in specie. Zur Lands-Fürstlichen Obrigkeit gehören diese zwey Punct, daß sie an die Gräben Block-Häuslin gemacht, und die Stadt-Gräben zu weit herausser ins Burggrafftthum geruckt, das haben die Burggraffen, als Lands-Fürsten, nicht leiden wöllen, sondern für den Schwäbischen Bund bracht, drum ist es den Nürnbergern ab- und den Burggraffen die Lands-Fürstliche Obrig-keit bis an die Stadt-Gräben zuerkannt: Die Fraißliche Obrigkeit stecket darinn, daß sie hart für der Stadt Stöck aufgericht, daran sie jrer Miß-händler Viertheil gehenckt, das gehört zur Fraißlichen Obrigkeit, und die-selbige durch den Schwäbischen Bund denen von Nürnberg ab- und den Burggraffen zuerkannt, da bleibet immer fest stehen: haben die von Nürn-berg für der Stadt keine Regalische oder Fraißliche Obrigkeit, sondern die Burggraffen, so können sie weiter hinaus viel weniger haben, per sæpe allegatam Regulam: Si vinco vincentem te, multo magis te vinco.

§. 60. Und auf diese beyde Obrigkeit zeucht klagender Anwaldt den Schwäbischen Bundes-Spruch an, und weiter nit. Et porro: Daß aber die Burggraffen universales Domini in toto Territorio bis an die

die Stadt-Gräben zu Nürnberg seind, ist oben und an andern Orten reichlich ausgeführt, und obwohl, wie oben gesagt, Syndicus, der andern Dörffer und Flecken halb Zeugen fürgestellet und verhören lassen, so findet sich doch in derselbigen Aussag, daß sich die Marggraffen der Fraißlichen Obrigkeit in denselben Dörffern und Flecken gleichwohl allweg angenommen, so offt sich Fäll zugetragen, wie solches auch in der Exception wider das Nürnbergisch Zeugnus zu befinden, es gehört aber jetziger Zeit hieher nicht, sondern bleiben die Marggraffen bey Ihrer Lands-Fürstlichen und Fraißlichen Obrigkeit. Et tandem in fine: Weil dann nun klagender Anwaldt der Marggraffen Tittel und Ankunfft der Lands-Fürstlichen und Fraißlichen Obrigkeit um die Stadt Nürnberg bis an die Stadt-Gräben, durch Kayserliche Lehen-Brieff, Pfalzgraff Ludwigs, und des von Harras Vertrag bewiesen, und solches hernacher durch den Spruch deß Schwäbischen Bundes erkleret und bestettiget, und durch briefliche Urkunden, auch der Zeugen Aussag, überreichlich ausgeführt, daß Ihr Frl. Gnad. für und für in quasi possessione derselbigen Obrigkeit und Gerichtbarkeit geblieben und noch seyn, ihre impatientiam, so offt sie deren von Nürnberg fürnemmen innen worden, erklert, und den von Nürnberg nichts einreumen, noch gestatten wöllen, die von Nürnberg aber keinen Tittel und Ankunfft ihres Fürnemmens nauß geführt, auch nicht articulirt, daß sie ihre clandestinos & violentos actus mit Wissen und Gedult der Burggraffen, als Lands-Fürsten, exerciret, sondern stracks heimlich und mit Gewalt gefahren, die scientiam und patientiam Burggraviorum auch nicht bewiesen: Als bitt klagender Anwaldt, aller oberzehlter Oerter, Flecken und Dörffer, auch Wäld halben, in recht zu erkennen und auszusprechen, wie in der summarischen Klag, auch in den Positionaln, Additionaln, und andern Articuln, gebetten.

§. 61. Und also inhærirt man Brandenburgischer Seits diesem einmahl festgestellten Principio in denen übrigen dreyen zugleich producirten Schrifften, als in denen Replicis in puncto Marggräfl. præjud. addit. & elisivorum; dann in denen Replicis puncto Art. superadditorum, und endlich in denen Exceptionibus puncto Nürnbergischer Defensionalium, ohnabweichlich, und ziehet darinnen die

Landes-Fürstliche Obrigkeit deß Burggraffthums überall und fast in allen Zeiten pro Fundamento primario der Fraißlichen Jurisdiction gar sorgfältig an.

§. 61. Nürnb. Theils hat man sich auch darauf fernerweit eingelassen, vermög nachgesetzter rubric: Exceptiones & respect. Replicæ & Duplicæ Herren Burgermeister und Raths der Stadt Nürnberg, Contra Herren Marggraffen Georg Friderichen zu Brandenburg, der Hoch-Fraißlichen Obrigkeit halben, in puncto der Marggräffischen Probation, Exception und Replic-Schrifften, so viel die angemaßte vires Petitorii belangt, product. Spiræ 3. Octob. Anno 1569.

§. 62. Und obschon Syndicus zu Anfang der Schrifft, aus einem handgreifflichen Mißtrauen zu seinen, in denen vorigen exhibitis, so hoch und groß angezogenen Ankunffts-Titteln, von der probatione ipsius tituli nicht mehr so viel als vorhero machen wollen, so hat er sich doch auf alle Weiß bestrebet, den Burggräfflichen Tittel, per singula Capita zu entkräfften, und wiederhohlet dahero in Replicis & respect. Duplicis in puncto possessorii & Marggräffl. positionalium, prod. Spiræ 3. Octob. 1569. die von Ihme in seinen vorigen Schrifften zum Grund gelegte, und von dem Brandenb. Anwaldt vor bekannt angenommene Rechts-Regul, Quod ille melius probet & obtineat, cujus intentio magis consonat rationi, ut si unus probat possessionem cum titulo, potior sit possessio titulata, cum talis possessio magis justificetur per viam rationis. Hæc, inquit, sunt verba Syndici: Deren ist Syndicus gar in keiner Abred, sonder setzt und helt dieselbe Doctrin pro una, maxima, und nicht für das ringst Haupt-Stück in toto interdicto, dann er dieser unzweiffenblichen Hoffnung ist, daß er seiner Herren Principaln Titteln nothdürfftiglich, überflüßig, oder aufs wenigst zum rechten gnugsam, oder zu viel bewiesen hab, daß dieselben seine Herrn Principaln auf allen des Heil. Reichs Wälden, Grund und Boden um Nürnberg, darinnen, darzwischen, und darauf die geklagte Dörffer, Märckt, Weyler und Flecken gelegen, perpetui Præsides & Domini proprietarii seyen. Mit welchem auch der folgende Innhalt und der Schluß selbsten überein kommt. In denen eod. die übergebenen Nürnbergischen Probationibus aber,

cum

cum annexis Replicis & Confutationibus, puncto der Nürnb.
Additional-Articul den 27. Jan. 1535. produciret, wird die Veranlassung sothaniger articulorum folgender Massen anzeigt.

§. 63. Weil die Herren Beklagte nicht ohne Befremdung vernom-
men, daß jre Frl. Gnad. Sich auf- und in einem fremden Territorio,
darinnen jrer Frl. Gnad. löbliche Eltern und Vorfahren, von Anbeginn
des von König Rudolffen geliehenen Burggrafftthums, weder in civili-
bus noch criminalibus, einigen Tittul, Ankunfft, Herrlichkeit, Gerechtigkeit, noch quasi possess je gehabt, gehörter Massen sich derselben
Ort, der Fraiß, oder Hals-Gerichts-Oberkeit unterstehen und anmassen
solten. Hernach wird die Regul stabiliret, Quòd ad probandum
unum integrale sufficiat, probare eius partes; Quandoqui-
dem Territorium sit unum integrale, & intellectuale, ideò
per apprehensionem rerum principalium Territorii dicatur
possessio totius Territorii & jurium apprehensa. Porro sagt
Syndicus: Habens enim jus in toto vel in universo, fundat
intentionem suam in qualibet ejus parte, & ad omnes res
sitas infra limites suæ terræ, respectu jurisdictionis. Nam
totum quamlibet suam partem infert, sive loquamur de toto
universali, sive de toto generali, sive de toto integrali, sive
de toto in quantitate. Territorium enim non debet duplici
jure censeri.

§. 64. Die Brandenb. d. 14. Novemb. 1572. producirte
Triplicæ in puncto der Nürnb. Exception- & respect. Replic-
und Duplic-Schrifft, die vires petitorii belangend, begehren ferner
im Grund zu beweisen, wie und welchergestalten bey dieser Rechtfertigung
sowol de possessione, als de proprietate, vel Dominio gehandelt worden, und zwar 1. Per verba formalia des Klag-Libells,
2. Per clausulam salutarem, 3. Per positiones & Articulos
probatorios, Welche nicht allein auf das possessorium, besondern
auch auf das petitorium gerichtet: 4. Per institutam probationem, ejusque ventilationem judicialem: Und hätten Ir Frl.
Gnad. nicht allein super possessorio, besondern auch super petitorio
Beweiß gefürt, und soviel dargethan, daß ihr Frl. Gnad. nicht alleine

poſſeſſio vel quaſi, beſondern auch das Dominium der Lands-Fürſt-
lichen und Fraißlichen Obrigkeit im ganzen Burggraffthum zu Nürnberg,
und unter andern an den ſtrittigen Oertern zuſtendig: Und hätte ein Erb.
Rath der Stadt Nürnberg daſſelbe nicht allein nicht widerfochten, ſondern
tacitè billebet, und gleicherweiß articulos poſitionales & probatorios, non tantum ſuper poſſeſſione, ſed etiam ſuper dominio juris, & ſic ſuper petitorio, übergeben, und nicht allein ſuper
poſſeſſione, beſondern auch ſuper Dominio juris Beweiß geführt:
Es hätten auch die Partheyen allerſeits nicht alleine ſuper poſſeſſione
vel quaſi, beſondern auch ſuper Dominio juris, & ſic in petitorio, jr Säze und Diſputationes eingebracht: Demnach welters argumentirt wird: Daraus dann abermal volget, daß das eingewandte Clag-
Libell dergeſtalt zu deuten und zu verſtehn, daß klagender Anwaldt nicht
allein poſſeſſorium, beſondern auch petitorium angeſtellt, daß auch
Eur. Frl. Gnad. und das Kayſerliche Cammer-Gericht in gegenwärtigem
Falle, nicht alleine in poſſeſſorio, beſondern auch in petitorio, was
recht iſt, zu erkennen und auszuſprechen ſchuldig, inſonderheit, weil dieſes
von Ihr Frl. Gnad. geſucht und gebetten wird.

§. 65. Nun aber geben es die Acta, ſo in dieſer Sachen ergangen, daß ex parte jr Frl. Gnad. ſo viel dargethan und ausgeführt, daß
jr Frl. Gnad. nicht allein die poſſeſſio vel quaſi, beſondern auch das
Dominium der Fraißlichen und Landes-Fürſtlichen Obrigkeit an den
ſtrittigen Oertern zuſtendig: Daraus dann volget, daß Eur. Frl. Gnad. und
das Hoch-Löbliche Kayſerliche Cammer-Gericht ſchuldig und pflichtig, dem
Herren Cläger nicht allein die poſſeſſion vel quaſi, ſondern auch das
Dominium der Fraißlichen und Landes-Fürſtlichen Obrigkeit an den ſtrittigen Oertern zu zuerkennen, und zu adjudiciren. Auf welche Grund-
Säze dann die weitere Behauptung der Territorial und Lands-Fürſtl.
Obrigkeit, in mehr als hundert Blättern, folget, und endlichen der Schluß
dahin geſchiehet: Und iſt alſo mit dieſem allen dargethan und ausgeführ-
ret, daß alle und jede ſtrittige und libellirte Oerter und Dörffer, ſowohl
auch die ganze Nürnbergiſche Provinz, Territorium, Gezirck und Diſtrict, in dem Burggraffthum gelegen, und darzu gehörig. Gleicher weiſe
iſt es mit dieſem allem ſtattlichen dargethan und ausgeführt, daß Anwaldts
gnä-

gnädigem Fürsten und Herrn Fürstliche und hohe Fraißliche Obrigkeit, und also merum & mixtum imperium, & omnimoda jurisdictio, auch alle Regalien in dem ganzen Burggraffthum Nürnberg, auch in der ganzen Nürnbergischen Proviniz, Territorio, Districtu und Gezirck, und unter andern in und an den strittigen Oertern und Dörffern, jure Dominii vel quasi zustendig. Und daß derowegen E. E. Rath der Stadt Nürnberg nicht gebühret, Jren Frl. Gnad. daran Eingriff und Verhinderung zu thun, oder zu zufügen, besondern daß ein Erbar Rath der Stadt Nürnberg daran unrecht gethan, davon abzustehen, cautionem de amplius non turbando vel attentando tale aliquid zu exponiren, und Jren Frl. Gnad. alle und jede derowegen verursachte Schäden, Kosten und Interesse zu erstatten, auch gebürenden Abtrag zu thun schuldig.

§. 66. Diesen principiis gehet man Brandenb. Seits fernerweit nach in denen am 19. Novemb. 1572. producirten Duplicis & respect. Triplicis in puncto possessorii, Da anfänglich klagender Anwaldt vor gerichtlich bekannt annimbt, daß Syndicus nochmals auf der proposition verharret, wie er es dann auch nicht verneinen kan, scilicet, si unus probet possessionem cum titulo, quod potior sit possessio titulata, cum talis possessio magis justificetur per viam rationis &c. Und hierauf eröffnet Er, unter Wiederhohlung derer Triplicarum in puncto petitorii, seine Intention bey dem ganzen Proceß folgender Massen: Aber also hat Anwaldt geargumentiret, nemlich: die Burggraffen seind bald à prima fundatione Fürsten deß Reichs gewesen, von wegen deß Burggraffthums und der Herrschafft zu Nürnberg, auch ehe es erblich worden, und haben alle Regalien und Jurisdictionem, merum & mixtum Imperium, so weit das Burggraffthum gehet, tàm quoad Dominium, quam quoad possessionem, gehabt und noch: Item die Stadt Nürnberg, mit allen umliegenden Oertern, ist im Burggraffthum gelegen, nur daß diese Stadt Nürnberg, innerhalb der Stadt-Mauren, hernachmals per pacta ausgezogen worden. Ergo gehöret alles, was ausserhalb der Stadt lieget, noch mit allen Regalien und Obrigkeiten in das Fürstenthum; Es seye dann, daß ein Erbar Rath bewiesen, daß Sie etwas, mit der Burggraf-

en

fen Bewilligung, darvon bekommen.   Ist demnach aus diesen Argumenten inferiret.   Erstlich, daß den Burggraffen um Nürnberg alle
Obrigkeit zustehen muß, und daß, vermöge desselben, im Rechten zu declariren sey, daß dem Gegentheil die Fraißliche Obrigkeit an libellirten
Oertern und Stellen nicht gebüre: Zum andern ist hieraus inferiret:
Da gleich Syndicus in possessorio viel mehr Fälle, dann klagender
Anwaldt, erwiesen haben solte, (wie doch nicht gestanden wird,) So erscheinet doch aus dem vollführten Beweiß, daß die Burggraffen beydes
antiquiorem possessionem & titulum erwiesen, und über das articulirt haben, possessionem adversariorum, respectu suæ
possessionis, esse clandestinam.   So ist es auch von denen Nürnbergern nit dargethan noch ausgeführt, daß Sie durch einen rechtmeßigen
beständigen Tittul die Fraißliche Obrigkeit an den strittigen Oertern erlangt, oder an sich bracht.   Weil es dann kund, offenbar und noto-
rium, daß die strittigen Oerter in der Nürnbergischen Provinz, Territorio und Districtu, und also im Burggraffthum zu Nürnberg gelegen:
So folget abermals hieraus, daß ein Erbar Rath der Stadt Nürnberg,
durch die angegebene und nicht gestandene actus, keine quasi possession
der Fraißlichen Obrigkeit an den strittigen Oertern habe erlangen können.

§. 67.   Und wie nun diesen præmissis gemäß die actus possessorii, weitläufftig untersuchet worden; also folget auch endlich wegen der
Brandenb. Actuum die geführte Meynung und Erleuterung wiedermalen
dahin: Daß nun dargegen Syndicus mit seinem stattlichen Advocaten
fürbringen will, als solten die actus possessorii nicht bewisen sein, daran thut er einen grossen Fehlhart, dann deß Marggraffen Meynunge ist
nie gewesen, durch actus allein einige Gerechtigkeit zu erlangen, dann sie
haben die zuvorn gehabt, und wie offt gesagt, seind die actus anderer
Meynung nicht angezogen, dann dadurch seiner Fürstlichen Gnaden wider
eines Erbarn Raths zu Nürnberg thätliche Eingriffe Ungedult zu erklären,
und also einem Erbarn Rathe nichts einzuraumen;   So ist auch allhier
kein interdictum allein intentirt, sondern das petitorium ist mit dem
possessorio cumulirt, darauf dann Syndicus auch verfahren, und
einen grossen Satz in petitorio eingelegt.   So haben auch ohne das die
Marggraffen mehr actus, dann Nürnberg, wie bey jedem Dorffe zu ersehen,

sehen, und überreichlich wider ire clandestinos & violentos actus der Marggraffen impatientia ausgeführet, etc.

§. 68. Die eodem die producirte Brandenb. Duplicæ in puncto der von Nürnberg superaddirten Dörffer, gründen sich gleichfalls auf die in vorhergehenden Schrifften deducirte Principia von der Lands-Fürstlichen Obrigkeit derer Herren Burggraffen in der ganzen Nürnb. Provinz, Territorio und Districtu, und werden damit die angebl. Nürnb. actus, tanquam invalidi, durchgehends abgeleinet, bey der conclusion aber die nachdrückliche Worte, welche die ganze Beschaffenheit der superaddirten Oerter in compendio vorstellen, also hinzugethan: Daß nun Syndicus den Schluß setzet: Territorium non debet duplici jure censeri, das ist man mit ihme einig, und reimet sich hieher wohl, dann die Burggraffen haben das Territorium, darum können sie Nürnberg dabey nicht leyden, und sagt Anwaldt noch, die Dörffer in superadditis seind nicht strittig, Ursach, der Marggraff hat nicht darauf geklaget, Nürnberg auch nicht, darum bleiben sie in deß Marggraffen Obrigkeit, bis solange ein Erbar Rath klaget und ausführet, daß Sie die Obrigkeit darüber per præscriptionem, transactionem, emptionem, oder dergleichen beständigen Titul an sich bracht, aber da ist nullus & nemo. Und gestehet der Marggraff einem Erbarn Rath keine Limites, was die Obrigkeit belangt; Limites mögen sie haben, was Nutzung und gemeine Administration irer und irer Burger Güter oder Dörffer betrifft, aber Fraißliche Obrigkeit, und dergleichen halben, gestehet man gar nicht, dann deß von Harras Vertrag, Schwäbischen Bundes Spruch, und Kayserl. und Königliche Lehen-Brieffe bringen klerlich mit, daß die Burggraffen die Obrigkeit haben bis an die Stadt-Gräben, darum gebüret sie inen weiter hinaus vilmehr, quia si vinco vincentem te, multo magis te vinco; Aber ein Erbar Rath hat seines Fürbringens nicht mit dem geringsten Buchstaben zu beweisen. Weil nun Syndicus gar nichts erhelt, so kommt er abermals auf das elende interdictum uti possidetis, das ist doch so ungereimbt, daß es nie ungereimbter sein kan, dann es hat allein der Marggraff geklagt, und Nürnberg nicht, und obwol sein Frl. Gnad. ein possessorium institu'ret, so haben sie doch auch das petitorium mit cumuliret, haben sich fundiret

auf

auf die hohe und Fraißliche Obrigkeit und Regalien und anders, so sie
vom Reich zu Lehen haben, und für und für in possessione gewesen,
und darnach geklagt, daß sich ein E. Rath unterstanden, in jrem Fürstenthum, Lande und Territorio deß Burggraffthums zu Nürnberg dar-
rein zu greiffen und zu straffen, dardurch J. Frl. Gnad. hohe Jurisdiction und Fraißliche Obrigkeit turbiret, und ist darauf gebetten, daß
einem Erbarn Rath in ihrer Fürstl. Gnaden hohe und Fraißliche Obrigkeit
zu greiffen, nicht geziemet noch gebüret habe, und davon abzustehen, und
Cautionem zu bestellen schuldig, da mag Syndicus sehen, ob dasselbe
nur interdictum uti possidetis sey, weil es auf die Lands-Fürstliche
Obrigkeit, Regalien, und Fraißliche Obrigkeit fundiret, wie dann
Syndicus selbst darauf darum verfahren, und in petitorio grosse Sätze
eingelegt und disputiret; So hat auch ein Erbar Rath kein interdictum
instituiret, sondern allein blosse actus clandestinos & violentos,
sine scientia & patientia Burggraviorum, fürgenommen, weder
jure actionis noch exceptionis, sondern ohne allen Process und Ordnung in die Rappuß geworffen, welches die Marggraffen jederzeit, wann
sie es erfahren, wiederfochten, und jre impatientiam erkleret. Und
darum, obwol Syndicus ein groß Gesperre macht, mit vilen Allegaten,
so gehet es aber doch alles auf das merum interdictum tui possidetis,
secus autem quando cum possessorio est cumulatum petitorium, vel super utroque plene cognitum, vel denique quando possessorium habet annexam causam proprietatis: Wie
dasselbe alles in gegenwertigem Falle vorhanden, darum hat Syndicus
eitel weitläufftige Dinge fürbracht. Und ist Anwaldt dem Syndico seiner Bitt, die hernach gesetzt, wie seine Herren sollen befugt sein, in allen
Dörffern die Obrigkeit zu haben, keinesweges gestendig, ist auch mit dem
geringsten Wort bewiesen, wird auch nimmermehr bewiesen werden, sondern das Gegen-Spiel ist offenbar, dann er hat mehr nicht, denn actus
clandestinos & violentos, sine scientia & patientia Burggraviorum, auch weder præscriptionem, emptionem, rem judica-
tam, oder dergleichen erheblichen Titul ausgeführet.

§. 69. Vorstehende Gründe werden auch in denen Brandenb. Conclusionibus prod. Spiræ 25. May 1574. wieder die in puncto
peti-

petitorii den 9. April 1573. eingekommene Nürnb. Conclusions-
Schrifft, fernerweit vindiciret, alles in der Absicht, die Richterliche Erkanntnuß auch super petitorio zu erlangen; Und obwohln Nürnberg
aus bißherigen Schrifft-Wechseln die Schwäche seiner weltläufftig deducirten peticorischen Argumenten, und wie man damit wider den Brandenb. titulum des Burggräfflichen Fürstenthums nicht bestehen könne, wol
gemerdet, und derohalben in Conclusionibus puncto possessorii
mit seinen actibus vornemlich durchzudringen vermeynet; so hat man doch
Brandenb. Seits solchen ungültigen Ausflüchten in Conclusionibus
puncto possessorii, productis Spiræ 10. Decemb. 1579. nach-
drücklich begegnet, und den in hoc genere processus omnem paginam ausmachenden titulum nochmahlen behauptet, und darüber ad
sententiam definitivam weiter submittirt: Worauf dann endlich
die Kayserl. Cammer-Gerichts-Urthel, dem Brandenburgischen Libello
und positionalen, auch denen hinzugethanen stattlichen probationem,
und übrigen abgehandelten actis gemäs, am 18. Septemb. 1583. erfolgt, und vermittelst derselben ausgesprochen worden ist: Daß denen beklagten, klagenden Fürsten an seiner Possession vel quasi der hohen
Fraißlichen Obrigkeit in denen der Aemter Thann, Schwobach und Cadolzburg, in der Summari-Klag angezogenen Orten und Gezirden (ausserhalb Pettenhoffen und Schwarzenbach) NB. gesagter massen zu turbiren und zu verhindern nicht geziemt noch gebürt; sondern daran zu viel und
unrecht gethan haben, auch hinführo davon abzustehen, und sich dessen zu
enthalten, und derohalben gebührliche Caution zu thun schuldig seyn ete.

§. 70. Uber welche Sentenz die condemnati noch im Novemb. besagten Jahrs bey Chur Maynz die Revision gesucht, und nachgehends am 18. Junii 1585. ihre vermeyntliche gravamina überreicht,
die Revision aber vornemlich aus diesen Ursachen ergriffen haben wollen:
Weil es bey gegenwärtiger Sache (wie die formalia gleich am ersten und
andern Blat verlauten) nicht um ein geringes oder zum wenigsten um etwas trägliches zu thun, bey welchen ein E. Rath ehe gemeiner Stadt
Schaden gedultet, und stillschweigend verschmerzt, weder das remedium
Revisionis gebraucht haben wollt, sondern es (quod bene notandum) mit dieser Haublung eine solche Gestalt habe, daß die Röm. Kayserl.

Select. Norimb. Tom. V.　　　　O o　　　　serl.

ſerl. Majeſt. von der Kayſerl. Veſten und derſelben pertinenz, Regalien und Superioritæt wegen, in dem Reichs-Boden des Nürnb. Di-
ſtricts. In- und an dieſer Sach mercklich intereſſiret ſeye, In Anſehen,
was ſolcher Veſten und derſelben Kayſerl. Landvogthey vor Jahren zu regiren gebürt und zuſtändig geweſen, der Stadt Nürnberg mit Kayſerl. und
Königl. Freyheiten zugeſtellet: Dieſes alles aber durch die angeregte Urthel, nit allein der Stadt, ſondern auch der Kayſerl. Haupt-Veſten gar
und gänzl. entzogen und benommen, und der Burggräffl. Burg dermaſſen
gegeben, und zugewandt worden, daß die Kayſerl. Veſten nit mehr ein
Kayſerl. Reſidenz ſeye, ſondern zu einen Privat-Haus gemacht, welches überall kein Territorium, kein Regal, kein Superioritæt. ja nit
eines Fuß breit Landes und Gebiets mehr hätte.   Wannenhero E. E.
Raths Pflicht und Ehr erfordere, ſolche Regal und Herrlichkeiten als getreue Lehen-Leute durch ordentliche Mittel und Weg zu defend.ren und
zu vertheidigen; Da es zumalen um die Autoritæt der ausgegangenen
Kayſerl. Conceſſionen und Reſcripten zu thun ſeye, daß dieſelben nicht
zugleich vernichtet werden, welches alles doch NB. erfolgen müſſe, wofern
es bey berührter Urthel unverändert bleiben ſolt: Addita Ratione, quæ
fundamentum agendi ſatis abunde demonſtrat. Denn in actis
befinde ſich, daß die klagenden Herrn Marggraffen aller Orten, NB. zum
Grund ihrer Klag geſetzt und vermeldet, ſie ſeyen mit einem NB. Burggräffl. Landes-Fürſtenthum um Nürnberg belehnt; Welches ſich doch
mit der Kayſerl. Landvogthey nit compatiren könnte, ſondern dieſelbe
ganz zernichten müſte, etc. Und derohalben möge auch die Urthel und das
darinn enthaltene Verbott, de non amplius turbando &c. nicht etwan nur reſpectu antiquioris poſſeſſionis verſtanden werden, ſondern,
daß man die Herrn Marggraffen an Iren angemaſten, doch in actis mehrmahlen wiederſprochenen Tittul des zu- und um Nürnberg prætendir-
ten Fürſtenthums turbirt, NB. das ſeye nun eben ſo viel, als ob die
Actus, welche die Stadt in 100. Jahren her, Krafft ihres Kayſerl. wohl
befugten Tituls der conceſſion und Zuſtellung der Kayſerl. Veſten und
des Reichs Territorii, von des Reichs wegen exerciret, nicht ſie die
Stadt, ſondern die HHerren Marggraffen, als Landes-Fürſten exercirt
haben, etc. Und hätten alſo die HHerren Urtheiler in voriger Inſtanz

aus dem Ubel und unzeitig præjudic rten Titulo und petitorio &c.
erstl. der Stadt Nürnberg ihre Herrliche uralte Concessiones und Re-
scripta, und dann fürs andere, ihre NB. darauf erfolgte, zu recht genugsam erwiesene antiquissimam possessionem cassirt, und pro
turbatione longè recentioris possessionis gehalten und erkannt, etc.
Und komme Jhnen sehr frembd und verwunderlich für, wie sich die Herren
Judices durch diß angemaßt, und pro statu causæ præsupponirte
Landes-Fürstenthum um Nürnberg haben blenden und irre machen lassen,
welche Nichtigkeit doch desto grösser und scheinlicher, daß man den Clägern
auch an den Orten die Possession zuerkannt, da sie gar keinen Actum
articulirt, oder da sich die actus erst post contestatam litem begeben haben, etc. Darum könne auch die ergangene Urthel in denen Puncten, da sie nit allein von denen geklagten Dörffern, sondern auch inde-
terminatè von denen Gezircken Meldung und Erkanntnuß thut, NB.
allem Ansehen nach kein ander fundament und præsuppositum haben, weder daß die Herren Urtheiler Jhnen imaginirt, præsumirt,
verstanden und geachtet haben werden, daß der HHerren Marggraffen angemaßt Landes-Fürstenthum bis an die Stadt-Gräben zu Nürnberg reiche,
sonderlich, dieweil in derselben Urthel allein zwey in das Pfälzische Amt
Altdorff gehörige Dörffer, Pettenhoven und Schwarzenbach, ausgenommen worden: Daraus dann erfolgen würde, daß durch jetzt gedachte Urthel E. E. Raths wieder die HHerren Marggraffen, an eben diesem Kayserl. Cammer-Gericht hangender, und noch unerörtterter Rechtfertigung
und Handlung der Gebäu halben, in welcher dieser Punct des allegirten
Burggräfflischen Fürstenthums in petitorio principaliter tractirt und
disceptirt wird, darauf man sich in diesem Proceß offtmal gezogen, und
die Schrifften zu transportiren gebetten, allbereit præjudicirt seyn solle.
Daher sich aber ein unwiedersprechl. groß inconvenienz erzeigen thue,
so die HHerren Urtheiler billig abgehalten haben sollte, auf das petitorium und den allegirten Titul kein respect zu halten, etc.

§. 71. Hieraus nun hätten die Herren Revisores zwar schon genugsam wahrnehmen können, was der erleuchtete Richter in Camera
durch die ausgesprochene Urthel denen klagenden HHerren Marggraffen zu-
und hingegen dem beklagten Rath in Nürnberg, vermög seiner eigenen Ge-

ständ-

ſtåndnus, aberkannt hat; Es müſſen ſich aber die Sachfållige doch noch
die Sorge haben beygehen laſſen, es dörfften wohlgedachte Herren Reviſores den Verſtand und die Meynung der Urthel nicht ganz eingenommen
haben, oder denſelben wiederum auſſer Augen ſetzen, derohalben wieder,
hohlten ſie ihre unnöthige gravamina contra latam ſententiam noch,
mahls, und beſchloſſen endlich mit nachfolgenden ausgedruckten Worten:
Das Kayſerl. Cammer-Gericht habe in Fållung der Urthel NB. dergeſtalt
verfahren: daß man in interdicto uti poſſidetis auf einen NB. allegirten vermeinten und wiederſprochenen Titul ſich fundirt, und alſo aus
ſolchem prætenſo Titulo das poſſeſſorium geurthelt und erörtert:
Daß man, unbewieſen einiger, richtiger, rechtmäßiger poſſeſſion (quod
tamen minus verum erat) welche die klagend Parthey je gehabt hett,
propter NB. ſolum & quidem eum prætenſum titulum wieder
der Stadt ausgeführte, In- und über die 100. Jahr hinein erwieſene ål,
tere und continuirte Poſſeſſion vel quaſi geſprochen, oder daß man
ex allegato titulo die Poſſeſſion præſumirt hat: Daß man der
Gegen-Parthey, die doch kein illimitirten Gezirck nie articul et, oder
erwieſen, In der Urthel ein indeterminirten Gezirck zugeſprochen, und
per illam incertitudinem zwiſchen den Theilen perpetuæ Litis materiam erweckt hat:

Daß man wieder der Stadt ex titulo vero, ſive putativo (den
Sie in Krafft Kayſerl. und Königl. Conceſſionen, auch der Marggråf,
fiſchen Kauff Verſchreibung und des Pfålz. Vertrags, der hohen Oberkeit
halben, im Nürnb. Diſtrict haben) complirte, und in die 100. Jahr
reichende Præſcription geurthelt, und Jr eine ſolche uralte långſt ver,
jåhrte Poſſeſſion aberkannt hat: Daß man klagendem Theil eine Poſſeſſion zugeſprochen, die er von Alters nie gehabt, noch hergebracht, und
hergegen die Beklagte, unterm vermeinten nichtigen Schein einer Turbation, Ihrer uralten rechtmäßig hergebrachten Poſſeſſ ſpoliirt und entſetzet hat:

Daß man die Stadt NB. in hoc duplici Judicio, der ſupperaddirten und derjenigen Flecken halber, darinn Gegen-Theil keinen
actum poſſeſſorium weder articulirt oder erwieſen, auch von wegen
deren Flecken, die in ſeiner Klag nit ſpecificirt ſtehen, NB. nit abſolvirt,

viret, und sie bey ihrer erwiesenen Possess gehandhabt hat: Und daß durch
solch Urthel dem Reich und der Kayserl. Majest. selbst, vor Jrer Majest.
eigenen Gericht, des Reichs Kayserl. Westen das Nürnb. Territorium
mit hoher Obrigkeit abgeriffen, und dem Reich in bemeltem Territorio
die hoch Obrigkeit, wider uralt Recht, herkommen und innhaben, NB.
abgesprochen und entzogen worden ist, etc. etc.

Wessentwegen Sie denn um bessere administration der Justiz gebetten haben wollten, damit das Kayserl. Cammer-Gericht bey denen
Ständen nicht in einig Mißtrauen gestellt werde, als ob daselbst das Recht
vielmehr secundum Dignitatem personarum, als qualitatem &
merita causarum, distribuirt würde, etc. Welches beschehen könne
und werde, wann die HHerren Kayserl. Commissarii, und des H.
Reichs hierzu verordnete Ständ, und derselben subdelegirte Räthe, in
deren Gewalt und Macht für dißmahl gestellet seye, das Recht zu befördern, und das Unrecht abzuschaffen, die merckliche errores, nullitates
& iniquitates, die sich bey angeregtem irrigen Urthel befinden, wider
zurecht brächten, und den Ständen im Reich offentlich erscheinen liessen, ob
gleich etwann aus Ubersehen oder andern Gebrechen ein Stand mit Urthel
des Cammer-Gerichts übereylt, beschwehrt, und an seinen Rechten ver-
kürzt würde, daß man doch bey den Ständen, welchen jederzeit die Revision der Ordnung gemäs gebühren wird, der Wiederhohlung bessern
Rechtens zu geniessen haben möge, etc.

§. 72.　So sehr sich aber der Rath in denen bis daher enume-
rirten Gravaminibus beschwehret, daß ihm durch die publicirte Urthel
die hohe Landes-Obrigkeit und Bottmäßigkeit, samt der Hoch-Fraißlichen Obrigkeit ausserhalb der Stadt an allen, sowohl in dem Brandenb.
Klag-Libell mit Namen gemeldten, als in denen Nürnb. Schrifften,
quasi per Instantiam, oder necessariam consequentiam durante Lite, superaddirten Orten und Gezircken, reverà abgesprochen worben seye, indeme die Herren Judices in hac causa nicht bloß auf die
actus possessorios eorumque pluralitatem gesehen, und ex hoc
Principio die Urthel geschöpfft; sondern weil Sie neben diesem auch das
medium concludendi vor Augen gehabt, und sich nach dem von Brandenburg in Libello gesetzten Grund der Klage, nehml. das Burggräffl.

Do 3　　　　　　　　　　　　　　Nürnb.

Nürnb. Territorium und die Landes-Superiorität, gerichtet, folgl. aus diesem Fundament die Brandenb. Possession vor rechtmäßig erkennt, und dargegen die Nürnb. vielfältig angezogene Actus sambt und sonders pro turbativis gehalten und declaret, welches aber ihren vorgeschützten Rechten zuwiederlauffe, und den Verlust der Stadt unersetzlich mache, etc. So haben doch wolgedachte Herren Revisores, dessen ohngehindert, die eröffnete Cameral Sentenz nicht quoad unicum verbum geändert oder reformirt, sondern dieselbe, nach reiffer der Sachen Erwegung, simpliciter und ohne einigen Beysatz, den 3. Jul. 1587. also confirmirt und gutgeheissen: In der Revision-Sache Burgermeister und Rath zu Nürnberg gegen und wieder Herrn Georg Friederichen, Marggraffen zu Brandenburg, etc. die Fraiß-Sachen belangend, erkennen der Röm. Kayserl. Majest. Commissarien und verordnete Revisores, daß die vorige Urthel, den 18. Septemb. Anno 1583. an diesem Kayserl. Cammer-Gericht ergangen, zu confirmiren seye, wie sie dieselbige hiemit confirmiren und bestättigen.

§. 73. Hierwieder nun hat zwar Nürnberg noch zwey oblique und unrichtige Wege gesucht, und Theils bey einigen HHerren Revisorn, post latam & publicatam jam sententiam, einen so betitulten Memorial-Zettul, erst andern Tags im verborgenen zu erschleichen getrachtet, in welchem enthalten seyn sollen, daß dem Petitorio, auch Privilegien und Verträgen, in actis beederseits angezogen, durch die Urthel nicht præjudicirt seyn solle; Andern Theils aber bey dem Kayserl. Cammer-Gericht selbsten die Sache anzuwenden, und die beede Urthel nunmehro, post amissam causam, in eine solche Enge, als nur immer möglich, einzuschrencken, und dadurch seine vorige aigene wol-ercklärte Meynungen und geführte principia wiederum vergeßlich zu machen vermeynet, auch derentwillen noch eod. Anno 1587. eine Cautions-Formul, unter deß Raths Insiegel, eingegeben, und sich darinnen auf das bemelte Memorial referirt, und am Ende die Reservation beygesetzt: Jedoch uns, unsern Nachkommen und gemeiner Stadt Nürnberg, an unsern habenden Kayserlichen und Königlichen Privilegien, Concessionen und Begnadigungen, auch mit den Herrn Marggraffen zu Brandenburg aufgerichten Verträgen, bevorstehenden Petitorio, und allen Unsern, zu

förde-

föderist aber deß Heil. Röm. Reichs Rechten und Gerechtigkeiten, in allweg unabbrüchig, etc.

§. 74.   Das Kayserliche und Reichs Cammer-Gericht aber hat
nichts desto weniger diese vergebliche Ausflüchte und in Rechten verbottene
Neben-Mittel durch Bescheid gänzlich verworffen,   und da Nürnberg eine
andere Cautions-Formul hergegeben, und sich nur noch mit generaler
Beziehung auf das Revisions Protocoll und Acta: Dann mit der
Clausel: solcher massen und gestalt, wie dieselbe Urthel confirmirt worden, in etwas zu helffen getrachtet, jedoch auch solches nicht verstattet,
sondern durch eine weitere Urthel vom 10. Septemb. 1591. die berührte
unzuläßige verba æquivoca, & menti ac intentioni Judicis contraria, von der Cautions-Formul gleichfalls ausgeschlossen, und dardurch allen weitern Zweiffel, ob Nürnberg viel oder wenig in der erstern
oder andern Haupt-Urthel vorbehalten worden, gänzlich removirt und
abgeschnitten, Und zwar mit diesen gar nachdrücklichen Expressionen:
In der Executions-Sach Brandenburg wieder Nürnberg, die Hoch-
Fraißliche Obrigkeit belangend, etc. ist D. Grönbergern sein, der arctio-
rum Executorialium halber, beschehen Begehren noch zur Zeit abgeschlagen, sondern erkannt, daß ermelte Beklagte ihme dem Kläger, laut
deren am 4. Jun. 1588. vorbrachter Caution , NB. ausserhalb der
Clausul: inmassen das Protocoll und Acta ausweisen, darauf wir uns
referiren, und dann folgender Worte: Solcher Massen und Gestalt,
wie dieselbe confirmirt worden zu caviren schuldig; Darauf D. Leonhard Wolffen glaubige Anzeige zu thun, daß denen ausgegangenen, verkündeten und reproducirten Kayserl. Executorialibus hierinn ein völ-
liges Begnügen geschehen sey, Zeit zweyer Monath von Amts wegen, und
zu allen Uberfluß, angesetzt, mit dem Anhang, wo er solchem also nicht
nachkommen würde, daß Beklagte jetzt als dann, und dann als jetzt in die
Pœn, berührten Mandat einverleibt, hiemit erklärt, fernere Proceß
auch erkannt, daß sie ihren Gegen-Theilen die Gerichts-Kosten derohal-
aufgeloffen, nach rechtl. Ermeßigung, zu entrichten und zu bezahlen schuldig seyn sollen.

§. 75.   Welchemnach dem Rath zu Nürnberg nichts mehr übrig
seyn wollen, als sein Heil mit Ergreiffung deß nochmahligen Petitorii

über

über das Territorium und Fraiß-Obrigkeit um die Stadt Nürnberg
von neuem zu tentiren, und in dem Anno 1591. exhibirten Libello
nicht nur gleich in rubro über das Territorium und Fraißliche Obrigkeit wiederum nahmentlich zu klagen, sondern auch in dem ganzen nigro
seinen in possessorio schon fürgebrachten principiis & argumentis
petitorii ferner pünctlich zu inhæriren, und das ganze Nürnbergische
im Stritt verfangene Territorium von der Stadt an bis an die erson-
nene drey Gränz-Wasser, ohne Ausnahm eines einigen Orts oder Endes,
mit vielem umschweiffigen Worten zu circumscribiren, mithin die Kayserl. Landvogthey, die Ubergab und Einräumung der Kayserl. Vesten oder
Burgk, die Uberlassung der Wälde und deß Reichs-Boden und aller darzu gehörigen Rechten, den mit Brandenburg getroffenen Verkauff, und
die hiernächst errichtete Verträge, und in Summa alles, was nur pe-
titorisch heisen und aufgebracht werden können, durch etzlich hundert Articul weitläufftig und überflüßig zu wiederhohlen, in denen letztern aber,
und in ipsa conclusione libelli, alles bisherige in eine summam zu
bringen, und den Schluß samt dem petito daraus also zu formiren:
Wiewohl nun wahr, daß das ganze um die Stadt Nürnberg gelegene,
und innerhalb obangezogenen Grenzen begriffene, und von aller Herren,
ausserhalb deß Heil. Reichs subjection, gefreyte Territorium sowol,
als die Vesten, Wäld und darzu gehörige Landschafften, hohe und niedere
Gericht, der Röm. Kayser und deß Heil. Reichs patrimonium und Eigenthum geweßt, und noch, und aber von den Röm. Kaysern der Stadt
Nürnberg unirt, incorporirt, committirt, und zu regieren und perpetuo jure zu administriren befohlen, eingeben und zugelassen worden: Der Rath auch sich solcher committirten administration, als
der Röm. Kayser und deß H. Reichs perpetui Castellani, und dieses
Territorii halben perpetui Procuratores und Erb-Pfleger, vor-
und seither 200. und mehr Jahren, mit exercirung sowol der Fraißlichen
oder Peinlichen, als anderer Ober- und Herrlichkeiten, für und für zu
jeder begebener Gelegenheit gebraucht, und dieselben continuirt, wie mit
unzehligen actibus zu beweisen: So seye doch wahr, daß beklagter Fürst
ein Zeit her sich deß exercitii der hohen Fraißlichen Obrigkeit auf und in
unterschiedlichen, in demselben Territorio begriffenen Dörffern, Flecken

und

und Oertern, mit Verfolgung, captur und Bestraffungen mißthätiger
Leut und in andere Weg, und also über das Nürnbergische Territorium
ein Ober- und Pottmeßigkeit in peinlichen und straffbahren Fällen einzu-
führen und zu gebrauchen, und so viel an seiner Fürstl. Gnaden gewest,
den Rath von der, von Röm. Kaysern und dem Reich, jure perpetuo
committirten und habenden administration der hohen Fraißlichen und
anderer Obrigkeit auszuschliessen, und zu verdringen, mit der That angemaßt; Welches aber der Rath je und allweg tàm factis, quàm scriptis & verbis, geandt und wiederfochten, solches auch von deß H. Reichs
wegen, und zu Erhaltung desselben Obrigkeit und Eigenthums-Gerechtig-
keit zu thun schuldig gewest; Dem allen nach Syndicus, im Nahmen,
wie oben, mit Urthel und Recht zu erkennen und zu sprechen bitten wolle,
daß hochgedachten Fürsten in- und auf obgemelten Territorio, Landschafft,
und um die Stadt Nürnberg beyderseits deß Wassers Pegnitz gelegenen
beyden Wäldern, auch daran und darbey gelegenen Dörffern, Fürreutern
und Güttern und gesessenen Leuten, alles innerhalb deß Bezircks, oben im
24. 25. 26. 27. 28. auch 583. Articul beschrieben, keine hohe Fraißliche Obrigkeit von Rechts wegen zuständig gewest, und noch nicht zuständig, sondern daß dieselben davon genzlich frey seyn, und daß solchem nach
Ihrer Fürstl. Gnaden sich in dieselbig hohe Fraißliche Obrigkeit geklagter
massen einzudringen, deroselben sich anzumassen, und zu gebrauchen nicht
geziemt noch gebührt habe, etc.

§. 76. Ueber welches asserirte jus territoriale sich auch Nürnberg in denen folgenden Schrifften vielmals zum Beweiß gerichtlich anerbotten, und denselben noch mehrers und weiter, als in voriger Cammer-
Gerichts-Instanz geschehen, anjetzo zu übernehmen sich ercläret, mit diesen ausdrücklichen Worten: Es seye an dem Kayserl. Cammer-Gericht
offenbahr wahr, und bezeugtens die beschriebene Acten und Protocoll,
daß in Judicio possessorio der Fraißlichen Obrigkeit, zwischen Syndici Principalen, jetzigen Clegern, und dem jetzo beklagten Fürsten, an
diesem Kayserl. Cammer-Gericht, im Jahr der mindern Zahl etc. 83. am
18. Septemb. definitivè decidirt, titulus possessorii von beeden
Theilen auch colorativè allegirt, und darüber die Probationes von
Herrn Cammer-Richter zum Theil, aber keineswegs plenariè (darzu

gleichwol die jeßige Cleger in eventum, da in petitorio erkannt werden solte; sich zuzulassen in etlichen producten instanter & instantis-
simè gebetten) angehört worden, etc.   Daß auch der jeßo klagende Rath
zu Nürnberg mit viel mehr ansehnlichen Kayserl. Königl. und andern glaub-
hafften Documenten und Beweißthümern, in petitorio vorzubringen,
gefaßt, auch bey der Lazareth und neuen Gebäu-Sachen fürbracht hätte,
da nur über die am 28. Februarii Anno 1567. und am 10. Decemb.
1569. gethane Submissionen Bescheid ergangen; Ja auch bey der Fraiß-
Sachen in eventum, da Judex auch in petitorio zu erkennen bedacht
gewesen, fürzulegen sich nochmals in seinen producten anerbotten, seye
nit allein ex ipsis actis dargethan, sondern das alles erscheine auch unwiedersprechlich in jeßigem articulato Noricorum Libello in petitorio Judicio übergeben, welche articulata Syndicus auch zu beweisen
sich zu recht erpietig erkläre, Sich zum selben Libell geliebter Kürz halb
gezogen, etc.   Es solle und könne auch in kein Zweiffel gezogen werden,
daß diese articulata in Libello petitorii, in facto & jure erheblich,
und ad probandum zuläßig;   Dann die mehrmals angeregte super-
elisivi articuli in der Lazaret und anderer Gebäu-Sachen cum causæ
cognitione den 23. Decemb. 1541. für erheblich und ad probandum zuläßig erkannt, (scilicet ad perimendum Marchionis in-
tentatum petitorium ejusdem Territorii & meri Imperii) also
müsten vielmehr dieses Libelli articulata für erheblich und zuläßig erkannt werden, als darin nit allein die contenta eorundem superelisivo-
rum begriffen, sondern es seyen dabey auch viel mehr begründte Ursachen
und Fundamenta petitorii, (so hernach bewiesen werden sollen) wol
ausgeführt, sich zum selben Libell und zu bemelten superelisiven gezogen.

§. 77.   In wessen Verfolg dann die angebottene, und dem Kläge-
rischen Theil ohne dem zukommende probation deß angemaßten Landes-
herrlichen Territorii und der darzu, tanquam partis principalis,
referirten hohen Fraißlichen Obrigkeit, von Nürnbergischer Seiten ferners übernommen, und nachdem terminus ad probandum ex officio præfigirt, und der Punct wegen der Commissarien richtig gemachet war, diese auch die vorgeführte Zeugen verhört, und die Documenten

ten inspicirt und transsumirt hatten, sodann zwey Tomi von Atte-
stationibus testium und Nürnbergischen Documenten im Decemb.
1618. bey Gericht übergeben: Ex parte Brandenburg aber nicht minder unterschiedliche wichtige producta denen Nürnbergischen petitorischen Clagen und daraus formirten Consequentien mit allem Nachdruck entgegen gestellt, und darunter insonderheit die eventualis litis
contestatio & Responsiones, nec non Articuli defensionales
& elisivi (so an der Zahl 1369. gewesen) zur offenbahren Wiederlegung
deß Nürnb. Libelli articulati in petitorio, eingereicht, und was in
voriger Cameral-Instanz von der Burggräfflichen Landes-Fürstlichen
und Fraißlichen Obrigkeit bereits ausgeführt und evincirt ware, in
omnem necessarium eventum noch weiters beleuchtet, dßgleichen
auch viele Gezeugen producirt, und eine grosse Anzahl der Documenten ad recognoscendum & transumendum vorgelegt, und endlich
beedes im Jahr 1620. cum reservatione ulteriorum, in dreyen
Tomis exhibirt: Von Nürnberg hingegen alles und jedes weiters un-
berühret, ungetrieben und unausgeführt gelassen, mithin das intentirte
petitorium über das Territorium und die Fraiß, samt dem übernom-
menen Beweißthum, in der That selbsten dergestalt wiederum aufgegeben
worden, daß, nach Verlauff einer über hundertjährigen Zeit, Nürnberg,
als unbefugter Kläger, ferner nicht zu hören, sondern Brandenburg, als
victor in possessorio & petitorio, vor den Landes-Territorial- und
Fraiß-Herren an quæstionirten Orten, Enden und Gezircken von allen
Rechtswegen zu erkennen ist.

Das

Das achtzehende Capitul.

Von Thurnieren.

Im Jahr 1772. wurde an einem Hauß hier in Onolzbach, und zwar in der obern Vorstadt eine schadhaffte Seitenmauer eingerissen, und da man zu Aufbauung einer neuen Mauer den Grund auszugraben anfieng, so traffen die Werkleute auf ein Gewölb, welches sie sofort öffneten. Bey der Oeffnung fand sich eine förmlich ausgemauerte und zugewölbte Grabstätte, in welcher man nebst vielem Moder nur gar wenige sehr morsche Gebeine, unter andern Stücke von einer Hirnschaale und von einem Hüfftbein antraf, ohne von Ringen, Gewehren, oder dergleichen etwas weiters vorfinden zu können. Nun fragte sich, wie etwa das Grab hieher ehedem gekommen seyn mögte, da der Orten niemahlen ein ordentlicher Begräbnus-Platz gewesen, wohl aber ein Baum- und Graßgarten, wie die nachgeschlagene Saal- und Lagerbücher bezeugten. Etliche Jahre vorher hatte sich schon ein dergleichen- aber verfallenes Grab bey gleicher Gelegenheit in der Schloßvorstadt vorgefunden, auf einem Platz, wo in den alten Zeiten auch kein Hauß gestanden hatte. Vor ohngefehr funfzehen Jahren aber hatte man an dem Ufer der Rezat bey Erbauung der steinern Brucken, zwischen dem herrschaftlichen Schloß und der Schloßvorstadt, drey gleichmäßige Grabstätten entdecket. Wie diese Gräber an besagten Orten haben gegraben werden mögen, davon hat sich bißher nirgends eine geschriebene Nachricht vorfinden wollen. Es beruhet also alles auf Muthmassungen, welche sämtlich zu erzehlen, der Mühe sich keineswegs verlohnet, da sie meistens keinen Grund in den alten Gebräuchen haben. Ebendahero darf ich bloß diejenige Vermuthung berühren, welche nebst vielen andern auch mir als die wahrscheinlichste sich dargestellet; nemlich daß die obengedachte Gräber und vielleicht noch viele andere dermahlen verborgene auch bereits vorlängst verschüttete, ehedem bestimmet gewesen, um die Leichname derjenigen darinnen zu begraben, welche bey den vielen in Onolzbach gehaltenen Thurnieren, auf Schimpf oder auf Ernst, das Leben eingebüsset; denn bekannt ists, daß nach den Kirchengesetzen diejenige,

welche

welche bey Thurnieren umgekommen, von der Kirche oder auf den sogenannten Freudhöfen nicht durften begraben werden.   Ja die Thurniere
durften nicht einmahl in der Nähe einer Kirche gehalten werden, weilen der
Platz, auf dem man thurnierte, nebst denen, die thurnierten, unter dem
geistlichen Interdict lagen.   Indessen waren diejenige, welche im Thurnier das Leben verlohren, von guten Herkommen; sie waren vom Ritter-
stand und von Adel. Ihre Leichname musten begraben werden, und die
Anverwandten waren besorgt, kein gemeines Begräbnus zu wehlen, wann
es schon nicht auf geweiheter Erde durfte gesuchet werden. Diß mag dann
auch der Fall seyn, in dem sich die verlohrnen Gräber befinden, wenn ich
sie so nennen darf, welche ich anfangs beschrieben.   Findet jemand in einer
andern Vermuthung eine mehrere Wahrscheinlichkeit, so werde ich mich
gar leicht eines bessern belehren lassen.

Indeßen haben mir die gedachter massen vorgefundene Gräber die
Veranlassung gegeben, Nachrichten von den hier in Onolzbach gehaltenen
Thurnieren aufzusuchen, so mehr als das Thurnier vom Jahr 1485. in
allen Verzeichnüssen unter die grösten und ansehnlichsten mitgezehlet wird.
Durch die zu verdankende Gütigkeit des Herrn Hof- und Regierungsraths
Sticker war ich auch so glücklich, Kenntnus von Thurnierbriefen und
Nachrichten zu erhalten; und da dergleichen noch nirgends im Druck erschienen, so habe es vor meine Schuldigkeit erachtet, mit dem, was ich gefunden, zum Ruhm des grosen Churfürsten Albrechts von Brandenburg
gegenwärtigen Theil der selectorum Norimbergensium zu bereichern.
Doch werde ich nicht alles Rennen und Stechen, welches unter des belobten Herrn Churfürsten preiswürdiger, und langwühriger Regierung, auch
sonsten bey allen Feyerlichkeiten, bey Bewürthungen groser Herren und
bey Zusammenkünften des Adels sich zugetragen, oder angestellet werden,
aufsuchen; denn dadurch würde ich zu weitläuftig werden, und unter andern beynahe die ganze Lebensgeschichte deß in der Kriegskunst und allen
ritterlichen Uebungen so vorzüglich geübt gewesenen Herrn Churfürsten hier
einschalten müssen.   Lediglich werde ich mich also auf das einschrenken,
was mit dem grosen Thurnier vom Jahr 1485. eine Verwandtschaft hat,
und zugleich zeiget, welches Ansehen der Brandenburgische Regent durch
alle vier Thurnierlande gehabt habe.   Nur bedauere, daß dem allen ohn-

geach-

geachtet die nicht gefunden, welche in die verlohrne Gräber beygesetzt worden. Nach Anzeige derer, welche von Thurnieren geschrieben, ist von der Ritterschafft am Rhein ein grosses Thurnier im Jahr 1481. nach Heidelberg ausgeschrieben worden. Der grosse Churfürst Friederich von der Pfalz war gestorben, und seines Bruders Sohn Philipp, dessen Vormund er eigentlich gewesen, an seine Statt Churfürst worden. Auch war Hertzog Ludwig von Baiern todt, und sein Sohn Georg hatte ihm in der Regierung gefolget, der eine Pohlnische Prinzeßin zur Gemahlin hatte, und also ein Schwager von Churfürsten Albrechts Sohn Friederich war. Die vielen Kriege, welche unser Churfürst Albrecht mit dem Churfürsten Friedrich in der Pfalz und mit Hertzog Ludwig in Baiern vorhin geführet hatte, waren ihm und den seinen noch nicht aus dem Gedächtnus gekommen. Diejenige, welche ihm verwandt, oder sonst zugethan waren, funden dahero hohe Ursache, auf ihrer Huth zu seyn. Von dem Thurnier der Rheinischen Ritterschaft konnten und wolten sie nicht wegbleiben. Doch forchten sie wegen der vorhin verloffenen Feindseeligkeiten, allerley Unbilligkeiten, Kränkungen und wohl gar Beschimpfungen. Sie vereinigten sich also, standhaft zusammen zu halten, und auf alle Fälle vor einen Mann zu stehen. Zugleich wanden sie sich an den Churfürsten Albrecht, um, wie sie sich ausdrückten, von ihm Trost vor sich, ihre Freunde und Vettern zu erlangen. Die Vereinigung geschahe erst mündlich, und hernach wurden auch besiegelte Briefe darob aufgerichtet. Der älteste, welcher von dieser Vereinigung biß daher vorzufinden gewesen, ist ganz unversehrt mit fünf und zwanzig anhangenden Siegeln der in der Urkunde benannten Ritter und Edelleute im Hochfürstlichen Archiv zu Onolzbach zu befinden und lautet folgendergestalt:

Num. 1.

Wir die hernach benannten mit namen Jerg Fuchs zu Schweinshaubten

    Hanns von Seckendorff zum Hilpoltstein
    Eberhart von Grunbach zu Rymper
    Friderich von Sawnsheim zu Westerndorff

                                          Sixt

Sixt von Ehenheim zu Forndorff alle funf rittere
Bernhart von Ehenheim zu Eytlkem
Philips von Sawnsheim zu Erlach
Wiglos Wolffskel zu Reichemberg
Hanns von Seckendorff zu Birckenfels
Cristoffel Fuchs zu Braitbach
Erckinger von Sawnsheim zu kottenheim
Karl von Gronbach zu Gronbach
Toman Fuchs von Dornheim zu kirchschonbach
Ludwig von Ehenheim zu Rumburg
Hans von Seckendorff zu Nydernjenn
Wolff Wolffskehl zu Reichenberg
Burckhart von Seckendorff zu Abenberg
Hanns Fuchs zu Rynbach
Arnolt von Ehenheim zu lanckheim
Wilhelm von Sawnsheim zu kottenheim
Hanns von Seckendorff zu tettelsaw
Cuntz von Ehenheim zu hohenloh
Wilhelm von Sawnsheim zu Westerndorff
Bernhart von Gronbach zu Gronbach

vnd Hans Fuchs zu Wunnfurtt Bekennen offenlich mit disem briue
vnd thun kund allen den die In sehen oder horen lesen fur vns vnnsere Vettern vnd all vnnsern erben die mit vns gewappent sein vnd all vnnser Freund
die yetzund bey vns sind zu dem thurner oder noch in kunftigen Zeiten zu
vnns kommen das wir vnns williglichen vnd einmuttiglichen vereint haben
mit dem durchleuchtigen vnd hochgebornnen Fursten vnnsern gnedigen Herrn
Herrn Albrechten Marggrauen zu Brandenburg des heiligen Römischen
Reichs Ertzkammerer vnd Curfursten zu stettin pomern zc. Herzogen Burggrauen zu Nürnberg vnd Fürsten zu Rugen Herrn Johannsen Herrn Fridrichen vnd Herrn Sigmunden gebrudern seiner gnaden Sonen das wir
iren Gnaden vnd allen den die bey In sein es sind Freund Dienner Hofge-
sind oder gest die ongeuerlich auf iren trost zu Jne reiten vmb die sie sich zu
denselben Zeiten zu dem thurner annemen die dartzu gehorn getrewlich vnd er-
beriglich zu dem thurner behoulffenn sollen vnd wollen sein als vnns selber
                                                                    vnsern

vnnsern vettern vnd freunden ongeuerde   Doch also nit sollicher bescheiden‐
heit das die vorgenanten vnnser gnedige Herrn keinen zu In nemen vnd
mit In furen wissentlich zu dem thurner vnd in den thurner die netzund wi‐
der vnns sein oder weren oder in kunfftigen Zeiten wider vnns komen vnd
sein wurden on vnnsern willen vnd wissen   Auch ob wir vnnsere Wettern
oder vnnsere Freund die bey vnns sein wissentlichen geslagen wurden weliche
vns das thetten die sollen die obgeschriben vnnser gnedig Hrrn auch nit mit
Inne furen vnd zu In nemen on vnnsern willen vnd wortte als vorge‐
schrieben stet ongeuerde   Auch sollen wir obgeschriben nyemands in
den thurner zu vnns nemen Er sey dann den obgeschriben vnnsern gnedigen
Hrrn schuldig vnd verpunten gentzlich vnd getrewlich als wir   Wer auch
das vnnser Wettern einer oder mer in diser verschreibung nicht sein oder
darein kommen wolten das sollen wir den obgeschriben vnnsern gnedigen Hrrn
sagen vnd wir sollen auch den oder dieselben zu vns nit setzen lassen vnd vns
auch an sie nichts keren zu dem thurner ongeuerde   Vnd zu letzt ist beredt
ob einicherley vnwille oder mißhellung des thurners halb aufferstund vnd
furgenomen wurd   So sollen vnd wollen wir all den obbenannten vnnsern
gnedigen Hrrn getrewlich hilff vnd beystand thon nach allem vnnsern besten
vermogen on außtzug vnd behelff   Es soll auch dise obgeschriben eynnung
vnd pundtnus besteen vnd bleyben gein den obbenannten vnnsern gnedigen
Hrrn vnd iren erben die ir wappen furen alle dieweyll derselben obgedachten
vier Hrrn einer oder mer lebendig ist on allerley geuerde vnd wir die obge‐
nannten all mit einander bekennen offennlich mit disem briue das wir alle
fur vnns vnd fur all obgemellt vnnser Wettern vnd freund geredt globt vnd
versprochen haben mit vnnsern gutten Hand gebenden trewen das wir alle
vnd vnnser yeglicher besonder disen briue getrewlich sollen vnd wollen hal‐
ten in gutten trewen in aller weyß vnd maß als vorgeschriben stet von
Wortt zu wortt on alles geuerde vnd des alles zu einer sicherheit vnd vr‐
kunde   So haben wir obgenantn fur vnns vnd fur alle vnnser Wettern
vnd freund vnser yeglicher besonder mit guten willen sein eigen Innsigel an
disen briue gehangen der geben ist am montag nach sannd Marcus tage des
heiligen ewangelisten Nach Christi geburd viertzehenhundert vnd jm Ain vnd
achtzigisten jarenn

Der

Der Leser wird mir nicht übel nehmen, oder es vor einen Fehler auslegen, daß ich die fünf und zwanzig Nahmen der Verbundenen auf abgesetz-
ten Zeilen abdrucken lassen. In der Urschrift sind sämtliche Nahmen in einem Text fort ohne allen Absatz geschrieben, und die Absonderung habe ich
blos im Druck veranstaltet, um das Aufsuchen denen, welche auf dergleichen Thurnier-Nachrichten begierig, zu erleichtern. Das nemliche werde
ich auch bey den nachfolgenden Urkunden beobachten, und will es hiermit
zum Voraus erinnert haben. Das datum der vorliegenden ersten Urkunde aber stehet auf Montag nach des Evangelisten Marcus tag 1481. und
fället also, nach unserer heutigen Art sich auszudrücken, auf den letzten
April, wenn ich nemlich des Evangelisten Marcus Fest vom 25. April
annehme. Mit der Urkunde selbst beweist sich, daß sich die Verbundenen
zusammen gethan, um beym Thurnier, dessen sie doch aus Vorsicht und
zu Umgehung alles Argwohns, nicht nahmentlich gedenken, vor einen
Mann zu stehen, sonderlich wo einer aus ihren oder aus den ihrigen geschlagen werden solte. Dieses Schlagen geschahe denen, welche man nicht
vor thurniermäßig hielt; denn diese wurden, wenn sie eigenmächtig einge-
ritten, geschlagen, und auf die Schranken gesetzet, das ist, ab- und aus-
getrieben, daß dieses unterweilen auch ohne Recht, blos aus Abneigung
und Feindschaft geschehen können, ist, so lang man die Thurniergenossen
als Menschen kennet, gar wohl zu vermuthen, und die Geschichte geben davon
Exempel an. Weilen nun die Verbitterung zwischen den angehörigen des
Churfürsten Albrechts, des Churfürsten Friedrichs und des Herzogs Ludwigs noch nicht allerdings sich gehoben, und wie die Geschichte von Thurnieren bezeugen, auf dem Heidelberger Thurnier zum ersten mahl gewisse
Gesetze verlesen worden; so ist keinesweges den Verbundenen zu verdenken
gewesen, daß sie sich zeitlich gegen allen Unglimpf verwahret. Es blieb
folglich auch nicht bey dem blosen Verbinden und Verschreiben, sondern die
gesiegelte Verschreibung wurde dem Churfürsten Albrecht und seinen drey
ältesten Herren Söhnen ausgeantwortet, um sich ihm desto fester zu verbinden, und seines Schutzes hinwiederum so mehr versichert zu seyn. Das
Zeugnus hiervon liegt in einer weitern Urkunde, deren datum auf Freitag nach Jacobi 1481. stehet, und welche also lautet:

Num. 2.

Wir die hernach benannten mit namen Fridrich von Sawnsheim ritter
Hanns von Seckendorff zu Birckenfels.

Wiglos Wolffskel

Cristoff Fuchs

Jorg von Ehenhelm zu Geyern

Bernhart von Grunbach

Philips Fuchs von Haffurt

Ludwig von Ehenheim zu Rumburg

Hanns von Seckendorff zu Albernzenn

vnnd Wilhelm von Sawnsheim zu kotenhelm   Bekennen offentlich
mit disem briue für vnns vnnser vettern die mit vnns gewappent sein vnd all
vnnser freund die ĵetzund bey vnns sind zu dem Turner oder noch in kunfftigen Zeiten zu vnns kommen das wir alle vnnd auch die die ĵetzund bey
vnns sind vnd sich hernach zu vnns thun alles das verpflicht vnd verwandt
sein sollen vnd wollen den die sich zu vnnsern gnedigen Hrnn Marggraue
Albrechten zu Brandenburg Churfürsten ꝛc. Marggraue Johannsen Marggraue Fridrichen vnd Marggraue Sigemunden seiner gnaden Sonen gethan
haben oder hinfur thun werden   In verstenntnus des turnerß halben vnd
den pern tragen das wir denselben vnnsern gnedigen Hrnn verpflicht vnd
verwanndt sind nach laut der Verschreibung die ir gnad von vnns haben
der datum stet am montag nach sannd Marcus tag des heyligen ewangelisten nach
Cristi geburd viertzehen hunndert vnd jm Ainundachtzigisten Jaren des zu
vrkund   So haben wir fur vnns vnd fur alle vnnser vettern vnd freund
vnnser yeglicher besonder mit gutem wissen sein aigen Innsigel an disen
briue gehanngen der geben ist am freytag nach sannd Jacobstag des heyligen zwelfboten Nach Cristi geburd viertzehnhundert vnnd Jm Ainundachtzigisten Jaren

Auch diese Urkunde ist im Hochfürstlichen Archiv zu Onolzbach mit
zehen unversehrten anhangenden Siegeln zu sehen.   Diese, wie die erste,
heiset hier eine Verschreibung gegen den Churfürsten Albrecht und seine
Söhne, und lässet vermuthen, daß der Churfürst auf seine eigene Verfassung einen Bedacht gehabt, und unter den Seinen zu Behauptung seiner

ner Rechte eine Einförmigkeit zu erzielen gesuchet habe. Worinnen aber
diese Einförmigkeit bestanden, und wie einer dem andern besonders verbunden worden, erlernet man aus einer dritten Urkunde vom nemlichen dato,
die nachstehenden Innhalts ist:

Num. 3.

Wir Albrecht von Gotes Gnadenn Marggraue zu Brandenburg des heiligen Romischen reichs Ertz Camrer vnd Curfurste zu Stetin Pomern etc.
Hertzog, Burggraue zu Nürnberg vnd Furste zu Ruegen, vnd wir von
denselben Gnaden Johanns, Fridrich vnd Sigmund seine Sone auch
Marggrauen zu Brandenburg zu Stetin Pomern etc. Hertzogen, burggrauen zu Nürnberg und Fürsten zu Rugen vnd wir die hernach benante
Grauen, Herrn, Ritter vnd knecht, die am ennd dises Briffs geschrieben
steen vnd der Insigel deran hangen, bekennen mit disem briue gein aller-
meinglich, das wir ergenannt fürsten vns zu den hernach benanten Grauen,
Herrn, Rittern vnd Knechten vnd wir dieselben hernach benanten Grauen, Herrn, Ritter vnd knecht vns zu den obgenanten vnnsern gnedigen
herrn den fursten auch selber vndereinannder vns verannt vnd zusamen
getan haben des thurners halb, wie hernach volgt: Item wir sollen
nymants zu vns nemen der vor nit getailt ist oder geritten hat; dieweil er
nit getailt wurd. Item wir all sollen vnd wollen einander trew hilff vnd
beystandt thun im thurner ein yeter dem andern, als ging es In selbs
oder sein geslecht an, wider alle die, die wider vns im thurner handeln
wurden. Item, welcher ein bosheit getan hat vnd doch von einem alten
stam oder geschlecht wol herkomen wer, mogen wir selber straffen, ist besser denn nymants verhengen. Item ob nemants zu einem alten gesecht
griff, wo man es als gut hat, sol man nit bitten, sunder das in gegen-
were mit straichen vnd sunst weren, wie ritterlich vnd thurners recht ist,
Item griff man zu den, die new zugelassen wern, sol man bitten, vnd
wo die bete nit helffen will, auch entschuten nach gebure vnd Zimlichkeit,
vnd wer besser man empfing sie selber, denn das sie ander leut empfahen,
vnd wir all, vnd die wir zu vns in dise vorschreibung nemen werden, auch

die

die fünff geschlecht, nemlich Juchs Seckendorf Grunbach Sawnsheim vnd Ebenhaim mit sambt iren freunden, die vor bei vns obgenannten fursten sind oder hinfür zu vns oder In komen, sollen einander im thurner getrewe hilff vnd beystandt thun wie vor angezaigt ist, vnd im thurner nit wider einander sein. Solchs alles vnd jglichs haben wir genante fursten mit vnsern fürstenlichen worten zugesagt. So gereden vnd versprechen wir die hernach benante Grauen, herrn, Ritter vnd knecht das alles vnd iglichs bey vnsern guten waren trewen vnd haben des zu Urkund wir obgenante Fursten vnser furstenliche Insigel vnd wir die hernach benante Grauen, herrn, Ritter vnd knecht vnser yeder sein aigen Innsigel an disen briue gehangen, der geben ist zu Bayrstorff am Freitag nach sannd Jacobstag des heiligen Zwelffboten nach Christi Vnsers herrn gepurt vierzehen hundert vnd im ain vnd achtzigisten Jaren, vnd sein wir dis die Grauen, herrn, Ritter vnd knecht, dauon obgeschriben ist, mit namen,

Gotfride Graue von Hohenloch,
Friderich Graue zu Castell,
Balthasar graue zu Schwarzburg etc.
philips der elter herr zu Weinsperg,
Michel herr zu Swarzenberg,
hanns von Egloftein,
hanns von Redbitz,
lorenz von Wallenrod,
Wilhelm von Lenkersheim,
hilpolt von hawsen,
Sebastian von Wallenrode,
Sebastian von Waldenfels,
cunrat von Berlichingen,
veit von Vestenberg, vnd
Martin Zolner von Rotenstain, Ritter,
Albrecht fortsch,
Engelhart von Wichsenstain,
heintz von Schawmberg zu kunstat,
heintz von Auffes der elter,
peter von Redbitz,

Σ ntz

Cuntz der elter von Wirsperg,
philips von Wolmershausen,
Jorg von Gich,
Eberhart von Streitperg,
heintz von Wenckhelm,
Swan von Creulsheim garwman genant,
Wilhelm von Bebemburg,
burckart von Koßperg,
Augustin von Kindsperg,
Erhart von Waldenfels,
Gunther von Brandenstein,
Anthoni von Gutenberg,
hanns von leonrod der elter,
Jorg Zobel,
Martin von Eibe,
Wilhelm von der kere,
Jorg von Sparneck,
Veit von Zedbitz,
Jorg von Wallenrode,
peter Esel zu Schonbach,
hanns Nothafft zum Weissenstain,
Mertein Truchses von Bomersfelden,
Albrecht Gros zu Trockaw,
Mickel von Kotzaw,
ludwig von kenneck genannt Stignitz,
Jorg von Wisentaw,
Wilhelm von Velberg,
Ruprecht Gotzman,
Gabriel von Stetten,
Chriffoffel von hawsen,
Ott von Redbitz,
Jorg Fortsch,
Jorg von kindsperg,
Soldan von Wirsperg,

Erhart

Erhart von Zedbitz,
Eberhart von brandenstain,
Cristoffel von Gutemberg,
hans von Leonrod der jung,
Veit von Wallenrod,
Kilian von Waldenfels,
Sebastian von Auffes,
Friderich von kotzaw,
Ruprecht von Streitberg,
Ott von Gich,
Ekarius Zobel,
hanns von Eibe,
Eberhart Gros,
Karl von Wisenbaw,
heintz von Leynneck gnant Schutz,
Sigmund von Luchaw,
Peter druchses von Bommersfelden,
Ulrich von Zedbitz,
Balthasar von Redbitz,
Sebastian von Wirsperg,
Sigmund von Wallenrod,
Philips von Kindsperg,
hanns von Brandenstaln,
Cristoffel von Auffes,
Jorg von Wichsenstain planckenfelser genannt,
hanns von Gutemberg,
hanns von Reitzenstain,
Cuntz Gros,
Philips von Wisentaw,
Wilhelm von Wildenstain,
Wilhelm von Leonrod der jung,
Jorg druchses von pomerssfelden,
Heintz von Auffes der jung,
Jorg von Zedbitz,

Heintz von Rebbitz,

Linhart von Streitberg,

Cuntz von Wirsperg zu Lantzendorff,

Wilhelm Zobel,

Cristoffel Gros,

Fridrich von Reitzenstein,

Hanns von Kotzaw,

Steffan von Aufses,

Peter von Streitperg,

Cuntz von Zedblitz,

Cuntz von Kotzaw,

Endres von Wllenstain,

Heintz Ochs von Guntzendorf,

Thoman von Reitzenstein,

Wilhelm von Streltperg,

Cuntz von Wirsperg der Junger,

Jorg Gros,

Hanns von Aufses,

Beringer von Kotzaw,

Hanns von Wildenstain,

Jorg von Reitzenstein,

Michel von Streitberg,

Erhart v.

Cristoffel vom Wildenstein,

Vait Kenlein,

Lorentz von Meyental,

Heintz von Rusenbach,

Jorg von Ercultshalm,

Hanns von Schaumberg zu Stresendorff,

Weyprecht von Kindsperg,

Krafft von Bestemberg,

Jorg Gayling,

Caspar von Erculshelm,

Sittich vndt.

Linhart

Linhart von Wolmershausen,

Endres,

Peter vndt

Cuntz Rabensteiner,

Heintz von Redbitz zu deuschnitz,

Linhart von Zedblitz,

hanns Ochs von Guntzendorff,

Marx von Wolmershausen,

Neithart von Wolmershausen,

Dietz von Hesperg,

Engelhart von Berlichingen,

pangratz von Rusenbach,

Caspar Sack Ritter,

Hartung,

Jorg zur Altenstatt, vndt

Jorg zu Henffenfelt alle drey von Eglofstein,

Ludwig von Elrichshausen,

peringer vndt

Fridrich von Berlichling,

heinrich von Buna zu Schkolm,

heinrich von Buna zu Elsterberg,

Cuntz von Buna zu Elsterberg,

Rudolff von Buna zu Trahst,

arnolt von planckemberg zu Harra,

Ott von Feiltzsch zu Feiltzsch,

Heintz,

Heintz vnd

Veit Roder zu Leupnitz,

Jobst zu Kemnitz,

Jobst zu Feiltzsch,

Caspar zu Trogen,

hanns zu Haynrsgrun alle von Feiltzsch,

heinrich von Feiltzsch Ritter,

hanns der elter vnd

Hanns der jung von Feiltsch zu Feiltsch,

Ettrich Ritter und

Jobst von Zedbitz,

Heinrich Stieber Ritter,

Jorg von Reitzenstein,

Von dieser Urkunde sind zwey gleichlautende Urschriften in dem Hochfürstlichen Archiv zu Onolzbach; nur mit dem Unterschied, daß sich die eine mit dem Heinrich Stieber, und die andere mit dem Jorg von Reitzenstein endiget. Die erste scheinet gleichsam das mundum von der zweyten
zu seyn; denn in der zweyten findet man, daß sonderlich die letztern Namen von verschiedener Hand, mit verschiedener Dinten und Federn geschrieben worden, so wie sie sich nach und nach den andern zugesellet. Und
eben dahero mag es gekommen seyn, daß als unten der Platz zu weitern Namen
mangeln wollen, die Letztern auf den vordern Rand in der quere geschrieben
werden müssen. Hingegen ist die erstere Urschrift von einerley Hand geschrieben, und zwar so, daß sich zwischen der letzten Zeile und den des
Siegels wegen aufgeschlagenen Pergament noch ein ziemliches leeres Spa-
tium findet. Dieses Unterschieds ohngeachtet nenne ich aber beede Urkunden gleichwohlen mit vollkommener Billigkeit Urschriften, denn sie sind
durchgehends gleichheitlich gesiegelt. An dem einen Exemplar finden sich
noch jetzo ein hundert sechzig drey Siegel, und an dem andern ein hundert
funfzig sieben Siegel. In beeden Exemplarien hangt das Siegel des Churfürsten Albrechts an der vordern Seiten ohngefehr drey quer Finger über
dem untern Eck, und unten in gleicher Entfernung von dem untern Eck finden sich die Siegel der beeden nachältesten Churfürstlichen Söhne Friedrich und
Sigmund. Wenn man nun vor eine zweifelsfreye Wahrheit annehmen
darf, daß alle die, welcher Namen in dem Brief angeschrieben stehen,
auch ihre Siegel an den Brief würcklich gehänget haben; so macht sich der
Schluß von selbsten, daß durch die Länge der Zeit einige Siegel abgefallen
seyn müssen, wie dann einige ledige Siegel nebst ihrem halben Band sich
bey den Urkunden und an diesen auch leere Stellen finden, Zu der Zeit
also, in welcher beede Urkunden geschrieben worden, müssen an der einen 164.
und an der andern 165. Siegel gehangen haben; denn der letzte Jorg von
Reitzenstein ist der hundert und zwey und sechzigste, welcher gesiegelt. Die

Stelle der drey Fürstlichen Siegel habe ich bereits bemerkt, die übrigen hangen unten und auf beeden Seiten ohne Ordnung neben unter und über einander, so daß die Urkunden dadurch ein höchstseltsam Ansehen gewinnen, und die Gestalt einer mit starken Franzen verbrämten Schabracken haben. Zu wundern ist anbey, daß des bisherigen Alters ohngeachtet an dem einen Exemplar nicht mehrere Siegel und an dem andern noch gar keines abgefallen, da doch das zu so vielen Siegeln verbrauchte Wachs ein ziemliches Gewicht hat, das Pergament zu Einziehung der Riemen, mit welchen die Siegel angehängt, unendlich durchstochen ist, und die Riemen selbst mehr als einen viertels Zoll breit sind.

Dieß mag genug seyn, das äusserliche beeder gleichlautender Urkunden zu beschreiben. Billig wird nun gefragt, warum die Verschreibung doppelt ausgefertiget worden. Daß man öfters mehr dann ein Original von einem Brief gemacht, ist zwar bekannt; aber die Alten waren doch meistens so vorsichtig, und bemerkten in den Urkunden selbst, warum sie das zweyte Original, auch wohl das dritte und vierte gemachet. Hier in unserer vor Augen habenden Verschreibung findet sich nun nicht die mindeste Ursache bemerket, welcher wegen ein zweytes Original vor nöthig erachtet und gefertiget worden. Blos Vermuthungen haben hier statt. Die meinigen will ich niemanden aufdringen. Nach meiner Meinung aber mag etwa das eine Exemplar zu Baiersdorf oder Onolzbach geblieben, und das andere mit nach Heidelberg gezogen seyn; oder das eine mag den Fürsten und das andere den Verschriebenen zur Sicherheit gedienet haben; denn so gut dem Churfürsten daran gelegen war, der Seinigen sich zu versichern, eben so gut musten die Verschriebene des versprochenen Schutzes vergewissert seyn. Nur fragt sich, warum eben beede Originalien in Onolzbach sich finden müssen, da beede ohnmöglich zum Gebrauch des Churfürsten gefertiget heissen können. Und auf diese Frage auch blos mit einer Vermuthung zu antworten, sehe ich mich gänzlich unvermögend, und wende mich vielmehr zu dem an sich ganz kurzen Innhalt der Verschreibung.

Das Absehen derselben ist nach obiger Anzeige allerdings wichtig gewesen, oder geachtet worden. Dieses bezeuget schon die dreyfache Verschreibung, durch welche eine recht genaue Verbindung auf viele Zeiten hinaus erzielet worden. Während der obbesagten Kriege zwischen Bran-

den,

benburg, Pfalz und Baiern war es nicht allezeit ganz ordentlich zugegangen.
Die Krieger hatten sich unterweilen manches erlaubet, und es war daher
zu befahren, daß von den verloffenen oder angeschuldigten Kriegshändeln
Gelegenheit mögte hergeholet werden, diesen oder jenen, dem man nicht
wohl wolte, auf die Schrancken zu setzen, und also ihn sowohl als sein
Geschlecht und Freundschaft zu beschimpfen. Es wurde also verabredet,
den, welchem mit Grund etwas könnte vorgeworfen werden, lieber zu
Hauß zu lassen, oder sich doch seiner zu entschlagen, als zu erwarten, daß
Frembde, ex. gr. die Rheinländer, ein Urthel über einen Franken fälle-
ten. So billig diese Vorsicht war, so gerecht war zugleich der Vorsatz,
fälschlich Beschuldigter sich mit Ernst und Nachdruck anzunehmen. Annebst hatte Churfürst Albrecht, gleich seinen Gegnern, bey den vielen und
blutigen Kriegen, die er übern Hals gehabt, verschiedene in das consor-
tium militare und unter seine Vasallen neu aufgenommen. Dieserwe-
gen muste dann auch Vorsehung geschehen, damit sie nicht mögten schlecht-
weg abgeschlagen werden. Ihre Zulassung wurde also auf gütliche Handlung ausgesetzet, doch so, daß man ihrentwegen sich keine Feindseeligkeit
aufladen solle. Aus dem allen siehet man, wie vorsichtig Churfürst Albrecht die Seinigen gegen die gehabte Feinde, aller friedlichen Aussichten
ohngeachtet, in Sicherheit zu setzen bemühet gewesen, und wie hingegen
sich die Verschriebenen nebst allen ihren Freunden um seinen Schutz em-
sig beworben.

Wie eigentlich das Thurnier in Heidelberg abgelauffen, davon habe
ich keine besondere Umstände zur Zeit ausfindig machen können, vielleicht
aber schlägt meine Hofnung nicht fehl, annoch eine umständliche Beschreibung zu Handen zu bringen. Das nachgefolgte grose Thurnier zu Onolzbach
lässet mich indessen vermuthen, daß der Churfürst Albrecht mit oben ein-
geschalteten Verschreibungen seine und der seinigen Absicht vollkommen werde erreichet haben. Er durfte auch vollkommen darauf zum voraus rechnen, da sein Kriegsruhm und sein Ansehen durch das ganze teutsche Reich
von einem sehr grosen Umfang und Gewichte war. Das zu Schwobach
zwey Jahr nachher nemlich 1483. abgehaltene Ritterrecht zeuget unter andern überflüssig davon. Er besetzte solches außer seinem zweyten Sohn noch
mit acht und zwanzig Rittern, und nahm doch aus jedem Geschlecht der sei-

nen nur einen Ritter. Die Sache zwischen Hermann von Hersberg und Veit von
Rechberg muß wichtig gewesen seyn, weiln man die Ritter in so grofer Anzahl
niedergesetzet und weil beede einander zu Ehren und Recht vorstunden. Was
aber es eigentlich angetroffen, zeiget die mir vorgekommene Nachricht nicht an.
Sie ist blos folgenden Anlauts:

Num. 4.

Item Im lfffllj Jahr hat mein gnediger Herr Marggraff Albrecht Churfürst ꝛc.   Ein Ritter recht zu Schwobach gesetzt Antreffent Hermangen
von Hasperg Ritter und Veyten von Rechberg zu Eychach die ein ander
zu eren und zu recht vor den gemeltten mein gnedn Hern und den hernach
geschriben Rittern vorgestanden seind und seind die Ritter gesessen in der
Ordnung wie hernach stett

Item nach meinen alten Herrn Marggraff Albrecht ist gesessen mein
gnediger Her Marggraf Friderich

Item darnach Graf Friderich von Castell Ritter

Item darnach Her Ludwig von Eyb ritter und Hoffmaister zu Eystett

Item darnach Her Hans von Egloffstein ritter Amptman zu Dach-
spach

Item darnach Her Heinrich von Lucharw Ritter Amptman zu Kolm-
perg

Item darnach Her Aßmus von Rosenberg Ritter Amptman zu
Wffenhelm

Item darnach Herr Hilpolt von Haußen Ritter Amptman zu Rott

Item darnach Herr Conrat von Knerringen Ritter Amptman zu
Wassertruhendingen

Item darnach Her Conrat von Berlachingen Ritter

Item darnach Her Veyt von Westenberg Ritter

Item darnach Her Lorentz von Walrod Ritter Amptman zu Schwa-
pach

Item darnach Her Apell von Seckendorff Ritter

Item

Item darnach Her Hans von Talhelm Ritter vnd Doctor

Item darnach Wilhalm von lentershelm, ritter Amptman zu Barrewt

Item auff der andern seytten nach meinen alten Herrn ist gesessen Her Jorg von Zedwitz Ritter Amptman zu Windspach vnd Marschalk

Item darnach Her Erckynger von Rechenberg Ritter Amptman zu Werdenfels

Item darnach Her Hans von Auffsaß Ritter Amptman zu Creußen

Item darnach Her pauls von Absperg Ritter.

Item darnach Her Hans von Hirsperg Ritter.

Item darnach Her Wolff von stolzenrod Ritter Amptman zu Erlangen

Item darnach Her Cristoffel Schenck zu Geyern Ritter Amptman zu Landeck

Item darnach Her Wilhalm Adelman Ritter zu Turbang

Item darnach Her Conrat von kyndsperg Ritter

Item darnach Her Rennivart von Wendig Ritter

Item darnach Her Niclas Schirelting Ritter

Item darnach Her Sigmund Schenck von Schenckenstein Ritter

Item darnach Her Heinrich Stieber Ritter

Item darnach Her Rafan von Gundelzhelm Ritter

Item darnach Her Thanberger Ritter.

Alß hat mein Her auß den sein, auß yedem geschlecht neür ein Ritter wollen haben.

Aus einem gleichzeitigen Buch in dem hiesigen Hochfürstlichen Archiv, welches noch vieles zu Aufklärung der Geschichte enthält, habe ich sie vorgefunden, und davor gehalten, daß, wenn schon nichts mehrers von Ritterrecht anzuführen wüste, doch niemanden auch das Wenige entgegen seyn würde.

Churfürst Albrecht war, sonderlich bey seinem herannahenden hohen Alter, bedacht, alles beyzutragen, was nur immer zu Vereinigung der Gemüther, die so lange der Kriegsunruhen halber getrennt gewesen, fürderlich heisen mögte. Der Erfolg des Heidelberger Thurniers und die sol-

chem

chem gefolgte Schwäbische und Baierische Thurniere schienen ihm eine gute
Gelegenheit zu seyn, durch Anordnung eines Thurniers zu Onolzbach sich vieler Herzen zu verbinden. Er ließ es also im Jahr 1485. auf den Sontag
Exaudi vor Pfingsten anschlagen, und in den vier Thurnier-Landen verkünden. Vielleicht ist sich auch hierzu von ihm und den Seinen bereits
bey dem Heidelberger Thurnier anheischig gemacht worden. Wie der Anschlag gelautet, und wie die Verkündung geschehen, ist m'r zur Zeit aus
Mangel der Nachrichten unbekannt. Bey obigen Muthmassungen muß
ich also stehen bleiben. Wie aber das Thurnier selbst an dem verkündeten
Tag zu Stand gekommen, und was sich darbey zugetragen, davon findet
sich in dem oben beschriebenen Archiv-Buch nachstehende umständliche Beschreibung.

Num. 5.

Handelung des gehalten thurnes zu Onolzspach uff Sontag Exaudi anno
etc. Im lxxxv. Jar.

Als man zalt nach Cristi gepurt vierzehenhundert und im fünff und
achtzigisten Jar ward angeschlagen ein thurner von dem Durchleuchtigen
Hochgebornen Fürsten und Hern Hern Albrechten Marggraffen zu Brandemburg
des heiligen Römischen Reichs Ertzkamerer und kurfurst zu Stetin Pomern etc.
Hertzoge Burggraffe zu Nurmberg und Furste zu Rugen mit sampt seiner
genaden Geselschafft des gekronten Berns und des furspangen und die vier
hernach geschriben geschlecht auß den vier landen seind zu dem blatt getragen
worden mit Namen.

    Hans Spett auß dem land zu Swoben Ritter
    Berchtolt von Nesselrod Reinlender Ritter
    Jorg von Ehenheim auß dem land zu Francken
    Jorg von Eyssenhauen auß dem land zu Beyern.

Und der ietz gemelt thurner hat furgang gehabt von dem Durchleuchtigen
Furstl und Hern Hern Albrechten Marggrauen zu Brandemburg Curfurste etc. in dem Jar als man zalt nach cristi unsers lieben Hern geburt thausent vier hundert und in dem funff und achzigisten Jare zu Onolzspach
                                  vnd

vnd iſt der vier landen verkunth worden auff den Sontag den man nent Exaudi vor Pfingſten an der Herberg zu ſein alß geſchehen vnd ergangen

Item des Montags hat man jn Ratt gangen mit ſampt den vier landen vnd ſein einmütigclich über komen vnd einig worden vnd am Dinſtag frü auffgetragen geteylt vnd berytten als von alter Gewonheit vnd herkomen iſt vnd am Mitwuch getürnirt

Item zum Erſten wie die Helm in der taylung geſtanden wes auch die geweſt ſeind auff der eyn ſeytten

Bern Geſelſchaffe

Meins gnedigen Herrn Marggraff Friderichs

Burggraff Heinrich von Meiſſen vnd Hrn zu plawen

Graf Jorg von Helffenſtein

Graf Hans von Sunenberg

Schenck Friderich von lympburg Freyhr

Her Hans von Schwartzenburg Freyhr

Conrad von berlachingen Ritter

Chriſtoff ſchenck von Geyern Ritter

Wilhalm von Bemberg

Jorg Forſch

Erkinger von Rechenberg Ritter

Dietz von Wilmeßdorff

Wilhalm Gyß von gißenberg

Sittich von Zettwitz Ritter

Hans von Eyb zu Weſtenberg Hofmeiſter

Hans von Auffſeß

kylian von Wallenfels

Hans von leonrod der elter

Jorg von Wichßenſtein

Dietz trüchſes von Wetzhauſen

Heintz von leyneck

Wlrich von Knorringen

Jorg von Gych

Criſtoff von Rotzaw

Hans von Aufſaß

Criſtoff von Hirſperg

Bernhart von Berlachingen

Ott von Gych

Philips truchſes von Wetzhauſen

Philips von Wyſentaw

Hans von Eyb der jung

Ginther von Dunaw

Michel groß von Drockaw

Kuntz |
Jobſt | Zetwitz

Hans von Aufſaß

Meythart von berlichingen

Jobſt von Feiltſch

Wolf von tachenhauſen

Heinrich von Punaw

Hans von Gych

Heintz Roder

Gynter von Punaw der junger

Arnold von Blanckenberg

Berringer von Kotzaw

Hans von Ratzenſtein

Jorg groß von trockaw

Heintz von Ratzenſtein

Heintz von Ruſenbach

Sigmund Gebſattel genant rack

Ludwig von Erlichhauſen

Endres Rabenſteynner

     Meins gnedigen Herrn Marggraffen Sygmunds
        auff der andern ſeyten

Graff entzell Fritz von Zoller

Graff Hans von Caſtell

Schenck Albrecht von Lympurg Freyhr

Philips von Weinſperg Freyhr

Schenck Chriſtoff von Limpurg Freyhr
Mang Marſchalk von Hohenreichen Ritter
Conrat von Knorring Ritter
Hartung truchſes von Wetzhauſen
Caſpar von Crelßheim
Jorg von Zedwitz Ritter Marſchalck
Neythart von Wolmerßhaußen
Jacob von Landaw Ritter
Hans truchſes von Wetzhauſen
Eberhart von Brandenſtein Ritter
Sigmund von Wirßperg
Caſpar ſack Ritter
Crafft von Lenterßheim
Raff von Gundelfingen Ritter
Hans von Berlichingen
Hans von Leonrod der jung
Heinrich von Feiltſch Ritter
Heinrich truchſes von Wetzhauſen
Jorg von Kyndſperg
Hans notthafft
Hans von Wolffſtein
Dietz Wolfferßdorffer
Philips von Wolmerßhauſen
Wilhalm von Leonrod
Criſtoff von Hauſen
Wilhalm von Crelßheim
Cunz von Wirſperg
Fritz von Wuchßenſtein
Hanß truchſes von pomerßuelden
Lorenz Mayertaler
Utz von Zetwitz
Criſtoff groß von trockaw
Michel von Wirſperg
Jorg von Crelßheim der Jünger

Arnolt von Gayßling

Thoma von Rußenstein

Sigmund von Luchaw

Endris von Wildenstein

Heintz Ochß

Hans Haffer

Peter Rabensteiner

Jobst von Feiltsch

Wilhalm von baldeck

Sebastian von Mistelbach

Hans Gayer

Bern vnd Furspang auff der dritten seyten

Jorg von Ebenheim zu Geyren

Hans Fuchs Ritter

Hans von Grunbach

Apell von Seckendorff Ritter

Friederich von Senßhaim Ritter

Alexander Marschalck von Pappenheim

Weyt von Walrod Ritter

Welt von Rechberg

Moritz von Egloffstein

Heintz von Wenckheim

Sixt von Ebenheim Ritter

Euntz Fuchs

Wsglos Wolfskell

Hans von Seckendorff

Erckinger von Sanßheim

Jobst von Egloffstein

Michel von Ebenheim

Hans Fuchs

Karel von Grunbach

Hans von Seckendorff

Erckinger von sanßheim der jung

Cuntz von Ebenheim

Philips Fuchs

Cuntz von Grunbach

Hans von Seckendorff

Sebastian von Egloffstein

Philips Fuchs

Augustin }
Sigmund } von Seckendorff Reinhoffer

Wilhalm Fuchs

Wiglos

Michel von Seckendorff

Hans von Kuseck

Melchior von Seckendorff

Thoma Fuchs

Bathar von Seckendorff

Cristoff von Seckendorff

Hartung Fuchs

Sixt von Seckendorff

Hartung Marschalck

Apel Schenck von Sunnen

Gesellschafft des Eyngehurns auf der vierden Seyten Francken

Thoma vnd kunig

Jorg von Absperg Ritter

Hans von Auffseß Ritter

Dietz von Tungen

Jeronimus von Rosenberg Ritter

Veit von Schawmberg

Heinrich von Luchaw Ritter

Ott von Liechtenstein

Ludwig von Eyb Ritter

Jorg Marschalck von Ostheim

Pauls von Absperg Ritter

Veit von Lentersheim

S s 2 Heintz

Heintz von Guttenberg

Burckhart von Wolmershaußen

Heinrich von Schonberg

Hardolt von Bibra

Endres von Hesperg

Wolff Adel

Wilhalm von Rochenstetten der jung

Clauß Zobel

Jorg Truchses

Peter von Redwitz

Philips von Stein zu Lichtenperg

Jobst von Luchaw Ritter

Michel von Rosenberg

Conrat von Kyndsperg Ritter

Moritz von thüngen

Jorg von Roßenberg

Caspar von schanberg

Jorg von schawmberg

Christoph Marschalck

Ernst von Wolmershaußen

Moritz von schawmberg

Hanß Jorg von Absperg

Meynhart von Thüngen

Wilbalt von Schawmberg

Caspar von Waldenfels

Philips Zobel

Sigmund von Thungen

Cuntz von Rosenberg

Heintz von schawmberg

Hans von Auffseß

Wolff von Luchaw

Ott von der Lere

Philips Schweiger

Schwoben

Item die Hochgebohrnen Grauen von Wirttenberg vnd wenn sie bey
In haben gehalten im thurner

auf der rechten seitten ist gestanden

Graff Eberhart der Elter

Graff erberhart von Werdemberg

Graff Ludwig von Helffenstein

Graff Ulrich von Werdemberg

Graff Ott von Stolburg

Graff Endres von Sunnenberg

Herr Eberhart von Gundelfingen Freyhr

Herr Hans Wernher von Zimer Freyhr

Wilhalm von Rechberg Ritter

Sigmund von Freyberg Ritter

Ulrich von Westerstetten Ritter

Ulrich von Rechberg Ritter

Friderich von Fleckenstein Ritter

Philips von Dalburg

Conrat von schellenberg Ritter

Ulrich von schlaudersperg ritter

Sigmund von Welden ritter

Ulrich von Jungingen

Jorg von Rechberg

Conrat von Stain

Jorg von Welberg ritter

Wilhelm von Rechberg

Wilhelm von Zülhart ritter

Ludwig von Hutten ritter

Michel von Freyberg

Sigmund von Seckendorff Reinhoffer

Heintz von Welwart

Hans von Hurnhelm

Hans von glittlingen

Ss 3

Jorg

Jorg von Vellberg Ritter
Wilhelm Schilling
Wilhelm von Reyschach
Adam thum
Ditterich spett
Vernhart von Hurnhelm
Hans von Lebenstein
Ulrich von Werdnaw
Reinhart von Newhaußen
Hans von Wenttlingen
Fritz schenck von schenckenstein

Auf der lincken seytten ist gestanden

Graff Eberhart der Jung von Wirttenberg
Graff Wecker von Bytsch
Graff krafft von Hohenloe
Graff Heinrich von Furstenberg
Graff Cristoff von Werdenberg
Her Hans von Stoffel Freyhr
Hans Truchses von Walburg Ritter
Hans Spet Ritter
Conrat von Alfingen Ritter
Lenhart Marschalck zu Hohentachen Ritter
Wilhelm von Aurach
Hans von Fronsperg Ritter
Hans von Flersheim
Burckhart von Ellerbach
Walter von Hurnhelm
Veyt von Rechberg
Cunrat. Renhart. Diepolt Spet
Wernhern Nothafft
Hans von Sachßenhelm
Heintz von Zülhart
Ott von Seckendorff

Jorg

Jorg von Schechingen Ritter

Bernhart von Stein

Hans von Reichnaw

Bernhart von Gemlugen

Conrat thum

Albrecht Truchses von Bichaußen

Erckinger von Hurnheim

Ernfrid von Velberg

Jorg von Euntheim

Hans von Reischach

Heintz Schilling

Hans Heinrich von Reischach

Philips von Ahelfingen

Aßmus zum Wicher

Hans von Abenberg

Fridrich von Newhaußen

Hans Caspar von Bubenhoffen

Wilhelm Bocklein

Bernhart von Nippenburg

Fritz Jacob von Anweil

Melcher Sützel von Mergethelm

Bayern

Sebastian Seybelßdorffer Ritter

Jorg von Gumpenberg Ritter

Albrecht von Wildenstein

Jorg von Whspach

Wolff Stör von storenstein

Hans Jüdmann

Steinbock

Friedrich von Stein Ritter

Graue Johanne von Naffu

Wilhelm von Nesselrod

Brech,

Brechtold von Plettenberg Hafmaister Ritter

Cuntz von Auffseß

Emerich von Naſſaw Ritter

Gebhard von Elee

Cunrat von Bicken der Jung

Heller von Langnawu

    Die ſind zu gelaſſen zu Onoltzſpach zu dem Thurnet

Dietterich von Harraß Ritter

Heinrich Stieber ritter

Wilhelm Adelman Ritter

Eyttel ſchelm von Berg

Cunrat von Neypperg

Rudolff. Rudolff von Plaunitz

Jorg von Ebernſtein

Albeck von ſulmentingen

Wolf Zaumrude

Wilhelm von Reittenpuch

Wolff von Schwangaw

      Gryßwertell auf beyden

    Seind geordnent worden auff die ſeitten da meynn gnediger Her Marggraff Albrecht iſt geſtanden

      Her michel von Schwartzenberg Freyher

      Hans von Egloffſtein Ritter

      Sebaſtian von Wallenrod Ritter

      Pauls Fuchs

      Gryßwertel auff der andern ſeytten

      Hans von Seckendorff der alt

      Thoma Fuchs

    Jorg von Ehenhelm

      Friederich von Seckendorff

                                  Item

Item Hans burgraff perseuant Knecht in Bayern

Item ein kunig der Wappen aus dem Nyderland ein perseuant der Geselschafft des stennbocks

Item Hans Montfort perseuant im Wisch und Walcken genant pfaff Hans

Item Utz Helffenstein perseuant jm lant pracken

Item Heintz thumernut knecht jm Steinpock

Item lazarus Behem knecht im Esel

Item Mang grunwald der bayern knecht

Item Hans Frey ein nachvolger der Wappen

Die vier Denck der erst Danck

Item der erst Rittersdanck ist geben worden Inn das land zu Schwoben Cunrad von schellenberg Ritter in die geselschafft in Wisch und Walcken und den hat jm geben Veiten Fraw von Rottenhaim der hat seinen turner lassen beruffen auf sontag nach der hayligen drey kunig zu Nacht an der Herberg zu sein jn der stat Menga an der thunaw jm lxxrvj jar

Der ander Danck

Item der ander Danck ist geben worden In das land zu Bayern Jorgen von Gumppenberg Ritter den hat Jm geben Wolff Wolffkel Fraw der hat seinen Thurner lassen beruffen auff Sontag nach sant Merteins Tag schierst kunfftig zu nacht an der Herberg zu Munchen zu sein jn der Stat jm lxxrvj Jar

Der drytt Danck

Item der drytt Danck ist geben worden jn das Reinland Philips kemerer von Dalberg In der Geselschafft des Wolffs den gab Jm ein Junckfraw Ewolts von lichtensteins Dochter der hat sein thurner lassen beruffen auff Sontag nach unsers Herrn Fronleichnams tag schirst kunfftig geu Wurms an der Herberg zu sein jm lxxrvj Jar

Der vierd Danck

Item der vierd Danck ist geben worden In das land zu Francken hausen Truchsessen von Wetzhausen den gab jm Fritzen von Seckendorffs Dochter hat seinen thurner lassen beruffen auf Sontag nach sant Michels

tag uber ein Jahr gen Wirtzburg In der Herberg zu sein das ist Im
lᵪᵪᵪᵛj Jac

Die vier In saylen

Hans Spet ein Schwob Ritter
Jorg von Gumppenberg Ritter ein Bayer fur den Eyssenhouer
Jorg von Ehenheim ein Franck
Wilhalm von Nesselrod ein Reinlender von wegen seines Vettern

|Dise haben nach dem thurner In hohe Zalgen gestochen

Mein gnediger Her Marggraff Friderich
Jeronimus von Rosenberg Ritter
Pauls von Absperg Ritter
Cunrat von Kindsperg Ritter
Wolff von Dachenhaußen
Wolff von luchaw
Cuntz von Roßenberg
Philips von Wolmershaußen
Cuntz von Zedwitz
Heintz von Wallenfels
Sixt von Seckendorff

Item ein stech Danck ist geben worden meinen gnedigen Herrn
Marggraff Friderich von einen Grafen von Hohenloe

Item der knecht Danck ist geben worden Wolff von Dachenhaußen
von einer Freyherrn Junckfrawen gebornen von Wildenfels

Item dise sein geordnet worden auß den vier Landen kuntschafft zu
hören zu dem thurner ein zu lassen anno etc. lᵪᵪᵛ

Graff Jorg von Werdenberg
Cunrad von Schellchberg Ritter
Burckhart von Ellerbach
Heintz von Zulnhart

Aus der Gesellschafft Visch vnd Valcken

Wilhalm von Auerbach kunig
Ulrich von Westerstetten Ritter

Cunrat

Cunrat von Abelfingen Ritter
Cunrat Spet

Aus der Gesellschafft jm land pracken

Cunrat von Knorring Ritter
Mang Marschalck von Hohenreichen Ritter
Sigmund von Freyberg Ritter
Alexander Marschalck von Pappenheim

Aus der Gesellschafft der Cron

Philips von Dalburg konig
Friederich von Fleckenstein Ritter
Hans von Flersheim

Aus der Gesellschafft des Wolffs

Friederich von Stain Ritter
Berchtolt von blettenberg Ritter hoffmaister
Wilhelm von Nesselrode
Gottfrid von Clee
Cuntz von Auffseß

Aus der Geselschafft des Steinbocks

Sebastian von Seybelßdorff Ritter
Jorg von Gumpenberg Ritter
Hans Judman
Albrecht von Wildenstein

Aus dem land zu Bayrn

Hans Fuchs Ritter
Friederich von Sanßheim Ritter
Sixt von Ehenheim Ritter
Cunrat von berlachingen Ritter
Jorg von Ehenheim
Hans von Seckendorff zu Nydern zenn
Weit von Walrode Ritter
Weyt von Rottenhan

Hans

Hans von Grunbach

Wiglus Wolffßkel

Philips)
Cuntz } Fuchs

Hans von Seckendorff zu Creßperg

Wilhelm von Bebemberg

Auß der Geselschafft des Bern vnd Furspang

Jorg von Absperg Ritter

Hans von Aufffes Ritter

thoma Rud kunig

Ott von Lichtenstein

Auß der Geselschafft des Eingehirns

Item bise hernach geschrieben sein zu dem teyll geordent als man die Helm geteylt hat

Wilhelm von Auerbach konigl

Wilhelm von Rechberg Ritter

Vlrich von Westerstetten Ritter

Cunrat von Ahelfingen Ritter

Curat Spet

Aus der Geselschafft des layt pracken

Mang Marschalck Ritter

Sigmund von Freyberg Ritter

Alexander Marschalck von Vappenheim

Aus der Geselschafft der kron

Cunrat von Schellenberg Ritter

Burckhart von Ellerbach

Heintz von Zulnhart

Aus der Geselschafft von Vlsch vnd Valcken von der Schwaben wegen

Sebastian Senbelßdorffer Ritter

Jorg von Gumppenberg Ritter

Hans

Hans Judmann
Albrecht von Wildenstein

Von der Bayrn wegen

Philips von Dalburg konig
Friderich von Fleckenstein Ritter
Friderich von Dalburg Ritter
Hans von Flerßheim

Aus der geselschafft des Wolffs

Friderich von Stain Ritter
Brechtold von plettenberg Ritter
Wilhelm von Nesselrode
Cuntz von Aufffetz

Aus der Geselschafft des Steinpocks vnd haben Gotfryd von Ele zu Jn genomen

Item die Niderlender haben Bernhart von Gemingen zu jn genomen von der Esell geselschafft

Hans von Eglofstein Ritter
Jorg von Abſperg Ritter
Hans Fuchs Ritter
Jorg von Ebenheim
Weyt von Walrod Ritter
Hans von Seckendorff
Erckynger von Sanßhelm
Dietz von Thungen
Thoma Rud konig
Weyt von Rottenhan
Wiglus Wolffskell
Hartung truchfes zu Wetzhaußen
Hartung Fuchs

Von der Francken wegen etc.

Item diese Frawn vnd Junckfrawn seind auff dem gehalten thurner gewest etc.

Mein

Mein gnedige Fraw N. Hertzogin zu Meckelburg geborne von Brandenburg

Mein gnedige Fraw Anna von Brandenburg geborne von Sachßen

Mein gnedige Fraw Sophia von Brandenburg geborn ein konigynn von Pollen

Mein gnedige Fraw Elizabeth von Wirtemberg geborn von Brandenburg

Mein gnedige Fraw Barbara von Croßen geborn von Brandenburg vermehlte kinigynn zu Behem

Ein Frewlein von Brandenburg Dorothea genant

Ein Frewlein von Brandemburg Anastasia genant

Ein Frewlein von Brandemburg Elizabeth genant

Ein greffin von Hohenloe

Ein greffin von Castell

Ein Frewlein von Wildenfels

Veyt von Rottenhanß Weyb

Hylpolt von Haußen Ritter Weyb

Hans von Leonrod ⎱ Weyber
Wilhalm von Leonrod ⎰

Ekarius Zobels Weyb

Hans ⎱ von Eybs ⎱ Weyber vnd Mertens zwu Dochter
Mertin ⎰   ⎰

Ernst ⎱
Philips ⎬ von Wolmerßhaußen Weyber
Marx ⎰

Cristoffel von Auffas drey edel Junckfrawen vnd sein Weyb

Jorg von Zedwitz Ritter Weyb

Jorg von Absperg Ritter Weyb

Jobst ritter ⎱
Wolff   ⎰ von Luchaw Weyber

Ernfrid von Velberg Weyb

Claus ⎱
Steffan⎰ Zobels Weyber

Sigmund von Lenterßhelm Weyb vnd Katharina sein Dochter

Veyt

Veit von lenterßheim Weyb

Jorg von schawmbergs Weyb

Criſtoff ſchencken von Geyrn Ritter Weyb

Conrat ritter⎫
Vtzen⎭ von knorringen Weyber

Ebolt von Lichtenſteins Weyb vnd Dochter

Erckinger von Rechenberg Ritter weyb

Kaſpan von Gundelßheim Ritter Weyb

Lienhart von Wenckheim Weyb

Wilhalm von Bebenbergs Weyb vnd ſein Dochter

Erckinger⎫
Jorg⎭ Fuchs Weyber

Albrecht von Wildenſteins Weib

Hans von Hirſpergs Weyb

Vtz von kyndſpergs Weyb

Sigmund von Tungen Weyb

Heinrich Zobels Ritter Weyb vnd ſein Dochter

Heintz von Waldenfels Weyb

Cunrat von Berlachingen ritter Weib vnd ſein Dochter

Veit von Veſtenberg Ritter Weyb

Jacob von Landaw ritter Weyb

Gabriel von Redwitz Weyb

Steffan von Egloffſtein Weyb

Jorg Helen Weyb

Darius von Heſperg Weyb

Ein Stieberln

Ein eberſteinerin

Ein ſtettnerin

Ein ſchellenbergln

Ein adelmanyn

Philips von thungen

Sanßheim

Fridrichs Ritter⎫
Wilhalm ſaligen⎭ Weyber

Ebenhamer

Sixt Ritter ⎫
Ludwig 　 ⎬ Weyber
Arnolt ⎫
Hansen ⎬ Ebenhamer Weyber
Cuntzen ⎭

Jorgen vnd sein lj Dochter

Hansen ⎫
Moritzen ⎬ Grunbach
karls ⎭ Weyber

vnd Hansen vnd Moritzen zwu Dochter

Fuchs

Pauls Haußfraw vnd Dochter
Philips Mutter vnd Schwester
thoma ⎫ Weyber
Haysen ⎭

Seckendorff

Sixt ⎫
Wiglos ⎬ Weyber
Philips ⎭

Hansen zu Nydernzenn ⎫
Appels Ritter 　 ⎬ Weyber
Balthazar
Melchior ⎭

Hansen zu Cresperg ⎫
Jorg zu Reichenpach ⎬
Hanßen zu Ottingen ⎬ Weyber
Hansen zu Lempach ⎬
Hartmans
Oßwaltz ⎭

Item rrrij Junckfrawen in meiner gnedigen Frawen der Marg-
graffuen Zymer

Item meyner gnedigen frauen von Würtemberg Frauen vnd
Junckfrauen

Ihr

Ihr Hoffmeisteryun
Ein guffin
vllj Edel Junckfrawen

Der Augenschein lehret, daß diese Beschreibung recht in der Thur-
niersprache verfasset und also, wenn man mit dieser Sprache nicht recht
wohl bekannt, in vielen Puncten ziemlich dunckel seye. Wenn man aber im
Stand seyn wird, mehrere dergleichen Beschreibungen nebeneinander zu
legen, so muß sich alsdann vieles aufklären, und fast alle Dunkelheit ver-
schwinden. Eben dahero will dermahlen nichts aus der Beschreibung hier
wiederhohlen, weilen sie ohnehin niemand ungelesen lassen wird. Nur
das einzige muß bemercken, daß diejenige, welche einen Dank oder ritterlichen Preiß bekommen, sich zu einem weitern Thurnier an einem benannten
Ort erbothen, und anheischig gemachet. Nicht ohne Grund habe ich
also das Onolzbacher in gewisser Maaß vor eine Folge des Heidelberger Thurniers angegeben. Ein grosses Thurnier, wie das Onolzbachische vom Jahr
1485. gewesen, hat auch stets unter den Thurniergenossen einige besondere
Folgen gehabt. Zur Probe hievon kann ich einen Rathschlag aus dem
vorgedachten Onolzbachischen Archiv-Buch hier anführen, welcher nach ge-
endigtem Onolzbacher Thurnier Mittwoch nach Jacobi 1485. zu Bamberg
gepflogen und abgeschlossen worden. Er lautet also:

Num. 6.

Ratschlag der Ritter vnd knecht so auff Mittwuch nach Jacobi anno dni lrrrv
zu Bamberg auff den Abschid zu Onoltzspach auf den nechsten Thurner gemacht, auß dem land zu Francken gesamelt geweßt, auff die Artickel dauor
mals zu Nurmberg vnd andern enden der Ritterschafft der vier landen gehandelt ist

Zum ersten nach dem das Zulassen auff kuntschafft vor mals zu geben
als Vrsachen abgethon ist, sol es fur baß also gehalten werden, wer sich
von seinen stamen vnd altherkomen Erlich vnd frum gehalten auch von
seinen Anen Im Adel her komen sollichs durch Vrkunth kuntschafft sein

Select. Norimb. Tom. V.   U u   Erlich

Erlich Datt, vnd Freuntschafft erwerben vnd durch bringen mag sol einen
yeglichen vorbehalten sein

Alle so zu gehalten thurner auff kuntschafft zu gelassen sein, so die ge=
taylt werden mit dem mag man vmb daß Roß thurniren vmb Jr lang auß=
bleyben, vnd die sollen von Nymant geschutzt werden Jn kein ander Weyß
dan mit bitt,

Wellicher von seinen vier Anen nicht edel vnd Wappens genoß ist,
sollichen, sol man nit teylen, so er sich aber wider zu Adel beweibt, die
dem thurner genoß ist, da mit er kinder macht, dieselben kind sollen getaylt
vnd zu gelassen werden

Oder also wellicher sich außerhalb des Adels verheyrat mit dem vnd sei=
nen kynden, davon geborn mag man thurnirn wie von alter herkomen ist,
als lang bis es sich auß geadelt, oder durch Jr erlich Datt bett vnd Freunt=
schafft abgetragen wurdet

Oder welicher sich zu einß Handtwerckerß offen gast geben Wein oder Bier
schencken, gewantschneyders oder ringer lewt kynd verheyrat den noch sein
Sün davon geborn sol man nit teylen so lang bis er wider ein Edel Weyb
gewint so mag man jn schlagen vnd sein Sün so lang bis sie wider auß ge=
adelt seind

Welcher aber auß alten thurnerß geschlecht eins erbern Burgers fru=
me vnverlaimte Dochter von den geschlechtl oder erbern auß den stetten Nem,
vmb seiner narung vnd Auffkomens willen seins stames, doch das Jm die
vnder vier tausent Gulden nicht zu precht dem sol man es nicht verargen Jn
vnd seine kinde Reitten lassen, doch mag man sie schlagen

Wellicher aber Inert halb funfftzigen Jaren Erst zu thurner zu las=
sen wer, wo sich der außer dem Adel verheyrat hett den noch sein Sün sol
man nicht teylen Es wer dann Jm darzu worden ein mercklich gut, als zehen
thausent gulden so sol man es gutlich dulten vnd mit Jn halten wie vor

Auß diesen vier articeln berurt, die sich auß den adell verhayratten
mag man nemen den lauden zu gut wes man rettig wurd.

Wellicher auß freyem willen Jn einer stat steur vnd wach gibt oder
bey ampt ist, vnd das alles zu thun verbunden So den gemeinen Jnsessen
vnd Burger zu thun seind die sollen zu dem thurner nicht zugelassen werden
ob aber sach were das einer schirm auß rotturfft gesucht het oder suchen must das
sol er nicht entgelten wellicher auch von dem Adel zu einer stat bestellet wurt vnd

sich

sich nicht weitter verpfliche oder Handelt, dan dem Adel zu stett soll auch zu den thurner nicht abgestelt werden

Alle die nicht in der Ee geborn seynd soll man nicht taylen noch zu lassen

Wellicher nicht zu dem tayll gehort auch nicht getaylt wurde vnd doch In die schrancken zum thurner eintringen wurde derselbe sol sein roß vnd turnerßzeug verloren haben, den Freyhetten vnd buben gegeben werden, auch furbas zu ewigen Zeytten des thurners beraubt sein Es sol auch nymand derselben keynnen an nemen hineln furen als beschirmet von dem das Uberfaren wurde das sol zu seiner straff stan vnd alles gleyttes beraubt sein

Wellicher einen schlecht vnd dan spricht Er hab In nicht bekant der sol zu demselben so geschlagen ist mit sampt seinen frunden gan vnd sagen Er hab In bey seinen glauben nicht bekant vnd In bitten Im das zw verzayhen desgleichen sol ein perseuant auf die Danßhauß außruffen als dan auff heut mit N. gethurnirt geschlagen vnd vmb gezogen, sey auß keiner Vrsach geschehen, dan das man In nicht bekant hab

Ob einer vnbillich vnd vnredlich vehe, vnd bewarung seiner eren als einen frumen edelman wol zustet von sein oder ymand anders wegen nam, prand, oder gefencknuß gehandelt vnd sein widerteyl zu Richtung gedrangt vnd bracht het, nicht dester mynder mogen alle ander thurners genoßen solchen straffen vnd auff die schrancken setzen

Es sol bey ritterlichen eren verbotten sein, das kein thurner vmb was sich Im thurner begibt, nicht anders rechnen sol dan des thurners herkomen ist mit dem kolben vnd ob einer oder die Im des helffen das überfuren, sollen des thurners zu ewigen Zeytten beraubt sein vnd nicht zugelassen werden

Wellicher der jn die schrancken deß thurnerß kumpt vnd sein cleynet ab thut sich nicht wil erkennen laßen oder den man abgeprochen hat mit dem mag man es halten vnd schlagen wie vor alter deß thurnerß herkomen ist

Das seind die Artickel warumb man ein yeden im thurner auff die schrancken setzen sol

Wellicher einen wissenlichen maineyd gethon, oder falsch Zeugnuß geben hett

Der ein selb fencknuß maineyd vnd treuloß worden ist vnd nicht gehalten hatt

Wellicher

Welicher sein Brief vnd sygell wissenlich freuenlich mutwilliglichen ver-
acht vnd nicht helt

Welicher ein Feldflucht gethon hat vnder seines Herrn oder Freunds
hauffen die im Feld geordnet sein

Welicher eine das sein genomen hat darumb er nicht zu eren furko-
men oder verantwurt thar

Welicher einer frumen vnverleumpten Junckfrawen oder frawen jr
ere mit Worten oder Wercken genomen hat vnd sich des berumpt oder sunst
mit gewalt thut

Alle dy, die sich In Jrem stand Jres Adels mit stroß rauberey ver-
retterey morderey vnd ander boßheit verhandelt haben also das sie sollichs
mit eren nicht verantworten mugen oder darumb für komen thoren aus was
stücken ein yeder des schuld hat

Alle freffenlich kyrchen brecher oder zersterren der Kyrchen vnd Got-
heußir sind

Alle die so einen das sein vnbillichen wider recht oder on recht nemen
zu schuben oder darauff hieltten In oder die sein nyder wurffen

Alle die so auf einen vnerlangt vnd an recht gehalten In oder die
sein gefangen vnd den nutt von dem sein gedrengt oder geschatzt hetten,
desgleichen so daryu hilff gethon hetten

Alle die wissenlich verkerer des glaubens seind, vnd ketzerey oder morderey treyben uben vnd furnemen mit den mag man nach allem forteyll
thurniren vnd In auff den schrancken bezaichnen warumb man mit Im ge-
turnirt hab

Welicher ein gewayhte Closter Frawn auß Jrem Closter einen sein
Eeweib vatter mutter jr dochter, oder Jr vorminder on iren willen ent-
urt vnd mit Jr In vneren sitzt

Will einer ein schlagen vmb sachen der Artickel darumb er In auff
die schrancken setzen wolt der sol Jnn vor darumb besagen vnd zu Red setzen,
wurd er des nicht gesten, vnd erbut sich Im Eren vnd rechts zu pflegen,
an gewayngert on Appellirung vnd an billichen stetten das sollichs In Jars
frist zu entlauffen solt vnd sich der so jnn schlagen wolt daran nit genügen
ließ vnd daruber schlügen auff die schrancken setzet der sol sollich sein beschul-
digung zu dem nechsten thurner darnach auff In bringen mit warer gezeug-

                                                                                     nuß,

nuß, des genůg ſey nach erkantnuß der Ritterſchafft ſo zu dem tanł des thurnerß der vier Land gegeben ſeind die auch darumb erkennen ſollen, dett er des nicht noch ẘurd ſein gezeůchniß nit genugſam erkant der ſolt furbas des thurnerß beraubt ſein vnd offenbar ausgeſchryen werden das er dem jenen ſo er geſchlagen Vnrecht gethon hett

Ob einer in der Artickel einem oder mer wie obſtet in offner beſchuldigung were, den mag man ju zu rede geſetzt ſtraffen vnd im thurner darvmb ſchlagen vmb ygliches ſtuck wie vor gemelt iſt

Welicher mit dem andern thurniren will vmb ſache auff den ſchrancken erlaubt, Der ſol In des nachts daruor vnd E man von dem Dantzhauß get das durch ſein freůnde verkunden er wolle mit Im nach laut des geleſen Artickels vmb das ſtuck thurnirn iſt es vmb beſchuldigung ſein oder der ſein oder ſeins freunds oder vmb entledigung ſeins Freunds, wo ſich dan der Antwurt begibt vnd verwilligt dem Clager vmb die ſach Eren vnd rechts zu pflegen vor ſeinen ordenlichen Richter wa der verdachtlich oder nicht gelegen wer dem Clager vor einen obman, ſo die auß den vier Landen, dazugeben ongewalgert wol pflegen In Jarß Friſt vnd das vernugt vnd ob den geſchehen were verourſſet den ſol er die vrffe zu recht auff laſſen vnd eſſen, ſo ſol man In daruber nicht ſchlahen wer das thet oder uberfur den mocht man dermaſſe wer da wolt auch ſtraffen treff aber der ander Artickel einen an damit er verleumet oder berichtig wer, wan er ſich dan erbut das ytzunt oder In einer genannten Zeit ſo Inn von den vieren auff geſetzt wurd entſchuldigen woll vor denſelben oder dem Richter ſo In geben wurt das er der Ding onſchuldig vnd nicht onerlich gehandelt hett ließ man In auch dabey beleyben die weyl er ſein entſchuldigung nicht brecht muß er des Turnerß beraubt ſein oder ſich ſtraffen laſſen ꝛc.

Aus dieſem Rathſchlag erläutern ſich einige Ausdrücke, die in der Thurnierſtraffe vorzukommen pflegen. Es rechtfertiget ſich aber zugleich dardurch das Urthel, welches von den Thurniergeſetzen in der zu Breßlau an. 1772. in octavo gedruckten und dem Königlich Preußiſchen Generalmaior von Loßow zugeſchriebenen Abhandlung von den Thurnieren, beſonders den Teutſchen gefällt worden, nemlich, es ſeye zu wundern, daß man erſt zu der Zeit, da die Thurnier bald aufgehört, über gewiſſe Thur-

nier-

niergeſetze ſich vergleichen.   Neben dem wird dadurch erkläret, was man
für Perſonen unter den in dem num 3. bemerkten neu aufgenommenen zu
verſtehen habe.   Dieſer werden in der Beſchreibung des Thurniers vom
Jahr 1485. Eilf mit Namen genennet, und unter dieſen finden ſich drey,
die bereits Ritter geweſen.

Dies mag dermahlen genug ſeyn von dem, was ich aus angezeig-
ter Veranlaſſung von Thurnieren vorgefunden.   Ein mehrers überlaſſe
denen, welche eigene Abhandlungen von den Thurnieren auszuarbeiten
Vermögen und Belieben haben. Ehe ich aber dieſes Capitul ſchlieſſe, habe
noch desjenigen Gemähldes zu gedencken, welches ein zu Onolzbach an.
1482. gehaltenes Rennen abbildet.   Die Mahlerey läſſet nach dem Urtheil der Kenner vermuthen, daß das Gemählde entweder in dem nemlichen
Jahr oder kurz darauf gefertigt worden.   Selbiges beſitzet dermahlen des
Hertzoglich Würtembergiſchen Herrn Geheimen Raths Johann Ernſt Got-
fried Freyherrn von Seckendorff Aberdariſcher Linie, zu Gröningen, Ex-
cellenz, denen ich auch vor die Mittheilung dieſer Seltenheit hiermit öffentlichen Dank abſtatte. Die von dem Mahler gefertigte Ueberſchrifft lautet
alſo: Nach Chriſti Geburt 1482. Jahr iſt das Rennen geſchehen zu
Onolzbach in der Statt vor vielen Fürſten Fürſtin Grafen Herren vnd
Ritterſchafft vnd groſſen Meng Volcks Frawen vnd Mann. Gegenüber finden
ſich zwey Seiten des Schloſſes abgebildet, ſo daß von drey Ecken die Thürne
zu ſehen. Von dem Schloß her iſt die Wand zu ſehen, hinter welcher auf
einer darzu eingerichteten Bühne der alte Churfürſt Albrecht mit vielen
Frauenzimmer und Mannsperſonen dem Rennen zuſehen.   Vor dieſer
Bühne ſind zwey Ritter im vollen Rennen zu Pferd mit gegen einander
eingelegten Lanzen abgebildet.   Der Leib derſelben iſt mit einem Bruſtharniſch verſehen, ſo daß der Hals blos.   Auf dem Kopf iſt allein ein Kranz
oder Binden ohne Helm.   Neben jeden rennet noch einer, aber ohne Lanzen und ohne Bruſtharniſch.   Bey jeden Ritter iſt ſein Wappen angeleh-
net, und über dieſem ſtehet ſein Namen. Zur Rechten ſtehet das Schwartz-
burgiſche Wappen, nemlich ein aufrechtſtehender Löwe, gekrönt und mit
ausgeſchlagener rother Zungen. Die Umſchrifft lautet alſo: Baltaſar Graff
zu Schwarzenburg und Herr zu Lautenberg.   Zur linken Seiten ſtehet das
bekannte Seckendorffiſche Wappen, mit der Umſchrift: Hanns von Seckendorff

ckendorff Aberdar zu Sugenheim und Kreßberg Ritter. Hinter dem Grafen sind Trompeter und Paucker zu Pferd, und hinter dem Hanns von Seckendorff Tromler und Pfeifer, gleichfals zu Pferd, beederseits in rother Kleidung; nur mit dem Unterschied, daß die Tromler und Pfeifer das alte Zollerische Wappen auf der Brust hangend haben.

Graf Balthasar von Schwarzburg war zur Zeit des Rennens erst 18. Jahr alt, denn nach Heldenreichs Schwarzburgischer Historie war er an. 1464. gebohren, gieng an. 1493. ins gelobte Land, und starb an. 1525. Er findet sich auch in der Verschreibung vom Jahr 1481. welche oben unter dem Num. 3. zu lesen, und wird eben wegen der besessenen Herrschaft Leutenberg unter die Franken gezehlet worden seyn. Welcher Hanns von Seckendorff aber in dem vorliegenden Gemähld gemeint seye, ist so genau nicht zu bestimmen. Es lebten nach Falckensteins genealogischen Tabellen deren mehrere in der Aberdarischen Linie zu gleicher Zeit, und nach obigen Num. 5. war Hanns von Seckendorff der alte an. 1485. In der Zahl der Grißwertet. An. 1508. starb ein Hanß von Seckendorff zu Kresberg, und an. 1550. einer zu Sugenheim. Da Hanß von Seckendorff, welcher an. 1482. gerennet, bereits Ritter gewesen, so kann man ihn nicht vor allzujung halten. An dem Rennen selbst muß Churfürst Albrecht einigen Antheil gehabt haben, weilen das Zollerische Wappen an den Tromler und Pfeiffern zu sehen. Doch lässet sich aus dem Gemählde nichts gewisses abnehmen; indessen muß der Vorgang doch von Bedeutung gewesen seyn, weiln man ihm ein eigen Gemähld gewidmet. Nach dem Reusner heiset Graf Balthasar vir rectus et ingenuus, bellicis virtutibus insignis, und mag vielleicht dieses Rennen veranlasset haben, um ein Fränckischer Thurniergenoß zu werden; so daß dem Hanß von Seckendorff das Rennen allerdings zur Ehre gereichen muß. Doch lässet diese meine Vermuthung vielen andern Platz, welchen ich auch keineswegs den etwa vor sich habenden Grund abzusprechen vermag.

Das

Das neunzehende Capitul.

Von Pappenheimischen Pfarreyen.

Im Fürstenthum des Burggrafthums Nürnberg unterhalb Geburgs heissen Pappenheimische Pfarreyen die vier Pfarreyen Alesheim, Theilenhoffen, Wachstein und Trommetsheim, und zwar, weilen sie eigentlich von Pappenheim besetzet werden, und doch auch in gewisser Maas dem Brandenburgischen Capitul zu Guntzenhausen unterworfen sind. Da annebst der Brandenburgische Pfarrer zu Emezheim nach den Verträgen das Pappenheimische Capitul besuchen muß, so verdienet hier diejenige Urkunde allerdings einen Platz, welche von dem dermahligen nachältesten Herrn Reichs-Erbmarschallen und Grafen von Pappenheim wegen vorgenommener Religionsveränderung ausgestellet, und von Seiner des regierenden Herrn Marggraffen zu Brandenburg Hochfürstlichen Durchlauchtigkeit gnädigst versichert worden. Mittelst dieser Urkunde wird die Evangelische Religion in Pappenheim sicher gestellet, als wo noch einmahl seit der Reformation die Catholische Religion geübet worden, obschon biß zu Ende des vorigen Jahrhunderts eine Catholische Linie der Herren Reichs Erbmarschalle floriret, und des letzten Catholischen Herrn Graffen Carl Philipp Gustavs Frau Wittib noch lange nach seinem an. 1692. erfolgten Todt in Pappenheim gelebet hat. Die nun wegen der bemeldten Ursache im vorigen Jahr sehr pünktlich abgefaßte Urkunde lautet aber folgender gestalt:

Wir Johann Friederich Ferdinand, Nachältester des Heil. Römis.Reichs Erb-Marschall, Graf und Herr zu Pappenheim, Herr auf Rothenstein, Calden und Vellenberg rc. Sr. Hochfürstl. Durchl. zu Pfalz General-Lieutenant der Cavallerie und Capitaine en Chef der Churfürstl. Leib-Garde zu Pferdt, des Chur-Pfälzischen goldenen Löwen-Ordens Ritter rc. rc.

Urkun-

Urkunden und bekennen in Krafft dieß:

Nachdem durch Unsere im vorigen Jahre vollzogene Standesmäßige Vermählung Unsers Hochzuverehrenden Herrn Vatters Gnaden, der Hochgebohrne Reichs-Graf, Herr Friederich Ferdinand, Aeltester des Heil. Röm. Reichs Erb Marschall, regierender Graf und Herr zu Pappenheim, des Römis. Reichs Forst- und Jägermeister im Nordgau, Herr auf Rothenstein, Calden und Bellenberg ꝛc. Sr. Römis. Kayserl. Majestät würcklicher Geheimer Rath etc. in die Besorgnis gesetzet worden, daß, da Wir Uns vor mehrern Jahren bewogen gesehen, die Evangelisch-Lutherische Religion zu verlassen und den röm. Catholischen Glauben anzunehmen, Wir oder Unßere nach Gottes Willen überkommende eheliche Descendenz und allenfallßige Landes-Successores, welche, wie Wir Selbst, der Catholischen Religion zugethan seyn könnten, etwan in Zukunfft, den in Unßerm Reichs-Gräfl. Hauße eingeführten Statum Religionis et Regiminis verändern, und einige der Evangelisch-Lutherischen Glaubenslehre, oder der dermaligen Landes-Verfaßung entgegen lauffende Neuerungen einführen möchten, welches jedoch Unßer Sinn und Meinung keineswegs ist, auch Unßerer ehelichen Nachkommenschafft ihre zu ewigen Zeiten nicht seyn solle;

Als haben Wir Uns mit gutem und reiffen Vorbedacht freywillig entschloßen, durch gegenwärtig-endliche Reversales, sowohl gegen Unßers Herrn Vatters Gnaden als auch gegen Unßers Herrn Bruders Lbdn und deßen Descendenten, dann gegen dieß Amtl. Dienerschafft, Bürger und Unterthanen der Grafschafft Pappenheim, ingleichen gegen das ganze Hochpreißl. Corpus der Evangelischen Churfürsten, Fürsten und Stände des Reichs, für Uns und Unßere Erben und Nachkommen unwiederruflich verbindlichst anheischig zu machen, daß die dermalig politisch und kirchliche Verfaßung in ihrem jetzigen Zustande zu ewigen Zeiten von Uns und Unßern Nachkommen ohnverändert und ohngekränckt belaßen, keine Neuerung eingeführt und nichts was der Evangelisch-Lutherischen Religion im mindesten nachtheilig seyn oder dafür angesehen werden dörfte, von Uns oder den Unßerigen geschehen und unternommen werden solle.

Zu Bewährung dieser Unserer aufrichtigen und ungeheuchelten Absicht, wozu Uns ausser dieser Unserer freywilligen Zusage das Westphälische Friedens-Instrument, und der darinnen festgesetzte Annus decretorius seu normalis an sich schon verbindet, erklären Wir hiermit zum voraus, daß gegenwärtige Reversales, pro Sanctione pragmatica et Lege Familiae perpetuo valitura geachtet, und alle diejenigen, so dagegen, obwohl nulliter zu handeln, unternehmen dürften, ipso Facto, in die Strafe des Meineydts verfallen seyn sollen; angesehen alle in Zukunfft einzunehmende Landes-Huldigungen und Dienstpflichten anderst nicht verstanden werden sollen, als sie nach vorgängiger würcklichen Beschwörung diser Reversalen eingenommen worden wären, und so, daß die Annahme der Huldigung und Dienst-Pflicht zugleich auch stillschweigend einen cörperlichen Eyd, involvirn solle, reciproce die gegenwärtige Verbindung gegen Stadt und Land zu erfüllen.

Wir geloben und versprechen demnach für Uns und Unsere Erben und Nachkommen bey Gräfl. wahren Worten, Treu und Glauben, so wahr mir Gott helfe und sein heiliges Evangelium!

folgende Artickel unverbrüchlich zu halten, und setzen in vim Legis fest,

1mo) Was den Statum Religionis in der Stadt und auf dem Lande der Grafschafft Pappenheim und derselben Exercitium, die dazu gehörigen Kirchen, Schulen, geistliche und heiligen Güther, auch Stifftungen, so wohl an und vor sich selbst, alß auch die daher rührende Verbindung mit dem Evangelischen Wesen überhaupt angehet; So machen Wir Uns anheischig und verbinden Uns für Uns und Unsere Nachkommen, wann dereinst die Landes-Reglerung, nach der in Unserm gräflichen Hauß eingeführten Seniorats - Erbfolge auf Uns oder Unsere Descendenten kommen wird, darinnen nicht das allergeringste weder im ganzen, noch in einzelnen Theilen zu ändern, sondern alles und jedes, nach der gegenwärtigen Religions-Verfassung in der Stadt und auf dem

Land,

Land, nicht weniger auch in denen 4. Pfarreyen, Alesheim, Theilenhoffen, Trommetzheim und Wachstein in seinem Stand und Wesen ohnbeeinträchtigt und ohngestöhrt zu laßen, zu erhalten und zu schützen. Zu dem Ende verbinden Wir Uns auf den Fall, der an Uns oder die Unßerigen kommenden Regierung

2do) Die Stadt Pappenheim sowohl als alle zur Grafschafft gehörige, inn, und außer derselben gelegene Communen, Dörfer, Weyler, einzelne Mühlen, Höfe, Unterthanen und eingesäßene, bey dem freyen und ungehinderten Exercitio der Evangelisch, Lutherischen Religion zu erhalten, und nach ihrer dermalig, allenthalbigen Verfaßung, mithin der daben jeden Orts eingeführten Kirchen, und Reformations - wie auch circa ecclesiastica ergangenen sonstigen Verordnungen, Edictis, Ausschreiben, Verfügungen, auch eingeführten christlichen Gebräuchen und Ceremonien ohne Uns darüber eine Cognition zuzueignen, je, und allewege, solang Wir und nach Uns Unßere Landes-Successions fähige Descendenz am Leben seyn werden, nicht nur sonder mindeste Hindernuß und Beschwerde verbleiben zu laßen, sondern auch in dem ungestörten Besitz und Genuß aller bißhero innen gehabten Kirchen, Schulen, Pfarr-Häußer, Stifftungen, Beneficien, mit den dazu gewiedmeten jährl. Gefällen und Einkünfften, ins besondere was hierzu aus den Landes-Revenüen verwendet worden, und ferner zu deren Erhaltung erforderlich seyn mag, ingleichen die Armen, und Kirchen-Häußer, deren Einrichtung, Rechte, Nutzungen, Renthen und Gefälle, also und dergestalt ohngeschmälert und ohnverändert zu belaßen, daß dieselben nach wie vor, den vorhandenen Fundationen, Verordnungen, auch bißherigen Verfaßung und Observanz gemäs, jederzeit ad destinatos usus verwendet, keiner Catholischen Geist, oder Weltlichen Person aber davon jemals etwas eingeräumet werden solle.

3tio) Verheißen und geloben Wir, nicht zu dulten, vielweniger selbst daran zu seyn, daß die Catholische Religion neben der Protestantischen eingeführt, noch weniger Clöster in der Stadt oder auf dem Lande ange-

angelegt, noch einige Catholische Seminaria, Orden, Communitäten, Hospitallen, Armen- oder Wayßen-Häußer, darinnen errichtet, aufgenommen, oder daju privat Häußer eingeräumt werden, sondern es solle in allen Kirchen und Schulen erwehnter Graffschafft Pappenheim sonder mindeste Ausnahme der Evangelisch-Lutherischen Religion, so, wie dieselbe darinnen und andern verschiedenen Orten in öffentlicher Uebung ist, und jur Zeit des Regierungs-Anfalls an Uns seyn wird, alleine gelehret, keine Catholische Kirchen, Capellen, Altäre, Bilder, weder neu erbaut und aufgerichtet, noch etwan alte und ungebrauchte daju aptirt, auch keine Catholische Proceſſionen, Wahlfarthen, Kirchhöffe, gelitten, das Venerabile weder bey Providirung der Krancken, noch in andern Fällen öffentlich getragen, auch nirgends das im römischen Reich bißhero so viele Unruhen erregte Simultaneum Catholicum und was sonsten daraus, besonders aber aus dem jure reformandi contra l'principia Evangelicorum gesolgert ju werden pfleget, unter welcherley Gestalt, Schein oder Prætext das seye, niemalen angeführt, noch irgend etwas, welches den Statum Religionis Evangelicae, wie Wir denselben beym Antritt Unßerer Regierung finden, directe oder per indirectum verändern, oder alterirem mag, jemals verhänget, und überhaupt der allergeringste Actus eines Catholischen Gottes-Dienstes, auſſer was Unßern Privat-Gottes-Dienst, wovon in dem folgenden Artickel besondere Meldung geschiehet, betreffen mag, in der Stadt und auf dem ganzen Lande nicht exercirt werden.

    Anlangend nun

    4to) Unßern Privat Gottes-Dienst: so woßen Wir, da die bißher im teutschen Reich übliche ad Instrumentum Pacis Osn. Art. VII. §. I. sich gründende Observanz den jur Catholischen Religion übertretenden regierenden Landes-Herrn protestantischer Lande erlaubet, Hof-Prediger, oder Schloß-Capelläne von Ihrer Religion, ohne Ihrer Unterthanen Beschwehrde und Praejudiz bey sich und in Ihrer Residenz ju haben, wann Uns dereinst die Landes-Regierung jufallen wird,

dazu jederzeit eine verträgliche Perſon ausſuchen, auch keine Ordens-Leu-
the, ſondern nur allein Welt-Geiſtliche annehmen, und durch ſelbigen
auf nachfolgende Reichs-Geſetzmäßige Weiße Unßern Privat - Gottes-
-Dienſt errichten laßen.

a.) Solle es dann erſt, wann Wir würcklich zur Regierung gelangen, in dem Uns von Unßers Herrn Watters Gnaden eingeraum-
ten Hauße, oder in welchem Wir ſonſt Unßere Reſidenz aufſchla-
gen, eine Catholiſche Capelle nach Unßerer Willkühr einzurichten Uns
frey ſtehen.

b.) Iſt dieſelbe, oder auch das dazu aptirte Zimmer bloß für
Unß, Unßere Gemahlin und Unßere Gräfl. Kinder, dann für Unßere
und derſelben Domeſtiquen alleine gewiedmet, und ſolle

c.) ſich Niemand, der nicht in Unßern wircklichen Dienſten
und Pflichten ſtehet, und deßwegen beſoldet iſt, unter irgend einem
Vorwand weder ein Fremder noch einheimiſcher einſchleichen.

am allerwenigſten aber

d.) Reiſende oder benachbarte Catholiſche Religions-Verwandte,
oder Handwercks-Purſche, ſich bey dieſem für Uns, die Unſerigen
und Unßere Domeſtiquen allein beſtimmten Privat - Gottes-Dienſt
einfinden.

e.) Solten ſich unter Unßern oder der Unßerigen Domeſtiquen
Proteſtanten befinden; ſo wollen Wir denenſelben nicht zumuthen,
die Catholiſchen Feyertäge mit zu feyern, ſondern ſie bey ihrer freyen
Religions-Ubung nach den proteſtantiſchen Glaubens-Principiis ohn-
geſtöhrt belaßen.

f.) Verbinden Wir Uns beſonders, keine Actus parochiales in Unßerer catholiſchen Schloß-Capelle, außer bloß bey den Un-

ſerigen

fertigen und bey solchen Unßerer Domestiquen Catholischer Religion, welche in Unßerm Schloß und dazu gehörigen Gebäuden wircklich domiciliren, und auch diese anderst nicht, als ohne Schmählerung der den Evangelisch-Lutherischen Geistlichen Kirchen- und Schuldienern, davon gebührenden Competenzen und jurium Stolae, verrichten zu laßen; Unßere in der Stadt wohnende obgleich catholische Domestiquen hingegen sollen gänzlich pro parochianis der Evangelischen Kirche geachtet werden, und von solchen die Actus parochiales verrichten laßen; Besuche und Providirung der Krancken, durch Unßern Schloß-Capellan aber anderst nicht, als gegen Ausstellung solcher Reversalien, dergleichen benachbarte Catholische Geistliche, wenn selbige zu den Besuch einer Catholischen Person, die in Pappenheim erkrancket, herbeygeruffen worden, schrifftlich von sich gegeben, unternommen und gestattet werden.

Wie dann auch

g.) die Evangelische Geistlichkeit und Schule, die in Unßerm Schloß und deßen Bezirck sterbende Personen catholischer-eben sowohl als evangelischer Religion, vor dem Schloß-Thor empfangen und zur Begräbnis, ohne Zulaßung Unßers Schloß-Capellans, (es seye dann, daß solcher bloß alß eine leidtragende Person und ohne priesterlichen Ornat zu tragen, dem Leichen-Conductui mit beywohnen wolte,) begleiten, auch hievor die Jura Stolae, zu beziehen haben sollen.

Würde ferner

h.) die Landes-Regierung nach dem eingeführten Senio, in der Folge, auf einen Unßerer Evangelischen Agnaten gedeihen; so solle dieser Catholischer Privat-Gottes-Dienst wieder cessiren, die Catholische Capelle abgehen, und solange und viel, biß wiederum

ein

ein Catholifcher das Seniorat und Landes - Regierung erlangen wird,
aufhören.

5to) Wollen Wir und Unßere Defcendenten alle Schulen,
gleichwie die Kirchen in der Stadt und auf dem Lande, bey ihren
Fundationen, Statutis, auch herkommlichen Verfaßung und Einrichtung, bey ihren Privilegien, Rechten und Gerechtigkeiten,
Güthern, Renthen, Zinnßen und all fonſtigen Gefällen, ruhig
und ohnbeeinträchtigt und ohnverändert belaßen, auch wider alle An-
fechtungen und Turbationes kräfftigſt ſchützen, keine andere alß der
Evangelifch - Lutherifchen Religion zugethanene Subjecta zu den Schulen und damit verknüpften fonſtigen Bedienſtungen annehmen und beſtellen, und wann folche fothane Religion verlaßen, dieſelben fo-
dann ihres obhabenden Officii, cum omnibus emolumentis,
nicht weniger alles Gnaden - Gehalts und Penfionen aus denen zur
Bedienſtung einmal gewiedmeten Einkünfften, hiermit verluſtig erkläret haben; Geſtalten dann noch weniger einige neue Schulen,
Stipendia, Auditoria, und Oratoria, darinnen die Catholiſche Religion öffentlich oder privatim profitirt oder docirt werden
wollte, nirgends in - und auſſer dem Lande, unter keinerley Prae-
text und Urfache aufgerichtet - fouirt und erbauet werden follen.

6to) Der Jurisdictionis ecclefiaſticae und was dazu gehört,
alß deren Exercitium nach den Principiis Evangelicorum, (welchen Wir hierunter fowohl als ratione annexorum, in allem hiermit nachgeben) von einem Catholifchen Landes - Herrn, über feine
proteſtanlifche Unterthanen ohnedem nicht ausgeübet werden kan, wollen Wir Uns zum Uberfluß ausdrücklich hiermit begeben, und die
Verwaltung derfelben Unßerer nachgefetzten Regierungs - Canzley und
Confiſtorio gänzlich und alleine überlaßen, hierdurch denn auch inter alia, alle Gelegenheiten abfchneiden, daß occafione der Oſter-
feyer und anderer Feyertäge, keine folche Unruhen ausbrechen können, als fich reichskündigermaßen in den Hohenloifchen Landen ereignet haben.

7mo)

7mo) Weder in die Stadt Pappenheim noch auf das Land wollen
Wir Catholische Unterthanen aufnehmen, sondern es auch in diesem Stücke so belaßen, wie sich der Status, in Ansehung der Bürger und Unterthanen zu der Zeit befinden wird, wann Wir vi Senii die Landes-Regierung antretten werden, überhaupts auch alle Communen bey ihren wohlhergebrachten Rechten und Gerechtigkeiten tam in politicis, quam ec-
clesiasticis laßen, und selbst kräfftigst dabey schützen.

8vo) Sollen und wollen Wir und Unsere Nachkommen alle von
Unßerm Gräfl. Hauße und dem Reichs-Erb-Marschall-Amte abhangende
Bedienstungen, groß oder klein, nichts (außer einer Canzellisten-Stelle
in Comitiis imperii) ausgenommen, ingleichen die Regierungs- und
Justiz-Canzley, das Consistorium, Cammer-Collegium, Regi-
stratur, Archivariae, mit den zu all diesen Collegiis gehörigen Sub-
alternen, die Justiz- und Renth-Aemter, Stadt-Vogthey, Steuer-
Recepturen, die Forst- und Jagd-Bedienstungen, Marche-Commis-
sariat, Zoll-Aemter, den Stadt-Rath, und die Dorffs-Gerichte, sammt
allen dazu gehörigen Unterbedienten, Stadt-Amt und Land-Knechten, und
mit einem Wort alle und jede größere und kleine gemeinherrschafftliche
und andere Diener und Bedienten (Unßere eigene und der Unserigen Do-
stiquen alleine ausgenommen) mit keinen andern alß der Evangelisch-Lutherischen Religion zugethanen Personen besetzen, und daferne einer oder
der andere während seiner Dienst-Zeit die Evangelisch-Lutherische Religion
verlaßen möchte, so solle selbiger auch eo ipso seines Dienstes verlustig
seyn, und weder von Unßern Collegien noch sonsten Jemand weiter
für Unsern Rath, Beamten und Diener erkannt, noch geachtet werden.

Wobey Wir Uns lediglich die freye Willkühr vorbehalten, Unßere
und der Unserigen Hauß-Officianten Dienste, männ- und weiblichen Geschlechts, nach Unßerm Gefallen, ohne Unterschied der Religion zu besetzen; mit dieser verbindlichen Erläuter- und Erklärung jedoch, daß keiner
Unßerer Hauß-Officianten oder Domestiquen, welcher der catholischen
Religion zugethan ist, zu solchen Geschäfften gebraucht werden solle, welche in die Regierung und Administration der Stadt und des Landes in

Geist-

Geift= oder Weltlichen den mindeften Einfluß haben; Allermaffen wir Uns
und Unfere Nachkommen ausdrücklich verbinden, daß wenn Wir oder Sie,
obhabender Dienfte oder anderer Urfachen halber, Unß auffer der Stadt
und Landfchafft Pappenheim befinden, mithin die Nothdurfft erfordern
würde, durch einen Rath, Secretarium, Regiftratorem, Canzelli=
ften, oder andere Perfon, die Correfpondenz mit Unfern Dicafte=
rien und Erb=Marfchall=Amtlichen Dienern zu führen oder führen zu laf=
fen, Wir darzu keine andere alß Evangelifche Subjecta erkiefen und be=
ftellen wollen, wenn fie auch gleich fonften zu Unfern Hauß=Officianten
gerechnet werden könnten.

9no) Zu defto mehrerer Beruhigung des Uns bereinftens nach
Gottes Willen zu regieren zufallenden Landes und zu defto gewifferer Bey=
behaltung des darinnen eingeführten Status religionis geben Wir, nach
den Chur=Sächßifchen, Herzoglich Würtembergif. und Landgräfl. Heffen=
Caffelifchen Beyfpielen, der Regierungs=Canzley zu Pappenheim in krafft
dies die perpetuirliche Commiffion und Vollmacht, daß diefelbe auf
begebenden Fall fofort alle Evangelifche Religions = und Kirchen=Sachen,
mit dem dahin einfchlagenden oeconomifch= und politifchen Gefchäfften,
es betreffen folche die innerliche Verfaßung des Landes oder das gefammte
Evangelifche Religions= und Kirchen=Wefen, ohne weitere Anfrage tra=
ctiren und alle nöthig findende Verordnungen inn= und aufferhalb Landes
vor fich erlaßen folle, damit folchergeftalt alles nach demjenigen Zuftande,
worinnen fich der complexus deßen, was zu Unßerm gräfl. Hauß gehört,
zu Zeit des Regierungs=Anfalls an Uns, befinden wird, und zwar nach
den biß daher geführten Principiis und Auslegung des Corporis Evangelicorum, in Religions= Kirchen und Schulen= und all andern dahin
einfchlagenden öconomifch= und politifchen Angelegenheiten, confervirt
und ohne mindefte Aenderung gelaßen werden möge.

In diefer Rückficht verbinden Wir Uns ferner

10mo) für Uns und Unßere der catholifchen Religion zugethane
Erben und Nachkommen in der Regierung, daß Wir keinen Geiftlichen
Kirchen= oder Schul=Dienft, er feye groß oder klein, nach Unßerer eige=

nen Willkühr besetzen, sondern Uns von Unserer Regierungs- und Justiz-
Canzley und Consistorio, allemal 2. biß höchstens drey tüchtige Subjecta. vorzüglich aber fähige Landes-Kinder, nach vorgängiger hinlängli-
chen Prüffung und erhaltenen Zeugnis ihrer Geschicklichkeit, vorschlagen
laßen, und eines hievon nach Unserer freyen Wahl, zu dem erledigten
Dienst befördern, und eben also es auch mit den etwan auf Kirchen- und
Schul-Dienste ertheilenden Expectanzen gehalten wissen wollen.

Wann es sich

11mo) nach göttlichen Willen fügen sollte, daß Wir oder Unsere
Descendenten mit Hinterlassung minderjähriger Kinder verstürben; so solle die in Teutschland übliche Tutela oder Cura legitima ob diversita-
tem Religionis nicht ausgeschlossen seyn, sondern es damit also, wie
in Unsern pactis dotalibus de dato Mannheim den 18. Martii 1772.
§. 17. 18. et 19. ausgetragen ist, dergestalten gehalten werden, daß
die Education der Kinder durch einen Catholischen, die Cura bonorum
aber durch einen oder mehrere Evangelische Vormündere primario bestellt
und besorgt werde.

Daferne sich auch in der Zeitfolge der Fall ereignen möchte, daß
ein Pupill oder Curandus Senior totius familiae wäre, mithin kein
Agnat die Curatel übernehmen könnte, so solle, was die Landes-Regierung anbelangt, allemal ein Evangelischer Vormund nebst einem Tutore
vel Curatore honorario von gleicher Religion, nach näherer Anweisung Unserer erst-allegirten Heyraths-Abrede, ernannt und bestellt- einem andern Catholischen Cognaten aus dem Gräfl. Hauß Hatzfeld aber die
Cura Personarum anvertraut- und alßdann sorgfältigst darauf gesehen
werden, daß dieser Sanctioni pragmaticae in keinem Stück entgegen
gehandelt werden möge.

12mo) Sollen sämtliche Räthe und Diener ihren Diensts-Eyd und die
Unterthanen bey der einstigen Antritt Unserer Regierung die Huldigungs-Pflich-
ten anderst nicht, als zugleich auf gegenwärtigen Assicurations-Revers, an
Uns und Unsere Catholische Religions-Nachfolger zu leisten schuldig seyn. Wie
Wir

Wir dann auch ſämtlichen Collegiis ſowohl als einzelnen Räthen und Dienern ins beſondere, hiermit die bündigſte Verſicherung ertheilen, daß weder diejenigen, welche in dieſem Geſchäffte, auf was Art und Weiße das ſeye, bißhero gebraucht worden, oder dabey und in Vollſtreckung gegenwärtiger Verſicherung, noch künfftig gebraucht werden mögten, ſolches in keinerley Wege weder directe noch per indirectum im geringſten entgelten, oder darüber zur Rechenſchafft gezogen werden ſollen; Vielmehr wollen Wir es als Zeichen treuer Erfüllung ihrer Pflichten an- und aufnehmen, wenn ſie ſich mit allem Eyfer, ohne Verletzung der Uns ſchuldigen Ehrerbietung, dahin verwenden, daß dieſer die Krafft eines Pappenheimiſchen Familien-Geſetzes habenden Aſſecuration in allen Stücken genau nachgelebet werde.

13tio) Gleichwie Wir Unßers Herrn Vatters Gnaden hierbey überlaſſen, über dieſe Reverſales und alle darinnen enthaltene Puncten ſolche Garantien, als Sie für gut finden und dienſam erachten, Selbſt auszubringen; Alſo erſuchen Wir zugleich ein Hochlöbl. Corpus Evangelicorum und Ihre Churfürſtl. Durchl. zu Sachßen, als höchſten Directorem Deſſelben, ins beſondere hierdurch unterthänigſt und angelegenſt, die Execution und Manutenenz dieſer Unßerer endlichen Verbindung, gnädigſt und geneigteſt zu übernehmen, und unterwerffen Uns zugleich der herkommlichen Interpretation nach den Principiis Evangelicorum freywillig, mit der weitern Erläuterung, daß die in dieſen Reverſalien hier und dar vorkommende Enumeratio Specierum der vorgehenden oder nachfolgenden Generalitaet der feſtgeſezten Articeln auf keinerley Art und Weiße derogiren ſolle.

Damit endlichen

14to) Alles was in vorſtehendem 13ten Artickel verfaſſet und verheißen worden, auch was ſich aus ſolchem zu Gunſten der dermaligen Religions-Verfaſſung in der Grofſchafft Pappenheim folgern läſſet, deſto gewiſſer, ſtet, feſt und unverbrüchlich gehalten, und dem allem von Uns und Unſern Erben und Nachkommen, ſo, wie Wir Uns und dieſelben hiermit nochmals ſub vinculo juramenti dazu feyerlichſt und unwiderruflich

Y y 2   ruflich

rufflich verbinden, getreulich, sondern mindeste Einschränckung nachgese-
bet werde;

So renunciiren Wir auch wohlbedächtlich und freywillig, nach
vorher darüber eingenommenen genugsamen Bericht, in der besten Form
Rechtens allen und jeden Uns etwan diesfalls competirenden Rechten,
Freyheiten, Exceptionen und Privilegien, wie die Namen haben oder
erdacht werden mögen, wie auch allen canonischen Dispositionen,
Päbstlichen Absolutionen, Edicten, Dispensationen und Principiis der Catholischen Clerisey, ingleichen der Einwendung, daß Wir Uns
ex metu reverentiali gegen Unßers Herrn Vatters Gnaden hiezu be-
wegen lassen, und versprechen hiermit wiederholter bey obstehenden Eyd
und Unßern Gräflichen wahren Worten, Ehren und Treuen, daß Wir
weder sub Praetextu juris territorialis, reformandi, Episco-
palis, Potestatis paternae, noch unter einigen andern Vorwandt,
darwider in keinem Stuck thun, noch zu thun gestatten, vielmehr allen
widrigen Machinationen, tentirenden Eingriffen und Contraventio-
nen sogleich Unsere Gräfliche Auctoritaet entgegen setzen, und diejenigen,
welche hiergegen mit Rath oder That handeln, als Stöhrer der gemeinen
Ruhe ansehen und verabscheuen wollen.

In Urkund dessen haben Wir gegenwärtige unwiderruffliche Assecu-
ration in Sextuplo eigenhändig unterschrieben und Unser Gräflich Innsiegel vordrucken lassen. So geschehen Mannheim, den 2ten Januarii 1773.

Friederich, Graf zu Pappenheim,
Nachältester Reichs-Erb-Marschall.